Jürg Rüedi

Wie viel und welche Disziplin braucht die Schule?

Aus dem Programm Verlag Hans Huber

Psychologie Sachbuch

HUBER

Beim Verlag Hans Huber sind zum Thema Kinder
und Schule außerdem erschienen – eine Auswahl:

Jürg Frick
Die Droge Verwöhnung
Beispiele, Folgen, Alternativen
ISBN 978-3-456-84878-5

Jürg Frick
Die Kraft der Ermutigung
Grundlagen und Beispiele zur Hilfe und Selbsthilfe
ISBN 978-3-456-84349-0

Jürg Frick
Ich mag dich – du nervst mich!
Geschwister und ihre Bedeutung für das Leben
ISBN 978-3-456-94704-4

Gustav Keller
Disziplinmanagement in der Schulklasse
Unterrichtsstörungen vorbeugen –
Unterrichtsstörungen bewältigen
ISBN 978-3-456-84856-3

Gustav Keller
Lerntechniken von A bis Z
ISBN 978-3-456-84941-6

Gustav Keller
Vulkangebiet Schule
Konfliktdiagnose, Konfliktlösung, Konfliktprävention
ISBN 978-3-456-84795-5

Margarete Liebrand
Lernprobleme: ADHS?
Fallanalysen aus der Lerntherapie
ISBN 978-3-456-84350-6

Jürg Rüedi

Wie viel und welche Disziplin braucht die Schule?

Möglichkeiten, Wege und Versuchungen.
Plädoyer für ein antinomisches Verständnis von Disziplin und Unterrichtsstörungen

Verlag Hans Huber

Adresse des Autors:

Prof. Dr. Jürg Rüedi
Pädagogische Hochschule FHNW
Kasernenstrasse 31
CH-4410 Liestal
E-Mail: juerg.rueedi@fhnw.ch
www.disziplin.ch

Lektorat: Monika Eginger, Gaby Burgermeister
Herstellung: Peter E. Wüthrich
Gesamtgestaltung, Illustrationen: Claude Borer, Riehen (Basel)
Umschlaggestaltung, Umschlagbild: Claude Borer, Riehen (Basel)
Druck und buchbinderische Verarbeitung: Hubert & Co., Göttingen
Printed in Germany

Bibliografische Information der Deutschen Nationalbibliothek
Die Deutsche Nationalbibliothek verzeichnet diese Publikation
in der Deutschen Nationalbibliografie; detaillierte bibliografische
Daten sind im Internet über http://dnb.d-nb.de abrufbar.

Anregungen und Zuschriften bitte an:
Verlag Hans Huber
Hogrefe AG
Länggass-Strasse 76
CH-3000 Bern 9
Tel: 0041 (0)31 300 45 00
Fax: 0041 (0)31 300 45 93

1. Auflage 2011

ISBN 978-3-456-84882-2

Inhalt

«Ein bekanntes Indianer-Sprichwort, sagt: Man versteht einen Menschen erst, wenn man einen Tag in seinen Mokassins gewandert ist.»

Vorwort

Seit dem Erscheinen meines ersten Buches «Disziplin in der Schule – Plädoyer für ein antinomisches Verständnis von Disziplin und Klassenführung» im Jahre 2002 sind neun Jahre vergangen, Jahre, in denen das Thema aktuell geblieben ist, ja an Aktualität gewonnen hat. Die zum Teil massiven Herausforderungen der Schule durch verhaltensschwierige Kinder und Jugendliche zwangen die Pädagogik, nach Antworten zu suchen. Zur Vergrößerung meines Archivs trug 2006 auch Bernhard Bueb mit seinem Bestseller «Lob der Disziplin» bei. Aber schon vorher war festzustellen, dass die Neuerscheinungen zum Themenkreis «Disziplin und Unterrichtsstörungen» zahlreicher geworden waren. Der seit 1968 im deutschen Sprachraum meist vermiedene Begriff «Disziplin» wurde wieder salonfähig, ohne dass die historischen Belastungen, die zu dieser Vermeidung geführt hatten, immer reflektiert wurden. Diese Entwicklungen des letzten Jahrzehnts werden in dieses Buch einfließen, das zurückschauend eine Bilanz anstrebt: Die Ergebnisse dieser Bilanz führen zur Formulierung einer Reihe von Thesen, wissenschaftlich abgestützten Handlungsstrategien und Hilfestellungen zur Klassenführung und zum Umgang mit Unterrichtsstörungen.

Dass dieses Buch so erscheinen kann, ist vielen Personen zuzuschreiben, die auf verschiedenen Ebenen ihren Beitrag geleistet haben. Ohne die vielen Unterrichtsgespräche mit Studierenden hätte dieses Buch niemals so erscheinen können. Ihr Interesse am Thema ermutigte mich, am Ball zu bleiben. Ihnen allen sowie den gleichermaßen beteiligten Praxislehrpersonen sei darum herzlich gedankt, gerade weil sie auf den folgenden Seiten nur mit den Anfangsbuchstaben ihrer Namen erscheinen werden.

Ebenfalls gedankt sei allen Teilnehmerinnen und Teilnehmern von Weiterbildungskursen zu den Themen «Disziplin – Klassenführung – Unterrichtsstörungen». Sie brachten ihre Erlebnisse, Sorgen und Nöte, aber auch ihre Erfolgserlebnisse ein und schrieben diese zum Teil auf, so dass sie auf den folgenden Seiten auftauchen werden. Ohne diese Dokumente, die das Leben schrieb, wäre dieses Buch nie so herausgekommen.

Ebenfalls bedanken möchte ich mich bei meinen Vorgesetzten der Pädagogischen Hochschule der Fachhochschule Nordwestschweiz. Astrid EICHENBERGER, Christine PUTZ, Maria ROGGENBAU und Hermann FORNECK ermöglichten mir optimale berufliche Voraussetzungen und unterstützten mein Interesse am Thema.

Ganz konkret unterstützte mich mein Kollege Fritz SCHOCH, der sich ins Manuskript vertiefte und mir manchen Hinweis geben konnte. Auch ihm möchte ich herzlich danken.

Mit Jürg FRICK und Michael RICKLIN konnte ich immer wieder über einzelne pädagogische und psychologische Fragen und Knacknüsse diskutieren.

Vom Verlag Hans Huber erhielt ich schließlich eine optimale Unterstützung: Monika EGINGER begleitete mich in meinen Plänen für das Buch sehr wohlwollend. Mit Gaby BURGERMEISTER stand mir eine sorgfältige und kenntnisreiche Lektoratsassistentin für die Bearbeitung und Korrektur des Manuskripts zur Seite, die mich unermüdlich auf Schwachstellen und Verbesserungsmöglichkeiten hinwies.

Alle Beispiele und persönlichen Aussagen zum Themenkreis «Klassenführung und Unterrichtsstörungen» stammen von mir, von Studierenden oder von Lehrpersonen. Deren Initialen wurden meistens ausgewechselt, um die betreffenden Personen zu schützen, außer sie haben ihre Aussagen bereits aus eigener Initiative in einem öffentlichen Rahmen gemacht, so dass sich eine Anonymisierung erübrigte.

Ich hoffe, dass Sie als Leserin oder als Leser dieses Buches Anregungen für Ihr eigenes Leben, für Ihre eigene Schulpraxis erhalten. Ich freue mich über Ihr Echo, Ihre Eindrücke, Ihre Anregungen oder über konkrete Verbesserungsvorschläge.

Jürg Rüedi

«Disziplin – man verstand schon, was das Militär darunter versteht; nur hat das mit Disziplin wenig zu tun. Ein Maulesel, der seine Lasten trägt und geht, wohin man ihn führt, tut es aus der Erfahrung, dass er sonst geschlagen wird. Disziplin setzt eine gewisse Einsicht voraus; Latein als Disziplin, Mathematik als Disziplin, Poesie als Disziplin. Der Wille, etwas zu lernen und zu leisten, kann als Disziplin bezeichnet werden. Disziplin entspringt dem Bewusstesein, dass man über sich selber verfügt, nicht dem Bewusstsein, dass über uns verfügt wird. [...]

Disziplin hat mit Überzeugung zu tun, mit Gewissen, sie hat mit Mündigkeit zu tun.» Max Frisch

«Liebe mich am meisten,
wenn ich es am wenigsten verdiene;
denn dann brauche ich es am dringendsten.»

Mauerspruch, gesprayt

Womit Lehrerinnen und Lehrer heute konfrontiert sind 1

Sie stinken so. Brauchen Sie Geld, damit Sie sich ein Deo kaufen können? (Schüler, 15 Jahre)[1]

Ein Schüler im 10. Schuljahr macht demonstrativ nicht mit, zeichnet Muster auf sein Aufgabenblatt, anstatt Aufgaben zu lösen. Meine «Einladung» zu einem Gespräch, warum er so handle, schlägt er cool aus – er wolle einfach nicht, der Rest hätte mich nicht zu interessieren, «und wenn Sie mir eine Eins setzen, ist mir dies egal, machen Sie, was Sie wollen». (Schüler, 15 Jahre)[2]

Der Schüler demonstriert sein Desinteresse am Stoff durch Störaktionen: Er hustet laut, gähnt andauernd, andauernd fällt (absichtlich) etwas zu Boden, ständig grinst er... (Schüler, 14 Jahre)[3]

Das sind drei reale Begebenheiten aus Deutschland und der Schweiz. Man könnte denken, dass solche Antworten allenfalls in der Oberstufe vorkommen, bei einer Altersgruppe, die bekanntlich durch gewisse Rebellions- und Abgrenzungsbestrebungen gekennzeichnet ist. Aber weit gefehlt, berichtete doch eine 40-jährige Unterstufenlehrerin, C.: «Ein Kind der zweiten Klasse

1 Frage eines Schülers an seine Religionslehrerin, von dieser berichtet am 31. Mai 2008 an der Tagung der Evangelischen Erzieher in Baden, Rastatt.

2 Antwort eines Oberstufenschülers zu seinem 63-jährigen Lehrer R., Kanton Bern 2005, berichtet im Weiterbildungskurs «Disziplin in der Schule», Zug, 19. Juli 2005, Schule und Weiterbildung Schweiz SWCH.

3 Oberstufenschüler zu seinem 61-jährigen Lehrer M., Kanton Schaffhausen 2005, berichtet vom betroffenen Lehrer im Weiterbildungskurs «Disziplin in der Schule», siehe Fußnote 2.

«Welche Disziplin …!»

meldet sich auf meine Frage. Ich rufe es beim Namen auf. Sabine spricht mit der Hand vor dem Mund, niemand kann sie verstehen. Ich bitte sie, nochmals deutlicher zu wiederholen: ‹Ich habe dich nicht verstanden.› Das Mädchen schreit mich an: ‹Jetzt habe ich's doch gerade gesagt. Ich sage es nicht mehr.›»[4]

Solche Antworten, welche die betroffenen Lehrpersonen ärgerten, ja persönlich trafen, gehören heute zum schulischen Alltag, ganz unabhängig von der jeweiligen Stufe. Natürlich sind diese vier Situationen insofern besonders, als sie von tätigen Lehrpersonen auf die Frage nach dem größten Ärger der letzten Wochen berichtet worden sind. Es handelt sich hier gleichsam um Extremsituationen, die den betreffenden Lehrpersonen besonders in Erinnerung geblieben sind. Über weite Strecken werden die vier Lehrerinnen und Lehrer, alle mit langer beruflicher Erfahrung, ohne größere Zwischenfälle unterrichtet haben, werden abends zufrieden nach Hause gegangen sein und wahrscheinlich gut geschlafen haben. Wenn aber Lehrpersonen zum Beispiel in Interviews nach den in der beruflichen Tätigkeit erlebten Störungen befragt werden, kommt deutlich zum Ausdruck, wie häufig Störungen in der Berufsausübung eben doch vorkommen. Die Primarlehrerin T. antwortete 2005 auf die Frage nach den bisher erlebten Störungen sogar: «Ich habe schon so massive Störungen erlebt, dass das Unterrichten nicht mehr möglich war.» Und die pensionierte Lehrerin M. antwortete 2005, auf ihr reiches pädagogisches Leben zurückblickend: «Wenn ich noch alles wüsste, was je in meinem Unterricht und im Tagesheim an Streichen, Streitereien und Störungen passiert ist, könntest du ein ganzes Buch füllen wie zum Beispiel ‹Mein Name ist Eugen›».[5]

Um auf den Titel des jetzt beginnendes Buches zurückzukommen: Disziplinfragen und Unterrichtsstörungen betreffen heute alle Lehrerinnen

---

4 Diese Antwort stammt von einem acht Jahre alten Mädchen. Die betreffende Lehrerin aus dem Kanton Solothurn schrieb diese Begebenheit am 19. Juli 2005 im Rahmen des Zuger Kurses auf, siehe Fußnote 2.

5 Diese beiden Antworten stammen aus 68 Interviews, die in den Jahren 2005 bis 2008 von Studierenden der Pädagogischen Hochschule der Fachhochschule Nordwestschweiz durchgeführt und schriftlich festgehalten worden sind. Auf diese Datenbasis habe ich verschiedentlich zurückgegriffen. Die vorgegebenen Fragen werden im Anhang 1 wiedergegeben.

und Lehrer. Wer nicht mit Unterrichtsstörungen umgehen kann, wird früher oder später den Lehrberuf aufgeben oder gesundheitlichen Schaden davontragen. Die Auseinandersetzung mit «Disziplin» und «Unterrichtsstörungen» ist darum lebenswichtig für Lehrerinnen und Lehrer. Je größer der Druck der Praxis, desto lauter erschallt oft – begreiflicherweise – der Ruf nach Abhilfe. Diesem Druck des Alltags soll im Folgenden Rechnung getragen werden, ohne dass darum die erziehungswissenschaftlichen Erkenntnisse vergessen gehen: «Theoretische Erörterungen sind genauso nötig wie praxisbezogene Anleitungen, die nicht zu billigen Rezepten Zuflucht nehmen, sondern reflektiertes, begründbares, professionelles pädagogisches Handeln ermöglichen.» (Rüedi 2002, S. 19).

Das Motto des Buches «Disziplin in der Schule» (Rüedi 2002) soll weiterhin gelten. Ebenfalls gelten soll weiterhin das Motto des antinomischen Denkens, das in den Kapiteln 2 und 3 von «Disziplin in der Schule» eingeführt und erläutert worden ist. In diesem Sinne stellt das vorliegende Buch eine Fortsetzung und Vertiefung des ersten dar, der Untertitel «Plädoyer für ein antinomisches Verständnis» bleibt wegweisend. Ändern wird sich der Schwerpunkt im Hinblick auf die Gewichtung von «Unterrichtsstörungen»: Während diese im ersten Buch schwerpunktmäßig erst in den Kapiteln 13.2 und 13.3 zur Sprache kommen, sollen sie jetzt stärker gewichtet werden, ist doch der erfolgreiche Umgang mit den Störungen des Unterrichtes eine notwendige Voraussetzung für Lehrpersonen, wenn sie heute in ihrem wohl schwieriger gewordenen Beruf bestehen wollen. Schon im dritten Kapitel werden darum Unterrichtsstörungen im Zentrum stehen und danach immer im Zentrum des Interesses bleiben. Prävention von und Interventionen bei Unterrichtsstörungen werden wichtige Kapitel sein, bevor das Kapitel 10 eine Zusammenfassung der Kapitel 1 bis 9 bringt.

Zum Schluss noch eine Erläuterung zu den im Kapitel 11 aufgeführten, zum Teil längeren Anhängen. Sie sollen wichtige Ergänzungen, Präzisierungen oder Anschauungsbeispiele liefern, ohne den Fluss der Gedanken zu hemmen. Diese Anhänge können je nach Interesse ausgewählt oder ausgelassen werden. So sind bei der Lektüre verschiedene Wege möglich, wie es sich im Zeitalter der Individualisierung und Differenzierung geziemt.

«Disziplin im Unterricht» – ein umstrittener Begriff 2

Beim Lesen der vier zu Beginn des ersten Kapitels geschilderten Beispiele von Unterrichtsstörungen melden sich die verschiedensten Gefühle und Regungen: Mitempfinden mit den betroffenen Lehrpersonen, zum Beispiel im Sinne von: «Was die alles aushalten müssen!», Unverständnis für diese deplatzierten Reaktionen der Schüler oder sogar Wut auf die Urheber dieser anmaßenden und «frechen» Antworten. Alle diese emotionalen Reaktionen sind verständlich, legitim und nachvollziehbar. Sich mit «frechen» Antworten auseinandersetzen zu müssen, dafür werden Lehrerinnen und Lehrer nicht bezahlt. Zu lehren und Wissen zu vermitteln, das ist ihr Berufsauftrag. In der Realität können sich Lehrpersonen ihre Schülerinnen und Schüler jedoch nicht aussuchen. In der Folge geraten sie unter Umständen in die Defensive, fühlen sich mit dem Rücken zur Wand und hilflos. Mit dieser Situation werden wir uns auseinandersetzen müssen. In die Defensive, in die Rücklage zu geraten, birgt auch gewisse Gefahren, die unter Umständen ausgenützt werden können: Wir werden anfälliger für Lösungsvorschläge, die uns Erleichterung versprechen. Schwer kranke Menschen, welche sich von dubiosen Heilern Hilfe versprachen, nachdem vielleicht die Schulmedizin nicht geholfen hatte, können ein Lied davon singen. Angesichts der Bankenkrise von 2009 berichteten sogenannte Hellseherinnen, die Nachfrage nach ihren Angebote sei gerade in Finanzkreisen[6] gestiegen.

---

6 vgl. den Artikel: «Anfragen von Banken nehmen im Moment stark zu». In: Tages-Anzeiger vom 5. März 2009, S. 44. Und am 7. März 2009 (S. 13) doppelte die gleiche Tageszeitung nach, die esoterisch angehauchte Messe im Kongresshaus Zürich sei gut besucht gewesen: «... die Wirtschaftskrise scheint viele Leute noch empfänglicher für spirituelle Unterstützungs- und Wohlfühlangebote zu machen.

Auch Lehrpersonen in Rückenlage können anfälliger für Heilsversprechen, für Rufe nach Ruhe und Ordnung werden. Je heftiger unsere Emotionen ausfallen, je hilfloser wir uns fühlen, desto drängender das Bedürfnis, etwas gegen die Anmaßung der Schülerinnen und Schüler zu tun, sich zu wehren, so etwas nicht mit sich geschehen zu lassen. Dieser psychische Mechanismus dient der Selbsterhaltung und ist vollkommen legitim. Nötig ist allerdings die Frage, inwieweit psychische Bedrohungen und Schieflagen Lehrpersonen zu verkürzten Antworten verleiten, welche den Lauf der Zeit zurückdrehen wollen. Bueb (2006, S. 20f.) setzt diesen Mechanismus in Gang, wenn er auffordert: «Betrachten wir den pädagogischen Alltag. Er erzeugt die ewige Wiederkehr des Gleichen. Das Kind sitzt entgegen der Vereinbarung vor dem Fernseher, der Vater entdeckt die unerlaubte Handlung, will sie unterbrechen und wird in eine Debatte verwickelt, die meistens typisch abläuft: Das Kind mobilisiert das ganze Spektrum der Argumente, nur noch dieses eine Mal, eine besondere Sendung. Alle anderen dürfen, und dann zückt es die emotionalen Waffen, erst eine Charmeoffensive, dann Weinen oder Wut. Der Vater hatte schon verloren, als er sich auf die Debatte einließ.»

Natürlich, entfährt es einem unwillkürlich, man muss halt streng sein, damit man nicht verliert. Bueb bestärkt die Leserinnen und Leser dann bei dieser Schlussfolgerung der Strenge, wenn er fortfährt: «Es gibt Situationen, in denen man als Erziehender schnell und klar entscheiden muss, weil eine Vereinbarung verletzt oder eine geltende Regel übertreten wurde. Das gilt besonders für unwichtige Themen. Fernsehen einfach so, gegen das erlaubte oder vereinbarte Programm, da ist kurzer Prozess angesagt, es bedarf keiner Begründung, hier muss der Vater der Regel beherzt Geltung verschaffen. Der Vater hätte erkennen müssen, dass in diesem Fall kompromisslose Klarheit der richtige Weg gewesen wäre.» (Bueb 2006, S. 21).

Vielleicht hat Bueb Recht, vielleicht aber auch nicht. Diese Frage zu beantworten ist nur möglich, wenn wir das Kind und seine Entwicklung kennen, wenn wir Argumente für diese Reaktion der «kompromisslosen Klarheit» erfahren. Wie kommt der Vater dazu zu *erkennen*, dass kompromisslose Klarheit hier angebracht ist? Das ist eine zentrale Frage. Es mag sein, dass dieses Kind wirklich einmal lernen muss, das Wort des Vaters ernst zu nehmen. Es bestünde aber auch die Möglichkeit, dass das Kind fernsieht, weil es ihm langweilig ist. Dann wäre es sinnvoll, dass der Vater sein Kind zum Beispiel zu einem Museumsbesuch einlädt, um ihm eine

Alternative zur Langeweile zu bieten. BUEB legt kein Gewicht darauf, die Leserin oder den Leser zum richtigen Erkennen, zur sinnvollen diagnostischen Einschätzung der Situation anzuleiten, weil nicht sein kann, was nicht sein darf: eine andere Reaktionsweise als diejenige der kompromisslosen Klarheit. Natürlich ist Strenge manchmal angebracht, ebenso «kompromisslose Klarheit», davon wird noch die Rede sein müssen. Auch Kinder erheben diese Forderung.[7] BUEB zieht aber andere Möglichkeiten zu reagieren gar nicht in Betracht, weil er geleitet ist vom Wunsch, «Autorität und Disziplin in der Erziehung wieder zu Ansehen zu verhelfen» (BUEB 2006, S. 12). Ihm geht es darum, das *Lob(-lied) der Disziplin* zu singen und die Pädagogik in dieser Richtung[8] zurückzubewegen, da wäre ein diagnostisches Erkennen verschiedenster Möglichkeiten zu reagieren nur hinderlich. Damit wird eine zentrale Errungenschaft der modernen Pädagogik infrage

---

7 So antwortet der neunjährige Schüler Sandro zum Beispiel 2005 auf die Frage, wie die Lehrerin sein sollte: «Sie muss streng sein aber nicht zu streng, einfach in der mite, schtrafen ferteilen ist schon gut aber nicht zufiel, sie muss net sein wen sie zu streng ist ist es nicht toll.»
Diese Antwort zeigt schön – und viele weitere Antworten aus dieser 3. Klasse weisen in die gleiche Richtung –, dass die Schülerinnen und Schüler eine gewisse Strenge wünschen, aber keine kompromisslose. «Streng, aber gerecht!» ist eine Forderung, die Kinder häufig erheben. Im Wort «streng» stecken Lenkung, Erwartung und Forderung, im Wort «gerecht» stecken emotionale Wertschätzung, Achtung und Respekt. Wenn Lehrkräfte ausschließlich lenken und fordern, fehlt das Antinomische, das Ergänzende: «Erst die Verschränkung von Lenkung und Wertschätzung ermöglicht eine zeitgemäße Disziplin in der Schule.» (RÜEDI 2002, S. 65).

8 Dass BUEB die Pädagogik in eine neokonservative Richtung zurücksteuern möchte, wird deutlich, wenn ihm zum Beispiel Aussagen von Christoph BLOCHER, dem Trendsetter der neokonservativen Schweizerischen Volkspartei (SVP) gegenübergestellt werden. Blocher sagte in einer seiner Reden am 24. August 2007: «Die linke Pädagogik hat versagt. Wir müssen die Trümmer nun beseitigen. Wir, das heißt alle – allen voran die SVP, die stets diese gescheiterte Pädagogik ablehnte. Wir brauchen eine Hinwendung zum Bewährten:
- Erziehung geht nicht ohne Konsequenz. Es gibt kein Vorwärtskommen ohne Anstrengung.
- Eine Schule, die nicht auf Leistung und Disziplin setzt, versagt in ihrem elementaren Auftrag.»

gestellt bzw. rückgängig gemacht, nämlich die Fähigkeit, zu erkennen, bevor man handelt. Die in den letzten Jahren neu entfachte Debatte um Disziplin rührt damit an die Grundfesten der Pädagogik und ihrer Errungenschaften und sollte darum zur Kenntnis genommen, besser noch in ihrer Tragweite erkannt und mitgestaltet werden. Darum werden wir uns in den nächsten Kapiteln mit dem Begriff «Disziplin» und den damit zusammenhängenden Kontroversen auseinandersetzen. Zu beleuchten und zu begründen wird sein, dass in der Öffentlichkeit der Ruf nach mehr Disziplin in den letzten Jahren immer häufiger zu vernehmen ist, dass – oft im Rahmen einer konservativen Wende – zusätzlich die Rückkehr zu Ordnung und schulischer Leistung gefordert wird. Was sagt die Erziehungswissenschaft zu solchen auf den ersten Blick plausiblen Forderungen? Warum bringt sie dem Begriff «Disziplin» seit über 40 Jahren viel Skepsis entgegen?

Diese hat ihre Gründe und soll im folgenden Abschnitt 2.1 beleuchtet werden. Die kritischen Stimmen ernst zu nehmen und ihre Überlegungen verstehen zu wollen, das gehört zu einer lebendigen Auseinandersetzung. Ebenso ernst genommen werden wie die skeptischen sollen aber auch diejenigen Stimmen aus dem breiten Feld der Erziehungswissenschaft, die am Begriff «Disziplin» festhalten wollen oder die von der vergessenen «pädagogische[n] Verantwortung» (Ahrbeck 2004) sprechen, wenn Kinder nicht erzogen, nicht gelenkt werden, wenn ihnen zu wenig oder keine Grenzen gesetzt werden, wenn die «Disziplin» zu kurz kommt. Diese Stimmen *für* die Verwendung des Begriffs «Disziplin» sollen im Abschnitt 2.2 zum Zuge kommen. Vorher aber sollen die Kritikerinnen und Kritiker des «Disziplinbegriffs» angehört werden: Warum sprechen sie sich *gegen* eine Verwendung des Begriffs «Disziplin» aus? Warum titelt der deutsche Erziehungswissenschaftler Rolf Arnold (2007) zum Beispiel «Aberglaube Disziplin»?

2.1 Gründe gegen die Verwendung des Begriffs «Disziplin»

> «Wenn nur noch Gehorsam gefragt ist und nicht mehr Charakter, dann geht die Wahrheit, und die Lüge kommt.» Ödön von Horváth

Disziplin war jahrhundertelang ein Standardbegriff in der abendländischen Pädagogik. Die Aufrechterhaltung von Disziplin galt als zentrale Aufgabe der

Lehrperson, die sich ihrer Autorität bewusst zu sein hatte. Scheiterte sie an der Aufrechterhaltung der Disziplin, war sie kein «richtiger» Lehrer, keine «richtige» Lehrerin und galt als ungeeignet. Zahlreich sind darum die Aufforderungen an Lehrpersonen, ihre Autorität wahrzunehmen und dementsprechend zu wirken. So heißt es zum Beispiel bei Engelmayer (1956, S. 403 ff.):

> Disziplin aufbauen oder erhalten ist immer gleichbedeutend mit der Organisation des richtigen Gruppenlebens, also einer sozialpädagogischen Arbeit, die von langer Hand her angebahnt sein muss. Was das heißt und was hier zu tun ist, sei leitsatzartig zusammengefasst:
>
> 1) a) Der Lehrer sei bedacht, alle Selbststeuerungseinrichtungen der Gruppe in Gang zu bringen und zu pflegen und ihren natürlichen Ordnungswillen zu aktivieren. [...]
>   b) Nütze und fördere die helfende Aussprache (Gruppenaussprache). Die Aussprache ist die Seele und das gute Gewissen der disziplinierten Klasse. [...]
>   c) Die Gruppenzucht und vor allem die Strafe ist eine Funktion des Kollektivs. [...]
> 2) Sei auf eine Entstörung der emotionalen Atmosphäre des Schullebens bedacht. [...]
> 3) Suche unbedingt Rückhalt im Elternhaus. Disziplin verlangt nach der zuverlässigen Erziehungsgemeinschaft von Schule und Elternhaus. [...]
> 4) Auch hier wie in allen großen und kleinen Fragen des Schullebens liegt die Schlüsselstellung beim Lehrer. Der Zerfall der Disziplin nimmt seinen Ausgang dort, wo die Position des Lehrers schief angesetzt ist. Das ist mit Regelmäßigkeit da der Fall, wo es der Lehrer an einem Punkt oder auf der ganzen Linie an jener menschlichen Vorbildlichkeit, die sich dem höheren Niveau verpflichtet fühlt, fehlen lässt. Das gilt im Hinblick auf die Untadeligkeit der Haltung und des Verhaltens, die Vornehmheit der Gesinnung und die sachlich-fachliche Könnerschaft. Für den Lehrer ergeben sich hier eine Reihe von Forderungen:
>   a) Übe Selbstkontrolle! [...]
>   b) Überwache dein Verhältnis zur Gruppe auf Echtheit der Kontakte! [...]
>   c) Habe den Mut, herzhaft zu fordern, ohne dir im geringsten etwas abhandeln zu lassen [...].

Den meisten dieser Aussagen Engelmayers aus dem Jahre 1956 ist eine inhaltliche Berechtigung auch aus heutiger Sicht nicht abzusprechen; zum Beispiel die Notwendigkeit, den «Rückhalt im Elternhaus» zu suchen, ist heute wohl mindestens so wichtig wie damals. Wovor sich die heutige Erziehungswissenschaft scheut, ist das Aufstellen von Leitsätzen, von deren Anwendung sich das Individuum gleichsam mit Garantie die Lösung aller Schwierigkeiten erhofft. So wird der Blick dafür verstellt, dass jede Unterrichtssituation eine einmalige und neuartige ist und somit der erstmaligen diagnostischen Einschätzung bedarf. Allgemeingültige Rezepte gibt es in der Pädagogik gerade nicht! Aktuelle erziehungswissenschaftliche Texte betonen darum die Bedeutung der Fähigkeit zur «Selbstdiagnose» (HELMKE 2004, S. 53) oder auch die Notwendigkeit, mit «Unsicherheit» (STADELMANN/SPIRGI 1997, S. 197) umgehen zu lernen.[9]

Die Jahre nach 1968 leiteten eine Wende im Verhältnis zum «Disziplinbegriff» ein, zunehmend wurde er von den meisten Autorinnen und Autoren im deutschen Sprachraum gemieden (vgl. RÜEDI 2002, S. 33 f.). FEND (2000) äußert dazu einen

> Generalverdacht. Er besteht darin, dass es im Rahmen der derzeitigen pädagogischen Kultur nicht mehr opportun erscheint, von Disziplin zu sprechen. Dies scheint ein Begriff zu sein, der aus dem pädagogischen Inventar des 19. und der ersten Hälfte des 20. Jahrhunderts stammt. Natürlich ist damit nicht das Thema und das Problem verschwunden. Es wird möglicherweise heute anders kodiert, hier aber noch nicht genügend elaboriert. Die entsprechenden Begriffe, die bis heute akzeptabler erscheinen, könnten zum Beispiel sein:
>
> - Herstellung einer konzentrierten Arbeitsatmosphäre
> - Herstellung von Aufmerksamkeit
> - Rhythmisierung und Motivation für Steigerung von Interesse
> - Sozialerziehung: Schaffen einer friedlichen sozialen Situation
> - Herstellung einer tragfähigen Beziehung im Sinne von Vertrauen und der Wahrnehmung, akzeptiert und geführt zu sein. (FEND 2000).

Während FEND sich vorsichtig ausdrückt und das Problem an sich weiterhin als existent ansieht, findet sich bei anderen Erziehungswissenschaftlern vor allem nach dem Erscheinen von BUEBS Bestseller *Lob der Disziplin*

9 EIKENBUSCH (2009, S. 69) spricht von falschen «Grundannahmen», wenn man zum Beispiel davon ausgehe, dass die «Lehrperson die (alleinige) Verantwortung für das [trägt], was in der Klasse geschieht». Diesen Eindruck der alleinigen Verantwortung erzeugt das direkte und eindringliche Ansprechen der Lehrperson, die sich so und so zu verhalten habe.

(2006) scharfe Kritik am «Disziplinbegriff». Ins Reich des Aberglaubens verweist ihn Arnold (2007, S. 12), indem er folgendermaßen argumentiert:

> «Disziplin» ist [...] ein traditionsbelasteter Begriff, und es ist eine durchaus problematische Tradition, die mit ihm fort- und wieder auflebt. Er entstammt dem Kasernenhof und der Vorstellung des «unbedingten» Gehorsams. «Disziplin» hat zudem den Vorzug, dass jeder weiß oder zu wissen scheint, was damit gemeint ist. Es ist ein Erleichterungsbegriff – gerade für gestresste Erzieher, Eltern und Lehrer. «Disziplin» geht nämlich mit einem heimlichen Versprechen einher, dem Versprechen, endlich Handlungsgewissheit, Wirksamkeit und Ruhe zu schaffen. Ein *Lob der Disziplin* rennt deshalb offene Türen bei denen ein, die überfordert und ratlos sind. Doch erliegen sie einer Illusion, der Illusion eines pädagogischen Passepartouts, so, als gäbe es für alle Erziehungsprobleme nur eine einzige Lösung: die «Wiederherstellung der Disziplin».

Arnold knüpft damit an die bereits zu Beginn des Kapitels an Bueb geäußerte Kritik an, dass diesem das Erkennen verschiedenster Möglichkeiten widerstrebe. Arnold hält die Bueb'sche Losung der «Wiederherstellung der Disziplin» für den «Ausdruck tiefster Verlegenheit» (ebd.), wer so etwas unter die Leute bringe, sei «ein pädagogischer Scharlatan» (ebd.), der übersehe, dass pädagogische Universalrezepte nur in autoritär strukturierten Gesellschaften funktionieren würden. Nochmals mit Arnolds eigenen Worten:

> Wollen wir sie wirklich, diese «vorbehaltlose Anerkennung von Autorität und Disziplin», die uns Bernhard Bueb in seinem Bestseller *Lob der Disziplin* schmackhaft zu machen versucht? Sind es nicht gerade die «Vorbehalte», aus denen die Freiheit, der Mut und auch die Solidarität der Menschen sich speisen? Benötigen wir nicht ein «Lob des Vorbehaltes»? (Arnold 2007, S. 15).

Mit seinen rhetorischen Fragen bringt Arnold wesentliche Einwände der deutschsprachigen Erziehungswissenschaften auf den Punkt. Definiert man den Begriff «Disziplin» im rückwärtsgewandten Sinne, drängt sich dessen Verabschiedung auf, wenn man von einer neuzeitlichen erziehungswissenschaftlichen Position ausgeht, welche die Aufklärung mit ihrer Aufforderung zu Vernunftgebrauch, intelligenter Selbstkontrolle und Skepsis hochhalten will. Es gibt jedoch unter gewissen Voraussetzungen auch Gründe dafür, an einem noch neu zu definierenden «Disziplinbegriff» festzuhalten. Diese im Folgenden zu erläuternde Neudefinition des Disziplinbegriffs soll sich von einem linearen Verständnis im Sinne «je mehr Disziplin, desto besser!» klar abgrenzen. Um ein rückwärts gewandtes *Lob der Disziplin* (Bueb 2006), gegen das Arnold pointiert Stellung nimmt, soll es gerade nicht gehen, sondern im nächsten Abschnitt sollen zeitgemäße Gründe für eine *reflektierte* Verwendung des Begriffs «Disziplin» dargelegt werden.

2.2 Gründe für die Verwendung des Begriffs «Disziplin»

In der Pädagogik sind die beiden letzten Jahrzehnte durch eine stärkere Betonung der Notwendigkeit von Erziehung, Beeinflussung, Führung, Lenkung oder Grenzsetzung charakterisiert, ohne dass damit eine Rückkehr zum Ideal des unbedingten Gehorsams beabsichtigt wird. «Eine Stärkung des Erziehungsgedankens ergibt sich», so Ahrbeck (2004, S. 158), «der unmittelbaren Not gehorchend, aus praktischen Notwendigkeiten. So wie bisher kann es in vielen Erziehungsfeldern nicht weitergehen. Deshalb nehmen Erziehungsfragen im weiteren Sinne im öffentlichen Diskurs einen großen Raum ein. Zumindest ist ein Anfang zu einer Veränderung gemacht. Grenzsetzung ist eines der dominierendsten Schlagworte des letzten Jahrzehnts.»

Disziplin und Grenzsetzung weisen zweifellos Gemeinsamkeiten auf. Disziplin ist auf Grenzen angewiesen, was die Wiederverwendung des Disziplinbegriffs nahelegt. Dieser wurde im angloamerikanischen Sprachraum schon seit längerem unbelasteter und in einem positiven Sinne verwendet.[10] Auch im deutschen Sprachraum mehren sich in der letzten Zeit die Stimmen, die wie Gustav Keller (2008), Georg E. Becker (2009) oder Christina Buchner (2006) von einem positiven «Disziplin-Verständnis» ausgehen. Disziplin in der Schule hat für Buchner mit dem Akzeptieren unerlässlicher Ordnungsprinzipien zu tun, ohne sie laufe in der Schule gar nichts:

10 Man vergleiche zum Beispiel den Titel «Positive Discipline A–Z. 1001 Solutions to Everyday Parenting Problems» von Jane Nelsen, Lynn Lott und Stephen Glenn, erschienen im Verlag Prima Publishing, Rocklin, 1993. Dieses Buch steht in der Tradition des Individualpsychologen Rudolf Dreikurs, der «Disziplin im Klassenzimmer» für unerlässlich hielt. Dieses unbelastete positive Verständnis von «Disziplin» findet sich aber auch bei anderen Autoren im angloamerikanischen Sprachraum, zum Beispiel bei Herbert Martin 1989: «Discipline. A Positive Guide for Parents», erschienen beim Verlag Basil Blackwell, Oxford und New York.

> Und um die Bedingungen für das systematische Lernen, noch dazu in großen Lerngruppen zu schaffen, kommen wir um das Aufbauen eines klaren Ordnungsrahmens nicht herum. Erst dann kann in einem zweiten Schritt das angeboten werden, was unseren Unterrichtsalltag belebt und abwechslungsreich macht. (BUCHNER 2006, S. 25).

Der Sinn der Disziplin ist somit die Schaffung gewisser Voraussetzungen und gewisser Verbindlichkeiten, welche gemeinsames Lernen in einem Klassenzimmer erst ermöglichen.

Für BUCHNER ersparen sich die Lehrpersonen sehr viel Ärger und großen Stress, wenn sie davon ausgehen, dass Schülerinnen und Schüler diszipliniertes Verhalten erlernen müssen. Dieses könne beim Start mit einer neuen Klasse nicht einfach vorausgesetzt, sondern müsse den Kindern beigebracht werden. Damit sind zwei wichtige Voraussetzungen für einen sinnvollen zeitgemäßen Disziplinbegriff benannt: Erstens ist Disziplin ein Ziel, das mit jeder neuen Klasse wieder neu angestrebt und erreicht werden muss. Zweitens darf Disziplin nie als Selbstzweck betrachtet und damit verherrlicht werden, sondern schulische Disziplin soll stets dem Ziel untergeordnet sein, Lernprozesse, «Kompetenzen und Verfügungskraft über sich selbst, somit Selbstdisziplin zu fördern» (RÜEDI 2002, S. 23).

Disziplin, das Bestehen auf einem gewissen Ordnungsrahmen in der Schule, ist somit dann berechtigt, wenn die Lehrperson so Voraussetzungen schafft, um Fähigkeiten und Kompetenzen zu fördern, und als zentrales Ziel zugleich die Verbesserung der Selbstdisziplin der Schülerinnen und Schüler im Auge hat. Diese sind meistens bereit mitzumachen, die meisten erkennen den Sinn von Disziplin, auch wenn sie ihn im Sinn des bekannten Sprichwortes «Der Geist ist willig, doch das Fleisch ist schwach» nicht immer realisieren können. Wenn Schülerinnen und Schüler zum Beispiel gefragt werden, was «Disziplin» sei, antworten sie oft erstaunlich positiv. Die elfjährige Schülerin T. schreibt zum Beispiel kurz und bündig: «Zum Lernen brauchen wir Disziplin. Die Schüler müssen Disziplin haben.»[11] Andere Schülerinnen derselben Klasse antworten ähnlich. Schülerin K.: «Disziplin heißt, wenn man fleißig arbeitet, ruhig ist, nicht schwatzt, wenn sie/er

11 Diese und die folgenden Antworten stammen von einer 5. Klasse in Zürich (2008). 25 Schülerinnen und Schüler von durchschnittlich elf Jahren antworteten auf die Frage: «Was ist Disziplin für dich?»

anständig mit den Lehrern spricht, wenn mann Hausaufgaben zur richtigen zeit macht, wenn man die regel beachtet, wenn man pünktlich in der Schule ist, wenn man sauber und ordentlich ist.»

Auch für den Schüler M. ermöglicht Disziplin den Erfolg, er geht somit von einem positiv besetzten Begriffsverständnis aus: «Disziplin ist für mich, in dieser Zeit nach Hause zu kommen, wenn meine Mutter mich anruft oder vorschreibt, wenn ich am nächsten Tag einen Test habe und lang lerne, wenn meine Trainerin sagt, ich solle zehn Längen schwimmen, ohne Pause zu machen und ich es auch schaffe.»

Bei anderen Antworten ist Disziplin an sich weiterhin positiv besetzt, allerdings kommt der Hinweis auf die Schwierigkeiten der Umsetzung hinzu, so bei A.: «Disziplin hat etwas mit Anstand zu tun. Disziplin verrät fast alles über den Menschen. Der innere Schweinehund des Menschen möchte viel Negatives machen. Fernseh schauen, faul sein, im Bett liegen, Streiten, nicht immer gehorchen. Doch ein disziplinierter Mensch kämpft gegen den Schweinehund in sich und macht das Gegenteil.»

Disziplin in der Schule, das zeigen auch andere Untersuchungen (vgl. Rüedi 2002, S. 71 f.), ist also nicht ein Zustand, der den Schülerinnen und Schülern wider deren ureigenste Überzeugungen abgerungen werden müsste, sondern diese erkennen grundsätzlich den Sinn disziplinierten Verhaltens. Das heißt natürlich nicht, dass sie sich immer dementsprechend vorbildlich und diszipliniert verhalten würden, im Gegenteil. Zum Beispiel widerspricht ein Schüler seiner Lehrerin mit dem Ausruf: «Das ist doch Blödsinn!» Dann folgt ein Moment der bangen Anspannung, alle warten auf die Reaktion der Lehrerin. Die Frage der Führung in der Klasse ist aufgeworfen und wird zur Überlebensfrage für die Lehrperson. Herzog (2002, S. 425 f.) spricht diese Konstellation mit den Worten an, dass dann die Ebene der Klassenführung dominant wird:

> Die Ebene der Klassenführung liegt tiefer als die Ebene der Lehrtätigkeit. Sie kann aber jederzeit dominant werden und den Unterricht auf der personalen Ebene stören. In der zugespitzten Form von Konrad Wünsche: «Man plant Lernvorgänge, man weiß um das Telos, und dann kommen Kinder. Jetzt stellt sich die Überlebensfrage.» (Wünsche 1976, S. 358). Für das psychische Überleben der Lehrkraft ist die Aufrechterhaltung der sozialen Ordnung im System Unterricht letzten Endes wichtiger als die Verwirklichung der didaktischen und pädagogischen Zwecke des Unterrichts. Nur wenn die Klasse sozial integriert ist,

sind Ressourcen frei, die es dem Lehrer erlauben, Wissen zu vermitteln und die Schülerinnen und Schüler zum Lernen anzuhalten.

«Nur wenn die Klasse sozial integriert ist», gelingt der Lehrperson die Erfüllung ihres Berufsauftrages, nur dann überlebt sie. Mit dieser prägnanten Formulierung ist unser Thema «Disziplin im Unterricht» angesprochen. Unter «Disziplin» verstehen gerade tätige Lehrpersonen eine zentrale Bedingung dafür, dass sie ihren Berufsauftrag erfüllen und schulische Lernprozesse ermöglichen können. Stellvertretend für dieses in Lehrpersonenkreisen heute verbreitete positive Verständnis von Disziplin meint Anna-Katharina Taroni (2008, S. 16):

> Schulalltag ohne Pausen oder Sitzordnung? Undenkbar! Ordnung schafft Klarheit und verhilft so auch zu klar definierten Freiräumen. Sie führt hin zur Ruhe, einer Voraussetzung konzentrierten Arbeitens. Schulalltag erfordert Disziplin: Sie muss gelernt und geübt werden. Erst wenn sich alle Klassenmitglieder diszipliniert verhalten, wird störungsfreier Unterricht möglich.

An dieses verbreitete positive Verständnis[12] von Disziplin sollte die Erziehungswissenschaft in dem Sinne anknüpfen, dass sie den Begriff aufgreift, sich seiner annimmt und diese lebens-, ja überlebenswichtigen Fragen ins Zentrum ihrer Forschungs- und Lehrbemühungen stellt. So erhöht die Erziehungswissenschaft die Wahrscheinlichkeit, dass sich Lehrpersonen verstanden fühlen, wenn das untersucht wird, was sie beschäftigt, nämlich Disziplin und die Möglichkeiten ihrer Aufrechterhaltung. An ein neokonservatives *Lob der Disziplin* (Bueb 2006) muss damit nicht angeknüpft werden, sondern der Disziplinbegriff kann neu definiert und von einem neokonservativen Verständnis abgegrenzt werden. Der Vorteil dieser Strategie

12 Natürlich gibt es auch Lehrpersonen mit einem zwiespältigen Verständnis von Disziplin. S. A. Lozano (2007, S. 15) erwähnt diese Tatsache in ihrer Seminararbeit aus dem Jahr 2007. Sie fährt fort: «Die ambivalente Haltung vieler Lehrpersonen hinsichtlich ihrer Einstellung zu Disziplin (und ihrem diesbezüglichen Umgang) kann zumindest teilweise aus dem geschichtlichen Kontext erklärt werden. Leider war es bis vor wenigen Jahrzehnten so, dass unsere Gesellschaft vor allem den Aspekt der ‹äußeren› Disziplin betont hat und dass zur Erreichung dieses Ziels offenbar jedes Mittel probat war.» Lozano liefert hier ein weiteres Argument dafür, dass «Disziplin» neu definiert und gerade um die ‹innere› Disziplin, sprich Selbstdisziplin, erweitert werden muss.

ist, dass die Erziehungswissenschaft der neokonservativen Strömung die Definitionsmacht nicht überlässt, sondern ihre Erkenntnisse vielmehr einbringt, was unbedingt nötig ist.[13] Hilfreich für die Neudefinition eines zeitgemäßen Disziplinbegriffs sowie für eine sinnvolle Abgrenzung vom neokonservativen Vereinnahmungsversuch à la BUEB ist die alte pädagogische Tradition der antinomischen Denkweise. Diese sowie ihre Bedeutung für eine zeitgemäße Definition von Disziplin im Unterricht sollen in Abschnitt 2.3 dargestellt werden.

2.3 Plädoyer für ein antinomisches Verständnis

Wer heute am Disziplinbegriff prinzipiell festhalten will – Gründe dafür wurden soeben ins Feld geführt –, muss ihn neu definieren und damit von historisch belasteten Verständnisvarianten abgrenzen. Zwei Bedingungen für ein zeitgemäßes Disziplinverständnis wurden bereits genannt. Erstens kann die Schule heute weniger als vor 50 oder 40 Jahren auf einem in der Familie gelegten Wertkodex aufbauen, sondern sie muss selber das Fundament an Werten legen, welche gelten sollen. Diese Fundamentlegung erfordert von den Lehrpersonen eine große persönliche Überzeugungskraft sowie tagtäglich zu leistende Geduldsarbeit (vgl. RÜEDI 2002, S. 18). Schulische Disziplin ist heute somit Aufgabe und Auftrag und nicht selbstverständliche Mitgabe aller Kinder, wenn diese in die 1. Klasse kommen. Zweitens darf Disziplin heute nicht mehr zum Selbstzweck und damit verherrlicht werden.

Dieser Gefahr erliegt BUEB (2006, S. 11), wenn er sich nach der «vorbehaltlose[n] Anerkennung von Autorität und Disziplin» zurücksehnt. Diese Stelle zu Beginn der Streitschrift *Lob der Disziplin* lässt einen nach den Schrecken des Zweiten Weltkriegs erschaudern. ARNOLD fordert darum zu Recht, dass wer die Disziplin vorbehaltlos lobt, auch etwas zu den historischen Situationen sagen muss,

---

13 Die Publikation «Vom Missbrauch der Disziplin», 2007 herausgegeben von Micha BRUMLIK als «Antworten der Wissenschaft auf Bernhard Bueb» zeigt, dass sich die Erziehungswissenschaft dieser Gefahren durchaus bewusst geworden ist. BRUMLIK (2007, S. 10) bezeichnet seine Publikation denn auch als «Interventionsschrift». Besser als Intervention ist bekanntlich Prävention … .

> in denen es die Deutschen zu einer vorbildlichen Disziplin gebracht haben. Es lief alles «wie am Schnürchen» in den Schulen, auf den Kasernenhöfen, aber auch in den Konzentrationslagern. Wer diszipliniert wird, ist mundtot. Wer einer Disziplin unterworfen wird, handelt nicht aus Überzeugung. Disziplin ohne Selbst führt zu einer Entfremdung vom Selbst. Das Ergebnis sind Menschen, die sich nicht wirklich in eine Beziehung setzen können zum Gegenüber, die mechanischen Regeln und Vorgaben zu folgen gelernt haben. (ARNOLD 2007, S. 15).

Wenn Regeln und Vorgaben unbedingt zu befolgen sind, bestehen die Gefahren von blindem Gehorsam und sklavischer Unterwerfung, veranschaulicht durch die alte Wendung: «Paragraph eins heißt: Der Lehrer hat immer recht. Sollte er einmal nicht recht haben, tritt automatisch Paragraph eins in Kraft ... .»

Mit dieser Einstellung erzog die frühere Schule gerade nicht zum selbstständigen Denken und zur Mündigkeit, sondern zum Duckmäusertum und zum Bravsein. ARNOLD (2007) bevorzugt darum folgerichtig statt eines «Lobes der Disziplin» ein «Lob des Vorbehaltes». Damit ist die spannende Frage aufgeworfen: Was gilt jetzt – das Lob der Disziplin oder das Lob des Vorbehaltes? Für BUEB ist die Antwort eindeutig. Für die antinomische Denkweise[14] ist die Sache komplizierter, indem sie beide Seiten der Medaille untersuchen, loben und zugleich kritisieren will. Antinomisches Denken lässt sich als flexibles und mehrere Aspekte gleichzeitig erkennendes Denken charakterisieren, das Widersprüche erkennt: Ich vertrete in einer Diskussion meinen Standpunkt, weiß aber gleichzeitig oder gehe zumindest

14 *Antinomia* heißt im Griechischen der «Widerspruch eines Satzes in sich oder zweier Sätze, von denen jeder Gültigkeit beanspruchen kann» (DUDEN 2001, S. 73). So lässt sich eine Aussage überzeugend begründen, für die Begründung des Gegenteils lassen sich jedoch ebenso überzeugende Argumente finden. Das antinomische Prinzip hat in der Geschichte der Pädagogik eine lange Tradition. Stellvertretend seien hier für die jüngste Vergangenheit Rainer WINKEL (1988a) oder Johannes GRUNTZ-STOLL (1999) erwähnt. Heinz-Elmar TENORTH (2008) attestiert dem «Plädoyer für ein antinomisches Verständnis von Disziplin und Klassenführung» (RÜEDI 2002) eine Annäherung an das Thema «aus analytischer Distanz und mit Sinn auch für die praktische Unausweichlichkeit des Problems».

davon aus, dass es auch berechtigte Gegenargumente gibt. Um die antinomische Einstellung an einem Beispiel aus dem Bereich der schulischen Disziplin zu veranschaulichen: Jede Lehrperson muss über eine gewisse Strenge in der Klassenführung verfügen. Schülerinnen und Schüler erwarten dies. Wenn die Lehrperson aber nur noch streng ist, wenn Strenge ihr alles bestimmender Charakterzug geworden ist, grenzt dies an Unmenschlichkeit oder Diktatur. Dieser Lehrperson gehen Milde, Verständnis und Intuition ab, Goleman (1996) würde von einem Mangel an «emotionale[r] Intelligenz» sprechen. Ein antinomisches Verständnis von Disziplin verhilft der Lehrperson somit zur Einstellung,

> dass sie zur Erreichung der im Lehrplan vorgegebenen Ziele auf der Einhaltung von Disziplin bestehen muss, sonst ist sie verloren. Aber sie weiß auch zugleich, dass es Schlimmeres gibt auf dieser Welt, als einer Aufforderung des Lehrers zu widersprechen oder diese zu überhören. Antinomisches Denken ermöglicht eine gelassenere Haltung im Umgang mit disziplinarischen Forderungen in der Schule: Ich weiß als Lehrperson, dass ich im Sinne der Lernzielerreichung auf der Ausführung meiner Anordnungen bestehen muss, aber keine «Rebellion» von Schülerinnen- oder Schülerseite berechtigt mich zu jähzornigem Insistieren oder gar zur Ohrfeige. Als Lehrperson muss ich darauf achten, dass mein Wort in der Schule gilt, aber wenn ich nur noch darauf bestehe, dass mein Wille auf Erden geschehe, wenn sich meine Optik auf die Vollstreckung meines Willens verengt, dann erniedrige ich mich selber zum Vater Höss, der seinem Sohn Rudolf beibrachte, dass «Wünsche oder Anordnungen der Eltern, der Lehrer, Pfarrer usw., ja aller Erwachsenen bis zum Dienstpersonal unverzüglich durchzuführen bzw. zu befolgen» (Höss 1983, S. 25) sind.
>
> Als Lehrperson in den bestehenden Strukturen des heutigen Bildungswesens auf der Ausführung meiner Vorgaben zu bestehen, ist legitim und sinnvoll, aber wer nur und ausschließlich auf der Einhaltung von Disziplin besteht, ist eine Pedantin, ein Pedant ohne jegliche Flexibilität, ohne Humor. Entscheidend ist die situationsgemäße Art und Weise, Disziplinforderungen zu stellen und damit umzugehen. Disziplin in der Schule ist nicht Selbstzweck, sondern dem Ziel untergeordnet, Kompetenzen und Verfügungskraft über sich selbst, somit Selbstdisziplin zu fördern (Rüedi 2002, S. 22 f.).

Ein solches antinomisches Verständnis trägt den Einwänden Arnolds Rechnung, dass der Disziplinbegriff eine «durchaus problematische Tradition» (Arnold 2007, S. 12) fort- und aufleben lasse, indem die in der Geschichte entstandene Koppelung von Diszplin und Gehorsam aufgelöst wird. Die antinomische Denkweise verabsolutiert den Wert «Disziplin» gerade nicht, sondern empfiehlt flexibles und der Situation angepasstes Lehrerverhalten, ohne sich dem Dogma «Gehorsam» zu verschreiben. Eine kritische Frage oder ein von einer Schülerin geäußerter «Vorbehalt» (Arnold 2007, S. 15) können von der Lehrperson ganz verschieden beantwortet werden. Sie kann aus der Rolle fallen, die Geduld verlieren und empört zu schreien beginnen, oder die Lehrperson kann den «Vorbehalt» als Kommunikationsanstoß verwenden, zum Beispiel eine Rückfrage stellen, und flexibel, humorvoll und souverän reagieren. Darum muss die Lehrperson nicht in einen Konflikt mit ihrer Rolle geraten, sondern sie kann zu Sinn und Ziel schulischer Disziplin stehen. In unserem heutigen Schulsystem müssen gewisse disziplinarische Rahmenbedingungen gelten oder von der Lehrperson geschaffen werden, damit gemeinsames Lernen möglich wird. Das Ergebnis dieser Ermöglichung könnte schulische Disziplin genannt werden. Sie ist die Summe der Voraussetzungen, die erfüllt sein müssen, damit schulische Lernprozesse möglich werden. Schülerinnen und Schüler können ihre Kräfte nur dann auf Lernziele hinlenken, wenn sie dazu angeleitet und vor Ablenkungen und Störungen geschützt werden. Ein antinomisches Verständnis von Disziplin erkennt somit deren Notwendigkeit, wenn schulisches Lernen ermöglicht werden soll, erlaubt aber gleichzeitig eine flexible Haltung, wenn Schülerinnen und Schüler die Vorgaben und Regeln einmal nicht einhalten können. Dann sind Humor, Einfallsreichtum und ein klarer Kopf gefragt. Gerade in Extremsituationen zeigt sich, ob wir unsere pädagogischen Werte umsetzen können. Dogmatische Überzeugungen wie diejenige von der Notwendigkeit des absoluten Gehorsams sind für die Bewältigung heikler Situationen ungeeignet, weil sie nur eine Handlungsweise nahelegen: das Erzwingen des Gehorsams. Mit Recht fordert Arnold (2007, S. 17), dass wir «weniger Wut in der Erziehung» brauchen. Die antinomische Denkweise ist der Lehrperson auf diesem Weg behilflich, indem sie einen Dialog mit ihr eröffnet: «Du hast schon Recht, liebe Lehrperson, auf Disziplin zu bestehen. Diese ist zwar nicht alles, aber ohne Disziplin ist alles nichts. Wenn aber eine Schülerin einmal widersprochen oder geschwatzt und somit gegen die Schulregeln verstoßen hat, dann macht es keinen Sinn, die ganze Klasse mit einer unreflektierten, unbedachten ‹Strafpredigt› vor den Kopf zu stoßen. Wahre die Verhältnismäßigkeit, dann gewinnst du am meisten!»

Ungefähr so zeigt sich antinomisches Denken im Augenblick des «Vorbehalts» oder der kritischen Frage. ARNOLD (2007, S. 16) ist zuzustimmen, wenn er schreibt, das Kennzeichen demokratischer Gesellschaften sei es, «den ‹Vorbehalt› und nicht die ‹Disziplin›» zu kultivieren. Vorbehalte und kritische Einwände ernst zu nehmen ist wichtig, sie können Anlässe oder Anstöße dazu sein, ein Thema zu vertiefen. Eine Schülerin, die Vorbehalte äußert, denkt unter Umständen mit oder ist zumindest nicht passiv. Solche pädagogische Situationen enthalten immer interessante Ressourcen und Möglichkeiten. Allerdings können Vorbehalte, wenn sie mit grausamer Regelmäßigkeit im Sinne des notorischen «Ja, aber…» geäußert werden, auf die Dauer stören. Jeder Stoff kann – so PARACELSUS – zum Gift werden, auf die Dosis und, in der Schule, auf den Moment kommt es an. Schulischer Unterricht bedarf gleichzeitig – und zwar über weite Strecken – der Zustimmung, des Mitmachens, des aufmerksamen Zuhörens, kurz der Disziplin. Wenn eine Schülerin einen Vorbehalt äußert, kann in gewissen Situationen auch eine unmissverständliche Klarstellung angebracht sein. Dann zum Beispiel, wenn es die betreffende Schülerin mit der Wahrheit nicht so genau nimmt oder wenn sie den stofflichen Anforderungen lieber ausweicht. Jede Äußerung muss von der Lehrperson situativ stimmig interpretiert werden, pädagogische Alltagsrezepte taugen nicht. Dies ist im Lichte der antinomischen Perspektive gedacht. Ob eine Schülerantwort den Unterricht stört oder nicht, muss die Lehrperson immer für den jeweiligen Einzelfall beantworten. Die antinomische Denkweise gibt gerade für den produktiven Umgang mit Störungen hilfreiche Anregungen. Im nächsten Kapitel soll diese Aussage nach einer Einführung ins Thema der «Unterrichtsstörungen» dargelegt werden.

Unterrichtsstörungen 3

«Unterrichtsstörungen» sind nach LOHMANN (2003, S. 12)

> Ereignisse, die den Lehr-Lernprozess beeinträchtigen, unterbrechen oder unmöglich machen, indem sie die Voraussetzungen, unter denen Lehren und Lernen erst stattfinden kann, teilweise oder ganz außer Kraft setzen.

Werden Lehrerinnen und Lehrer im Hinblick auf ihre Erlebnisse mit Unterrichtsstörungen angesprochen, haben sie viel zu erzählen. Zum Beispiel jene 68 Lehrpersonen, die in den Jahren 2005 bis 2008 von Studierenden der Pädagogischen Hochschule der Fachhochschule Nordwestschweiz mit der folgenden Frage konfrontiert wurden: «Welche Störungen haben Sie bei Ihrer Berufsausübung bisher kennengelernt?» (vgl. S. 15, Fußnote 5, sowie Anhang 1, S. 254).

Alle befragten Lehrpersonen, unabhängig vom persönlichen Alter und dem Alter der zu unterrichtenden Schulstufe, antworteten unisono: Unterrichtsstörungen sind ihnen vertraut und gehören zu ihrem pädagogischen Alltag. Keine Lehrperson antwortete, sie kenne dieses Phänomen nicht. Dementsprechend reichhaltig ist die Bandbreite der erlebten Störungen. Lehrerin E. aus Basel unterschied 2008 zum Beispiel «Unterbrechungen» und «interne Störungen». Unterbrechungen kommen von außen und werden so in die eigene Klasse hineingetragen, zum Beispiel:

- unvermittelt ins Zimmer kommende Personen
- zu spät kommende Schüler
- singende Klasse im Nachbarzimmer
- Helikopter, der im Schulareal landet
- plötzlich einsetzender starker Regen

- randalierende Klasse über mir
- Schüler, die zu früh aus den Klassen entlassen wurden und im Flur zu hören sind.

«Interne Störungen» kommen aus der eigenen Klasse, Lehrerin E. nannte unter dieser Rubrik:

- Zwischenfragen/-rufe, die nichts mit dem Thema zu tun haben.
- provozierendes Verhalten untereinander (Wegnehmen von Sachen, Anschubsen ...)
- störende Gespräche der Schüler untereinander
- anderen nicht zuhören
- Aufträge nicht erledigen
- Material nicht dabei haben
- an Einzel- oder Gruppenarbeiten nicht teilnehmen
- andere ablenken
- mangelnder Lerneifer
- provokative verbale Angriffe der Lehrperson gegenüber
- große private Probleme der Schüler, die sich in ihrem Verhalten äußern
- impulsive Schüler, die dazwischenrufen oder alles kommentieren
- motorisches Verhalten (umhergehen im Zimmer).

Die restlichen 67 Lehrpersonen brachten andere Beispiele und fanden andere Einteilungsversuche zur Systematisierung der erlebten Unterrichtsstörungen. Die Grundaussage war eindeutig: Unterrichtsstörungen sind vielfältig und gehören zum schulischen Alltag. Diese Aussage stimmt mit dem Tenor der pädagogischen Fachliteratur überein. LOHMANN (2003, S. 13) hält darum störungsfreien Unterricht für «eine didaktische Fiktion», womit er eine wichtige Grundlage für das Verständnis und den Umgang mit Unterrichtsstörungen legt: Jahrhundertelang galt nicht als «richtiger» Lehrer, als «richtige» Lehrerin, wer Unterrichtsstörungen oder «Disziplinschwierigkeiten»[15] hatte. Solche Dogmen und ungeschriebenen Gesetze hinderten

15 Hier werden «Unterrichtsstörungen» und «Disziplinschwierigkeiten» synonym verwendet. Warum es auch sinnvoll sein kann, diese Begriffe zu reflektieren und unterschiedlich zu verwenden, ist bei PFITZNER (2000, S. 39 ff.) nachlesbar.

viele Lehrpersonen daran, sich Kolleginnen und Kollegen anzuvertrauen und sich so Hilfe zu holen. Im Jahre 1998 titelte darum der Dachverband Schweizer Lehrerinnen und Lehrer (LCH) folgendermaßen: «Disziplinschwierigkeiten gehen uns alle an!», und fuhr fort:

> Tatsache ist, dass es Disziplinschwierigkeiten gibt (das stellten wir in unserer Studie fest), dass es sie immer gab (das machte unsere Suche in älterer Fachliteratur deutlich) und dass es sie immer geben wird (das müssen wir annehmen). Disziplinschwierigkeiten sind ein Teil der Schule. Die Frage ist: Wie soll man ihnen begegnen? (LCH 1998, S. 3).

Lehrer P. aus dem Kanton Baselland, eine weitere der 68 befragten Lehrpersonen, setzte 2007 bei seiner Antwort auf die Frage nach den selber erlebten Störungen genau hier, bei der Alltäglichkeit von Unterrichtsstörungen an, indem er betont:

> Zu Beginn ist es mir wichtig klarzustellen: Störungen sind normal, sie gehören dazu. Schule ist eine Erfindung, eigentlich ein künstliches System. Wir erwarten von den Kindern, dass sie am Morgen um 8 Uhr Lust haben zu rechnen. Kinder, die sich gewohnt sind zu folgen, machen mit. Andere weniger. Störungen sind oft Ausdruck davon, dass die Schüler und Schülerinnen noch nicht bereit sind für das, was wir Erwachsenen in dem Moment wollen. Mit diesem Bewusstsein kann ich den meisten Störungen entgegenwirken und die Anzahl wird schon einmal geringer.

Wie Lohmann (2003, S. 13) hält Lehrer P. störungsfreien Unterricht für «eine didaktische Fiktion» und legt mit diesem Bewusstsein die Grundlage dafür, «den meisten Störungen entgegen[zu]wirken». So tritt die lösungsorientierte Frage, wie entgegengewirkt werden kann, in den Mittelpunkt, anstatt dass sich die Lehrperson von der Unterrichtsstörung persönlich getroffen fühlt. Diesen Wechsel der Perspektive beurteilt die Studentin M. aus Liestal, die den Lehrer P. interviewt hat, als wichtig für ihre persönliche Entwicklung, indem sie kommentiert:

> Die neue Wahrnehmung der Problematik hat meine Haltung verändert. Es geht mir nicht mehr darum, Störungen abzuschaffen, sondern darum, mein Repertoire an Handlungsmöglichkeiten zu erweitern und diese auszuprobieren. Störungen empfinde ich nicht mehr als Bedrohung, sondern als Herausforderung.

3.1 Störungen: Erscheinungsformen und emotionale Belastung für die Lehrperson

Mit der Wiedergabe der Interviewstelle von Lehrerin E. sind wir bereits zu den «Erscheinungsformen von Störungen» vorgedrungen. Sie unterschied «Unterbrechungen», also von außen in die Klasse eindringende Ereignisse wie Geräusche oder Lärm, und «interne Störungen», die sich innerhalb der Klasse abspielen. Lehrerin B. aus dem Kanton Baselland unterscheidet 2006 fünf verschiedene Kategorien von Unterrichtsstörungen:

> 1. wenn in der Klasse ein Thema [...] so präsent ist, dass es besprochen werden muss, bevor weiter unterrichtet werden kann
> 2. wenn es einem Kind seelisch nicht gut geht (zum Beispiel weil sich die Eltern getrennt haben) und dies spürbar wird
> 3. wenn es mir selber nicht gut geht und dies den Unterricht beeinflusst
> 4. wenn Eltern nach der Pause in den Unterricht reinplatzen, um etwas zu besprechen
> 5. äußere Störungen und Katastrophen wie der 11. September 2001, welche die Kinder sehr lange beschäftigen.
>
> Man kann auch zwischen lang- und kurzfristigen Störungen unterscheiden.

Das, was diese Lehrpersonen tun, dass sie nämlich zur Verbesserung der Übersicht Störungsgruppen suchen, versucht die pädagogische Fachliteratur seit langem. Nach LOHMANN (2003, S. 13) lassen sich «vier Kategorien störenden Schülerverhaltens herausfiltern [...]:

1. verbales Störverhalten (schwatzen, vorlautes Verhalten, Zwischenrufe, Beleidigungen)
2. mangelnder Lerneifer (geistige Abwesenheit, Desinteresse, Unaufmerksamkeit)
3. motorische Unruhe (zappeln, kippeln, herumlaufen)
4. aggressives Verhalten (Wutausbrüche, Angriffe auf Personen, Sachbeschädigungen)».

Im Gegensatz zu Lehrerin B., die Außeneinwirkungen wie hereinplatzende Eltern oder die eigene Befindlichkeit als mögliche Störungsquellen einbezieht, konzentriert sich LOHMANN auf störendes Verhalten der Schülerinnen und Schüler. NOLTING (2002) ist es wichtig, die schwerwiegenden

Folgen von Unterrichtsstörungen zwischen der Lehrkraft und der Klasse zu berücksichtigen:

> Da ist zum einen die *emotionale Belastung*. Manche Lehrkräfte haben das Gefühl, ständig «gegen» die Klasse zu unterrichten. Sie fühlen sich überanstrengt, entmutigt und schließlich vielleicht «ausgebrannt» (‹Burnout-Syndrom›). Die Gründe dafür haben, wie gesagt, kaum mit den Unterrichtsfächern selbst zu tun, schon eher mit zeitraubenden Vorbereitungen und Korrekturarbeiten, aber besonders häufig mit «schülerbedingten Belastungen», wie ULICH ermittelte, nämlich mit Motivations- und Disziplinproblemen. (NOLTING 2002, S. 14).

Unterrichtsstörungen könnten laut NOLTING diejenigen Ereignisse genannt werden, die den Lehr-Lern-Prozess beeinträchtigen, unterbrechen oder unmöglich machen, indem sie die Lehrerinnen und Lehrer emotional schwer belasten. Unwillkürlich erinnert man sich an die erste Szene der Einleitung (s. oben, Seite 13): «Sie stinken so. Brauchen Sie Geld, damit Sie sich ein Deo kaufen können?» Mit diesen zwei Sätzen traf der 15-jährige Schüler seine Religionslehrerin ins Innerste. Sie ist recht korpulent und war so verunsichert, dass sie eine Kollegin bat, an ihr zu riechen. Sie stank keineswegs, der Schüler hatte nicht recht, aber offensichtlich hatte er seine Religionslehrerin an einer schwachen Stelle getroffen. Unterrichtsstörungen haben die tückische Eigenschaft, dass sie die betreffende Lehrperson an einer schwachen Stelle treffen können und dann ihr Kräftepotenzial schwächen. Dies sei eine Störung der boshaften Art gewesen, mag man einwenden. Zum Glück kämen diese sehr selten vor. Dieser Einwand hat seine Berechtigung und rückt die Verhältnisse wieder zurecht. Gleichwohl zeichnet es viele Unterrichtsstörungen aus, dass sie eine gewisse emotionale Belastung für die Lehrperson darstellen. «Viele störende Hunde sind des Hasen Burnout», formuliert LOHMANN (2003, S. 14) in seiner zweiten These. Er meint damit, dass eine Tücke des schulischen Alltags darin besteht, dass sich kleine oder kleinere Störungen stündlich addieren können, bis das Maß schließlich voll ist. «Omnia de opinione suspensa sunt!» – Alles hängt von deiner Meinung ab, würde SENECA einwenden. Oder zur Lehrperson könnte er etwa sagen: «Ob du dich aushöhlen lässt, hängt von deiner Einstellung ab.» Wie das gemeint sein könnte, soll im nächsten Abschnitt überlegt werden.

3.2 Unterrichtsstörungen aus der Sicht von Lehrpersonen

Mit seinen zwei kurzen Sätzen hat der vorhin erwähnte 15-jährige Schüler seine Religionslehrerin ins Mark getroffen. «Aufgelöst» – so ihre Kollegin – kam sie ins Lehrerzimmer und musste sich dort davon überzeugen lassen, dass sie nicht übel roch. Nicht jeder Mensch lässt sich so rasch verunsichern. In Abwandlung des bekannten Sprichwortes könnte man sagen: «Wenn zwei das Gleiche erleben, ist es nicht das Gleiche.» Etwas Vergleichbares passierte einer 45-jährigen Oberstufenlehrerin. «Sie sind eine Hure», schleuderte ihr ein Junge von 15 Jahren ins Gesicht. Sie reagierte überlegt und souverän und befahl kurz: «Schreibe auf, was du soeben gesagt hast!» Dann musste der Junge diese Notiz – gleichsam dieses Protokoll des Vorgefallenen – zu Hause den Eltern zeigen und unterschreiben lassen. Sich selbst und seine Reaktionsneigungen zu kennen, ist wichtig für den sinnvollen Umgang mit Unterrichtsstörungen wie Beschimpfungen oder Angriffen. Wer dazu neigt, sich Asche aufs Haupt zu streuen beziehungsweise streuen zu lassen, tut gut daran zu lernen, sich zu wehren oder die Störung nicht so persönlich zu nehmen. Lehrerin R., eine Kollegin der erwähnten Religionslehrerin, berichtete am 31. Mai 2008 im erwähnten Kurs (vgl. Fußnote 1, S. 13), wie sie selbst im Lehrberuf gelernt hat, Angriffe nicht so persönlich auf sich zu beziehen:

> Wichtig finde ich, solche Verbalattacken zunächst nicht auf sich zu beziehen, sie also nicht persönlich zu nehmen. Denn wenn ich betroffen und damit getroffen bin und gar aus dem Zimmer laufen muss, geht die Angelegenheit in eine Richtung, die selten nützlich ist. Spontane, emotional geladene Äußerungen von Seiten der Lehrkraft, vielleicht verbunden mit Strafen und/oder Sanktionen, sind dann sehr geeignet, die ganze Sache aufzubauschen, ohne sie eigentlich im Kern zu treffen. Deshalb habe ich mir angewöhnt, solche verbalen Äußerungen (du blöde Kuh, Sie Arschloch, halt doch dein Maul, etc.), egal wie frech und verletzend sie aus dem Schülermund kommen, mit folgenden Fragen zu kommentieren: «Sag mal, mir scheint, du hast wohl ein Problem? Sollten wir mal in Ruhe miteinander darüber sprechen?» Das Angebot eines Gespräches ist mir oft wirklich wichtig, und nach einer Bedenkzeit, wenn der Schüler von sich aus das Gespräch nicht wünscht, bestehe ich von mir aus auf einer Aussprache. In solch einem Gespräch unter vier Augen, in Ruhe und mit dem nötigen Abstand zur Sache, aber trotzdem zeitnah, erfährt man oft erstaunliche Dinge und Hintergründe, die es ermöglichen, miteinander Wege und Lösungen

> zu finden, um solche Entgleisungen zukünftig zu vermeiden oder zumindest zu minimieren. Ganz wichtig ist aber, dass der Schüler das Gefühl hat, ernst genommen zu werden, dass man ihm zuhört, Pausen (Stille) aushält und ihm keine Standpauken hält. Manchmal, bei besonderen Schülern, nehme ich gerne eine neutrale Person (z. B. Vertrauenslehrer) mit hinzu und stelle dem Schüler frei, ebenfalls einen Schüler seiner Wahl mitzubringen.

Lehrerin R. hat somit gelernt, solche Verbalattacken nicht mehr so persönlich zu nehmen und zugleich mit einer Gegenstrategie aktiv zu reagieren: «Sag mal, mir scheint, du hast wohl ein Problem? Sollten wir mal in Ruhe miteinander darüber sprechen?»

Anregungen zum schlagfertigen Reagieren bei Grobheiten oder Verbalattacken bieten Ratgeber wie derjenige von Matthias Pöhm (2008, S. 23 f.). Als Antworten auf den Vorwurf «Du stinkst» oder «Sie stinken» liefert er 28 denkbare, mehr oder minder überzeugende Standardantworten, zum Beispiel: «Daran wirst du dich gewöhnen müssen.» Oder: «Das siehst du absolut richtig.» Oder: «Das hast du wunderbar beobachtet. Hätte ich dir gar nicht zugetraut.»

Solche Antwortmöglichkeiten zu erfahren, kann hilfreich sein, indem diese neue Möglichkeiten aufzeigen, wie man schlagfertig reagieren kann. Wichtig ist – so der Ratschlag der psychodynamischen Theorie – sich zusätzlich bewusst zu werden, woher die eigene Unsicherheit, die eigene Empfindlichkeit kommt, das Einüben neuer – schlagfertiger – Reaktionsweisen mit Reflexion und vertiefter Selbsterkenntnis zu verbinden.

«Der Umgang mit Unterrichtsstörungen aus der Sicht von Lehrpersonen» – so der Titel des aktuellen Abschnittes – hat eine persönlichkeitsspezifische Seite, indem Individualität und psychische Eigenart der jeweiligen Lehrperson eine Rolle spielen. Der Umgang mit Unterrichtsstörungen hat darüber hinaus auch eine institutionell-allgemeine Seite, indem die Ausübung der Funktion «Lehrperson» gewisse Wahrnehmungstendenzen bei allen Rollenträgerinnen und -trägern zu begünstigten scheint. In den Worten Lohmanns (2003, S. 14 f.):

> Aus der Lehrerperspektive werden Störungen nahezu ausschließlich als unangemessenes Schülerverhalten wahrgenommen. Die Ursachen problematischen Schülerverhaltens werden weniger in den Interaktionen im unterrichtlichen Kontext gesehen, sondern häufig in den Persönlichkeitsstrukturen der Schüler. In der Diagnose «Verhaltensstörung», die in solchen Fällen leichtfertig nach

> höchst subjektiven Kriterien vergeben wird, kommt eine Neigung zu sogenannten «therapeutischen Deutungsmustern» zum Ausdruck. Man geht unausgesprochen davon aus, dass alle Schüler den Sinn und die Notwendigkeit einsehen müssten, sich an schulische Normen zu halten, und nur durch persönliche Defizite daran gehindert werden können [...].
>
> Die Pathologisierung störenden Schülerverhaltens stellt eine große Verführung dar, hat sie doch den Vorteil, dass sowohl Lehrer als auch Schüler (wie auch Eltern!) von eigener Verantwortung entlastet werden: Der häufig störende Schüler wird hier zur allgemeinen Ursache, zum Problemfall. Aber er ist nicht bösen Willens, sondern hat schlichtweg einen Defekt, für den dann nicht mehr der Lehrer, sondern ein Therapeut zuständig ist. Auch die Betonung solcher Ursachen, die außerhalb des Unterrichts zu suchen sind, entlastet den Lehrer.

Allerdings zahlen die Lehrpersonen einen hohen Preis für diese psychische Entlastung. Sie berauben sich der Chance und der Möglichkeit, in das Geschehen einzugreifen und pädagogisch zu wirken. Störende Schülerinnen und Schüler werden als «schwierig» und problemhaft dargestellt, Pech hat, wer sie unterrichten muss. So geben professionelle Lehrpersonen ihre Verantwortung ab und attestieren sich selber Defizite punkto Handlungskompetenzen. Damit kein Missverständnis entsteht: Wer seine eigenen Handlungsmöglichkeiten erkennen und Veränderungen herbeiführen will, unterschreibt damit kein Schuldgeständnis für die pädagogischen Probleme, die er zu lösen sucht, sondern er versucht, das zu tun, was getan werden kann.

3.3 Unterrichtsstörungen aus der Sicht der Schülerinnen und Schüler

Abschnitt 3.2 verfolgte die Zielsetzung, Lehrpersonen die Möglichkeit persönlich-individueller und institutionell-funktioneller Wahrnehmungseinschränkungen aufzuzeigen. Beide Zielrichtungen zu erkennen und auf sich selbst zu beziehen, täte auch der anderen Seite, den Schülerinnen und Schülern, gut. Neigen sie doch ebenfalls zu persönlich-individuell und institutionell bedingten blinden Flecken, womit analog zu den Lehrpersonen auch bei den Lernenden Verantwortungsdelegation und Fluchttendenzen die Folge sein können. Häufig schließen Schülerinnen und Schüler zum

Beispiel die Augen vor dem Anteil, der ihnen bei der Genese von Störungen zukommt. Sie sehen mehr die Unzulänglichkeiten der Lehrperson als ihre eigenen (vgl. SCHÖNBÄCHLER 2008, S. 200). Den Schülerinnen und Schülern solche Zusammenhänge mit Takt und Wohlwollen zugleich zurückzuspiegeln, ist eine anspruchsvolle Aufgabe, die jetzt nur angedeutet werden kann. Die Überschrift «Unterrichtsstörungen aus der Sicht der Schülerinnen und Schüler» wendet sich an die Lehrpersonen, welche die Sicht der Schülerinnen und Schüler von der Entstehung der Unterrichtsstörungen kennen und einbeziehen sollten, damit sie professioneller unterrichten können. Schülerinnen und Schüler nehmen Unterricht und Unterrichtsstörungen tendenziell anders wahr als ihre Lehrpersonen. Diese nehmen zum Beispiel Ablenkungen vom Unterrichtsgeschehen häufiger wahr als Schülerinnen und Schüler, «die wiederum unter Störungen weniger zu leiden scheinen als Lehrer» (LOHMANN 2003, S. 18).

Lehrerinnen und Lehrer interpretieren störendes Verhalten häufiger als Schülerinnen und Schüler als «bewusst intendiert» (LOHMANN 2003, S. 18). Sie reagieren empfindlicher, wenn sie ihre Autorität in Gefahr sehen, so zum Beispiel bei Regelverstößen wie Schwänzen, Zu-spät-Kommen, Lügen oder beim Verlassen des Platzes im Klassenzimmer. Schülerinnen und Schüler reagieren am stärksten, wenn sie in ihrem individuellen Wohlbefinden beeinträchtigt werden (vgl. PFITZNER 2000, S. 174). PFITZNER fährt fort:

> Bei vielen Situationen stimmen die Vermutungen von Lehrern und Schülern nicht mit den tatsächlichen Einschätzungen der Betroffenen überein. Damit wird deutlich, dass eine Thematisierung von Unterrichtsstörungen notwendig ist, Lehrer und Schüler ihre Empfindungen transparent machen müssen, um Teufelskreise des Missverstehens zu vermeiden. (PFITZNER 2000, S. 174).

Zum Verständnis von und zum richtigen Umgang mit Unterrichtsstörungen gehört darum das ständige Bemühen der Lehrperson, die Sicht- und Empfindungsweise der Schülerinnen und Schüler in Erfahrung zu bringen und zu erfühlen, was in diesen vorgeht. Gute Möglichkeiten dazu sind Klassengespräche oder Feedback-Gelegenheiten für die Schülerinnen und Schüler. Genau genommen beinhaltet jeder Tag Augenblicke und Momente, die Lehrpersonen dazu auffordern, sich in ihr Gegenüber, in Kinder und Jugendliche hineinzudenken und hineinzufühlen.

3.4 Plädoyer für ein antinomisches Verständnis von Unterrichtsstörungen

Das soeben von der Lehrperson geforderte Bemühen, die Sicht- und Empfindungsweise der Schülerinnen und Schüler in Erfahrung zu bringen, führt uns zum antinomischen Verständnis[16] von Unterrichtsstörungen. Dieses betont die Notwendigkeit, von verschiedenen Sichtweisen auszugehen, weil die Wahrheit meistens zwischen den gegensätzlichen Polen liegt. Wenn die Lehrerin die Klasse in die Zehnerreihe (= das Einmaleins mit zehn) einführen will, dann sind aus ihrer Sicht Zwischenrufe sicher ärgerlich und nicht tolerierbar. Deshalb ist es notwendig und legitim, wenn sie etwas unternimmt. Es kommt jedoch erstens darauf an, was sie unternimmt, zweitens mit welcher emotionalen Gestimmtheit. Ärgert sich die Lehrerin zum Beispiel über die Zwischenrufe und zieht sich dabei ihr Magen zusammen, dann besteht die Gefahr, gereizt und aggressiv zu reagieren. Die Lehrerin verliert dann aus den Augen, dass Schülerinnen und Schüler Unterrichtsstörungen – wie soeben in Abschnitt 3.3 dargelegt – tendenziell anders wahrnehmen als sie selbst. Schülerinnen und Schüler leiden weniger unter den Zwischenrufen als ihre Lehrerin, ja Zwischenrufe sind für sie manchmal sogar eine willkommene Ablenkung. Wenn jetzt die Lehrerin gereizt und empört zugleich reagiert, wenn sie somit emotional der Überzeugung ist, dass nur sie recht hat und die Schülerinnen und Schüler unrecht, dann kommt es zu einer Eskalation des Missverständnisses oder der gegenseitigen Beschuldigung. Eine antinomische Sichtweise, die die Widersprüche und die Bedürfnisse beider Parteien erkennt, legt eine andere Wahrnehmung der gleichen Situation nahe: Ich und zumindest einzelne Schülerinnen oder Schüler, wir haben manchmal unterschiedliche Bedürfnisse. Ich als Lehrperson denke zuerst an den Inhalt und möchte ihn so gut und verständlich wie möglich vermitteln. Dabei sind Zwischenrufe hinderlich, so empfinde ich als Lehrperson. Diese Sichtweise ist legitim und nachvollziehbar. Wichtig ist jedoch gleichzeitig, die Bedürfnisse und Regungen der anderen Seite, der Schülerinnen und Schüler zu erkennen und diese nicht nur als zu eliminierende Störfaktoren wahrzunehmen, sonst laufe ich als Lehrerin Gefahr, als parteiische Richterin nur meine Seite zu vertreten

16 vgl. S. 29, Fußnote 14

und gereizt, ja in gewisser Hinsicht diktatorisch zu reagieren. Die antinomische Sichtweise ermöglicht eine gelassenere, überlegtere Antwort bei Störungen: Die Lehrperson weiß dann um die Berechtigung ihres Anliegens, den Stoff in aller Ruhe – nur dann ist ja optimales Verstehen möglich – zu erklären. In gewissen Situationen wird sie auch energisch und laut Ruhe einfordern. Zugleich weiß sie aber auch, dass Zwischenrufe in der Schule manchmal vorkommen werden und nicht ein für allemal aus der Welt zu schaffen sind. «Audiatur et altera pars» – auch die andere Seite möge angehört werden, so lautet ein alter Grundsatz der Jurisprudenz, der dem antinomischen Prinzip Rechnung trägt. So zu denken oder zu empfinden, ist im Hinblick auf Störungen oder Zwischenrufe gewiss zuweilen viel verlangt, aber diese Richtung ist wichtig: Ich muss als Lehrperson mit Zwischenrufen rechnen, dann kann ich gelassener und humorvoller mit ihnen umgehen. Heute kann – und darf – die Lehrperson nicht mehr von gehorsamen, stets nickenden und absolut aufmerksamen Schülerinnen und Schülern ausgehen, denn in den Worten von LOHMANN (2003, S. 19) «[...] leben [Schüler] in einer anderen Welt und verfolgen andere Ziele». Für diese realistische Einstellung der Lehrperson von heute ebnet die antinomische Sichtweise den Weg, indem sie auf die Existenz dieser anderen Welt und dieser anderen Ziele hinweist. Je mehr sich Lehrpersonen dieser Sicht verschließen, je mehr sie ihre Autorität «retten» und ihr Handeln auf eine formale Machtbasis stützen wollen, umso größer ist die Gefahr von Machtkämpfen und Missverständnissen, weil sich Schülerinnen und Schüler dann nicht mit ihren Bedürfnissen wahrgenommen und verstanden fühlen. Warum stören sie überhaupt? Warum entstehen Disziplinkonflikte, um hier diesen verwandten Begriff für Störungen zu verwenden? LOHMANN (2003, S. 21 f.) antwortet darauf:

- Disziplinkonflikte haben in den meisten Fällen triviale Ursachen, die aus der Interaktion im Klassenraum entstehen und häufig im Alltag eingeschliffen sind.
- Störendes Schülerverhalten ist zumeist nicht bewusst intendiert, häufig fehlt es einfach an Rückmeldungen, Reflexionsvermögen oder klaren Regeln.
- Mitunter stören Schüler geradezu zwanghaft, weil der unbewusste «heimliche Gewinn» die negativen Konsequenzen kompensiert oder dieser gerade in der Reaktion des Lehrers selbst liegt.

- Schüler brauchen dieses Gefühl, dass ihre Interessen ernst genommen und in *irgendeiner* Weise berücksichtigt werden, z. B. indem ihre Erwartungen und Interessen thematisiert werden oder Kompromisse ausgehandelt werden.
- Nicht jede Privatunterhaltung von Schülern ist eine Rückmeldung darüber, dass Sie langweiligen Unterricht machen, aber es gilt nach wie vor: Ein für die Lerngruppe interessanter, kurzweiliger Unterricht mit speziellen Aktivitäten gegen Langeweile ist immer noch die beste Prävention gegen Unterrichtsstörungen.

Interessanter, kurzweiliger Unterricht, das gelingt Lehrpersonen oft gerade dann nicht, wenn sie häufig ermahnen, viel zurechtweisen, mehr strafen als ermutigen und sich darauf versteifen, «Ruhe und Ordnung» um jeden Preis aufrechtzuerhalten. Diesen Teufelskreis zu erkennen, ist für betroffene Lehrpersonen häufig gar nicht einfach, im Gegenteil. Voraussetzung für Veränderung und Verbesserung ist stets das Erkennen dessen, was schief- oder falschläuft. Wie solche Prozesse des Erkennens und Veränderns möglich sind und welche Handlungsmöglichkeiten Lehrpersonen heute zur Verfügung stehen, davon wird in den weiteren Kapiteln die Rede sein müssen. Das antinomische Denken wird uns dabei weiterhin als Leitidee begleiten.

4 Wie können Lehrpersonen heute bestehen?

Wie Lehrpersonen in ihrem Beruf bestehen können, über welche Kompetenzen und Fähigkeiten sie verfügen müssen, dies sind Kernfragen jeder Lehrerinnen- und Lehrerausbildung. Wurden um 1800 oder 1850 vom damaligen Lehrer Buchstabieren, Lesen, Schreiben, Singen, Rechnen und «Katechisieren» verlangt, so ist die heutige «Bestehens-Liste» wesentlich länger geworden. Miller (2006, S. 10 f.) stellt die folgenden fünf Kompetenzbereiche ins Zentrum: «Selbstkompetenz, Beziehungskompetenz, Gesprächskompetenz, Fach-/Sachkompetenz, Organisationskompetenz».

Ausführlicher antwortete Oser (1997), indem er für die Lehrerinnen- und Lehrerbildung zwölf Standardgruppen formulierte. Lehrpersonen bestehen demnach, wenn sie über grundlegende Kompetenzen in den folgenden zwölf Bereichen verfügen:

1. Lehrer-Schüler-Beziehungen
2. schülerunterstützendes Handeln und Diagnose
3. Bewältigung von Disziplinproblemen und Schülerrisiken
4. Aufbau und Förderung von sozialem Verhalten
5. Lernstrategien vermitteln und Lernprozesse begleiten
6. Gestaltung und Methoden des Unterrichts
7. Leistungsmessung
8. Medien
9. Zusammenarbeit in der Schule
10. Schule und Öffentlichkeit
11. Selbstorganisationskompetenz der Lehrkraft
12. allgemeindidaktische und fachdidaktische Kompetenzen.

Zum dritten Bereich «Bewältigung von Disziplinproblemen und Schülerrisiken» zählt Oser fünf Standards, und zwar gelernt zu haben,

1. wann und wie ich außenstehende Expertinnen und Experten … heranziehe
2. unterschiedliche Fälle von Disziplinproblemen zu regeln
3. was man tun muss, wenn ein Schüler oder eine Schülerin umgestuft werden muss
4. wie ich mit Meinungsmachern und geheimen Diktatoren in der Schule umgehen kann
5. wann ich bei Verletzungen (Auslachen, Kränkungen, Eifersucht, Diebstahl usw.) den Unterricht zu unterbrechen und unter den Aspekten von Gerechtigkeit, Fürsorglichkeit und Wahrhaftigkeit die Auseinandersetzung zu suchen habe.

Diese beiden Aufzählungen Osers umreißen das weite Feld der Aufgaben, denen sich professionelle Lehrpersonen stellen müssen. Der Schwerpunkt des vorliegenden Buches liegt im Ausschnitt «2. unterschiedliche Fälle von Disziplinproblemen zu regeln», ein Aufgabenbereich, der für das Bestehen im Beruf enorm wichtig ist. Erinnern wir uns an die Aussage der Primarlehrerin T., die auf die Frage nach den bisher erlebten Störungen antwortete: «Ich habe schon so massive Störungen erlebt, dass das Unterrichten nicht mehr möglich war.» (Lehrerin T., 2005; vgl. Fußnote 5).

Lehrpersonen können heute nur bestehen, wenn sie mit Störungen umgehen können. Zu zeigen, wie dies gelingen kann – und dass es möglich ist –, ist darum eine wichtige Aufgabe dieses Buches. Wichtig ist unter anderem die *Offenheit für die Besonderheit der jeweiligen Situation*. Vergleichbar mit der bekannten altgriechischen Aussage, dass wir nicht zweimal in den gleichen Fluss steigen, begegnen Lehrpersonen nicht zweimal der gleichen Störung. Individuell und situationsspezifisch reagieren zu können, ist deshalb wichtig. Der erfahrene Lehrer Sch. betont genau diesen Aspekt im Hinblick auf die Bewältigung von Störungen, wenn er im Interview antwortet: «Man kann ungleiche Schüler nicht gleich behandeln. Das heißt, man muss individuelle Lösungen finden. Das kann zum Beispiel eine Zurechtweisung sein, und wenn dies nichts nützt, sollte ein Gespräch stattfinden.» (Lehrer Sch., 2005; vgl. Fußnote 5).

Ähnlich antwortet die 32-jährige Lehrerin R. auf die Frage, wie sie mit Störungen umgehe:

> Da gibt es verschiedene Reaktionsmöglichkeiten, und es kommt ganz auf den Kontext an, in welchem sich die Störung abspielt:
>
> - Ich versetze den Schüler / die Schülerin;
> - ich ignoriere das Kind in diesem Moment;
> - ich habe «Verwarnungskarten», welche die Kinder persönlich daran erinnern sollen, die Gesprächsregeln einzuhalten, brauche diese aber nicht so oft. In meiner Klasse hat es einen Jungen, der vergisst oft aufzustrecken [schweizerisch für aufzeigen; Anm. des Verlags]. Diesem habe ich einen persönlichen «Aufstrecken»! -Kleber auf die Schulbank geklebt;
> - manchmal schicke ich ein Kind zur stillen Arbeit nach draußen, dann aber darum, weil sich das Kind im Klassenverband offenbar nicht zu konzentrieren vermag. (Lehrerin R., 2005; vgl. Fußnote 5).

Bei dieser Antwort wird deutlich, wie wichtig es ist, dass die Lehrperson über verschiedenste Verhaltensmöglichkeiten verfügt, sonst kann sie der individuellen Situation nicht gerecht werden. Vor 50, 60 Jahren wurde den Lehrpersonen zum Beispiel folgende «Strategie» für die Klassenführung am ersten Schultag vermittelt: «Der erste Schüler, der aufbegehrt, dem geben Sie eine Ohrfeige, danach haben Sie Ruhe. Wenn Sie diese Chance verpassen, sind Sie nachher der Geplagte».[17]

Heute sind solche Ratschläge in einer europäischen Lehrpersonenausbildung undenkbar. Ohrfeigen sind inzwischen im Unterricht verboten, zumindest in Deutschland, Österreich und in der Schweiz. Zweitens sind solche Generalrezepte völlig untauglich, weil der zukünftigen Lehrperson so der Weg des Selber-Denkens, der Weg der eigenen Analyse und Diagnose der jeweiligen Unterrichtssituation gerade verunmöglicht und verbaut würde. Diese Kompetenz, die jeweilige Unterrichtssituation zu analysieren und individuell zu beurteilen, muss in der Lehrpersonenausbildung gerade gefördert und gelehrt werden, weil nur sie ein flexibles und der Situation angemessenes pädagogisches Handeln ermöglicht. Sonst besteht die Gefahr

17 Dies berichtete zum Beispiel der Schweizer Primarlehrer Werner VON AESCH in der Sendung «Disziplin in der Schule im Wandel der Zeit», Schweizer Fernsehen SF 1 am 8. Dezember 2008, 22.50 Uhr. VON AESCH unterrichtete von 1950 bis 1988 in Schlieren im Kanton Zürich.

der «Tunnelperspektive» (Lohmann 2003, S. 29), die den Blick auf alternative Denkrichtungen verstelle: «Wenn eine Disziplinierungsstrategie scheitert, wird z. B. häufig eine andere, stärker sanktionierende gewählt. Mit zweifelhaftem Erfolg: Mahnen, Drohen und Strafen sind die Maßnahmen mit den geringsten Erfolgschancen.»

Lohmann veranschaulicht an einem Beispiel die Gefahren der «Tunnelperspektive»:

> Ein Lehrer fühlt sich in seinem Unterricht gestört durch einen Schüler, der permanent mit seinen Nachbarn Privatgespräche führt. Er ermahnt mehrfach, die Wirkung ist jeweils nur kurz. Sichtlich genervt verdonnert er den Schüler schließlich zu einem Stundenprotokoll. Der Schüler weigert sich mit dem Hinweis, die Stunde sei schon zu zwei Dritteln vorüber, und die beiden verwickeln sich in eine Diskussion. Der Rest der Klasse hört erst interessiert zu, wendet sich jedoch nach und nach ab und führt ebenfalls Privatunterhaltungen. (Lohmann 2003, S. 29).

Dieser Lehrer hat verständlich, aber nicht optimal reagiert. Er hat sich auf einen Kampf eingelassen, auf einen Zweikampf zwischen ihm und diesem gerne plaudernden Schüler – und dabei die Klasse rund herum vergessen. Vielleicht plaudert dieser Schüler gerade dann gerne, wenn er weiß, wie der Lehrer reagiert: Der Schüler fischt mit der Rute, der Lehrer beißt an. Dies ist eine Gefahr, auf die schon der Individualpsychologe Rudolf Dreikurs[18] hingewiesen hat. Wir sollten sehr oft gerade nicht so reagieren, wie der störende Schüler erwartet. Mit anderen Worten: Die Lehrperson sollte die Unterrichtssituation blitzschnell analysieren können und so reagieren, wie es eben die Situationsdiagnose nahelegt. Das ist oft sehr schwer. Niemand von uns beneidet den Fußballschiedsrichter, der in Sekundenbruchteilen entscheiden muss: Penalty oder nicht? Er hat leider keine Zeit zum Nachdenken. Auch die Lehrperson hat keine Bedenkzeit, um zu überlegen, wie sie auf den schwatzenden Schüler reagieren soll. Ehrlich zu sein und der

18 Dreikurs (1976) sprach von den «vier Ziele[n] störenden Betragens» und meinte damit «Aufmerksamkeit», «Macht», «Vergeltung» und «Unzulänglichkeit zur Schau stellen». Immer sei es für die Eltern und Lehrpersonen wichtig, dass sie das erkennen würden, was die Kinder bei oder treffender *zu* diesen Verhaltensweisen motiviere, sonst würden sie gerade falsch handeln und in die Falle tappen.

Klasse mitzuteilen: Sorry, ich brauche rasch 30 Sekunden, um meine pädagogische Reaktion auf dieses Schwatzen von Peter zu reflektieren, geht nicht, außer man möchte einmal bewusst die Überraschungsstrategie «Komik» wählen. Diese Strategie allgemein zu empfehlen ist jedoch nicht ratsam. Damit sind wir bei einer mehrfachen Schwierigkeit angelangt: Erstens muss die Lehrperson bei Störungen im Unterricht – und solche treten jeden Tag auf[19] – die jeweilige Situation richtig analysieren. Zweitens muss sie eine passende Strategie oder Handlungsmöglichkeit ableiten, und drittens muss sie blitzartig entscheiden, ob diese pädagogische Reaktion zu ihr als Person passt, für sie «stimmt», damit sie echt und sicher vor der Klasse wirkt. Und bei alledem sollte die Lehrperson den Stoff, den Unterrichtsinhalt nicht aus den Augen verlieren. Um Lernziele und deren Erreichung geht es ja in der Schule – sollte es jedenfalls gemäß gesellschaftlicher Vorgabe gehen.

Kehren wir nochmals zur Situation des schwatzenden Schülers – nennen wir ihn Peter – zurück! Wie hätte der Lehrer anders reagieren können, anstatt sich in eine Zweierdiskussion verwickeln zu lassen?

1. Statt sich auf den schwatzenden Schüler einzulassen, hätte er eine spannende Frage aufwerfen und so den Fokus auf den Unterricht lenken können. LOHMANN spricht in diesem Zusammenhang von der Strategie «Unterricht gestalten». Im Glücksfall fühlt sich die Klasse von der Knacknuss, von der überraschenden Frage angesprochen und zieht so Peter mit, der plötzlich seine letzte Bemerkung vergisst.
2. Statt das unerwünschte Schülerverhalten zu modifizieren, hätte der Lehrer auch seinen Standort wechseln und unbeeindruckt mit dem Unterricht fortfahren können, er hätte also an seinem eigenen Verhalten gearbeitet, hätte der Versuchung des reflexartigen Reagierens widerstanden und Peter ignoriert, wie dies in der Tradition der Lernpsychologie empfohlen wird.
3. Eine häufige Reaktionsweise besteht darin, den Schüler bei seinem Namen zu nennen und ihn zu bitten, nach der Stunde noch vorbei-

19 Das Bewusstsein, dass Störungen zum Unterricht gehören wie das Amen zum Gebet, ist laut LOHMANN sehr wichtig. Seine erste These lautet darum: «Störungsfreier Unterricht ist eine didaktische Fiktion!» (LOHMANN 2003, S. 13).

> zukommen. So merkt der Schüler, dass sein Verhalten dem Lehrer missfällt, es gelingt ihm jedoch nicht, die Aufmerksamkeit der ganzen Klasse in die eigene Richtung zu lenken, wenn sofort wieder mit dem Stoff fortgefahren wird.

Wenn wir dieses auf den ersten Blick harmlose und alltägliche Ereignis «Plaudern»[20] so genau unter die Lupe nehmen, merken wir plötzlich, wie zahlreich die Reaktionsmöglichkeiten der Lehrperson sind, genauer gesagt sein können, wenn sie ihre Schülerinnen- und Schülerumwelt nicht mit der «Tunnelperspektive» mustert. Erfolgreiches Klassenmanagement und erfolgreicher Umgang mit Unterrichtsstörungen haben mit dem Erkennen-Können verschiedener Handlungsmöglichkeiten zu tun. *Erfolgreiche Lehrpersonen können erstens ihren Unterricht und dessen Störungen analysieren, kennen zweitens verschiedene Strategien für ihren Unterricht und können drittens bewusst reflektierend entscheiden, wann und warum sie mit welcher Strategie reagieren.* Die erste Voraussetzung der Unterrichts- und der Störungsanalyse soll im nächsten Abschnitt zur Sprache kommen.

4.1 Zum reflektierenden Praktiker werden!

Lehrer T., der sich in seinem Unterricht durch einen Schüler gestört fühlt, ermahnt immer wieder. Andere Lehrerinnen und Lehrer müssen sehr selten ermahnen. Wieso diese Differenzen? Die Ermahnungen von Herrn T. scheinen kaum Wirkung zu zeigen, sondern er muss viel Zeit für Appelle, Drohungen oder gar Strafen einsetzen. Eine Schülerin sagt: «In seinem Unterricht läuft so wenig.» Der Lehrer selbst begründet die Schwierigkeiten mit dieser Klasse anders, er denkt an einzelne Individuen, welche zu wenig Interesse in den Unterricht mitbringen. Was läuft hier schief? Eine präzise Antwort ist angesichts dieser wenigen Angaben nicht möglich, wir können

20 «Plaudern», ein von außen gesehen harmloses Ereignis, wird jedoch infolge seiner oft grausamen Regelmäßigkeit für viele betroffene Lehrpersonen zum Problem, zur Störung. In einem Weiterbildungskurs für Lehrpersonen (Zürich 2008) antworteten 4 von 12 Personen auf die Frage, was ihnen im Unterricht als Störung zusetze: «Dreinschwatzen» – «Selten ganz ruhig – Unruhe» – «Unruhe – nicht starten können» – «Schwatzen während Erklärungen».

erst Vermutungen anstellen. Es wären mehr Informationen nötig. Am besten wären Unterrichtsbesuche, dann wüssten wir wesentlich mehr. Eine erste Schlussfolgerung ist aber bereits möglich: Lehrer T. gelingt es nicht, seinen Unterricht über längere Zeit richtig auszuwerten und die notwendigen Konsequenzen daraus zu ziehen, sonst würde er diese ständigen Wiederholungen, dieses Mehr vom Schlechten stoppen. Er hätte kurzum mehr Erfolg in seinem Beruf. Nur wenn in einem ersten Schritt die zutreffende Beurteilung des eigenen Unterrichts, seiner Stärken, aber auch seiner Schwächen erfolgt, entsteht die Basis für erfolgreiche Lernprozesse der Lehrpersonen, nur dann erwerben diese erfolgreiche Strategien. Lohmann (2003, S.44) titelt darum: «Die Metastrategie für professionelles Handeln: zum reflektierenden Praktiker werden.» Damit meint er, dass ein erfolgreicher Lehrer die Auswirkungen seines Handelns auf die Schülerinnen und Schüler kontinuierlich evaluiert und «aktiv nach Möglichkeiten zur Verbesserung und Professionalisierung seines Handelns sucht. Er ist bereit, seine durch Routinen verdichteten Wissensstrukturen aufzubrechen, neu zu reflektieren und zu bewerten, um sich neue Handlungsmöglichkeiten zu eröffnen» (Lohmann 2003, S.44).

Bei Lehrer T. funktioniert diese aktive Suche nach Verbesserungsmöglichkeiten nicht: Seine Ermahnungen, man könnte auch von seiner Ermahnungsstrategie sprechen, bringen ihm keine Entlastung, keinen Erfolg. Im Gegenteil, er muss – so empfindet er es subjektiv – immer häufiger ermahnen, was einem Teufelskreis gleichkommt. Sein Unterricht kommt je länger desto mehr zu kurz, was eine Schülerin zur Einschätzung veranlasst: «In seinem Unterricht läuft so wenig.» In gewisser Hinsicht ist dieses Urteil ungerecht, eine andere Interpretationsmöglichkeit wäre: «Wir sind eine schwatzhafte Bande, worauf Herr T. mit Ermahnungen reagiert. Das scheint aber bei unserer Klasse nicht die richtige Strategie zu sein.» Diese Interpretationsvariante würde die Beiträge beider Seiten berücksichtigen, wäre somit systemisch gedacht, in den Kategorien von Wirkung und Gegenwirkung. Andrerseits hat die Sicht der Schülerin insofern wieder ihre Berechtigung, als eben die Lehrperson die Fachperson ist oder sein sollte. Lehrer T. müsste dafür sorgen, dass in seinem Unterricht «etwas läuft». An ihm liegt es, seinen Unterricht und damit sich selber ständig zu hinterfragen und den Unterrichtserfolg zu gewährleisten.

Der bekannte deutsche Unterrichtsforscher Andreas HELMKE meint deshalb:

> Die Fähigkeit und Bereitschaft, den eigenen Unterricht in seiner Gesamtheit jederzeit selbstkritisch zu hinterfragen, verfügbare Methoden und Werkzeuge (beispielsweise Schülerfeedback oder kollegiale Rückmeldung und Supervision zum Unterricht, oder Messung unterrichtlicher Wirkungen) zur Selbstdiagnose und -verbesserung einzuholen, ist ein zentrales und für den Unterrichtserfolg unabdingbares Merkmal der Lehrperson. Für mich ist es eine Schlüsselbedingung für die Verbesserung des eigenen Unterrichts. (HELMKE 2004, S. 53).

Mit dieser Fähigkeit zur «Selbstdiagnose [...] für die Verbesserung des eigenen Unterrichts» ist eine grundlegende Strategie erfolgreicher Lehrerinnen und Lehrer genannt. Weil guter Unterricht von zahlreichen Bedingungen und Voraussetzungen abhängt, muss die Lehrperson ein diagnostisches Auge, eine Offenheit für dieses breite Spektrum haben. Ein bekannter Witz spricht diese Thematik humorvoll an: «Ein angeheiterter Mann bewegt sich spätabends auf allen Vieren auf der Straße unter einer Straßenlaterne. Anscheinend sucht er verzweifelt etwas, dabei das Sprichwort ‹Wer sucht, der findet› offensichtlich widerlegend. Ein Passant spricht ihn darauf an, was er denn suche. Seine Hausschlüssel, meint der Mann. Daraufhin will der Passant wissen, warum er sie gerade hier unter der Straßenlampe suche. Darauf entgegnet der Suchende: ‹Ja wissen Sie, hier hat es das beste Licht!›» Der angeheiterte Mann suchte mit einem «Tunnelblick» (LOHMANN 2003, S. 29) nach seinem Hausschlüssel und wird ihn wahrscheinlich so kaum finden. Auch die Lehrperson, die mit eingeschränkter Perspektive ihren eigenen Unterricht beurteilen will, wird wahrscheinlich scheitern oder zumindest nicht das Optimum herausholen, weil die Unterrichtsqualität von zahlreichen Faktoren wie zum Beispiel von didaktischer Expertise wie Klarheit, Methodenvielfalt oder Individualisierung, von der Motivierungsqualität, von diagnostischer Expertise, von der Qualität des Lehr- und Lernmaterials oder von der Art der Klassenführung abhängt. Wenn sich die folgenden Ausführungen ausschließlich um Diagnose und Verbesserungsmöglichkeiten der eigenen Klassenführung drehen, werden wir uns somit auf einen beschränkten Ausschnitt konzentrieren. Nicht alle Unterrichtsstörungen haben zum Beispiel mit einer fehlerhaften Lenkung der Klasse zu tun, es gibt wie soeben gesagt viele weitere Störfaktoren für einen gelingenden Unterricht, zum Beispiel didaktische Fehler. Die für unseren Gesamtzusammenhang zentralen Fähigkeiten, eine sinnvolle Disziplin im Klassenzimmer herzustellen und mit Unterrichtsstörungen umzugehen, sind somit nur zwei Faktoren unter mehreren, die der ständigen Selbstbeobachtung bedürfen. Weil sie jedoch hier im Zentrum stehen, sollen im nächsten Abschnitt ausschließlich Strategien zur Beobachtung und Verbesserung der eigenen Klassenführung, des «Disziplinmanagements» (Keller 2008) dargestellt werden.[21]

Strategien für Klassenführung und «Disziplinmanagement»[22] 4.2

Die Fähigkeit zur Selbstdiagnose ist notwendig für die Verbesserung des eigenen Unterrichts, so das Fazit des letzten Abschnitts. Nur wer Stärken und Schwächen der eigenen Klassenführung erkennt, kann erstens mit bisher Erreichtem zufrieden sein und zweitens notwendige Schritte zur Verbesserung unternehmen. Für diesen Prozess braucht es jedoch auch Bezugs- und Vergleichspunkte oder einen Maßstab, mit deren Hilfe der Lehrperson mitgeteilt wird, worauf sie achten soll. Oder anders gesagt: Lehrerinnen und Lehrer brauchen Beschreibungen dessen, was alles zu einer gelingenden Klassenführung gehört. Für diese Aufgabe des diagnostischen Erkennens von Stärken und Schwächen der eigenen Klassenführung, des eigenen Disziplinmanagements[23], gibt es in der Fachliteratur verschiedene Anleitungen oder Diagnosebögen. Dreißig Aspekte des «Disziplinmanagements», die jede Lehrperson für sich selber mit ein bis vier Punkten benoten kann (vier Punkte = trifft sehr zu; drei Punkte = trifft zu; zwei Punkte = trifft weniger zu;

---

21 Wer sich für sämtliche Faktoren eines gelingenden Unterrichts interessiert, sei zum Beispiel auf Helmke (2004) oder Wellenreuther (2005) verwiesen.

22 Hier wie in den Kapiteln 6 und 7 verwende ich auszugsweise meinen Beitrag «Disziplin im Unterricht» aus Brandt, Sandra (Hrsg.): *Lehren und Lernen im Unterricht.* Reihe Lehrerwissen kompakt, Band 2. Baltmannsweiler: Schneider Hohengehren. In Vorbereitung (voraussichtlich 2011). Dem Schneider-Verlag sei für sein diesbezügliches Einverständnis gedankt.

23 Die Begriffe «Klassenführung», «Disziplinmanagement», «Klassenmanagement» und «Classroom-Management» werden hier synonym verwendet, ohne auf gewisse Unterschiede bei einzelnen Autoren einzugehen. Genaueres dazu findet sich zum Beispiel bei Schönbächler (2008, S. 17f.).

ein Punkt = trifft gar nicht zu), listet Keller (2008, S.116f.) auf. Indem man sein Klassenführungsverhalten beurteilt, erstellt man zugleich sein eigenes Disziplinmanagement-Profil, das den Weg zur eventuellen Verhaltensänderung weist oder im Einzelnen auch Stolz über bereits Erreichtes vermitteln kann.

Die 30 Aspekte bei Keller (2008, S.116f.) lauten folgendermaßen:

1. In meinem Kollegium gibt es einen Grundkonsens hinsichtlich der Verhaltenserwartungen.
2. Auf Klassenebene spreche ich mich mit meinen Kollegen hinsichtlich der Verhaltenserwartungen ab.
3. Am Schuljahresbeginn teile ich den Schülerinnen und Schülern mit, welches Unterrichtsverhalten ich von ihnen erwarte.
4. Ich bereite mich auf meinen Unterricht gründlich vor.
5. Ich sorge für einen reibungslosen Unterrichtsablauf.
6. Mein Unterricht ist methodisch abwechslungsreich.
7. Ich biete meinen Stoff verständlich dar.
8. Ich achte auf ein Gleichgewicht zwischen anspannenden und entspannenden Unterrichtsphasen.
9. Meine Arbeitsaufträge sind klar formuliert.
10. Ich fordere die Beachtung von Verhaltensregeln.
11. Ich nehme immer wieder die Klasse als Ganzes in den Blick.
12. Ich versuche, möglichst viel Verhalten mit nonverbalen Signalen zu steuern.
13. Geringfügige Störungen ignoriere ich.
14. Wenn ich jemanden ermahne, verdeutliche ich das erwünschte Zielverhalten.
15. Ich spreche Störer mit dem Namen an.
16. Kritik formuliere ich so, dass der Schüler in seinem Ehrgefühl nicht verletzt wird.
17. Manchmal versuche ich, Konfliktsituationen durch Humor zu entspannen.
18. Bei gravierenden Regelverstößen reagiere ich konsequent.
19. Normalerweise strafe ich erst dann, wenn ich den Schüler zuvor ermahnt habe.
20. Die Konsequenzen sind bei mir nicht verhandelbar.
21. Meine Strafen sind dem Fehlverhalten angemessen.
22. Ich biete dem zu strafenden Schüler die Möglichkeit der Wiedergutmachung an.

23. Ich führe mit auffälligen Schülern ein Einzelgespräch.
24. Ich lobe die Klasse für erwünschtes Verhalten.
25. Ich lobe einzelne Schüler für erwünschtes Verhalten.
26. Gravierende Disziplinkonflikte versuche ich, kooperativ im Lehrerteam zu lösen.
27. Im Werdeprozess von besonderen Disziplinproblemen nehme ich rechtzeitig Kontakt mit den Eltern auf.
28. In gravierenden Fällen führe ich mit den Eltern ein Konfliktgespräch.
29. Konfliktgespräche mit Eltern schließe ich mit einer Zielvereinbarung ab.
30. Ich hole regelmäßig Schülerfeedback ein.

Optimales Disziplinmanagement könnte mit 30-mal vier Punkten beurteilt werden. Keller geht somit davon aus, dass seine 30 Aussagen positives Klassenmanagement charakterisieren, im linear messbaren Sinne von «je mehr, desto besser».

Diese 30 Aspekte des Disziplinmanagements zeigen deutlich, von wie vielen Faktoren eine erfolgreiche Klassenführung abhängt. Kollegiale Aspekte der Schulhausebene sind ebenso einzubeziehen wie didaktische oder kommunikative Aspekte. Die «Tunnelperspektive» (Lohmann 2003, S. 29), die nur von einer einzigen Hypothese ausgeht, zeigt sich hier wieder in ihrer Gefährlichkeit, weil sie andere Erklärungs- und eventuell Verbesserungsmöglichkeiten von vornherein ausschließt. Aus einer antinomischen Perspektive könnte gegenüber diesen 30 Aussagen der Kritikpunkt geäußert werden, dass jede an und für sich sinnvolle Strategie auch wieder ins Übermaß kippen könne, dass es sich nur um in der jeweiligen pädagogischen Situation zu untersuchende Empfehlungen handeln kann, die mit Zahlen von eins bis vier zu bewerten nicht sinnvoll ist. Dieser Einwand hat seine Berechtigung. Im Sinne heuristischer Empfehlungen[24] haben jedoch Kellers

24 Unter «heuristischer Empfehlung» könnte die vorsichtige Einladung verstanden werden, solche Fragen zu stellen wie: Habt ihr zum Beispiel an eurer Schule einen gewissen Grundkonsens hinsichtlich der Verhaltenserwartungen? Erlaubt die eine Lehrperson Kaugummis und die andere nicht? «Heuristik» (griech.) könnte mit Lehre von den Methoden zur Auffindung neuer Erkenntnisse übersetzt werden. Bekannt geworden ist der Ausspruch «Heureka», «Ich hab's gefunden», von Archimedes, welcher der Legende zufolge in der Badewanne auf die Idee gekommen sei, wie er den Goldanteil in der Krone von König Heiron messen könnte, als er sah, wie viel Wasser über den Rand floss.

30 Aussagen durchaus ihren Wert, indem sie sinnvolle Suchrichtungen vorschlagen, auf die man sonst nicht unbedingt gekommen wäre.

Das gleiche Ziel, eine Anleitung zur Selbsteinschätzung der eigenen Klassenführung zu geben, habe ich 2002 angestrebt (RÜEDI 2002, S. 199 ff.). Ich habe damals der Lehrperson 15 Fragenkomplexe gestellt und jeweils deren Bedeutung begründet. Dieser Selbsteinschätzungsteil begann so:

> Merkpunkte oder Checklisten regen oft das menschliche Streben nach Vollkommenheit an. Wir sehen überall das, was wir noch nicht perfekt gelöst haben, und nehmen uns dann sehr viel vor oder sprechen solchen Listen in einem Anflug von Ärger oder Überforderungsgefühlen pauschal jeden Sinn ab. Zudem verleiten uns Merkpunkte oder Checklisten manchmal dazu, vor allem das zu gewichten, was wir noch nicht können. Dabei vergessen wir das, was wir schon können. Beides ist jedoch wichtig, der Stolz auf bisher Errungenes sowie der Blick auf noch vor uns Liegendes. Die perfekte Lehrkraft gibt es nicht. Lehrerin, Lehrer zu sein ist ein langer Prozess, der nie zu einem Ende kommt. Die folgenden Fragen mögen zum weiteren Lernen und zugleich zum verdienten Bilanzziehen über bisher Erreichtes anregen: Beides ist wichtig und gehört zum Lehrberuf. (RÜEDI 2002, S. 199).

Die 15 Fragenkomplexe lauten:

- 1 Wie steht es mit meiner Beziehung zu den Schülerinnen und Schülern? Kann ich positive Beziehungen zu ihnen aufbauen?
- 2 Lenke, bringe ich als Lehrerin, als Lehrer genug?
- 3 Berücksichtige ich die Erkenntnisse der Entwicklungspsychologie?
- 4 Kenne und berücksichtige ich die Bedürfnisse der Schülerinnen und Schüler?
- 4.1 Ermögliche ich den Schülerinnen und Schülern Lernerfolge?
- 4.2 Finde ich in meinem Unterricht einen sinnvollen Ausgleich zwischen Spontaneität, Spaß, Humor, Freude, Lust und Pflichterfüllung, Unlust?
- 4.3 Anerkenne und bestätige ich meine Schülerinnen und Schüler? Achte ich auf deren soziale Integration in der Klasse? Achte ich auf Umgangsformen und Umgangston in der Klasse? Helfe ich beim Erarbeiten demokratischer Regeln und wertschätzender Umgangsformen?
- 4.4 Erkenne ich die Selbstwertbedürfnisse der Schülerinnen und Schüler? Ermutige und stütze ich diese?
- 5 Ist mein Unterricht gut vorbereitet und interessant? Erkläre ich den Stoff klar und prägnant?
- 6 Erkenne ich die «Multikriterialität schulischer Wirkungen»?

7 Berücksichtigen wir die Ergebnisse aus der Gewaltforschung?
7.1 Haben wir eine gemeinsame Schul- und Lernkultur für unser Schulhaus?
7.2 Fördern wir die Schulgemeinschaft sowie die sozialen Bindungen in unserem Schulhaus?
7.3 Gibt es klare Regeln und Grenzen in meinem Klassenzimmer? Wurden die Schülerinnen und Schüler bei ihrer Festlegung einbezogen? Welche Regeln gelten in unserem Schulhaus?
7.4 Kann ich auch einmal sagen: «Halt, da ist die ganze Gesellschaft gefordert!»?
8 Kenne ich die Eltern meiner Schülerinnen und Schüler? Habe ich sie über meine Schulführung informiert? Unterstützen sie meine disziplinarischen Bemühungen?
9 Ist meine Klassenführung wirksam? Befolgen die Schülerinnen und Schüler meine Anweisungen?
10 Kann ich auftretende Disziplinschwierigkeiten erklären und analysieren?
11 Reagiere ich bei Disziplinschwierigkeiten und Konflikten angemessen? Zeigen meine Reaktionen Wirkungen? Habe ich ein gewisses Repertoire an Reaktionsmöglichkeiten?
12 Kenne ich die Möglichkeit von «Verträgen»?
13 Wie gehe ich mit Strafen um?
14 Sehe ich in meiner beruflichen Arbeit die Chancen zu persönlichem Wachstum?
15 Habe ich ein persönliches Konzept zu Disziplin und Klassenführung? Habe ich ein Konzept zur mittel- und langfristigen Beeinflussung der sozialen Entwicklung meiner Klasse? (Rüedi 2002, S. 200–228).

Sich solche Fragen zu beantworten, ist sinnvoll, weil Lehrpersonen für sich das ordnen, was sie intuitiv über Jahre oder Jahrzehnte hindurch gemacht haben, und eine Art Standortbestimmung vornehmen. Sie überlegen sich, was sie im Hinblick auf Disziplin und Klassenführung gelernt haben, wo sie stehen, was sie geändert oder verbessert haben.

Rüedis und Kellers Anleitungen gemeinsam ist, dass sie mit Fragen und Gebietseinkreisungen zur diagnostischen Selbsteinschätzung der eigenen Klassenführung und damit zu deren Verbesserung anleiten wollen. Sie stützen sich auf die vorhandene Fach- und Beratungsliteratur, ohne eigene empirische Forschungen vorausgeschickt zu haben. Diese Kombination von Empirie und Konstruktion eines Diagnosebogens ist das Verdienst der österreichischen Erziehungswissenschaftler Mayr, Eder und Fartacek (2006), die sich seit über 20 Jahren mit diesen Fragen der Klassenführung beschäftigen.

«Schneider und Lussini aus der 5a in der grossen Pause zu mir!»

Ihr «Linzer Diagnosebogen zur Klassenführung» (LDK) existiert in mehreren Versionen, für unterschiedliche Schularten und Schulstufen, für Lehrerinnen und Lehrer oder für die Vorgabe an Schüler/innen und für die Selbsteinschätzung durch die Lehrperson. Mayr, Eder und Fartacek (2006) denken besonders an Lehramtsstudierende und Lehrerinnen und Lehrer, «die sich mit seiner Hilfe Klarheit über ihr pädagogisches Handeln verschaffen möchten, um dieses weiter zu entwickeln. Der LDK eignet sich auch als Forschungsinstrument, das es erlaubt, auf ökonomische Weise pädagogisch relevante Aspekte des Führungsverhaltens von Lehrer/innen zu erfassen».

Einundzwanzig «pädagogische Handlungsstrategien» haben sich in diesen empirischen Studien als bedeutsam dafür herausgestellt, wie intensiv die Schülerinnen und Schüler im Unterricht mitarbeiten und in welchem Ausmaß Unterrichtsstörungen auftreten. Anders gesagt: Ohne ein gewisses Ausmaß an kommunikativ-beziehungsorientiertem, fachorientiertem und disziplinierendem Handeln gelingen Klassenführung und Klassenmanagement nicht. Aus der Fülle der Ergebnisse der drei Erziehungswissenschaftler sei im Folgenden ein Resultat wiedergegeben. Die Angaben in **Tabelle 4.1** basieren auf den Aussagen von Schülerinnen und Schülern aus 125 Klassen der Hauptschule oder der Unterstufe des Gymnasiums oder Realgymnasiums. Den betreffenden Lehrpersonen gelingt es, die Klassen zu intensiver Mitarbeit mit relativ wenigen Störungen zu bewegen. Überdies sind die Schülerinnen und Schüler zu diesen Lehrkräften emotional positiv eingestellt.

«Die Mittelwerte der einzelnen Lehrerinnen und Lehrer liegen jeweils innerhalb der hellgrau markierten Bandbreite. Der Mittelwert der Gesamtstichprobe liegt im dunkelgrauen Feld.» (Mayr et al. 2006).

Die Hauptergebnisse dieser und zahlreicher weiterer Untersuchungen[25] fasst Mayr folgendermaßen zusammenfassen:

- Das Verhalten erfolgreicher Lehrer/innen liegt innerhalb einer gewissen, durch die Befunde angebbaren Bandbreite. Bei manchen der untersuchten Strategien scheinen höhere Ausprägungen und bei manchen niedrigere Ausprägungen erfolgversprechend zu sein. Bei einigen Strategien scheint die relative Position innerhalb der Bandbreite ohne Bedeutung zu sein oder je nach Kontextbedingungen zu unterschiedlichen Wirkungen zu führen.

25 Eine Übersicht über alle Studien findet sich in Mayr (2008a).

Tabelle 4.1: Strategien der Klassenführung

Lehrerinnen und Lehrer der Sekundarstufe I

stimmt nicht 0 1 2 3 4 *stimmt*

Nr.	*Unterricht gestalten*
1	Sie / Er kann sehr viel in ihrem / seinem Fach.
6	Sie / Er beginnt jede Stunde freudig und zuversichtlich.
9	Sie / Er gliedert die Unterrichtsstunde in Abschnitte, die gut aufeinander passen.
29	Wenn sie/er etwas verspricht oder ankündigt, dann hält sie / er das auch ein.
14	Bei ihr/ihm wissen wir genau, was wir zu arbeiten haben.
26	Sie / Er unterrichtet interessant.
31	Was wir bei ihr / ihm lernen, bringt auch etwas für das spätere Leben.

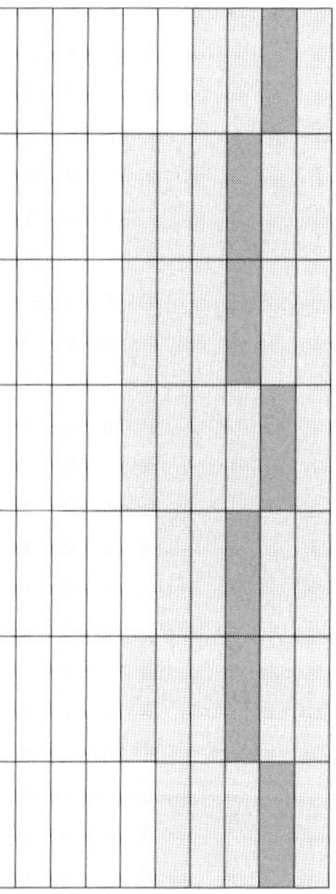

0 1 2 3 4

Nr.	*Beziehungen fördern*
3	Sie / Er tut vieles, damit wir eine gute Klassengemeinschaft werden.
7	Wir reden mit ihr/ihm auch über den Unterricht und über die Klasse.
11	Sie / Er versucht uns auch dann zu verstehen, wenn wir ihr / ihm einmal Schwierigkeiten machen.
28	Sie / Er lässt uns vieles selbst entscheiden.

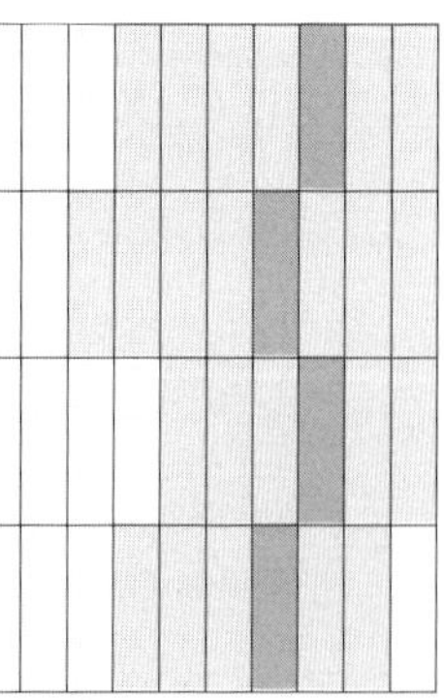

16	Sie / Er ist zu uns offen und ehrlich.
24	Sie / Er ist ausgeglichen und humorvoll.
21	Ich glaube, sie / er mag uns.

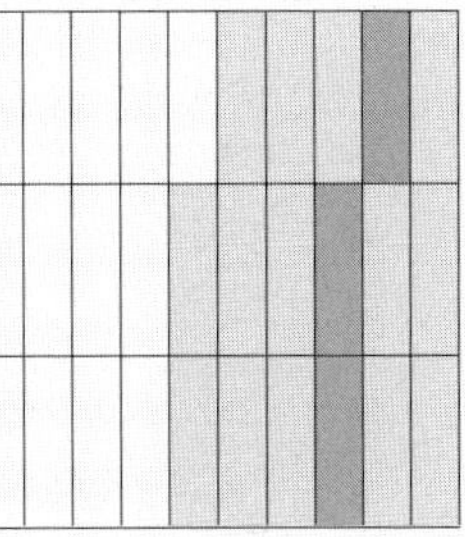

Verhalten kontrollieren 0 1 2 3 4

25	Bei ihr / ihm wissen wir genau, welches Verhalten sie / er von uns erwartet.
20	Sie / Er achtet darauf, dass wir im Unterricht immer beschäftigt sind.
5	Sie / Er bemerkt alles, was in der Klasse vor sich geht.
8	Sie / Er kontrolliert laufend, wie wir arbeiten und was wir können.
13	Sie / Er lobt die Schüler, die sich so verhalten, wie sie/er es haben möchte.
18	Sie / Er greift gleich ein, wenn ein Schüler zu stören anfängt.
23	Wenn sich Schüler falsch verhalten, müssen sie damit rechnen, von ihr / ihm bestraft zu werden.

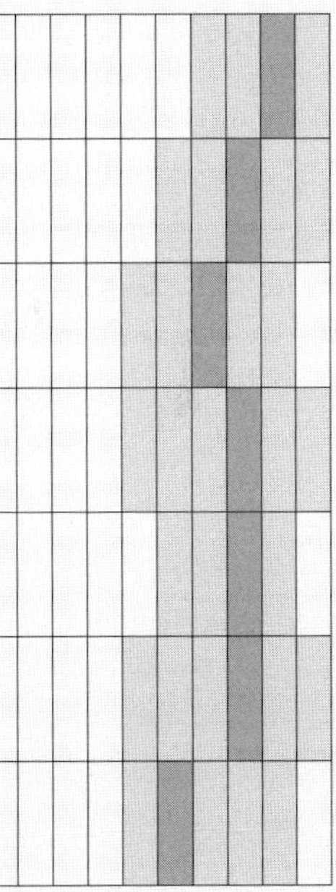

Quelle: Mayr, Johannes; Eder, Ferdinand; Fartacek, Walter (2006): Linzer Diagnosebogen zur Klassenführung (LDK): http://ius.uni-klu.ac.at/projekte/ldk/ > Konzept und Kennzahlen > HS, AHS-Unterstufe. Stand 10. Februar 2009.
Anmerkung der Autoren: Die Statements sind in der Tabelle nach Themenbereichen geordnet. Die Nummerierung der Statements entspricht der im Schülerfragebogen. (Mayr et al. 2006).

- Die erfolgreichen Lehrer/innen wenden unterschiedliche Kombinationen von Strategien an: Manche bevorzugen Strategien, die auf die Förderung der sozialen Beziehungen gerichtet sind, andere legen das Hauptgewicht auf einen anregenden Unterricht, wieder andere wenden bevorzugt kontrollierende und disziplinierende Strategien an.
- Die Entscheidung über die bevorzugten Strategien hängt u. a. von Merkmalen der betreffenden Schulkasse ab, manche Lehrer/innen scheinen jedoch ihr bevorzugtes Handlungsmuster relativ unabhängig von äußeren Einflüssen zu realisieren. (Mayr 2008b).

Die langjährigen Untersuchungen von Mayr, Eder und Fartacek weisen auf zahlreiche Strategien zur erfolgreichen Klassenführung hin, es gibt nicht den *einen* Weg zum erfolgreichen Klassenmanagement, sondern viele Wege führen dorthin. Allerdings ist «viele» nicht mit «beliebig» gleichzusetzen. So wie Weinert (1996, S. 145) im Zusammenhang mit gutem, erfolgreichem Unterricht von der «Nichtersetzbarkeit positiver zwischenmenschlicher Beziehungen zwischen Lehrer und Schüler» sowie von der Bedeutung einer «langfristig wirksamen Vermittlung einer Lern- und Arbeitshaltung» spricht, so könnte mit Mayr, Eder und Fartacek (2006) von der Notwendigkeit von fachlicher Unterrichtsgestaltungskompetenz, Beziehungsförderungskompetenz und einer gewissen Fähigkeit, Verhalten zu kontrollieren und zu steuern, gesprochen werden. Wann welche Kompetenz in welcher Dosierung/Akzentuierung und mit welcher Zielrichtung einzusetzen ist, dazu bedarf es wiederum der diagnostischen Fähigkeiten der Lehrperson, die sich einfühlen kann in ihre Schülerinnen und Schüler.

4.3 «Classroom-Management» – der Beitrag der angloamerikanischen Forschung

Mayr, Eder und Fartacek (2006) weisen mit ihren Untersuchungen auf die Notwendigkeit der empirischen Forschung im weiten Feld der Klassenführung hin. Wenn wir wissen wollen, wie heutige Lehrpersonen bestehen können, müssen real existierende Exemplare dieser «Gattung» beobachtet werden. Mayr und Kollegen knüpfen damit an eine Forschungstradition an, die bis anhin vorwiegend in Amerika die Bedeutung des Klassenmanagements («Classroom Management») für den Unterrichtserfolg erforschte.

«Dort fand und findet ‹Classroom Management› auch breite Beachtung in der Aus- und Weiterbildung von Lehrpersonen. Im deutschsprachigen Raum hingegen nimmt das Thema eher eine untergeordnete Rolle ein», bilanziert SCHÖNBÄCHLER (2008, S. 12). Umso wichtiger ist deshalb der Einbezug dieser angloamerikanischen Forschungen, welche seit über 30 Jahren grundlegendes Basiswissen zur Frage der Klassenführung zusammengetragen haben. Im Zentrum stehen dabei die Aufgaben der didaktischen, organisatorischen und interaktiven Führung der Schulklasse. In den Worten APELS:

> Dieses Konzept pädagogischen Handelns im Unterricht wurde entwickelt, um Möglichkeiten einer effektiven Unterrichtsführung aufzuzeigen, bei der die vorhandene Lernzeit für Lernarbeit genutzt und Störungen des Unterrichts minimiert werden sollen. Über Routinen, Prozeduren und Strategien eines effizienten «Classroom-Management» soll Wissen vermittelt werden, das zu einer gelingenden Professionalisierung der Lehrer beitragen kann. Lehrer sollen befähigt werden, Klassen kompetent zur Lernarbeit anzuhalten und sie dafür für eine bestimmte Zeit zu verpflichten. (APEL 2002, S. 105).[26]

«Classroom-Management» nach Kounin 4.3.1

Eine Pionierrolle bei der Erforschung des Classroom-Managements[27] kommt Jacob S. KOUNIN zu. Wie er unbeabsichtigt zu dieser Ehre kam, wie seine verschiedenen Untersuchungen ausgelöst wurden, schildert er selbst so:

26 Der angloamerikanischen Forschung kommt das Verdienst zu, die große Bedeutung, welche das Classroom-Management für den Unterrichtserfolg hat, vielfach empirisch belegt zu haben. Vergleiche dazu SCHÖNBÄCHLER (2008, S. 12). HENLEY (2006, S. 4) sagt es kurz und bündig: «Classroom management is the essential teaching skill.»

27 Der Begriff «Classroom-Management» wird in der Fachliteratur sehr unterschiedlich verwendet. In der angloamerikanischen Tradition von KOUNIN wird oft stark auf das Kontrollieren des Schülerinnen- und Schülerverhaltens fokussiert: Welche Steuerungsmechanismen – z. B. permanentes Kontrollieren und Steuern, Eingreifen bei Störungen – von Seiten der Lehrperson garantieren eine gelingende Klassenführung? Im deutschen Sprachraum – so auch hier in diesem Buch – werden Classroom-Management und Klassenführung in einem weiteren Sinn verstanden, der die Unterrichtsgestaltung ebenso einbezieht wie die Führung der Klasse durch Klassen-, Einzelgespräche oder Verträge (vgl. RÜEDI 2002).

> Ich hielt gerade einen Vortrag über Mentalhygiene, der dem Verständnis der Psychodynamik menschlichen Verhaltens gewidmet war und die Absicht verfolgte, eine «verständnisvolle» diagnostische Haltung Menschen gegenüber zu schaffen. Während ich vortrug, ließ ich meine Augen im Raum umherwandern und bemerkte in der hinteren Reihe einen Studenten, der in eine Zeitung vertieft war und sie in voller Größe ausgebreitet vor sich hielt. Im Widerspruch zu dem, was ich in meinem Vortrag vertreten hatte, rügte ich ihn ärgerlich, ganz ohne Diagnose oder Verständnis [...].
>
> Die Maßregelung hatte Erfolg. Er hörte auf Zeitung zu lesen; zumindest hielt er sie nicht mehr voll ausgebreitet in die Luft. Es schien indessen, als sei die größere beobachtbare Wirkung hiervon auf die anderen Mitglieder der Klasse ausgegangen. Seitenblicke zu anderen unterblieben, Flüstern verstummte, Augen wandten sich vom Fenster oder dem Lehrer ab und den Notizblöcken auf den Tischen zu. Lastendes Schweigen breitete sich aus. (Kounin 1976/2006, S. 17).

Kounin hatte dies weder so gewollt noch vorausgesehen. Die große Mehrheit der Studierenden, die jetzt schwiegen, hatte er mit seiner Rüge gar nicht gemeint. Warum reagierten sie so betroffen, obwohl sie gar nicht gemeint waren? Diese spontane Frage löste in der Folge eine ganze Reihe von Untersuchungen aus[28], an deren Ende Kounins bekannte Prinzipien zur effizienten Klassenführung standen. Um unerwünschtes Verhalten gar nicht aufkommen zu lassen, empfahl er aufgrund sorgfältig analysierter Unterrichtsmitschnitte den Lehrerinnen und Lehrern:

1. *Allgegenwärtigkeit («Withitness») und Überlappung («Overlapping»)*
   Lehrpersonen sollten immer über alles im Bilde sein, gleichsam auch hinten Augen haben. Sie erwecken so den Eindruck, stets genau Bescheid über das zu wissen, was in der Klasse abläuft. Mit «Overlapping» ist gemeint, dass sich Lehrpersonen verschiedenen Problemen gleichzeitig widmen können, ohne Übersicht und Kontrolle über die Situation insgesamt zu verlieren. Auf Disziplinprobleme soll «nebenbei», ohne «großes Theater» reagiert werden. So wirken die Lehrkräfte souverän und nicht so leicht aus der Fassung zu bringen. (Kounin 1976/2006, S. 85 ff.).

28 Vgl. Kounin 1976/2006, S. 18–64

2. *Reibungslosigkeit («Smoothness») und Arbeitsschwung («Momentum»)*
   Verzögerungen des Unterrichtsflusses sollen vermieden werden. Lehrkräfte, die diesen Rat beherzigen, springen nicht von einem Thema zum anderen, sondern schließen ab, bevor sie weitergehen. Sie besitzen den Blick für das Wesentliche und regen sich nicht über Nebensächlichkeiten auf. (Kounin 1976/2006, S. 101 ff.).
3. *Gruppenmobilisierung und Rechenschaftsprinzip («Group Alerting»)*
   Die ganze Gruppe wird – ganz im Gegensatz zur Schülerredensart «Alles schläft und einer spricht – so was nennt man Unterricht» – aktiviert und beschäftigt. Auch wenn ein Schüler spricht, könnte die Lehrerin im nächsten Augenblick die nächste Schülerin an die Reihe nehmen. Rechenschaftsprinzip ist in diesem Sinne gemeint: Jede Schülerin muss damit rechnen, aufgerufen zu werden. (Kounin 1976/2006, S. 117 ff.).
4. *Programmierte Überdrussvermeidung*
   Je länger die Lehrperson am Stück erklärt, desto größer die Gefahr des Abschaltens, inneren Pausierens oder gar des Überdrusses. Variieren der Unterrichtsmethoden hilft, das Entstehen von Langeweile zu vermeiden. Empfehlenswert sind zum Beispiel Anstöße wie «Achtung, jetzt kommt ...!». (Kounin 1976/2006, S. 131 ff.).

Kounins Anliegen war, mit diesen Gruppenführungstechniken über seines Erachtens

> «simplifizierende Slogans wie ‹ein gutes Verhältnis herstellen› oder ‹die Dinge interessant machen› sowie über die vornehmliche Beschäftigung mit Eigenschaften wie ‹Freundlichkeit›, ‹Wärme›, ‹Geduld›, ‹Verständnis›, ‹Kinderliebe› und ähnlichen Attributen des Menschen hinauszugelangen. Solche wünschenswerten Eigenschaften allein werden zur Führung einer Klasse nicht ausreichen. Klassenführung als Aufgabe verlangt die Anwendung einer komplizierten Technologie zur Entwicklung überdrussvermeidender Lernprogramme; zur Programmierung von Lernfortschritt, intellektueller Herausforderung und Abwechslung beim Lernen; zur Auslösung und Sicherung eines reibungslosen, schwungvollen Unterrichtsablaufs; zur simultanen Kontrolle von mehreren gleichzeitigen Vorgängen; zur rückkoppelnden Beobachtung verschiedenster Ereignisse; zur Adressierung von Handlungen an die richtigen Objekte; zur Wahrung eines Gruppenfokus; und zweifellos zur Steuerung noch anderer Faktoren, die in dieser Untersuchung unberücksichtigt blieben. (Kounin 1976/2006, S. 149).

Kounins empirisch gewonnene Ergebnisse sind in präventiver Hinsicht wichtig. Lehrer T.[29] zum Beispiel hätte es sehr geholfen, wenn er sich an Kounins vier Unterrichtsempfehlungen erinnert und diese umgesetzt hätte. So hätte er es vermieden, sich in einen zermürbenden Kampf mit einzelnen Schülern einzulassen, was den Empfehlungen 2 («Arbeitsschwung») und 3 («Gruppenmobilisierung») diametral zuwiderläuft. Kounins Empfehlungen ermöglichen es, störendes Verhalten gar nicht entstehen zu lassen, womit eine wichtige Voraussetzung für Disziplin im Klassenzimmer erfüllt wäre. Kounin weist – gerade wenn wir wieder an Lehrer T. denken, der oft unproduktiv handelt – auf die Tragweite eines effizienten, fordernden und zugleich das Lernen fördernden pädagogischen Handelns hin, welches die Unterrichtsstunden gut nutzt und die Lektionen rhythmisiert und strukturiert. Bromme (1997, S. 189) gibt allerdings zu bedenken, dass zusätzliche diagnostische Überlegungen im Hinblick auf die Altersstufe nötig seien, dass diese organisatorischen Strukturierungsaktivitäten des Unterrichtsablaufes von der jeweiligen Altersstufe abhängen und bei höheren Klassen an Bedeutung verlieren. Man könnte sich sogar vorstellen,

> dass zum Beispiel ständiger Schwung dann kontraproduktiv wird, wenn die betreffende Lehrkraft in ihrer Dynamik nicht auf Störungen oder Missstimmungen in der Klasse eingehen kann, sondern zielstrebig und mit dem ihr eigenen Schwung vorwärtsmachen will. Störungen oder vielmehr deren Klärungen sollten dann gegenüber dem Vorwärtsmachen situativ Vorrang haben. Für ein antinomisches Verständnis von Disziplin reichen alle diese im Zusammenhang mit «Effizienz» gefundenen Fertigkeiten und Kompetenzen der guten Lehrkraft deshalb nicht aus, sondern bedürfen der Ergänzung und Erweiterung: Schwungvolle, dynamische Lehrkräfte sollten dann zur Nachdenklichkeit und zum Innehalten fähig sein, wenn diese Qualitäten gefragt sind, zum Beispiel beim Tod einer Schülerin oder bei der Bedrohung der seelischen Gesundheit eines Menschen durch Ausschluss und Auslachen.
> Die moderne erziehungswissenschaftliche Forschung weist – ganz im Einklang mit einem antinomischen Verständnis von Disziplin – darauf hin, dass gleich erscheinende Verhaltensweisen von Lehrkräften wie die Strukturierungsaktivitäten von Kounin verschiedene Auswirkungen haben können. (Rüedi 2002, S. 104).

29 Er wurde zu Beginn des Abschnitts 4.1 kurz erwähnt.

HELMKE und WEINERT schreiben deshalb:

> Entscheidend für die Richtung des Effekts ist offenkundig, ob es dem Pädagogen durch sein kontrollierendes Handeln gelingt, die Schüler zu aktivieren, zu eigenen Denkanstrengungen zu ermutigen, sie bei der produktiven Überwindung von Schwierigkeiten und Fehlern zu unterstützen, ihnen beim Aufbau einer wohlorganisierten Wissensbasis behilflich zu sein und ihnen notwendige remediale Unterstützung zukommen zu lassen, – oder ob ein starkes, starres, distanziertes und autoritäres Kontrollverhalten des Lehrers dazu führt, dass dies alles nicht der Fall ist und die Schüler unter dem Einfluss eines dominanten Lehrers zu passiven Rezipienten des Unterrichts werden. (HELMKE/WEINERT 1997, S. 130 f.).

In diesem Zitat kommt schön zum Ausdruck, wie wichtig für erfolgreichen Unterricht die kompetente, vielseitige und zugleich sensible Lehrperson ist. Technologische, am Behaviorismus orientierte Anleitungen wie diejenigen von KOUNIN haben ihre empirisch abgestützte Berechtigung, geben grundlegende präventive Anleitungen zur Vermeidung von Störungen, können aber dann zur Gefahr werden, wenn sie von einer entsprechenden Charakterstruktur verabsolutiert werden, so dass Reflexion, diagnostische Überlegungen oder sensible Nachdenklichkeit zu kurz kommen.

«Classroom-Management» nach Evertson et al. (2006) 4.3.2

KOUNIN hat mit seinen Arbeiten verschiedenste Fortsetzungsprojekte angeregt. Dafür legen zum Beispiel die Bücher «Classroom Management for Elementary School Teachers» (EVERTSON et al. 2006) und «Classroom Management for Secondary School Teachers» von EMMER et al. (2002) Zeugnis ab. Sie gehören weltweit zu den Bestsellern der Klassenführungsliteratur und haben hohe Auflagen erzielt.

Im Folgenden sollen elf Punkte in Aufforderungsform wiedergegeben werden, die nach EVERTSON (2006) bei einem wirksamen Klassenmanagement zu berücksichtigen sind:

1. Bereite den Klassenraum so vor, dass Störungen möglichst vermieden werden können!

2. Du brauchst präzise Regeln für den Umgang der Schülerinnen und Schüler in der Klasse. Hänge die Regeln zum Beispiel auf einem Plakat auf und verdeutliche sie mit Beispielen!
3. Lege die Konsequenzen für angemessenes wie für unangemessenes Verhalten fest!
4. Schreite bei unangemessenem Schülerverhalten ein und unterbinde es! Dafür sind die Regeln eingeführt worden.
5. Lehre am Schuljahresbeginn die Regeln und Prozeduren, die du haben willst! Wenn sich einmal in einer Klasse ungünstige Verhaltensweisen eingeschliffen haben, sind sie schwieriger zu unterbinden.
6. Zu Schuljahresbeginn ist es wichtig, das Zusammengehörigkeitsgefühl zu fördern. Plane solche Aktivitäten ein!
7. Plane rechtzeitig Strategien ein, wie du mit Störungen des Unterrichts – zum Beispiel bei Leer- oder Wartezeiten – umgehen kannst.
8. Beaufsichtige und überwache das Verhalten der Schülerinnen und Schüler vor allem am Anfang, wenn eventuelle Missverständnisse noch leicht korrigiert werden können!
9. Bereite den Unterricht so vor, dass alle Schülerinnen und Schüler aktiv lernen können! Individualisiere deinen Unterricht! Disziplinschwierigkeiten haben manchmal mit Unterforderung zu tun.
10. Zeige den Lernenden, dass sie für ihre Arbeitsergebnisse selber verantwortlich sind! Zeige ihnen das Prinzip «Selbstwirksamkeit»!
11. Unterrichte klar, strukturiert und verständlich!

Diese aus Evertson et al. (2006) ableitbaren Aufforderungen zeigen einerseits die Praxisrelevanz der Forschungen zum «Classroom-Management», andrerseits mögen sie zum Teil trivial erscheinen. Für Helmke ist jedoch das Gesamtmuster entscheidend, er schreibt deshalb:

> Lehrkräfte, die sich mit Erfolg an diesen Prinzipien orientieren und sich auf diese Weise prospektiv-vorausschauend und proaktiv verhalten, haben nachweislich weniger Schwierigkeiten mit der Klasse und gewinnen somit mehr Zeit und Ressourcen, die dem eigentlichen Unterrichtsgeschehen zugute kommen. Wichtig ist in diesem Zusammenhang, dass die genannten Techniken in ein unterstützendes und vertrauensvolles Klima eingebettet sein sollten, und dass Regeln (wo immer möglich) nicht bloß aufgestellt, sondern immer wieder erläutert und – in Abhängigkeit von der Altersgruppe – auch erklärt werden müssen. (Helmke 2004, S. 84).

EVERTSON et al. sind sich dieser von Helmke hervorgehobenen Notwendigkeit, ein «unterstützendes und vertrauensvolles Klima» zu schaffen, durchaus bewusst, wenn sie schreiben:

> Like all human beings, children have a strong need to belong to a group. You can promote that sense of belonging in a number of ways:
> 1. Speak courteously and calmly. Students need to hear teachers saying ‹please›, ‹thank you›, and ‹excuse me›. […]
> 2. Share information. Learn each student's name as soon as possible and engage in activities that help students learn more about each other. […]
> 3. Use positive statements as often as possible. Often negative behavior is more noticeable than positive; therefore we tend to comment on it more often. […]
> 4. Establish a feeling of community. Teach students to work cooperatively […]. (EVERTSON et al. 2006, p. 60).

Mit den beiden Aufforderungen, ein «unterstützendes und vertrauensvolles Klima» (HELMKE 2004, S. 84) zu schaffen sowie vorauszuschauen und die Lernenden präventiv zu lenken, sind zwei zentrale Pole einer erfolgreichen Klassenführung genannt. Deutlich wird auch die Entwicklungsrichtung von KOUNIN (1976/2006) zu EVERTSON (2006): Während bei KOUNIN die Lehrperson und deren Steuerungs-, Lenkungs- und Kontrollrepertoire im Anschluss an den Behaviorismus eindeutig im Zentrum standen, erweitern sich bei EVERTSON die Perspektiven: Die Einrichtung des Klassenraums oder Regeln des Umgangs der Kinder untereinander werden ebenso berücksichtigt wie der Vorbildcharakter der Sprache der Lehrperson oder die Förderung eines sozialen Klassenklimas. Die sozialen Aspekte des Lernens und die Angewiesenheit des Menschen auf Beziehungen stehen bei anderen theoretischen Strömungen im Zentrum. Sie sollen in den folgenden Abschnitten zu Worte kommen.

«Klassenmanagement» als «Führungshandeln zwischen Lenkung und Beziehung» 4.4

Für den Unterricht und dessen planmäßige Durchführung ist Lenkung absolut notwendig. In diesem Sinne haben sich – so SCHÖNBÄCHLER (2008, S. 72) – behavioristische Ansätze «empirisch bewährt und bilden einen bedeutsamen Bestandteil des prozeduralen Professionswissens von Lehrpersonen». RÜEDI schreibt deshalb in seinen pädagogischen Konsequenzen (2002, S. 201): «Im Unterricht ist Lenkung unbedingt notwendig. [...] Schüler/innen erwarten, etwas zu lernen. Der Schulpflicht der Schüler/innen entspricht die Lehrpflicht der Lehrpersonen, diese müssen lenken und die Inhalte bringen.»

Aber wer *nur* lenkt – so ließe sich aus einer antinomischen Sicht einwenden – vergisst leicht die zu lenkenden jungen Menschen und übersieht damit die Tragweite der Beziehungsebene, die gemäß der Kommunikationspsychologie die Sachebene überlagert.[30] Die Kunst des Unterrichtens besteht in einer optimalen, der jeweiligen pädagogischen Situation entsprechenden Kombination von Lenkung und Wertschätzung. Schönbächler (2008, S. 28) titelt deshalb «Führungshandeln zwischen Lenkung und Beziehung». Es gibt sogar ernsthafte Argumente dafür, «Beziehung» und «Wertschätzung» als wichtigste Voraussetzungen für eine gelingende Klassenführung einzuschätzen. Diese Position soll im Folgenden zu Worte kommen.

4.4.1 Ein Blick zurück in die Geschichte der Pädagogik

«Beziehung» und «Wertschätzung» sind von der Sache her alte, ja klassische Themen der Pädagogik. Mit dem Begriff «pädagogische Liebe» ist die Grundlage jedes wirklich erzieherischen Verhältnisses angesprochen. Schon Augustinus betrachtete die «pädagogische Liebe» als elementare Voraussetzung für das Gelingen von Erziehung; der Erzieher müsse dem Zögling seine pädagogische Liebe interesselos und ohne Hoffnung auf Gegenleistung schenken. Böhm (2005, S. 412) reiht in die Tradition der «pädagogischen Liebe» Pestalozzi, Don Bosco und Gandhi ein und meint im Hinblick auf die Pädagogik der Gegenwart:

> Im Zuge von Professionalisierung und zunehmender «Verwissenschaftlichung» und Planung der Erziehung ist dieser personale Aspekt häufig als vor- und unwissenschaftlich abgetan worden, auch weil sich das Wort Liebe nur schwerlich als rational-wissenschaftlicher Begriff verwenden lässt; gleichwohl kann auf die Sache nicht verzichtet werden, sollen Erziehung und Schule nicht Gefahr laufen, zu einer lieblosen Technik der Menschenformung zu werden.

30 So heißt es bei Watzlawick/Beavin/Jackson (1969, S. 56): «Jede Kommunikation hat einen Inhalts- und Beziehungsaspekt, derart, dass letzterer den ersteren bestimmt und daher eine Metakommunikation ist.»

Eine wichtige Weiterführung zum Themenkreis der «pädagogischen Liebe» bildeten – in der theoretischen Begrifflichkeit der Humanistischen Psychologie – die Beiträge von Carl Rogers und Anne-Marie und Reinhard Tausch. Sie bevorzugten in ihrem Konzept Wertschätzung, Zuneigung und emotionale Wärme, weil sie von den für sie wünschenswerten Zielvorstellungen «gemeinsames befriedigendes Zusammenleben», «Selbstbestimmung», «Achtung der Person» und «Förderung der Funktionsfähigkeit der Person» – bei Rogers «fully functioning personality» – ausgingen. Auf dem theoretischen Hintergrund der Humanistischen Psychologie ergibt sich, dass für die Gestaltung der Unterrichtsatmosphäre Achtung, Wärme, Rücksichtnahme, nichtwertendes, einfühlendes Verstehen, Echtheit, Aufrichtigkeit und nichtdirigierende, persönlichkeitsfördernde Aktivitäten zentral sind. Tausch und Tausch (1973) betrachten diese Dimensionen, die Einstellungen, Haltungen und Persönlichkeit der Pädagoginnen und Pädagogen genauso betreffen wie deren pädagogisches Verhalten, als Voraussetzungen für bedeutsames Lernen, zum Beispiel für Identifikations- und Modelllernen. Indem Pädagoginnen und Pädagogen ihren Schülerinnen und Schülern Achtung, Wärme, Rücksichtnahme, Verständnis, Echtheit und Aufrichtigkeit entgegenbringen und auf dirigierende Aktivitäten verzichten, schaffen sie – so ließe sich aus heutiger Sicht interpretieren – die Voraussetzungen für eine sinnvolle Disziplin und eine gelingende Klassenführung. Die Begriffe «Disziplin» und «Klassenführung» tauchen im Sachwörterverzeichnis bei Tausch und Tausch (1973) nicht auf. Diese stellen die Individuen sowie deren Persönlichkeitsentwicklung ins Zentrum. Wenn individuelle Persönlichkeitsqualitäten wie Selbstachtung und Selbstbewusstsein gefördert werden – so Tausch und Tausch –, komme dies gleichzeitig der Entwicklung der für die Schule wichtigen Verhaltensbereitschaften wie Leistungsbereitschaft, Konzentrationsfähigkeit, Interesse, Lernmotivation oder Angstfreiheit zu gute (vgl. Rüedi 2002, S. 54).

Hobmair (1996, S. 225) schätzt den Beitrag des Ehepaars Tausch folgendermaßen ein:

> Wie bedeutsam die Herstellung positiver emotionaler Beziehungen ist, wurde in Deutschland durch die Forschungen Tausch/Tauschs bekannt. Sie gelangten dabei zu Ergebnissen, die man als Aufnahme positiver emotionaler Beziehungen bezeichnen kann. Solche Beziehungen zeigen sich in hoher Wertschätzung und Verständnis. Wertschätzung und Verständnis stehen beim Aufbau positiver

emotionaler Beziehungen im Mittelpunkt. Die Wertschätzung, die ein Erzieher dem zu Erziehenden entgegenbringt, kann verbal und nonverbal geäußert werden. Sie lässt sich mit den Merkmalen Warmherzigkeit, Höflichkeit, Geduld, Achtung, Toleranz, Hilfe, Ermutigung und Partnerschaft umschreiben.

4.4.2 Sind Lenkung und Beziehung in der Schule miteinander vereinbar?

Tausch und Tausch stellten Wertschätzung und Beziehung ins Zentrum und blieben gegenüber der Lenkung skeptisch. Sie ergriffen eindeutig Partei für Beziehung und Wertschätzung. Damit war die Frage der Vereinbarkeit von Beziehung und Lenkung aufgeworfen. Wenn man Tausch und Tausch und ihren Beschreibungen der damaligen Schule folgt, die charakterisiert sei durch ein «hohes Ausmaß an Lenkung-Dirigierung seitens ihrer Lehrer» (Tausch/Tausch 1973, S. 223), begreift man ihre Parteinahme besser. Ihre Betonung der emotionalen Seiten von Erziehung war aus heutiger Sicht betrachtet notwendig. Der Aufbau einer positiven emotionalen Beziehung ist für die moderne Pädagogik eine grundlegende Voraussetzung für gelingende Klassenführung und den erfolgreichen Umgang mit Unterrichtsstörungen. Der Münchner Bildungsforscher Weinert spricht von der «Nichtersetzbarkeit positiver zwischenmenschlicher Beziehungen zwischen Lehrer und Schüler» (Weinert 1996, S. 145). Und etwas ausführlicher der Zürcher Psychologe Frick (2008, S. 22 f.):

> Die Beziehungsfähigkeit der Lehrperson, wie zum Beispiel das Annehmen, Bejahen der Schüler/innen und das Sich-in-sie-hineinfühlen-Können, sind wesentliche (aber natürlich nicht die einzigen!) Voraussetzungen für eine tragfähige Schüler/innen-Lehrer/innen-Beziehung, für eine gute Unterrichtsatmosphäre sowie für erfolgreichen Unterricht. Es geht vor allem um eine allgemeine Grundstimmung. Diese Stimmung beruht auf Interesse an den Schüler/innen, Engagement und Unterstützung für das emotionale und kognitive Fortkommen, auf Zutrauen und Zumuten. Angemessene Zuwendung und klare Führung, den Schüler/innen gut zuhören können, weniger Belehrung und Kritik und häufigere Ermutigung, klare Kommunikation, transparente Erwartungen und Abläufe, respektvoller Umgang und Humor sind wichtig. Solche Lehrpersonen gelten als cool, in Ordnung, fair usw. Schüler/innen, die sich mit ihrer Schule – den Lehrkräften wie den Mitschüler/innen – tendenziell verbunden fühlen, erbringen bessere Leistungen (Rochlofs 2005; Hamre/Pianta 2005). Entscheidend ist, ob die Lehrkraft Kontakt zu den Schüler/innen herstellen und ihre Aufmerksamkeit konstruktiv binden kann [...].

Wenn die Beziehungsgestaltung zwischen Lehrperson und Lernenden gelingt, lassen sich diese viel eher lenken, führen, auch tadeln. Umgekehrt lassen sie sich – je nach Alter – wenig bis nichts sagen, wenn sie sich nicht geschätzt, nicht be-, nicht geachtet fühlen. Darum lohnt es sich für jede Lehrperson, den Kontakt zu den Schülerinnen und Schülern aufzunehmen, Beziehungen zu knüpfen und diese zu pflegen. LOHMANN (2003, S. 96 f.) empfiehlt in diesem Sinne ganz konkret, bei Schulbeginn die Namen rasch auswendig zu lernen, Interesse an der Welt der Schülerinnen und Schüler zu zeigen, mehr positive als negative Rückmeldungen zu geben oder hie und da auch einmal etwas Privates zu erzählen. Diese Ratschläge veranschaulichen, wie in der konkreten Schulsituation die Beziehungsgestaltung durch die Lehrperson möglich ist. Es gibt natürlich Tausende von weiteren Möglichkeiten, wie im Schulalltag den Lernenden gegenüber Wertschätzung und Achtung ausgedrückt werden können, zum Beispiel durch günstige Kommunikationsformen (vgl. LOHMANN 2003, S. 99)[31] oder durch interessiertes Nachfragen, wenn einzelne Schüler oder Schülerinnen Lernschwierigkeiten gegenüberstehen, die ihnen nicht bewältigbar erscheinen. Sich dann nicht nach den Gründen der Schulschwierigkeiten zu erkundigen, dann nicht das Gespräch mit den betreffenden Schülern und Schülerinnen zu suchen, läuft im Sinne von WATZLAWICKS 1. Axiom «Man kann nicht *nicht* kommunizieren» darauf hinaus, dass uns diese jungen Menschen nicht sehr viel bedeuten oder dass wir Schulschwierigkeiten für nicht veränderbar halten.

---

31 Hinweise zu «günstige(n) Kommunikationsformen» finden sich zum Beispiel bei Jochen GRELL (1989, S. 204), wenn er schreibt:

«1. Wenn Vorfälle besprochen werden, bei denen Schüler sich unangemessen verhalten haben, Fragen stellen können, die die Schüler ermutigen, ihre Gefühle auszudrücken.
2. Die Gefühle der Schüler (auch ‹negative› Gefühle wie Ärger, Wut, Enttäuschung, Schuldgefühle, Scham usw.) akzeptieren können.
3. Anweisungen neutral, ohne Ablehnung, formulieren können (‹Fang bitte an, Isolde› statt ‹Hör endlich mal auf zu träumen und fang an zu arbeiten.›).
4. Statt ‹negativer Instruktionen› (‹Du bist auf der ganz falschen Seite, wie immer›) ‹positive Instruktionen› (‹Wir sind auf Seite 47›) verwenden können. Informationen geben, statt auf Fehlleistungen herumzupicken.
5. Kritik sachlich statt persönlich gekränkt formulieren können.»

LOHMANN (2003, S. 134 f.) weist deshalb auf die Bedeutung der besonderen Beachtung bei Entmutigung und Hoffnungslosigkeit hin, wenn er schreibt:

> Entmutigte Schüler haben kein Vertrauen in ihre Leistungsfähigkeit und geben schnell auf. Sie bedürfen besonderer Zuwendung. Dies kann durch Ermutigung, Anerkennung, Aufmunterung oder durch besondere Förderung geschehen. Bauen Sie in Rückmeldungen immer irgendetwas Positives ein, was Stärken des Betreffenden hervorhebt. Zeigen Sie lernschwachen Schülern deutlich, dass Ihnen etwas an ihrem Lernerfolg liegt, dass Sie ihnen helfen wollen. Finden Sie heraus, wo ihre Stärken liegen, und verschaffen Sie ihnen zunächst auf diesem Gebiet kleine Erfolgserlebnisse. Leisten Sie emotionale Aufbauarbeit, indem Sie eine optimistische Grundhaltung einnehmen und Zuversicht ausstrahlen. Zeigen Sie Vertrauen in die Fähigkeiten und in das Leistungsvermögen entmutigter Schüler. Achten Sie darauf, dass Leistungsverbesserungen der Anstrengung und den Fähigkeiten des betreffenden Schülers zugeschrieben werden und nicht dem Zufall oder der vermeintlichen Leichtigkeit der Aufgabe.

Wenn wir LOHMANNS Anleitung zur «emotionale[n] Aufbauarbeit» lesen, merken wir zugleich, dass zwischen Lenkung und Beziehung kein Gegensatz bestehen muss. Wenn der Lehrer zum Beispiel einen mutlosen Schüler, der mit größtem Einsatz eine Aufgabe lösen konnte, darauf aufmerksam macht, dass er diesen Erfolg sich selbst und nicht dem Zufall zuschreiben soll, dann vereinen sich in dieser pädagogischen Handlung Wertschätzung und Lenkung. Der Lehrer lenkt die Aufmerksamkeit des Schülers auf die eigene Beitragsleistung und schätzt diese zugleich. Gerade im Verbinden-Können von Lenken und Wertschätzen zeigt sich pädagogische Kunst.[32] Der Beruf der Lehrperson erfordert «eine Balance zwischen verstehender Zuwendung und Führung» meint BAUER (2007, S. 54) deshalb. Mit dieser Balance zwischen Zuwendung und Führung, zwischen Verständnis und Lenkung hat BAUER einen zentralen Aspekt eines antinomischen Disziplinverständnisses angesprochen. Verständnis für das Kind ist wichtig, darf aber nicht grenzenlos werden, sonst verschwimmt es zum grenzenlosen und

32 Eine Lehrerin sagte einmal zu einem Schüler: «Das bist gar nicht du, der Peter, der so fies reagiert hat. So kenne ich dich gar nicht.» So lenkte sie einerseits, indem sie Peter darauf hinwies: Handle nie mehr so! Zugleich brachte sie ihm mit dieser Formulierung Wertschätzung entgegen, indem sie dem Jungen gegenüber zum Ausdruck brachte, wie sehr sie ihn eigentlich schätzt.

rührseligen Mitleid, welches das Kind schwächt und ihm nichts zutraut. Pestalozzi sprach darum von «sehender Liebe» statt von «blinder Liebe» (vgl. Meier 1987, S. 304), um die reifen von den unreifen, zum Beispiel dranghaft-impulsiven Formen der Liebe zu unterscheiden. Lenkung und Führung ihrerseits sind wichtig, bedürfen aber des Korrektivs durch Wertschätzung und Einfühlung, sonst arten sie in diktatorisches Dominieren aus, das im Kind Angst auslösen kann.

Lenkung und Beziehung gehören in der Pädagogik somit zusammen, lassen sich gar nicht ohne nachteilige Folgen voneinander trennen. Lenkung ohne Beziehung tut weh, Beziehung ohne Lenkung wird blind. Ein antinomisches Verständnis von Klassenführung verbindet Lenkung/Beeinflussung und Wertschätzung/Achtung. Beide Dimensionen sind notwendig: Als Lehrperson lenke und beeinflusse ich, fühle aber mit und empfinde mit dem Kind und Jugendlichen, wie es diesem wohl zumute ist. Gleichzeitig gestehe ich den Kindern und Jugendlichen zu, nach dem Sinn dieser Lenkung zu fragen. Der im Begriff «Klassenführung» enthaltene Akzent auf Lenkung/Führung wird so ergänzt durch denjenigen von Fragen/Zuhören/Achtung und Begründung, was aber trotzdem einmal heißen kann, dass die Lehrerin Schreien und störendes Verhalten in gewissen Situationen mit Bestimmtheit unterbindet, ohne zu diskutieren. Als Lehrperson muss ich wissen, dass ich im Sinne der Lernzielerreichung auf der Ausführung meiner Anordnungen bestehen muss. Die Grenzsetzungsfähigkeit ist heute ein wichtiges Merkmal der erzieherischen Kompetenz. Ein eindeutige Grenzen setzendes Erziehungsverhalten fördert die Übernahme von sozialen Normen und die Entwicklung eines angemessenen Sozialverhaltens. Dass gerade im Unterricht sogar ein situativ hohes Maß an Grenzsetzung und Lenkung sinnvoll sein kann, wissen wir aus zahlreichen Studien (vgl. Weinert 1996, S. 147).

Allerdings ist – mit Paracelsus gesprochen – alles eine Frage der Dosis: Wird zum Beispiel die «direkte Instruktion», diese lehrerdominante und leistungsbezogene Unterrichtsform der Anleitung, zu lange und zu ausschließlich angewandt, kann es zu einer Abnahme der Lernfreude kommen: «Aus solchen und anderen Befunden lässt sich ein Plädoyer für die Kombination unterschiedlicher, sowohl lehrer- als auch schülerdominierter Unterrichtsformen ableiten.» (Weinert 1996, S. 147).

Welche Unterrichtsform wann angebracht, wie viel Lenkung wann sinnvoll ist, wann vielleicht Innehalten und Eingehen auf emotionale oder soziale Bedürfnisse zu bevorzugen sind, das sind zentrale Fragen, die immer nur situativ beantwortbar sind. Deutlich geworden ist, dass kein unüberwindbarer Gegensatz zwischen wertschätzender Zuwendung und Führung bestehen muss. Lenkung und Beziehung sind – um auf die Titelfrage dieses Abschnittes zurückzukommen – miteinander vereinbar.[33]

Diese Erkenntnis, dass Wertschätzung und Lenkung in der Schule vereinbar sind, ist für Lehrpersonen wichtig. Wenn sie von diesem theoretischen Konzept ausgehen, stehen sie dazu, ihre Klassen zu führen und zu lenken, ohne dass sie sich deswegen Gewissensbisse machen müssen. Gehen Lehrpersonen heute ganz vom Konzept von Tausch und Tausch aus, werden sie sich wahrscheinlich fragen, ob sie so oder so führen dürfen, ohne die Klasse damit in dirigistischer Weise zu bevormunden. Solche Selbstbefragungen sind in der heutigen Schulpraxis jedoch gefährlich. Schülerinnen und Schüler müssen gelenkt und geführt werden, und Lehrpersonen sollen heute zu ihrer Führungsaufgabe stehen. Diese Erkenntnis ist heute in der Erziehungswissenschaft unbestritten, weil sie vom Konzept der «autoritativen Erziehung» ausgeht (vgl. Rüedi 2002, S. 56 ff.). Dieses soll im nächsten Abschnitt zusammengefasst werden.

4.4.3 Die autoritative Erziehung – der beste Weg

Lehrerinnen und Lehrer haben Jahrhunderte lang in ihren Klassenzimmern erzogen und gelenkt. Sie machten es unterschiedlich, entsprechend ihrer individuellen Persönlichkeit. Zugleich waren sie Kinder oder vielmehr Lehrpersonen ihrer Zeit, deren Vorstellungen und Erziehungsziele sie beeinflussten. Vor 50 Jahren wurde den Lehrpersonen zum Beispiel in ihrer Ausbildung folgende «Strategie» für die Klassenführung am ersten Schultag vermittelt:

---

33 In eine ähnliche Richtung weisen Mayrs empirische Forschungen, wenn er schreibt (Mayr 2009, S. 34): «Das Erfreuliche an den Befunden ist: Effektivität hinsichtlich des Lernertrags und Wohlbefinden sind keine Gegensätze, auch wenn manche Strategien der Klassenführung mehr den ‹kognitiven Output› stimulieren und andere sich eher günstig auf das Klassenklima auswirken.»

«Der erste Schüler, der aufbegehrt, dem geben Sie eine Ohrfeige, danach haben Sie Ruhe. Wenn Sie diese Chance verpassen, sind Sie nachher der Geplagte.»

Aus heutiger Sicht würden wir diese Strategie als «autoritär», eine Schreckensherrschaft errichtend und Angst einflößend beurteilen. Kein Wunder, dass die junge Generation nach 1968 alles anders machen wollte. Viele Kinder antiautoritärer Eltern durften tun und lassen, was sie wollten. Hinter diesen Erziehungsvorstellungen steckte der nachvollziehbare Wunsch, dass sich Kinder ohne jede Einschränkung am besten zu reifen Persönlichkeiten entwickeln. Barbara ARENS (1997), welche 1975 ihre erste 4. Klasse übernahm, orientierte sich an sogenannt freiheitlichen und antiautoritären Vorbildern und nahm sich vor, freundlich und höflich mit den Kindern umzugehen, ganz anders als die ältere Lehrerin vor ihr. Sie scheiterte gründlich und war bald psychisch und physisch so geschwächt, dass sie «vor der Klasse in Tränen ausbrach» (ARENS 1997, S. 51). Aus der Perspektive der aktuellen Erziehungswissenschaft betrachtet haben sich beide Erziehungsvorstellungen als «falsch erwiesen [...]: Eine Pädagogik mit Zwang und Strenge hat ebenso wenig funktioniert wie eine mit völliger Freiheit.» (FUHRER 2007, S. 132). Ermöglicht haben diese Aussage langjährige Erziehungsstilforschungen in der Tradition von LEWIN, TAUSCH und TAUSCH und BAUMRIND. Diana BAUMRIND griff schon 1971 in die damalige Auseinandersetzung über Erziehungsstile ein, konnte bereits auf Forschungsarbeiten über elterliche Erziehungsstile zurückgreifen und schlug vor, den missverständlichen Begriff «demokratisch» durch «autoritativ» zu ersetzen, weil «demokratisch» ja ein politisches Entscheidungsverfahren genannt werde, bei dem alle mitbestimmen können. In der Schule und im Elternhaus gebe es aber Situationen, in denen Abstimmungen gar nicht möglich und sinnvoll seien, müssten doch Lehrkräfte und Eltern gewisse Entscheidungen selber treffen und dann dementsprechend auf der Ausführung bestehen. Darum prägte BAUMRIND den Begriff «autoritativ» für einen Erziehungsstil, bei dem die «Autorität» positiv besetzt ist, der warm, liebevoll, kindzentriert und unterstützend, aber zugleich fordernd ist und Grenzen setzt. BAUMRIND fand, so resümiert MIETZEL (1993, S. 290),

> dass Kinder autoritativer Eltern im Vergleich mit der jeweiligen Altersgruppe bezüglich der Selbstständigkeit am höchsten einzustufen waren; sie besaßen

ein vergleichsweise hohes Selbstvertrauen und ein gutes Selbstwertgefühl. Offenkundig konnten diese Kinder relativ selbstsicher auftreten, weil sie bezüglich des jeweils adäquaten Verhaltens gute Vorbilder und ausreichende Erklärungen erhalten hatten. Ihnen sind nicht – wie unter der permissiven Bedingung – Selbstständigkeiten übertragen worden, zu denen sie noch gar nicht fähig waren.

In der Zwischenzeit hat sich das Konzept von BAUMRIND, der autoritative Erziehungsstil, die Verbindung von Anforderungen / Kontrolle und emotionaler Wärme / Akzeptanz, vielfach empirisch bestätigt und durchgesetzt, auch wenn sich die Begriffe zum Teil leicht verändert haben.[34] FUHRER (2007, S. 135) fasst zum Beispiel als «Grundwissen für die Erziehungspraxis» zusammen:

Herzenswärme, Freiräume und Grenzen

- *Autoritative Eltern* kombinieren Herzenswärme und Liebe mit der Förderung des kindlichen Autonomiestrebens, und all dies geschieht innerhalb klar definierter, der Entwicklung des Kindes angemessener Grenzen, auf deren Einhaltung konsequent bestanden wird.
- Zumindest für den westlichen Kulturkreis hat sich eine bemerkenswerte Übereinstimmung der Forschungsbefunde ergeben, als sich eine *autoritative elterliche Erziehung*, d. h. weder ein zu lockerer noch ein zu strenger Erziehungsstil (als Mittelweg) als die positivste Erziehung erweist.
- *Autoritativ erzogene Kinder* verfügen im Vergleich zu Kindern, deren Eltern andere Erziehungsmuster ausüben, über das höchste Maß an geistigen und sozialen Kompetenzen und zeichnen sich durch das geringste Problemverhalten aus. Wenn diese Kinder ins Jugendalter kommen, zeigen sie ein hohes Selbstwertgefühl, vielfältige soziale Fertigkeiten, besitzen hohe moralische Haltungen, zeigen eine hohe Hilfsbereitschaft und die besten Schulleistungen.

34 TSCHÖPE-SCHEFFLER (2006, S. 280 ff.) spricht zum Beispiel von den entwicklungsfördernden fünf Säulen «emotionale Wärme», «Achtung», «Kooperation», «Verbindlichkeit» und «allseitige Förderung». Unter «Verbindlichkeit» versteht sie: Konsequenz, Struktur, Grenzen setzen, Rituale und Regeln, Klarheit, Verlässlichkeit, Kontinuität und Struktur / Organisation, alles Aspekte, die auch für «Disziplin im Unterricht» ihre Bedeutung haben. Auch hier zeigt sich, dass zwischen Lenkung / Verbindlichkeit / Grenzen setzen und emotionaler Wärme und Achtung kein Gegensatz bestehen muss.

Lenkung und Beziehung sind somit – so lässt sich der «autoritative Erziehungsstil nach BAUMRIND» zusammenfassen – miteinander vereinbar und geben für eine sinnvolle Erziehung in Elternhaus und Schule die «richtige» Richtung an. BAUMRIND ging bei ihren Forschungen von der Eltern-Kind-Beziehung aus. Die Ausweitung ihrer Ergebnisse auf den Bereich von Unterricht und Schule ist jedoch angebracht. Andere Forschungen wie zum Beispiel diejenigen von SCHNEEWIND/BÖHMERT (2008) oder TSCHÖPE-SCHEFFLER (2006) stimmen mit der Richtung von BAUMRIND überein. SCHNEEWIND/BÖHMERT (2008, S. 21) empfehlen für eine gelingende Erziehung heute «elterliche Wertschätzung, Fordern und Grenzensetzen, Gewähren und Fördern von Eigenständigkeit». «Freiheit in Grenzen» nennen sie ihr Konzept. Damit erteilt die heutige Erziehungswissenschaft der strengen und autoritären Erziehung von 1950 oder 1960, welche mit der Angst operierte, genauso eine Absage wie der grenzenlosen Freiheit in der Erziehung. Die Erziehungswissenschaft empfiehlt heute den Lehrpersonen, sich an den Konzepten von «Wertschätzung», «Lenkung», «Fordern und Grenzensetzen» und «Fördern von Eigenständigkeit» zu orientieren: Die autoritative Richtung ist die «richtige» Richtung. SCHÖNBÄCHLER hält darum für ein umfassendes «Qualitätsverständnis von Unterricht» eine hohe Ausprägung der Aspekte «Beziehung» wie «Lenkung» für gleichermaßen wünschenswert: «Dieses Muster korrespondiert mit dem ‹autoritativen› Typ von BAUMRIND.» (SCHÖNBÄCHLER 2008, S. 32). Die Schulklimaforschung betont eher die Bedeutsamkeit der Führungsdimension «Beziehung», die Effektivitätsforschung eher diejenige der Führungsdimension «Lenkung». Damit wird nochmals die Überflüssigkeit des BUEB'schen «Lob[es] der Disziplin» (2006) offensichtlich: Die heutige Pädagogik weiß um die Bedeutung von «Lenkung», «Grenzen» oder «Fordern», erkennt jedoch gleichzeitig die Gefahren dogmatischer Einseitigkeit, die bei BUEB wohl durch den Wunsch entsteht, das Rad der Zeit zurückzudrehen. «Schade», meint Helmut FEND,

> dass BUEB offensichtlich die pädagogische Forschung verschlossen ist. Er hätte Bestätigung und nötige Korrektur erfahren können. Wer natürlich davon ausgeht, ‹in der Pädagogik gibt es keine neuen Erkenntnisse› (s. S. 171), der braucht als Pädagoge auch nicht danach zu suchen, ob es so etwas wie Forschung zur Humanentwicklung gibt, die belegt, dass Aufwachsen heute vielfältiger und komplexer ist, als BUEB mit seinen vereinfachenden Lösungen suggeriert. (FEND 2007, S. 61).

4.4.4 Wie beurteilen Lehrpersonen die autoritative Erziehung?

Nachdem mithilfe der Fachliteratur im Abschnitt 4.4.3 der «autoritative» Erziehungsstil als «richtige» Richtung erkannt worden, nachdem Klassenmanagement als Führungshandeln zwischen Lenkung und Beziehung beschrieben worden ist, nachdem beide Dimensionen, die Herstellung emotional tragender Beziehungen wie auch pädagogische Lenkung als notwendig erkannt worden sind, soll hier innegehalten und eine Frage aufgeworfen werden: Sind nämlich für in der Schulpraxis tätige Lehrerinnen und Lehrer die beiden Führungsdimensionen «Lenkung und Beziehung» gleichermaßen wichtig wie für die verwendete Fachliteratur? Für die Beantwortung dieser Frage kehren wir nochmals zu den bereits im ersten Kapitel erwähnten 68 Interviews (vgl. S. 15, Fußnote 5) zurück und fragen nach, ob die befragten Lehrpersonen Lenkung und Beziehung wichtig finden für den gelingenden Umgang mit Unterrichtsstörungen.[35] Lassen sich die zentralen Aussagen von Abschnitt 4.4.3 durch Interview-Äußerungen der 68 Lehrpersonen verdeutlichen und veranschaulichen?

Lehrerin Sch. (2007) stellt sofort die positive Beziehung ins Zentrum und antwortet: «Am allerwichtigsten ist es mir, eine gute Beziehung zu den Schüler/innen zu haben. Ich bringe mich ein, erinnere mich an ähnliche Lebensphasen, versuche stets, Verständnis für die Kinder zu haben.»

Diese junge Lehrerin nennt die Dimension «Beziehung» und zeigt praktische Möglichkeiten wie biografisches Erinnern, um die Beziehung zum betreffenden Kind zu intensivieren.

Lehrperson B. (2007), seit 23 Jahren auf der Mittelstufe (3. bis 5. Klasse) unterrichtend, antwortet:

> Ich sage dem Kind, es soll jetzt ruhig sein, denn ich hätte etwas zu sagen. Und da es nur ganz wenige Kinder sind, geht das immer noch ganz gut. Das Kind nimmt es sich im Moment auch zu Herzen und redet dann etwas weniger. Eine

---

35 Verwendet wird dafür die zweite Frage des Interviews (vgl. Anhang 1): Worauf kommt es an bei der Bewältigung von Störungen? Man könnte hier mit Lamnek (2005, S. 307) von der «Plausibilisierung und Illustration quantitativer Ergebnisse» durch Interviewstellen sprechen. Empirisch bereits gesicherte Aussagen können so durch Interview-Äußerungen von Befragten verdeutlicht und veranschaulicht werden.

> Strafe habe ich noch nie erteilt, das scheint mir unangemessen zu sein. Wenn es aber in einer normalen Schulklasse geschehen würde, müsste ich etwas anderes unternehmen.
>
> Ich habe aber festgestellt, dass ein Lachen oder Lächeln, ein Zublinzeln oft die bessere Wirkung zeigen. Die Lehrperson gibt dem Kind zu verstehen, dass sie zwar das Stören nicht mag und auch nicht toleriert, doch versteht, dass ruhig sein manchmal einfach schwierig ist.

Lehrperson B. vereinigt beide Dimensionen, nämlich «Lenkung» und «Beziehung» in einem Abschnitt. Sie beginnt mit dem Hinweis auf den Sinn verbaler Lenkung: «Ich sage dem Kind, es soll jetzt ruhig sein», und gesteht dann der Beziehung, dem «Lächeln», dem «Zublinzeln» die «bessere Wirkung» zu: Sie «versteht, dass ruhig sein manchmal einfach schwierig ist». Lehrperson B. hat soeben ein schönes Beispiel für den Sinn der antinomischen Perspektive (vgl. Kapitel 3.4) gegeben: Sie sagt etwas, lenkt damit, drückt gegenüber der Tat, dem Schwatzen, eigene Missbilligung aus, versteht aber dabei gleichzeitig, dass das soeben gewünschte Verhalten nicht immer einfach zu erreichen ist. Sie zeigt somit Verständnis für die Person, der nicht immer alles gelingt. Zum antinomischen Verständnis von Störungen gehört die Fähigkeit der Lehrperson, einen Perspektivenwechsel vornehmen zu können: Sie möchte zwar jetzt kein Schwatzen, bringt dies auch deutlich und unmissverständlich zum Ausdruck, kann aber dann gleichwohl die Sicht des Kindes einnehmen, das manchmal gewisse Schwierigkeiten hat, «ruhig» zu sein.

Lehrperson B. hat ihre Antwort mit der Lenkungsdimension begonnen: «Ich sage dem Kind, es soll jetzt ruhig sein.» Diese Ebene von Lenken bzw. verbalem Äußern dessen, was erwünscht oder vielmehr nicht erwünscht ist, wird von vielen Lehrpersonen gewählt.

Lehrerin F. (2006) beginnt ihre Antwort auf die Frage nach dem Umgang mit Unterrichtsstörungen so: «Ich thematisiere die Störung sofort, gebe den Kindern die Rückmeldung, dass ich ihr Verhalten nicht toleriere. Bei einer weiteren Übertretung versuche ich, das Kind mit einem lautlosen Hand- oder Mimikzeichen zu ermahnen.» Bei F., einer erfahrenen Unterstufenlehrerin mit 20 Jahren Berufserfahrung, kommt die auch bei verschiedenen anderen erfahrenen Lehrpersonen festzustellende Überzeugung zum Ausdruck, dass bei Störungen sofort reagiert werden muss, damit das Kind nicht denkt, es könne sich so durchmogeln.

Lehrer B. (2006) beginnt seine Antwort genau mit diesem Akzent: «Ich versuche, solche Störungen gar nicht erst entstehen zu lassen. Leider ist dies nicht immer möglich. Wichtig ist, dass ich Provokationen nicht als persönliche Angriffe verstehe und mich schon gar nicht auf Machtkämpfe einlasse.» Hier wird somit die sofort zu beschreitende Lenkungs- und Verhaltensebene kombiniert mit dem Hinweis, Provokationen nicht persönlich zu nehmen – genau wie die Lehrerin R. in Kapitel 3.2 schon betont hat.

Am Anfang von Abschnitt 4.4.4 wurde die Frage aufgeworfen, ob heute tätige Lehrpersonen wie von der Erziehungswissenschaft empfohlen Führungshandeln als Kombination von Lenkung und Beziehung auffassen. Oder präziser gefragt: Lassen sich die zentralen Aussagen von Abschnitt 4.4.3 durch Interview-Äußerungen der 68 Lehrpersonen veranschaulichen? Ja. Für die interviewten Lehrpersonen sind Lenken, Hinweisen oder sofortiges Eingreifen Selbstverständlichkeiten, wie anhand verschiedener Interviewstellen gezeigt worden ist.[36] Grundsätzliche Infragestellungen von Führung und Lenkung, wie sie etwa von der «Antipädagogik» um 1980 vertreten worden sind, gab es keine. Der Beziehungsaspekt wird weniger oft[37] genannt als der Lenkungsaspekt, wird aber ebenfalls mehrmals angesprochen. Die Richtung des «autoritativen Führungsstils», um die Titelfrage von Abschnitt 4.4.4 aufzugreifen, wird somit von diesen interviewten Lehrpersonen bejaht. Diese Aussage lässt sich mit zahlreichen Interviewstellen veranschaulichen. Diese breite Übereinstimmung im Hinblick auf den «autoritativen Erziehungsstil» erstaunt vor dem Hintergrund des in Kapitel 2.2 erwähnten positiven Verständnisses von Disziplin bei aktiven Lehrpersonen nicht. Vor 35, 40 Jahren wären die Antworten wohl divergierender ausgefallen …

---

36 Als Interpretation bietet sich an, dass Lehrpersonen im Beruf die Erfahrung machen, dass sie nur mit einer klaren Lenkung überleben. «Lenke oder du gehst unter!» – so hieße die Kurzformel.

37 Das mag mit der exakten Fragestellung zusammenhängen, die sehr konkret war: «Worauf kommt es an bei der Bewältigung von Störungen?» Diese Frage lockt tendenziell Antworten auf der Handlungs- und Lenkungsebene hervor. Der Schluss, dass diese Lehrpersonen Lenkung wichtiger finden als Beziehung, wäre jedenfalls verfrüht und nicht statthaft. Insgesamt wird in diesem Kapitel kein wissenschaftlicher Anspruch im Sinne quantitativer Forschung gestellt. Die Interviewfragen waren nicht auf Trennschärfe im Ja-Nein-Sinne angelegt.

Beziehungsförderung in der Schule konkret 5

Oder: «Dem Menschen einen Glauben schenken, heißt, seine Kraft verzehnfachen.» Gustave LE BON

Lehrpersonen wissen heute, wie wir soeben am Beispiel der interviewten Lehrpersonen gesehen haben, um die Bedeutung von Beziehungsgestaltung und Lenkung. Angesichts der Bedeutung dieser beiden Dimensionen lohnt sich genaueres Nachfragen. Zuerst soll in Abschnitt 5.1 bei Lehrerin K. nachgefragt werden, was sie zur Bedeutung der Beziehung in der Schule denkt. In den Abschnitten 5.1.1 bis 5.1.5 stehen konkrete Möglichkeiten der Beziehungsförderung und Beziehungsgestaltung in der Schule im Zentrum.

Die Wechselbäder der Lehrerin K. – und was daraus zu lernen ist 5.1

Im Rahmen eines Kurses für Lehrpersonen[38] entstand die folgende Reflexion von Frau K., einer 30-jährigen Oberstufen-Lehrerin. Sie schrieb:

> Eine gute Beziehung zu den Schülern und Schülerinnen meiner Klasse zu haben, ist für mich als Lehrperson sehr wichtig und bildet im Grunde die Basis für gelingenden Unterricht und Lernen.
>
> Eine gute Beziehung entsteht, wenn ich über die Schüler meiner Klasse informiert bin, wenn ich in groben Zügen ihre Lebensverhältnisse, d. h. ihr Elternhaus kenne, wenn ich weiß, wo sie ihre Sommerferien verbringen oder was sie

38 Die Lehrerin K. nahm am Kurs «Individualpsychologie in der Schule» (Zürich 2008) teil. Auf meine Nachfrage hin erklärte sie sich bereit, ihre Erlebnisse ausführlicher darzulegen.

in ihrer Freizeit am liebsten machen. Dies ermöglicht unzählige Gesprächsanlässe in der Pause oder manchmal auch im Unterricht, wenn ich glaube, dass das eine oder andere Kind zu einem bestimmten Thema etwas beitragen könnte.

Eine gute Beziehung entsteht auch, wenn Schüler das Gefühl haben, dass ich sie ernst nehme und dass sie von mir Hilfe bekommen, auch Hilfe jenseits von Unterricht und Schule.

Wenn ich weiß, dass die Jungen und Mädchen, die die meiste Zeit des Tages mit mir verbringen, mir vertrauen können, mich um Rat fragen können, mir einen Witz erzählen können, mir einen Fehler beichten könnten, dann läuft der Unterricht oft von allein und ich nehme Unterrichtsstörungen gelassener.

Diese Erfahrungen durfte ich zu Beginn meiner Laufbahn als Lehrperson machen. Ich habe zwei sehr intensive Jahre erlebt, in denen ich mich jeden Tag auf die Schule und meine Klasse gefreut habe. Nicht zuletzt war dies auch so, weil ich einen guten Kontakt zu meinen Lehrerkollegen hatte, mit ihnen sehr eng im Team Teaching und anderen schulischen Projekten zusammenarbeitete und Anerkennung durch die Schulleitung fand.

Jetzt habe ich zum ersten Mal ein Schuljahr erlebt, in dem ich genau das Gegenteil erfuhr.

Nach den ersten Tagen an dieser neuen Schule spürte ich sofort eine Mischung aus Misstrauen und Einzelgängertum auf den Schulfluren. Ich hatte eine Klasse übernommen, die als schwierig galt. Unterstützung durch Kollegen oder die Schulleitung wäre also gerade notwendig gewesen. Die Lehrperson, die mir die Klasse abgab, bescheinigte mir, dass ich den Stellenantritt noch bereuen würde, und viele der Kollegen, die mich in den ersten Tagen begrüßten, bedauerten mich mitleidig, als sie erfuhren, welche Klasse ich unterrichtete. Von dieser Attacke habe ich mich bis zum Ende des Schuljahres nicht erholt. Ich hatte das Gefühl, ich müsste mich in eine Schlacht begeben, in der ich gegen die Schüler und Schülerinnen der Klasse antreten sollte und in der die Verstärkung auf meiner Seite ausgefallen war.

Schon nach wenigen Wochen war für mich klar, dass ich an der falschen Schule gelandet war. Es war kein klares Konzept der Schulleitung zu erkennen, es fand kein Austausch unter den Lehrpersonen statt und alle anstehenden, vom Kanton vorgegebenen Schulreformen, die in meinen Augen positiv für die Schule gewesen wären, wurden von den Lehrpersonen vehement kritisiert und abgelehnt.

In solch einem Klima wollte ich nicht arbeiten. Zu diesem Zeitpunkt konnte ich mir nicht einmal mehr vorstellen, überhaupt bis zum Ende des Schuljahres durchzuhalten. Ich war einige Male an dem Punkt angelangt, sofort zu kündigen. Mir ging es phasenweise wirklich schlecht, ich hatte Mühe, morgens aufzustehen, und beim Betreten des Schulhauses bekam ich Bauchweh.

Wie stand es eigentlich um die Beziehung zu meiner Klasse? Nun, äußerst schlecht. Heute weiß ich, dass dies zum größten Teil durch mich verschuldet war. Mein inneres Wissen, schnellstmöglich die Schule verlassen zu wollen, führte wohl dazu, dass ich auch wenig Interesse an meinen Schülern und Schülerinnen hatte, zumindest signalisierte ich ihnen dies wohl, natürlich nonverbal und unbewusst. Es dauerte beinahe bis zum Ende des Schuljahres, eine einigermaßen erträgliche (Lern-) Atmosphäre im Schulzimmer herzustellen. Wenn ich mir klarmache, dass sich durch mein Verhalten Schüler nicht ernstgenommen fühlten, wundert es mich nicht, dass sie nicht lernen wollten, ging es ihnen doch genauso wie mir.

Was mir fehlte, waren bestärkende und Unterstützung anbietende Gespräche mit anderen Lehrpersonen oder der Schulleitung, die meine Fragen in Bezug auf die «schwierige Klasse» beantworten konnten. Was mir fehlte, war ein Schulterklopfen und ein aufmunterndes «Du schaffst das!» Was ich als das Wichtigste in der Beziehung zu meinen Schülern betrachte – Wertschätzung und Ermutigung –, konnte ich diesen Schülern nicht geben, weil ich es selbst vermisste. Dass ich deshalb als Lehrperson nicht erfolgreich sein konnte, habe ich schon erwähnt.

Neben all den Schwierigkeiten und Frustrationen, die ich in diesem Jahr erleben musste, habe ich eines tatsächlich, d.h. am eigenen Leib erfahren, was mir vorher nur als flüchtiger Zusammenhang erschien: Befinden sich meine Schüler in einer anonymen und entmutigten Klassenatmosphäre, reagieren sie auf die gestellten Anforderungen frustriert, unmotiviert und ausweichend. Möchte ich, dass sie gut arbeiten und lernen können, muss ich als Lehrperson dafür sorgen, dass in der Klasse stabile und wertschätzende Beziehungen herrschen.

Die Reflexion dieser Lehrerin berührt, weil sie zeigt, wie nahe in der Schule Gelingen und Misslingen, Glück und Unglück beieinander liegen können. Frau K. schrieb: «Ich habe zwei sehr intensive Jahre erlebt, in denen ich mich jeden Tag auf die Schule und meine Klasse gefreut habe.» Und dann dieser Wechsel, wie wenn eine andere Person an die Stelle von Frau K. getreten wäre, eine Person, die «schnellstmöglich die Schule verlassen» wollte. Wie ist so eine Entwicklung zu erklären? Diese Frage ist sehr interessant und lohnt sich, genauer beleuchtet zu werden. Diese genauere Beleuchtung soll unternommen werden, indem in einem ersten Schritt aus der Reflexion von Frau K. fünf Konsequenzen abgeleitet werden, die danach in den Abschnitten 5.1.1 bis 5.1.5 behandelt werden:

1. Eine gute Beziehung zu den Schülerinnen und Schülern ist die Basis für gelingenden Unterricht.
2. Als Lehrperson kann ich selbst etwas für gute Beziehungen tun!
3. Schülerinnen und Schüler brauchen das Gefühl, ernst genommen und unterstützt zu werden.
4. Ebenso brauchen Lehrpersonen in ihrem Kollegium das Gefühl, ernst genommen und unterstützt zu werden.
5. Wenn dies aus irgendwelchen Gründen gar nicht oder nur beschränkt möglich ist, muss ich gleichwohl meine Verantwortung als Lehrperson wahrnehmen.

5.1.1 Eine gute Beziehung zu den Schülerinnen und Schülern ist die Basis für gelingenden Unterricht

Diese bereits mehrfach, zum Beispiel in den Kapiteln 4.4.1 und 4.4.2 formulierte Kardinal-Aussage zieht sich wie ein roter Faden durch das Buch, verdient es auch, gerade im Zusammenhang mit Disziplin und Unterrichtsstörungen immer wieder in Erinnerung gerufen zu werden und wird hier von der Lehrerin K. unterstrichen: «Eine gute Beziehung zu den Schülern und Schülerinnen meiner Klasse zu haben, ist für mich als Lehrperson sehr wichtig und bildet im Grunde die Basis für gelingenden Unterricht und Lernen.»

NEILLS Grundsatz «Auf der Seite des Kindes sein!», WEXBERGS «unbedingte Wertschätzung», KORCZAKS Pochen auf das «Recht des Kindes auf Achtung» führen dazu, dass Kinder und Jugendliche sich als Personen, als Menschen angesprochen, gespiegelt, verstanden und bejaht fühlen. Beziehung verbindet und beflügelt. Beim Herantasten an schwierige Sachverhalte oder bei der Überwindung von Lernschwierigkeiten hilft auf der emotionalen und motivationspsychologischen Ebene kein technisches Medium, kein noch so raffiniertes Computerprogramm. Frick ergänzt durch neuere empirische Befunde: Wenn in der Schule Vertrauen überwiegt,

> zeigen sich die Schüler/innen zufriedener mit dem Unterricht, der Lehrperson und der Schule als Ganzes, sie sind motivierter, interessierter und weniger ängstlich (SCHWEER/THIES 2004). Vertrauen, das zeigen weitere Untersuchungen (THIES 2005), erhöht beispielsweise die Lernbereitschaft von Schüler/innen. Zufriedenstellende Beziehungen zwischen Lehrpersonen und Schüler/innen

> haben einen positiven Effekt auf die Lehrer/innen selber, die Arbeitszufriedenheit steigt deutlich (RUDOW 1994). Der Nutzen guter Lehrpersonen-Schüler/innen-Beziehungen zeigt sich in geringeren Unterrichtsstörungen, einer reduzierten Anspannung als Lehrperson (BARTH 1997), einem positiveren Feedback durch die Schüler/innen – was wiederum die Motivation und Selbstbestätigung der Lehrperson steigert! (FRICK 2008, S. 24).

Die Belege zur Tragweite positiver Beziehungen ließen sich beliebig vermehren[39] und auf die Gesundheitspsychologie oder die Stressforschung ausdehnen. Wichtiger ist wohl an dieser Stelle, mit KÄSTNER auf die eigene Beitragsmöglichkeit hinzuweisen: «Es gibt nichts Gutes, außer man tut es!» Damit kommen wir zum nächsten Abschnitt.

Als Lehrperson kann ich selber etwas für gute Beziehungen tun! 5.1.2

Lehrerin K. hat bereits empfohlen, sich für die Kinder der eigenen Klasse zu interessieren: «Eine gute Beziehung entsteht, wenn ich über die Schüler meiner Klasse informiert bin, wenn ich in groben Zügen ihre Lebensverhältnisse, d. h. ihr Elternhaus kenne, wenn ich weiß, wo sie ihre Sommerferien verbringen oder was sie in ihrer Freizeit am liebsten machen.» Solche Informationen zu besitzen, erleichtert das Gespräch in der Pause oder im Unterricht, wenn die Lehrperson im idealen Fall eine Schülerin mit dem Kompliment aufrufen kann: «Und was meint unsere erfahrene Spezialistin zu dieser Frage?» Lehrerin K. findet sich hier mit LOHMANN (2003, S. 96), der empfiehlt:

> Zeigen Sie *Interesse* an den Schülern, indem Sie Anteil nehmen an Themen, Dingen und Aktivitäten, die Ihren Schülern wichtig sind. Fragen Sie nach, hören Sie zu! Überraschen Sie Ihre Schüler mit Kenntnissen zu diesen Themen. Sprechen Sie z. B. am Montag kurz über die Bundesligaspiele.

---

39 In Anhang 2 (S. 269) umschreibt der langjährige Oberstufenlehrer Res THEILER den Zusammenhang zwischen positiven zwischenmenschlichen Beziehungen und gelingender Disziplin so: «Disziplinarische Schwierigkeiten vermeide ich am effektivsten, wenn sich die SchülerInnen in ihrer jeweiligen Art angenommen fühlen. Und die Kunst besteht darin, trotz diesem individualisierenden Ansatz ein Klassengefüge entstehen zu lassen und für alle verbindliche Regeln durchzusetzen.»

mehr an. «Lobe den Narren, so schwillt er», lautet ein deutsches Sprichwort. Hier stoßen verschiedene, einander entgegengesetzte Menschenbilder aufeinander: Jeder Mensch hat ein persönliches Menschen- und Weltbild und handelt in gewissen Lebenssituationen dementsprechend. Voraussetzungslosigkeit ist Wunschtraum. Wichtig ist, sich seines Menschen- und Weltbildes – man könnte auch von einer persönlichen «Anthropologie» sprechen – bewusst zu werden und es mit den erziehungswissenschaftlichen Erkenntnissen zu vergleichen. Ansonsten besteht die Gefahr, dass Lehrpersonen Kinder und Jugendliche von heute mit einem Menschen- und Weltbild von gestern oder vorgestern unterrichten. Um dieser Gefahr entgegenzusteuern, sei an dieser Stelle ein kurzer Exkurs zu einem erziehungswissenschaftlich fundierten Menschenbild der Lernfähigkeit eingefügt, wie es in der Tradition von Heinrich ROTHS «Pädagogischer Anthropologie»[41] bis heute in der Lehrerinnen- und Lehrerbildung gelehrt wird.

Evolutionär gesehen hat der Mensch den höchsten Grad an individueller Lern- und Orientierungsfähigkeit erreicht. Dank seinem Gehirn, dem komplexesten Organ, das die Evolution je hervorgebracht hat, ist der Mensch weitgehend frei geworden von Instinkten. Der Mensch ist das lernende Wesen par excellence. Lernfähige Lebewesen sind wechselnden Umweltbedingungen gegenüber besser ausgerüstet. Lernfähige Lebewesen sind flexibler und weniger spezialisiert. Ihre Fähigkeiten, sich in ihrer Umwelt zu orientieren, sind sehr groß. Die lernfähigste Art ist der Homo sapiens sapiens, der Mensch. Er hat deshalb von seiner biologischen Ausstattung her ausgezeichnete Überlebensmöglichkeiten. Er kann auf der ganzen Erde leben, im heißen Afrika wie im kalten Grönland. So anpassungs- und lernfähig ist der Mensch. Das Kind in Afrika lernt genauso wie das Kind in Grönland, sich in seiner Umwelt zurechtzufinden, sich in ihr zu orientieren.

---

41 Heinrich ROTH (1906–1983) war Professor für Pädagogik in Göttingen und Mitglied des Deutschen Bildungsrates. Er forderte und initiierte eine «Realistische Wendung» der Pädagogik durch Ausbau der empirischen Forschung. In seinen zwei Bänden zur «Pädagogischen Anthropologie» (1966 und 1971) ging es ihm um eine Gesamtschau, um das Zusammentragen des Wissens aller Disziplinen, damit auf diesem Hintergrund Kinder optimal verstanden und gefördert werden können. Roth ist es auch zu verdanken, dass die Leitidee «Mündigkeit» als Kern des pädagogischen Bildungsauftrags in vielen Bildungsprogrammen und Lehrplänen verankert wurde.

Jeder gesunde Säugling kommt biologisch gesehen mit einer ungeheuren Lernfähigkeit zur Welt. Diese immense Lern- und Orientierungsfähigkeit des Kindes ist ein Ergebnis der Evolution, sie ist Voraussetzung und Grundlage für Erziehung und Unterricht. Mensch werden muss der auf die Welt kommende Säugling erst noch, das wäre die ontogenetische Perspektive von Lernen, diejenige des Lernprozesses in den ersten Lebensjahren (Kindheit). Der Säugling kommt praktisch ohne Instinkte zur Welt. Man spricht darum auch von einer «Instinktreduktion» und bezeichnet damit den Sachverhalt, dass instinktive Verhaltensweisen für das Kind keineswegs ausreichen, um das Überleben zu gewährleisten. Der Säugling ist bei der Geburt lediglich mit einigen Reflexen ausgerüstet. Er ist zwar, wie alle anderen Lebewesen auch, aufs Überleben angelegt, kann dieses Ziel aber alleine nicht erreichen. Dazu bedarf der Säugling vielmehr der jahrelangen Pflege und Anleitung durch seine Artgenossen. Bei den meisten Säugern dauert die Periode kindlicher Abhängigkeit ein paar Monate, bei den Menschenaffen zwei Jahre, beim Menschen sechs bis acht Jahre. Die Menschenmutter muss ihr Kind während der Hilflosigkeitsperiode schützen, ernähren und für zwei bis drei Jahre mit sich herumtragen. Im Gegensatz dazu klammert sich das Gorillakind nur für drei oder vier Monate an seine Mutter. Die lange Kontaktperiode zwischen Menschenmutter und Kind bildet die angemessene Umwelt für die frühe Entwicklung des Kindes. Die Sicherstellung der Ernährung und körperliche Pflege allein genügen nicht zum Überleben. Erst die Möglichkeit der Gefühlsentwicklung in einer zwischenmenschlichen Beziehung schafft die Grundlage zum Lernen und Überleben. Gefühlsentwicklung und Entwicklung der kindlichen Lernfähigkeit hängen eng miteinander zusammen. Wenn sich der Säugling bei seiner Mutter/Pflegeperson sicher und geborgen fühlt, gibt ihm das die emotionale Sicherheit und den Rückhalt, die Welt zu entdecken, sie kennenzulernen.

Die Lern- und Orientierungsfähigkeit, welche die Evolution dem Säugling quasi auf seinen irdischen Lebensweg mitgibt, reicht also nicht aus. Eine sichere Beziehung zu Mutter, Vater oder Pflegepersonen ist unabdingbare Voraussetzung, dass der Säugling lernen kann. Aufgabe der Erziehung ist es, dem Kind Geborgenheit und Selbstvertrauen zu vermitteln, so dass es gefühlsmäßig in der Lage ist, sich dem Leben und dem Lernen zuzuwenden. Jeder vollsinnige Säugling bringt ein «Lernbedürfnis» (Hassenstein) mit auf die Welt, aber nur bei ausreichender emotionaler Zufuhr kann er all das lernen, was es zu lernen gilt: Sprache, Bewegungen, den aufrechten Gang, Gebräuche, Gewohnheiten, Rechnen, den Umgang mit Menschen, Einfühlungsvermögen, Ausdauer und vieles andere mehr.

Für jede Pädagogin und jeden Pädagogen ist es wichtig zu wissen, dass das Kind lernfähig und lernbedürftig ist. Früher gebräuchliche Etikettierungen wie «dumm», «unbegabt» oder «faul» werden heute mit Recht nicht mehr verwendet, das Licht der Aufklärung oder das Fortschreiten des erziehungswissenschaftlichen Erkenntnisprozesses hat sie verscheucht. Jedes gesunde Kind, das auf die Welt kommt, ist – so der heutige Stand des Wissens – von Anfang an ein neugieriges Wesen, das alles wissen, das die Umwelt erkunden will. Zugleich ist das Kind von Anfang an lernbedürftig, es bedarf der Fürsorge, der Anregung und der Ermutigung. Becker (2009, S. 47) betont vor allem für die ersten Jahre «die Erziehungsnotwendigkeit und Erziehungsbedürftigkeit» des Kindes. Mit den Worten von Largo (2009, S. 63):

> Das Kind will lernen, wenn es:
> - sich geborgen und angenommen fühlt;
> - sein genuines Bedürfnis befriedigen kann, Erfahrungen zu machen, die es für seine Entwicklung benötigt;
> - durch Lob und Zuwendung im Lernen bestärkt wird.

Nach diesem kurzen Abstecher in die Pädagogik des – wissenschaftlich abgestützten – Menschen- und Weltbildes (vgl. Weber 1996) wenden wir uns nochmals der Lehrerin K. bzw. dem zu, was sich aus ihrer Reflexion ableiten lässt. Wir werden uns jedoch bald wieder auf die Ebene des Menschen- und Weltbildes begeben, denn unsere Themen «Disziplin» und «Unterrichtsstörungen» lassen sich nur so umfassend und fundiert verstehen[42], indem auf die Erkenntnisse der Erziehungswissenschaft Bezug genommen wird. Wer z. B. deren Erkenntnisse zu «Lernfähigkeit» und «Lernbedürftigkeit» studiert hat,

---

42 In den Kapiteln 3 und insbesondere 3.4 haben wir gesehen, dass störungsfreier Unterricht eine Fiktion ist. Diese realistische Sicht von Störungen ist wichtig, um sich nicht in einem irrealen Netz zu bewegen und Störungen zwanghaft aus der Welt schaffen zu wollen. Auch was das Wesen «Mensch» betrifft, ist eine realistische Sicht wichtig, damit Lehrpersonen adäquat mit Kindern und deren Bedürfnissen umgehen. Für die realistische Sicht des Menschen braucht es den Einbezug der Humanwissenschaften, der pädagogischen Anthropologie, des Menschen- und Weltbildes. (vgl. Rüedi 2002, S. 232, Schluss von Anmerkung 2)

wird Kinder und Jugendliche dann stützen und ermutigen[43], wenn diese der Unterstützung und der Ermutigung bedürfen und nicht auf alte Sprichwörter bauen, dass dem Narren der Kamm anschwillt, wenn man ihn lobt.

Lehrpersonen brauchen die Unterstützung des Kollegiums 5.1.4

Die im letzten Kapitel begründete Aussage, dass Kinder Unterstützung und Ermutigung brauchen, wird von Frau K. auf Lehrpersonen ausgeweitet, wenn sie schreibt:

> Ich hatte eine Klasse übernommen, die als schwierig galt. Unterstützung durch Kollegen oder die Schulleitung wäre also gerade notwendig gewesen. Die Lehrperson, die mir die Klasse abgab, bescheinigte mir, dass ich den Stellenantritt noch bereuen würde und viele der Kollegen, die mich in den ersten Tagen begrüßten, bedauerten mich mitleidig, als sie erfuhren, welche Klasse ich unterrichtete. Von dieser Attacke habe ich mich bis zum Ende des Schuljahres nicht erholt. Ich hatte das Gefühl, ich müsste mich in eine Schlacht begeben, in der ich gegen die Schüler und Schülerinnen der Klasse antreten sollte und in der die Verstärkung auf meiner Seite ausgefallen war.

Frau K. beschreibt eindrücklich die Folgen der ausbleibenden Unterstützung im Team. Sie fühlte sich im Stich gelassen, wie in eine «Schlacht» geschickt, ohne dass sie Rat, Hinweise oder Informationen erhalten hätte, wie sie mit dieser nicht gerade «pflegeleichten» Klasse eventuell doch durchkommen könnte. Natürlich mag an dieser Stelle eingewendet werden, dass jede Lehrperson im Prinzip selber für die Führung ihrer Klassen verantwortlich

43 Damit soll nicht gesagt sein, dass Kinder und Jugendliche immer unterstützt und gelobt werden sollen. Dies wäre ein Dogmatismus in der anderen Richtung und würde dem antinomischen Denken gerade widersprechen. Eine sich antinomisch verstehende Pädagogik anerkennt grundsätzlich den Anspruch auf Erziehung, Führung und Lenkung (vgl. Rüedi 2002, S. 56 ff.) und überantwortet den in der jeweiligen pädagogischen Situation Tätigen die Abwägung und die Entscheidung, was zu tun ist: Ermutigen und Zustimmen oder Widersprechen und Einspruch erheben, das sind gerade Beispiele für Antinomien, für Gegensatzpaare. Ermutigen und Widersprechen, beide können situativ ihre Berechtigung haben, bedürfen aber der Reflexion und der situativ stimmigen Begründung.

ist, niemand könne ihr diese Verantwortung abnehmen. Frau K. hätte sich in dieser Sichtweise zu einem eigenen Standpunkt des «Trotzdem», «ich werde es gleichwohl anpacken mit dieser Klasse» durchringen können. Theoretisch mag dieser Einwand seine Berechtigung haben, wir werden in Abschnitt 5.1.5 auf ihn zurückkommen. Wenn wir aber daran denken, dass Frau K. vorher zwei Jahre lang gerne unterrichtete, wird klar, dass das kollegiale Umfeld sowie die Unterstützung durch die Schulleitung eben dringend nötig gewesen wären. Wer weiß, vielleicht hätte schon ein ehrlicher Bericht der Vorgängerin oder des Vorgängers genügt, Frau K. mitzugeben, worauf zu achten sei: «Schau, das und das waren meine Schwierigkeiten mit der Klasse, aber bekanntlich heißt ja ein Sprichwort: Neue Besen kehren gut! Als neue Lehrerin wirst du mit frischen Kräften vor diese Klasse treten, wer weiß, wie das herauskommen wird?» Vielleicht hätte eine solche Aufmunterung, weit davon entfernt, die Probleme klein zu reden, Frau K. ermutigt, nicht einfach aufzugeben. Noch besser wären gemeinsame Konferenzen gewesen, die Frau K. schon auf ihren Beginn mit dieser Klasse vorbereitet hätten. Es wäre also wichtig gewesen, die Schwierigkeiten nicht allein der «Newcomerin» aufzuhalsen, sondern als Team einen Neustart zu schaffen. Es ist heute gesichertes Wissen, dass eine sinnvolle Disziplin in den Klassen besser erreicht werden kann, wenn ein «kollegialer Grundkonsens» besteht. Dazu schreibt Gustav Keller (2008, S. 77):

> Verhaltensstörungen treten dort häufiger auf, wo sich Lehrerinnen und Lehrer hinsichtlich grundsätzlicher Erziehungsziele und Erziehungsmethoden uneins sind, wo Beliebigkeit und Gegenläufigkeit das pädagogische Handeln kennzeichnen. Daraus folgt, dass ein Erziehungskonsens erarbeitet werden muss, an dem sich das pädagogische Handeln ausrichtet. Ort dieser Konsensbildung sind die Gesamtlehrerkonferenz und/oder die Klassenkonferenz. Rutter u. a. (1980) fand in seiner berühmt gewordenen Schulqualitätsstudie heraus, dass ein Erziehungskonsens Disziplinprobleme in deutlichem Maße reduzieren hilft. […]
>
> Am notwendigsten ist die Konsensbildung auf der Klassenebene. Ihre Verwirklichung lässt sich am besten fördern, wenn man am Schuljahresbeginn in jeder Klasse eine pädagogische Konferenz durchführt, auf der die Ziele der Erziehungsarbeit bestimmt und deren Umsetzung kooperativ geplant werden kann.

Hätte eine solche pädagogische Konferenz Frau K. das Gefühl ersparen können, sich «in eine Schlacht [zu] begeben»? Sicher hätte dieses Schuljahr für sie – und für diese Klasse – ganz anders herauskommen können, wenn sie das erfahren hätte, was sie mit dem Satz umreißt: «Was mir fehlte, war ein Schulterklopfen und ein aufmunterndes ‹Du schaffst das!›.»

Verantwortung als Lehrperson auch ohne Unterstützung wahrnehmen 5.1.5

Es ist bereits eingewandt worden, dass jede Lehrperson im Prinzip selbst für die Führung ihrer Klasse verantwortlich ist, niemand könne ihr diese Verantwortung abnehmen. Dieser Einwand hat insofern seine Berechtigung, als ich als einzelne Lehrperson – das gehört zu meinem Lehr- und Erziehungsauftrag – immer dazu aufgefordert bin, die disziplinarische Situation einer Klasse zu analysieren und dann die nächsten Schritte abzuleiten: Die Klassenführung ist mein Job, meine Aufgabe als Lehrperson! Diese Wahrnehmung meiner persönlichen Verantwortung könnte zum Beispiel in der Einrichtung einer – wenigstens zeitweiligen – persönlichen Beratung bestehen, um mir selber über die Fortsetzung klar zu werden. Schrittweise hätte Frau K. sich so vielleicht doch von «dieser Attacke», wie sie sich drastisch ausdrückt, erholen und sich den realen Aufgaben der Klassenführung zuwenden können, ohne das Gefühl zu haben, sich in «eine Schlacht begeben» zu müssen. Dieses Gefühl, dass die Schülerinnen und Schüler gegen mich sind, dass ich gegen sie kämpfen muss, dass ich mich als Lehrerin gleichsam im «Feindesland» bewege, wie sich der Individualpsychologe Alfred Adler ausdrückte, dieses Gefühl – man könnte auch von einem pessimistischen Menschenbild[44] sprechen – erschwert eine gelingende und überzeugende Klassenführung enorm. Frau K. hat somit das Gefühl für ihre eigene Wirksamkeit, dass sie – ein Stück weit wenigstens – die Schmiedin ihres Glücks ist, nicht zurückerobert, nachdem sie die beiden Jahre vorher – so muss man angesichts ihrer damaligen Erfolge annehmen – von ihrer eigenen Selbstwirksamkeit überzeugt war. Indem Frau K. sich das Gefühl für ihre eigenen Wirkungsmöglichkeiten nicht bewahrt hat, nachdem sie so ungeschickt durch Kollegen vor ihrer neuen Klasse gewarnt worden ist, hat sie es

44 Diese Aussage soll nicht statisch verstanden werden. Das Menschenbild einer Pädagogin hat persönlich-biografische Anteile, ist aber gleichwohl keine rein statische Größe, sondern durch die Umgebung, zum Beispiel durch Prophezeiungen nahenden Unheils (Pygmalion-Effekt) massiv beeinflussbar.

verpasst, die ihr zukommende Verantwortung für die Führung ihrer neuen Klasse voll wahrzunehmen. Die Erziehungswissenschaft geht heute mit empirisch nachweisbarer Berechtigung davon aus, dass Selbstwirksamkeitsüberzeugungen im Hinblick auf Klassenführung und Klassenmanagement eine Bedeutung zukommt. Oder anders gesagt: Als Lehrperson muss ich darauf achten, dass ich mir die persönliche Überzeugung für meine eigene Selbstwirksamkeit bewahre, sonst verschlechtern sich meine Chancen, meine Klasse zu führen und zu lenken. Wie angedeutet können für diese Aussage empirisch begründbare Argumente ins Feld geführt werden, und zwar auf dem Hintergrund des auf BANDURA und ROTTER zurückgehenden Konstrukts der «Selbstwirksamkeit» (vgl. SCHÖNBÄCHLER 2008, S. 73 ff.). Für BANDURA (2001) wird das, was der Mensch tut, wie er sich verhält, durch Ergebnis- und Selbstwirksamkeitserwartungen gesteuert. Ergebniserwartungen beziehen sich auf das Verhalten, das der Mensch für die Erzielung eines gewissen Ergebnisses für notwendig hält. Die Lehrperson muss zum Beispiel für die Erteilung guten Unterrichts den Stoff didaktisch gut vorbereiten, vor die Klasse treten, diese wirkungsvoll ansprechen, motivieren und auf die Reise durch das Lektionsthema mitnehmen. Eine ausgebildete Lehrperson weiß somit, welches Verhalten sie zeigen muss, um die Klasse erfolgreich führen zu können. Davon zu unterscheiden wäre ihre Überzeugung, ob sie dieses notwendige Verhalten auch zeigen und realisieren kann. Eine geringe Selbstwirksamkeitserwartung liegt zum Beispiel vor, wenn die betreffende Lehrperson zwar weiß, dass sie die Lektionsinhalte vorbereiten und die Klasse wirkungsvoll ansprechen sollte, sich beides aber aus persönlichen Gründen, zum Beispiel aus Konzentrationsproblemen oder aus Angst vor der Klasse, nicht zutraut. Eine ganz andere, viel mehr Erfolg versprechende Selbstwirksamkeitserwartung wäre zum Beispiel die Überzeugung, die Klasse schon für den Stoff begeistern zu können, die beiden letzten Jahre seien ja Beweis dafür. JERUSALEM (2005, S. 438) bezeichnet darum die «persönliche Einschätzung eigener Erfolg versprechender Handlungsmöglichkeiten» als die «zentrale Komponente von Selbstwirksamkeit» und fährt fort:

> Selbstwirksamkeit bezeichnet also die subjektive Gewissheit, neue oder schwierige Anforderungen auf Grund eigener Kompetenzen bewältigen zu können. Dazu gehört nicht nur die Zuversicht, ein Erfolg versprechendes Verhalten ausführen, sondern auch durchhalten zu können, wenn Schwierigkeiten und Hindernisse beharrliche Strategien zur Zielerreichung erforderlich machen. (JERUSALEM 2005, S. 438).

Genau an dieser Durchhaltekraft hat es der Lehrerin K. gefehlt: Zu Beginn ihrer Laufbahn als Lehrperson durfte sie «zwei sehr intensive Jahre» erleben, in denen sie sich auf jeden Schultag freuen konnte. In der schwierigeren Situation des Starts mit der neuen – zugegebenermaßen nicht einfachen – Klasse kamen ihr die eigene Erfolgszuversicht und die Überzeugung, die Schülerinnen und Schüler fürs Lernen gewinnen zu können, abhanden. Stattdessen hatte sie «das Gefühl, ich müsste mich in eine Schlacht begeben, in der ich gegen die Schüler und Schülerinnen der Klasse antreten sollte und in der die Verstärkung auf meiner Seite ausgefallen war». In solche emotionale «Sackgassen» – man könnte auch von einem Verblassen der eigenen Selbstwirksamkeitsüberzeugung infolge eines schwieriger gewordenen Umfeldes sprechen – können Lehrpersonen geraten, wodurch die Gefahr eines Teufelskreislaufes[45] entsteht: Sie trauen sich die Führung der als schwierig, ja nicht als führbar eingeschätzten Klasse weniger zu, gehen ängstlicher in die betreffende Klasse, bewegen sich vor dieser dementsprechend und werden durch eventuelle (Problem-) Reaktionen aus der Klasse in der Überzeugung der Nicht-Bewältigbarkeit dieser Klassenführung bestärkt, wodurch ein verhängnisvoller Kreislauf in Gang gesetzt wird …

Kehren wir nach diesem von der Theorie der Selbstwirksamkeit angeregten Exkurs zum Ausgangspunkt des Abschnitts 5.1.5 zurück. Dessen Überschrift lautete: «Verantwortung als Lehrperson auch ohne Unterstützung wahrnehmen». Sie könnte jetzt in die folgende Aufforderung umformuliert werden: «Lehrperson, tue alles Mögliche dafür, dass du dir die Erwartung deiner Selbstwirksamkeit für die Führung der Klasse bewahrst, weil du so die besten Erfolgschancen hast! So wird dir das Klassenmanagement gelingen!»

---

45 Für SCHÖNBÄCHLER (2008, S. 205) bewähren sich in ihrer Studie «die Selbstwirksamkeitseinschätzungen der Lehrpersonen zur Erklärung von Klassenführung […]. Auch wenn […] auf Grund des Designs der Studie ein Nachweis kausaler Strukturen nicht möglich ist, so lassen sich die gefundenen Zusammenhänge doch gut im Sinne des Kreismodells der Lehrerselbstwirksamkeit […] als Prädiktor- und als Kategorialvariablen interpretieren. Die Lehrerselbstwirksamkeit kann so als Ansatzpunkt zu einem besseren Verständnis von Klassenmanagement und gleichzeitig zu einem Ansatzpunkt zur Modifikation des Klassenmanagements verstanden werden».

Wie ist diese Aufforderung einzuschätzen? Ihre Berechtigung hat sie sicher. Mit der vollen Überzeugung für die eigene Selbstwirksamkeit vor die Klasse zu treten, ist jeder Lehrperson zu wünschen. Sie wird so ihr eigenes Führungspotenzial am besten nutzen, so wie dies der Lehrerin K. wohl in ihren beiden ersten Berufsjahren[46] glücklicherweise gelang. Mit SCHÖNBÄCHLER (2008, S. 93) kann fortgefahren werden:

> Hohe Lehrerselbstwirksamkeit korreliert demnach eher mit einem Klassenmanagementverhalten, das durch positive Erwartungen, Zutrauen und Schülermitsprache geprägt ist, während tiefe Lehrerselbstwirksamkeit eher mit Kontrolle, Vorgaben und Strafen verbunden ist.[47]

Aber eben, mit Korrelationen sind noch keine Gewissheiten verbunden, so gerne wir diese hätten.[48] Eine hohe Selbstwirksamkeitsüberzeugung ist noch keine Garantie für eine gelingende Klassenführung, sie erhöht höchstens die Wahrscheinlichkeit dafür. «Lehrpersonen brauchen in ihrem Kollegium [nämlich auch – Hinzufügung J. R.] das Gefühl, ernst genommen und unterstützt zu werden.» Diese uns bekannt vorkommende Aussage – sie entspricht der Überschrift zu Abschnitt 5.1.4 – darf nicht außer Acht gelassen werden. Lehrpersonen brauchen beides, eine hohe Selbstwirksamkeit und ein sie unterstützendes Team. Erst dann haben sie optimale Chancen für eine gelingende Klassenführung.

---

46 Was wäre passiert, wenn Lehrerin K. umgekehrt mit der «schwierigen Klasse» zuerst hätte starten müssen, wenn es das «Schicksal» weniger gut mir ihr gemeint hätte? Hätte sie dann an ihrer Eignung für den Lehrberuf gezweifelt? Die Wahrscheinlich ist groß. Diese hypothetische Umkehrung zeigt, wie wichtig es ist, nicht zu schnell an seinen persönlichen Fähigkeiten zu zweifeln. Ich kenne eine sehr kompetente Lehrerin, die nach 29 Jahren offen geäußert hat: «Zum ersten Mal in meinem Leben habe ich Schwierigkeiten mit den Eltern meiner Klasse.» Anhand dieser beider Beispiele zeigt sich die Schwierigkeit, die Eignung für den Beruf der Lehrperson treffend einzuschätzen, weil Individuum und Umfeld immer zusammenwirken.

47 SCHÖNBÄCHLER (2008, S. 93) weist im Weiteren auf die offenen Forschungsfragen vor allem im deutschsprachigen Raum hin.

48 Korrelationen dürfen nicht mit Kausalzusammenhängen im Sinn von Ursache und Wirkung gleichgesetzt werden.

5.2 Wer nicht sagt, wohin es gehen soll, muss sich nicht wundern, wenn er woanders ankommt

Mit der «Selbstwirksamkeitsüberzeugung» in der Tradition von BANDURA (2001) haben wir begonnen, «Persönlichkeitsmerkmale» der Lehrenden ins Auge zu fassen. Welche Persönlichkeit zeichnet gute Lehrerinnen und Lehrern aus? PAUSE meinte (1970, S. 1357) zu dieser zentralen Fragestellung:

> Die Persönlichkeit des Lehrers ist eine wichtige, vielleicht sogar die entscheidende, zugleich aber auch die komplizierteste Variable im Unterrichts- und Erziehungsgeschehen in der Schule. Sie kann in ihrer Wirkung auf die Lernbereitschaft und Leistungsfähigkeit, aber auch auf die persönliche Entwicklung der Schüler nicht hoch genug eingeschätzt werden. Die Frage nach den Merkmalen dieser Persönlichkeit, nach der allgemeinen und speziellen Eignung für den Lehrerberuf, ist immer wieder neu gestellt und in vielfacher Hinsicht unterschiedlich beantwortet worden.

Am Ende seines 150 Seiten langen Beitrags zieht PAUSE eine ernüchternde Bilanz:

> Unsere Kenntnisse über die Persönlichkeit des Lehrers sind nach wie vor begrenzt. [...] Wir haben zwar hinreichend erfahren, dass gute Lehrer eher freundlich, heiter, sympathisch oder tugendhaft als grausam, depressiv, unsympathisch oder amoralisch seien, bzw. sein sollten. Damit sind jedoch allenfalls Binsenwahrheiten zum Ausdruck gebracht worden, jedoch keine Aussagen darüber, welche fachspezifischen oder altersstufentypischen Merkmale erwartet werden [...]. (PAUSE 1970, S. 1501).

Die 1970 von PAUSE erwähnten Schwierigkeiten des damaligen Persönlichkeitsparadigmas liegen für BROMME et al. (2006, S. 301) darin,

> dass man zu Unrecht gehofft hat, die Frage nach dem «guten Lehrer» auf einer sehr allgemeinen Ebene beantworten zu können. Solange man davon ausging, dass allgemeine Persönlichkeitszüge das Verhalten in konkreten Situationen determinieren, zielte man auf ein möglichst hohes Abstraktionsniveau von Persönlichkeitsvariablen. Damit ist man jedoch so weit von der konkreten Lehrer-Schüler-Interaktion entfernt, dass man spezifische Ursache-Wirkungs-Beziehungen auf dieser Ebene schwerlich finden kann. Von daher wird verständlich, dass man zunehmend Variablen des Lehrerhandelns untersuchte, die in konkreten Situationen zu beobachten sind und näher an möglichen

unterrichtlichen Effekten liegen. Dieser Untersuchungsansatz steht im Zentrum des sogenannten Prozess-Produkt-Paradigmas.

Dabei geht es – wie der Name andeutet – um den Prozess, der zwischen Lehrenden und Lernenden abläuft. Wie verhalten sich zum Beispiel erfolgreich unterrichtende Lehrpersonen? KOUNINS Forschungen zum Classroom-Management in Kapitel 4.3.1 und seine Empfehlungen von Allgegenwärtigkeit («Withitness»), Überlappung («Overlapping»), Reibungslosigkeit («Smoothness») und Arbeitsschwung («Momentum») entstammen diesem Paradigma. So verhalten sich gemäß seinen empirischen Untersuchungen Lehrpersonen, welche Unterrichtsstörungen präventiv vermeiden oder gar nicht entstehen lassen, weil sie die Klasse im instruktionszentrierten Unterricht motivieren und fesseln. Für unseren Zusammenhang[49] von Disziplin und Klassenführung ist die Perspektive des Prozess-Produkt-Paradigmas interessant. Wie verhalten sich erfolgreiche Lehrpersonen, die ihre Klassen gut führen und im «Griff haben», wie man umgangssprachlich sagt? An dieser Aufgabe können sowohl junge als auch ältere Lehrpersonen scheitern. Gewisse Hinweise auf diese wichtige Frage geben die Forschungen von EMMER, EVERTSON und ANDERSON (vgl. SCHÖNBÄCHLER 2008, S. 33): Effektive Lehrkräfte etablieren sich zum Beispiel in den ersten drei Schulwochen als «Leader» im Klassenzimmer, die auf der Einhaltung der eingeführten Regeln bestehen. Diese Ergebnisse aus der Elementarstufe konnten auch für die Sekundarstufe bestätigt werden. Wenn Lehrpersonen Regeln und Prozeduren zu Beginn des Schuljahres einführen und auf deren Beachtung Gewicht legen, haben sie gewisse Grundlagen für eine erfolgreiche Klassenführung gelegt und werden später weniger von Störungen am stofflichen Vorankommen gehindert. Mit anderen Worten: «‹Wie man sich bettet, so liegt man.› Dieses Sprichwort lässt sich auf die Schule übertragen:

---

49 BROMME geht von drei Paradigmen aus: 1. dem Persönlichkeitsparadigma, 2. dem Prozess-Produkt-Paradigma und 3. dem Expertenparadigma. Das Expertenparadigma lassen wir jetzt auf der Seite. Es untersucht das Ensemble von Fähigkeiten und Wissen, das für die Bewältigung der beruflichen Anforderungen erforderlich ist. Es geht beim Expertenparadigma nicht mehr um die Persönlichkeitseigenschaften der «guten Lehrperson», sondern um das, was diese in beruflichen Situationen können, wie eine Expertin/wie ein Experte meistern muss (vgl. BROMME 2006, S. 304 f.)

Was man konsequent eingeführt und vorgelebt hat, das gilt dann und erleichtert mir die Schulführung. Konsequenz und Nachhaltigkeit sind zentrale Prinzipien für den Schulanfang.» (RÜEDI 2002, S. 149). Sie gehören zu einer gelingenden Klassenführung. Ohne Konsequenz und ohne nachhaltiges Insistieren von Seiten der Lehrpersonen besteht die Gefahr, dass diese zwar ankündigen, wie sie es haben möchten, diese Ankündigungen aber ohne Wirkung bleiben. Dann kann es bitter werden für die Lehrperson.

Nach diesen Hinweisen aus der empirischen Forschung soll noch ein weiterer Zugang zur Frage gewählt werden, wie und warum es den einen Lehrpersonen gelingt, anderen aber misslingt, ihre Schulklasse zu führen.

Was sagen einzelne Betroffene, nämlich Schülerinnen oder Schüler, die erlebten, wie ihre Lehrperson zur demütigenden Kapitulation vor der Klasse genötigt wurde? S. VÖGELI schrieb in Erinnerung an die eigene Schulzeit:

> Beim Lesen dieser Artikel[50] werde ich stark an meine eigene Primarschulzeit erinnert in den Jahren 84–86. Wir waren eine reine Schweizerklasse (!) und es spielte sich sehr Vergleichbares ab; Unterrichtsverweigerung mit Füßen auf den Bänken, Hausaufgaben war schon gar kein Thema, es wurde gestohlen, auf dem Pausenplatz mit Wurfsternen und anderem geschossen .... Auch hier wurde die Lehrerin krank geschrieben und stieg meines Wissens aus dem Beruf aus, zumindest für einige Jahre.
>
> Es ist unglaublich, was für eine Dynamik sich in einer Klasse entwickeln kann! Es braucht einige selbstbewusste, starke Anführer, und die meisten folgen nach, sei es aus Bewunderung oder aus Angst vor Repressalien. Meiner Meinung nach hat dies überhaupt nichts mit der Nationalität zu tun, sondern wie gesagt mit Gruppendynamik und der Entdeckung, welche Macht man aufbauen und ausüben kann als Klasse bzw. als Gruppe!

---

50 Zu Beginn des Jahres 2007 war in Zürich im Schulhaus Borrweg eine sogenannt schwierige Mittelstufenklasse in die Schlagzeilen geraten, weil sie mehrere Lehrpersonen «verheizt» hatte. Manche witterten ein «Balkan»-Problem, war doch in den Medien zu lesen, dass 17 der einst 22 Schüler ihre Wurzeln «im Balkan und angrenzenden Ländern» hätten. Diese Angabe wurde von der Kreisschulpflege nicht bestätigt. Im «Tages-Anzeiger» entstand in der Folge ein Blog, an dem sich viele beteiligten. Die Beiträge von S. VÖGELI (4. März 2007) und «Renitente Schüler» (4. Februar 2007) stammen aus dieser Blog-Quelle.

Dieser kurze Blog-Beitrag weist auf die Notwendigkeit hin, mit gruppendynamischen Prozessen umgehen zu können. Ansonsten sind Lehrpersonen in solchen Situationen verloren und werden «krank geschrieben». Lebens-, ja überlebensnotwendig ist in solchen Situationen die Entschiedenheit, nicht den «starke[n] Anführer[n]» das Wort respektive die Macht zu überlassen: «Du musst die Führung übernehmen!» So heißt der Refrain im «Lob des Lernens» von Bertolt Brecht. Genau dieses Übernehmen der Führung ist manchmal in der Schule die einzige Rettung. In Abschnitt 5.2.1 werden wir konkrete Beispiele dazu unter die Lupe nehmen und analysieren. Vorher noch ein zweites Beispiel aus dem Blog, und zwar erschien es ohne Namensangabe unter dem Titel «Renitente Schüler»:

> Leider haben auch wir an der Oberstufe anno 1983 auf einen unserer Lehrer einen solchen Terror ausgeübt, dass dieser sich krankschreiben lassen musste und keinen Unterricht mehr geben konnte. Dies ist sicher auch seiner unsicheren Art zuzuschreiben, welche wir als Klasse schamlos ausgenutzt haben. Andere Lehrer, welche eine knallharte Linie (natürlich ohne Gewalt, aber Worte können mehr bewirken als eine Ohrfeige) hatten, waren als Autorität anerkannt! Das «Lehrerverheizen» ist also kein neues Phänomen, aber dazumal wurden sofort und recht konsequent Riegel geschoben ...

Dass dieser Lehrer krankgeschrieben wurde, wird hier seiner «unsicheren Art» zugeschrieben. Unsicherheit kann tödlich sein im Lehrberuf, wenn einzelne Schülerinnen und Schüler diese ausnutzen und selber das Kommando übernehmen. Das heißt, um den Grundgedanken des «reflektierenden Praktikers» aus Kapitel 4.1 aufzunehmen, Lehrpersonen müssen solche heiklen Situationen blitzschnell im Hinblick auf ihre Gefährlichkeit erfassen und das Steuer in die Hand nehmen: «Wer ist hier der Chef/die Chefin?» Diese Frage liegt in der Luft, sollte es aber nicht länger, sondern muss sofort geklärt werden – und zwar von der Lehrkraft, zu ihren Gunsten. Sie sollte Klartext sprechen, so dass klar wird, wer hier das Sagen hat. Entschiedenheit ist – in der Schule, aber auch anderswo – eine Überlebenskunst. Die Schwierigkeit dabei ist, sich nicht zu versteifen, sich nicht auf «eine formale Machtbasis stützen» (Lohmann 2003, S. 21) zu wollen, sondern souverän zu reagieren, nicht gekränkt, auch nicht aus der Verletzung heraus. Vom Zeichner Thomas Plassmann stammt das Bild mit einem Mann, der vor sich ein großes Plakat herträgt: «I am the boss.» Der Boss zu sein, das sollte eben gerade eine Selbstverständlichkeit und nicht Thema eines Bildes oder der öffentlichen Auseinandersetzung sein. Dann läuft es bereits schief, genauso wie wenn Störungen oder Strafen öffentliche Themen im Unterricht werden und beginnen, einen Raum einzunehmen, der ihnen gerade nicht gehört ... .

Aber eben, souverän zu reagieren, dies ist wie so vieles im Leben leichter gesagt als getan ... . Wie gelingt souveränes Reagieren, ohne dass sich die Lehrperson persönlich angegriffen fühlt und aus der Verletzung heraus reagiert? Wie stelle ich klar, dass ich die Chefin / der Chef bin, ohne dass ich mich auf eine formale Machtbasis stützen oder aus Hilflosigkeit auf den Schulleiter verweisen muss? Die nächsten Abschnitte sind diesen Fragen gewidmet.

Ist man eine Autorität oder hat man nur Autorität? 5.2.1

Frau C., eine erfahrene Lehrerin, hat eine Mittelstufe übernommen. Sie merkt, dass einzelne Jungen dieser 5. Klasse Widerstand leisten. Sie reklamieren, geben der neuen Lehrerin zu verstehen, dass sie nicht akzeptiert wird. «Wie stelle ich nun klar, dass ich die neue Chefin bin?» Frau C. nahm sich vor: «Euch zeige ich die Meisterin.» Über Mittag übte sie eine Barrenübung, zeigte diese in der nächsten Turnstunde vor und verlangte diese Übung in der Folge von allen. Die Jungen staunten und änderten ihre Einstellung gegenüber ihrer neuen Lehrerin. So verschaffte sich diese den nötigen Respekt, und das Thema ihrer Akzeptanz war erledigt.

Eine andere Variante wählte Lehrer D. Seine Gewerbeschülerinnen und -schüler schwatzten, zwei-, dreimal intervenierte er. Die Wirkung blieb aus. Da rief er die Klasse in den Gang. Gespannt trat sie aus dem Zimmer. Lehrer D. wartete einen Moment, schuf so eine gewisse Spannung und teilte dann allen mit, so gehe es nicht weiter: «Ich verlange eine andere Aufmerksamkeit. Jetzt geht ihr wieder an eure Plätze, dann starten wir nochmals!» Auch Lehrer D. hatte Erfolg. Er hatte sich mit seiner Entschiedenheit und mit seinem Nachdruck Gehör verschafft und der Klasse gezeigt, wie gelernt werden muss. Nach Memmert (2002, S. 17 ff.) muss die Lehrperson ihre Führungsposition immer wieder sicht- und hörbar verdeutlichen. Frau C. ist diese Verdeutlichung durch beeindruckende Sachkompetenz gelungen, Herrn D.

durch Klarstellung der Voraussetzungen, die erfüllt sein müssen, damit erfolgreich gelernt werden kann. Diese Kombination von Sache und Forderung ist wichtig: Die Lehrperson zu respektieren, ihr zuzuhören, das ist nicht Selbstzweck, sondern es geht darum, die Voraussetzungen zu schaffen, dass optimal gelernt wird. MEMMERT (2002, S. 17) empfiehlt in diesem Sinne,

- dass die Lehrperson in entscheidenden Momenten initiativ werden und klar sagen muss, was zu tun ist
- dass die Lehrperson Verhaltensregeln vermitteln und deren Beachtung einfordern muss
- dass die Lehrperson die Klasse als Gruppe durch neue Impulse, Ziele, Maßstäbe und Aufgaben weiterbringen muss
- dass die Lehrperson die Klasse als Ganzes im Auge haben und auf das gruppendynamische Gleichgewicht achten muss
- dass die Lehrperson der Klasse das Gefühl geben muss, dass sie diese nach außen vertritt.

Bei der letzten Empfehlung von MEMMERT wird deutlich, dass es nicht ausschließlich um die klare und eindeutige Kommunikation geht, sondern wichtig ist, die Klasse emotional zu überzeugen, dass wir Lehrpersonen ihre Interessen vertreten, uns für sie und für ihr schulisches und persönliches Weiterkommen einsetzen. Beide Ebenen sind wichtig, die Lenkungs- und die Beziehungsebene (vgl. Kapitel 4.4). Konkret kann dies, so KELLER (2008, S. 75), heißen,

> den Schülerinnen und Schülern nahe sein, mit ihnen Freud und Leid teilen sowie Wertschätzung, Verständnis, Interesse und Respekt zeigen. Respekt erkennt man daran, dass die Lehrperson Killerbotschaften wie Ehrverletzungen, Herabwürdigungen, Bloßstellungen und Kränkungen vermeidet. In kritischen Konfliktsituationen erfordert dies ein hohes Maß an Affektkontrolle, denn manche Schülerinnen und Schüler provozieren bewusst, um Spannungen abzubauen oder um Grenzen auszutesten. Statt einer Gegenaggression sollte die Lehrperson dem Schüler die Tatsache der Grenzüberschreitung verdeutlichen und mit ihrer ganzen Betroffenheit zurückmelden, was diese in ihm ausgelöst hat. Hat man es in einer Konfliktsituation nicht geschafft, Affekte zu kontrollieren, tut man gut daran, sich zu entschuldigen und um Verzeihung zu bitten. Die Gefahr, dass man dadurch seine Position schwächt, ist gering. Eher das Gegenteil wird der Fall sein. Die Schülerinnen und Schüler erleben eine solche Lehrperson als Menschen, der einen Fehler eingesteht, der sie ernst nimmt

> und der an einem guten Beziehungsklima sehr interessiert ist. Ihr wiedergutmachendes Verhalten kann somit auch zum Vorbild für die Lösung von Schüler-Schüler-Konflikten werden.

So wichtig eine Entschuldigung zur rechten Zeit ist (vgl. RÜEDI 2002, S. 72), so unmöglich wird es sein, Kritik, Klarstellungen oder unter Umständen Sanktionen immer zu vermeiden. Gewisse Situationen erfordern eine unmissverständliche und entschiedene Reaktion: «Ich bin hier die Chefin! Mein Wort gilt jetzt! Und sonst habt ihr die Konsequenzen eurer Verweigerung zu tragen.»

Diese drei Sätze tönen eindeutig und einfach, in Wirklichkeit ist die Sache aber sehr delikat. Solche Situationen können in Niederlagen münden, so dass die Lehrerin schon fast verspielt hat. Solche Klarstellungen als «Allgemeinrezepte» im Sinne «Versuche es einmal damit!» zu empfehlen, das wäre verantwortungslos. Erste Voraussetzung für erfolgreiches Reagieren ist wiederum die zutreffende Analyse des «reflektierenden Praktikers» (vgl. Kapitel 4.1). Folgen wir darum einmal der Reflexion der Praktikerin B., einer jüngeren Oberstufenlehrerin.[51]

«Ich verlasse nun das Zimmer…» 5.2.2

Eine Vorgehensvariante von Lehrerin B. bei Störungen ist, zuerst einmal auf die Unruhe hinzuweisen und dann zu warten. Oft funktioniere dies bereits. Falls nicht, fordert Lehrerin B. die Klasse im nächsten Schritt auf, still zu sein und zuzuhören. Dies wiederholt sie vielleicht zwei-, dreimal. Verhält sich die Klasse immer noch nicht wie angewiesen, ist die Zeit der «Kooperation und Verhandlungen» vorbei. Jetzt wird es spannend, jetzt kommt der Moment der Entscheidung. Frau B. schreibt dazu:

> Ich stelle klare Bedingungen, unter welchen Umständen ich bereit bin, weiter zu unterrichten. Oft informiere ich die Klasse kurz, dass ich nun das Zimmer verlasse und erst wieder bereit bin, zurückzukommen, wenn sie bereit sind,

51 Diese Kollegin berichtete die folgenden Beispiele im Rahmen einer kollegialen Austauschrunde in Bern-Spiegel am 30. Januar 2009. Auf meine interessierte Nachfrage hin erklärte sie sich bereit, die beiden Beispiele aufzuschreiben.

> sich unterrichten zu lassen. Die versäumte Zeit wird irgendwann nachgeholt. Daraufhin verlasse ich das Klassenzimmer. Es hat bisher nie länger als 15 Minuten gedauert, bis mich jemand ins Klassenzimmer zurückgeholt hat. Ich gehe nicht weiter auf das Vorgefallene ein und beginne mit dem Unterrichten, was meistens problemlos funktioniert. Zu einem späteren Zeitpunkt diskutiere ich mit der Klasse, was passiert ist und wer wie und warum reagiert hat. Wichtig ist mir dabei, dass sie merken, dass sie mich mit ihren Regelverstößen und ihrem Fehlverhalten zu solchen Reaktionen zwingen. Ich mache ihnen auch klar, dass es meine Aufgabe ist zu reagieren, auch wenn dies für mich mühsam ist. Ich zeige ihnen auf, dass sie es selbst in der Hand haben, was mit ihnen passiert. In diesem Sinn gebe ich die Verantwortung an sie zurück, zeige ihnen aber auch klar auf, wo ich als Lehrperson Verantwortung trage und diese auch wahrnehme.

Frau B. weiß dabei genau, dass diese Methode nur unter gewissen Voraussetzungen funktioniert, die blitzartig reflektiert sein müssen, sie schreibt deshalb weiter:

> Meiner Meinung nach funktioniert diese Methode nur, wenn
> - klare Regeln mit den Schülerinnen und Schülern vereinbart wurden, die für alle gelten
> - das Fehlverhalten der Schülerinnen und Schüler klar gegeben ist, und sie das eigentlich ganz genau wissen
> - die Beziehung zwischen der Lehrperson und der Klasse grundsätzlich funktioniert
> - die Lehrperson klar kommuniziert und sich konsequent verhält (Entschiedenheit)
> - der Konflikt vonseiten der Lehrperson nicht zu emotional ausgetragen wird
> - der Konflikt nachträglich in einem passenden Moment kurz aufgegriffen und wie oben erwähnt diskutiert wird
> - das Glück auch noch ein bisschen wirkt.

Im letzten Abschnitt kommt Frau B. auf verschiedene unserer bereits vorher formulierten Forderungen (z.B. eingeführte Regeln/gute Beziehung zwischen Lehrerin und Klasse) zurück. Unser aktuelles Hauptthema «Entschiedenheit» spricht sie wortwörtlich an. Anschließend fügt sie weitere Voraussetzungen hinzu, damit ihre Methode sinnvoll ist. Dies ist ein Musterbeispiel für eine reflektierende Praktikerin (vgl. Kapitel 4.1), die sich stets Rechenschaft gibt über ihr Verhalten. Mit dem Hinweis auf das «Glück» ganz am Schluss zeigt sie, dass sie bei allem Reflektieren genau weiß: Eine Erfolgsgarantie gibt es nie. Eine gewisse Unsicherheit gehört zum Unterrichten.

Für Frau B. sind die schwierigsten Situationen diejenigen, bei denen die Schülerinnen oder Schüler einen «zum Duell» fordern:

> Wenn sie sich vor der ganzen Klasse weigern, etwas ihnen Aufgetragenes zu tun.
>
> Ein Schüler hatte mir bei einer solchen Auseinandersetzung gedroht, das Zimmer zu verlassen. Daraufhin habe ich ihm gesagt, dass er das tun kann, aber dass er genau wissen muss, dass das für ihn schwerwiegende Konsequenzen hat (Schulleitung und Eltern werden benachrichtigt). Ich habe ihn entscheiden lassen. Er ist dann auf der Türschwelle umgekehrt und ins Zimmer zurückgekommen. Ich habe den Unterricht wieder aufgenommen. Zum Ende der Stunde habe ich mit ihm ein Gespräch geführt. Zuerst habe ich ihn für das «Umkehren» gelobt. Dann habe ich ihm die ganze Situation aus meiner Sicht geschildert. Plötzlich hat er sich einsichtig gezeigt. In der darauffolgenden Lektion zeigte sich dieser Schüler äußerst loyal und sorgte zwischendurch für Ruhe im Klassenzimmer.

Bewundernswert, wenn einer jungen Lehrerin solche «Dompteurakte» gelingen. Zwei Punkte stechen hervor: Wichtig war erstens das geistesgegenwärtige Erfassen: Dem Schüler jetzt nur zu verbieten, das Zimmer zu verlassen, das brächte wohl nichts, ihm aber diesen Schritt durch den Hinweis auf seine eigene Verantwortung schwer zu machen, diese Intervention war sehr wichtig. Ohne diese Hürde hätte es Lehrerin B. dem Schüler zu leicht gemacht. Gerade dies ist ein sehr wichtiger Punkt: Manchmal müssen Lehrpersonen ihren Schülerinnen und Schülern das Leben schwer machen, und zwar in stofflicher wie in disziplinarischer Hinsicht. Zweitens war sehr wichtig, gegen Ende der Stunde das Gespräch nochmals zu suchen. Frau B. konnte mit einem Lob abrunden und dem Schüler ihre eigene Situation schildern. Diese kurze Gesprächssequenz am Schluss der Lektion verbesserte die Beziehung zwischen Lehrerin B. und ihrem Schüler. Die Verbesserung/Intensivierung der Beziehung ist eine Zielrichtung, die immer wieder aufscheint. Auch wenn wir uns vornehmen, entschieden aufzutreten, um die Situation für uns zu entscheiden, darf die Beziehungsgestaltung nie außer Acht gelassen werden. Genau das hat Lehrerin B. am Schluss der Stunde beachtet.

5.2.3 Entschiedenheit als Überlebenskunst – ist sie erlernbar?

Erlebt man diesen gelungenen «Dompteurakt» als Leser mit, freut man sich zuerst einmal. Als nächstes taucht die Frage auf: Ist diese Kompetenz, diese Entschiedenheit, mit der Lehrerin B. die Führungsrolle übernommen hat, erlernbar? Oder muss diese Fähigkeit zum entschiedenen Handeln schon in der betreffenden Persönlichkeit verankert sein?

Eindeutig und in dieser Allgemeinheit zu beantworten ist die Frage nicht. In der Lehrerinnen- und Lehrerbildung kommt es vor, dass Studierenden nach massiven Schwierigkeiten in der Unterrichtspraxis nahegelegt wird, die Ausbildung zur Lehrperson abzubrechen. Diesen Entscheidungen liegt meistens die Überzeugung zugrunde: Diese Persönlichkeit ist nicht geeignet für diesen Beruf, zum Beispiel weil sie zu ängstlich oder zu bedächtig ist. Noch häufiger sind aber Entwicklungen, die dafür sprechen, dass die Fähigkeit, die Führungsrolle entschieden zu übernehmen, erlernbar ist. Am Beispiel der Studierenden I., die Schritt um Schritt an Sicherheit gewann, lassen sich einige Bedingungen dafür herausschälen, dass die Fähigkeit zur entschiedenen Führungsübernahme erlernbar ist. Wir folgen im Weiteren Lerntagebuchberichten[52] dieser Studentin I. Zu Beginn ihres zweiten Praktikums, in einer 1. Klasse, war Frau I. unsicher. Sie schreibt:

> Ich wusste nicht, was ich von den Schülern erwarten darf, wie viel sie können, was ich einfordern muss. Dementsprechend fiel es mir auch schwer, Grenzen zu setzen. Die Schüler bemerkten dies rasch und verhielten sich eher unruhig und loteten die Grenzen aus. Mit der Praxislehrperson tauschte ich mich diesbezüglich aus. Mit der Zeit gewann ich an Sicherheit und setzte mich damit auseinander, wie ich es denn gerne im Unterricht hätte. Ich stellte meine eigenen Normen und Regeln auf und kommunizierte diese ganz klar nach außen. Ich benützte dazu zum Beispiel auch eine Klangschale, um Zeichen zu setzen. Die Situation in der Klasse änderte sich sichtbar. Die Schülerinnen und Schüler passten ihr Verhalten meinen Anforderungen an, so gut sie konnten. Ich lernte also, dass Klarheit und Bestimmtheit wichtig sind. In der Klasse gab es auch einige Schüler, die sehr unruhig oder unkonzentriert waren. Bei denen war es wichtig

52 Diese Lerntagebucheinträge der Studierenden wurden in eine elektronische Lernplattform gestellt und dienten im Ausbildungsbereich Erziehungswissenschaften zum Austausch über die Erlebnisse in der Unterrichtspraxis (2008, Hochschule für Pädagogik der Fachhochschule Nordwestschweiz).

herauszufinden, was sie denn brauchen, um besser mitarbeiten zu können, einen Zugang zu finden, der nicht nur aus Zurechtweisungen besteht. Strafen habe ich keine verteilt. Ich habe versucht zu erkennen, warum ein Kind sich gerade so verhält. Ich habe versucht zu verstehen, um dann richtig reagieren zu können. Ich denke, dass es noch ganz viel Erfahrung braucht, damit dies immer gelingt.

Außerdem habe ich gemerkt, wenn es mir gelingt, die Unterrichtseinheiten in einen Wechsel von Spannungsaufbau und Entspannung ganz bewusst zu gestalten, dass ich damit die Kinder viel leichter führen kann. Dass ich sie so «packen» kann und sie sich ganz auf den Unterricht einlassen. Wenn es dann mal gelang, war das ein tolles Gefühl. Ich habe in diesem Praktikum Sicherheit gewonnen, das hat mir gut getan. Ich habe mich nochmals mit meiner Rolle als Lehrperson auseinandergesetzt.

Anhand dieser Lerntagebuchsequenz lassen sich verschiedene Schritte im Lernprozess in Richtung «Entschiedenheit und Selbstsicherheit vor der Klasse» unterscheiden:

1. Die Studentin beobachtete sich und ihr Verhalten gegenüber der 1. Klasse. Sie realisierte eine gewisse persönliche Schwierigkeit, «Grenzen zu setzen».
2. Sie suchte darüber das Gespräch mit ihrer Praxislehrperson und gewann so an Sicherheit, wie sie «es denn gerne im Unterricht hätte».
3. Sie stellte ihre eigenen Regeln und Normen auf und «kommunizierte diese ganz klar nach außen».
4. Die Schülerinnen und Schüler passten ihr Verhalten offensichtlich an. Frau I. lernte also, dass «Klarheit und Bestimmtheit wichtig sind».
5. Bei einzelnen Schülern, «die sehr unruhig und unkonzentriert waren», war es wichtig, einen individuellen Zugang zu finden, um sie nicht nur zurechtweisen zu müssen. Das alte Motto «Verstehen und Helfen» (Simon) hat weiterhin seine Berechtigung.
6. Studentin I. merkte ferner, dass didaktische Fortschritte in Richtung Spannungsaufbau mit anschließender Entspannung hilfreich sind, um die Klasse zu «packen». Unterrichtsstörungen haben oft eine didaktische Seite.
7. So lernte Frau I. Schritt um Schritt und gewann an Sicherheit. Sie schreibt zum Abschluss: «Ich habe in diesem Praktikum Sicherheit gewonnen, das hat mir gut getan. Ich habe mich nochmals mit meiner Rolle als Lehrperson auseinandergesetzt.»

Diese Lerntagebuchstellen zeigen, wie wichtig die persönliche Auseinandersetzung mit dem Thema «Entschiedenheit und Klassenführung» im Laufe der Lehrpersonenausbildung ist. In Abwandlung von FROMMS Zitat (vgl. Abschnitt 5.2.1) könnte man hinzufügen: Eine Autorität für die Kinder kann man auch werden, indem man merkt, wie diese reagieren. Diese Reaktionen auf den eigenen Klassenführungsstil dienen dann in einem nächsten Schritt als Ausgangspunkt für die weiteren Lernprozesse, bis der zukünftigen Lehrperson die Klassenführung so gelingt, wie sie es möchte. Dabei muss sie genau wissen, dass die wirkliche Aufgabe der Klassenführung dann beginnt, wenn die inzwischen «fertige» Lehrerin vor ihrer eigenen Klasse steht.

5.2.4 Auch der «böse Blick» ist erlernbar

Dass zukünftige Lehrpersonen die notwendige Eindeutigkeit, Sicherheit und Überzeugung der eigenen Selbstwirksamkeit erwerben müssen, ist bei genauerer Betrachtung eine Selbstverständlichkeit. Im Alltag, im privaten Umgang benötigen Menschen selten einen direkten, entschiedenen, eindeutigen Ton, ja der ist oft gar nicht erwünscht. Die Gefahr besteht sonst, den Ruf des Kommandeurs, des Diktators, der Diktatorin zu erhalten: «Du befiehlst mich immer herum!» Auf der Erwachsenenebene gilt der Primat der Kommunikation: Teile die eigenen Bedürfnisse mit, höre auf die Kommunikation der anderen, auf ihre Fragen und Anliegen, dann beginnt die Konsenssuche. In der Schule ist die Konsenssuche manchmal die richtige Strategie, manchmal aber gerade nicht, nämlich dann, wenn es darum geht, die Führung zu übernehmen. Die Lehrerin D. B.[53] hat einmal gesagt, manchmal brauche es sogar den «bösen Blick», um von den Kindern ernst genommen zu werden. Sie kam zu dieser Aussage, nachdem sie einige Wochen in der Gehörlosenschule in Zürich gearbeitet hatte und jeden Tag mehr Gebärden dazu gelernt hatte. Sie schrieb 2008 über diese Zeit:

---

53 D. B. hat dieses Erlebnis in einem Lehrpersonenkurs im Sommer 2008 in Zürich geschildert. Auf meine interessierte Anfrage hin schrieb sie es auf und setzte den Titel: «Manchmal ist der ‹böse Blick› einfach unabdingbar! – oder wie erlernt man natürliche Autorität.»

Das Unterrichten und Unterstützen der Kinder bereitete mir große Freude, und ich ging jeden Morgen motiviert in die Schule. Die Gebärden konnte ich mir leicht merken, der Ausdruck über die Hände war etwas sehr Spannendes für mich.

Die sechs Zweitklässler, bei denen ich jeweils montags bis donnerstags als Praktikantin die Lehrperson unterstützte, waren sehr nett, und ich hatte keine großen disziplinarischen Probleme. Sie akzeptierten mich, meine Aufträge und Anweisungen meistens. Es wären aber ja keine Kinder, wenn nicht auch sie meine Geduld und Grenzen getestet hätten. So kam es immer auch zu Momenten, in denen ich sie auffordern musste, etwas zu unterlassen oder einen Auftrag genau zu erfüllen.

In diesen Momenten stieß ich an meine Grenzen. Ich merkte, dass die Klasse meine Gebärden – und ich war doch sicher, dass es sich um die richtigen handelte – nicht richtig zur Kenntnis nahm und auch noch kicherte.

Freitags half ich in einer 7. Klasse aus. Zu diesen Jugendlichen hatte ich einen sehr guten Draht. Wir halfen uns gegenseitig, ich ihnen beim Erledigen von Aufgaben, sie mir beim Lernen der Gebärdensprache.

Als ich mit den «Kleinen» draußen war und ein Junge ein Mädchen ärgerte, probierte ich mit den dazugelernten Gebärden, den Jungen zum Aufhören zu bringen. Doch ich war erfolglos. Der Junge nahm mich irgendwie nicht ernst. Die 7. Klasse war auch draußen, und ein Junge dieser Klasse beobachtete die Szene und kam zu mir. Er sagte mir, dass wenn ich schimpfe, ich auch ernst, sogar böse dreinschauen muss, sonst glauben die Kleinen, ich mache einen Witz.

Da fiel bei mir der Groschen. Natürlich, die SchülerInnen konnten meine ärgerliche Stimme gar nicht hören. Sie achteten nur auf meine Gebärden und meinen Blick. Da dieser als ausgeglichen oder sogar lieb empfunden wurde, dachten die Kinder, ich meine die Zurechtweisung gar nicht ernst.

Von diesem Tag an übte ich mich im «bösen Blick». So wirkte ich authentisch, wenn ich schimpfte, und die Kinder nahmen mich ernst.

Wer weiß, vielleicht gilt dies auch bei hörenden Kindern? Hat nicht jeder das Recht, dass der Gesprächspartner mit seiner Stimme, seiner Mimik und sogar der Körperhaltung das «sagt», was er meint?

Keller (2008, S. 121) schließt sich D. B. an, indem er betont: «Unterstreichen Sie Appelle durch entsprechende Gestik und Mimik.»

Zur manchmal dringend nötigen Entschiedenheit im pädagogischen Umgang mit Schülerinnen und Schülern gehört auch die situativ einsetzbare Fähigkeit, einmal «bös» zu blicken und die gemachte Aussage so zu unterstreichen. So erleben Schülerinnen und Schüler Entschiedenheit und Eindeutigkeit von ihrer Lehrperson, was notwendig sein kann, um gewisse Lernprozesse in Gang zu setzen. Zum antinomischen Verständnis von Disziplin und Klassenführung gehört auch das Bewusstsein der Lehrperson, dass selbst die gegensätzlichsten Verhaltensweisen situativ ihre Berechtigung haben können. Es ist sinnvoll, wenn Lehrpersonen über ein breites Repertoire an Verhaltensweisen verfügen, so erzielen sie die größte Wirkung. Von Milde und Verständnis getragene Handlungen sind in gewissen Situationen genauso wichtig und richtig wie von Klarheit, Entschiedenheit und Eindeutigkeit getragene pädagogische Handlungen in anderen Situationen. Sanftmut soll kein dauerhaftes Lebensprinzip werden, sonst entsteht das erzwungene Dauerlächeln der Stewardess. Schülerinnen und Schüler müssen merken, wenn die Lehrperson einmal genug hat von ihren dauernden Zwischenbemerkungen. «Wer in gewissen Dingen den Verstand nicht verliert, hat gar keinen zu verlieren», sagte der bekannte deutsche Physiker und Aphoristiker Georg Christoph LICHTENBERG. Wenn Schülerinnen oder Schüler einander zum Beispiel plagen oder auslachen, darf die Lehrperson laut oder wütend werden. Aber wenn sie immer laut und wütend ist, dann ist dies wieder eine andere, weniger gute Sache.

5.3 Zur Bedeutung des Humors

Der englische Autor Jerome K. JEROME (1859–1927) stellte einmal fest: «Grundsätze sind gut, solange man Herr über sie bleibt. Sobald man von ihnen regiert wird, sind sie ein Übel.» Dass Grundsätze den Menschen ganz in Beschlag nehmen und damit zum Übel werden können, lässt sich an vielen Beispielen veranschaulichen. Es ist gut, ein ausgeprägtes (Un-) Rechtsbewusstsein zu haben, aber wenn man die Kontrolle darüber verliert, wird man rechthaberisch – mit möglicherweise fatalen Folgen.

Die Gefahr, dass sich Grundsätze verselbstständigen und wie in der bekannten Novelle «Michael Kohlhaas»[54] von Heinrich VON KLEIST ins

54 KLEISTS Vorbild Hans KOHLHASE war Kaufmann und begab sich 1532 auf eine Reise zur Leipziger Messe. Auf dem Weg dorthin wurden ihm zwei seiner Pferde als Pfand für die Durchreise nach Dresden abgenommen. KOHLHASE versuchte, sich juristisch zu wehren, scheiterte jedoch. Danach griff er zur Selbsthilfe, brannte Häuser in Wittenberg nieder und beging weitere Verbrechen, was am Schluss zu seiner Hinrichtung führte.

Verderben führen, gilt auch für den Grundsatz der soeben propagierten «Entschiedenheit». Wenn eine Lehrperson nach reiflicher Überlegung ihrer Klassensituation zum Schluss gekommen ist, entschiedener auftreten zu müssen, so ist dies berechtigt. Ebenso berechtigt wären mehr Entschiedenheit und Direktheit in den Blog-Beispielen in Abschnitt 5.2. Unentschlossenheit und Unsicherheit werden dort drastisch bestraft. In Deutschland gibt es die Wendung «Lehrer ohne Linie sind ‹Schlaffis›», was einer deutlichen Aufforderung gleichkommt, eine unverkennbare Linie einzunehmen. Entschlossenheit und Entschiedenheit dürfen jedoch – so geht es nämlich beim englischen Schriftsteller JEROME weiter – nicht zu einem Übel werden, das die betreffende Lehrperson regiert. Antinomisches Denken warnt darum vor zu sturem Festhalten an Prinzipien, die, maßvoll angewandt, durchaus ihre Berechtigung haben. Eine gewisse Sturheit der Lehrperson hat situativ ihre Berechtigung zum Beispiel dann, wenn Schülerinnen und Schüler die Energie zum Üben aufbringen müssen. Gewisse Fähigkeiten wie diejenigen zur Selbstkontrolle, zu Planung und Impulskontrolle müssen gefordert und abverlangt werden, von selber entwickeln sie sich nicht. JÄNCKE (2009, S. 7) nennt dazu Beispiele: «Entscheidend ist, dass der Zwölfjährige Aufgaben übernimmt, zum Beispiel einmal wöchentlich in den Musikunterricht geht und zweimal zu Hause übt. Dazu müssen verbindliche Termine mit ihm vereinbart werden. Wenn er etwas im Fernsehen schauen will, darf er das, aber nur während einer begrenzten Zeit.» Solche Vereinbarungen mit den Jugendlichen zu schließen und dann auf deren Einhaltung zu bestehen, erfordert – genauso wie das Einführen und Durchsetzen gewisser Regeln – eine gewisse Sturheit. Aber eben: Die Sturheit darf nicht ganz von uns Besitz ergreifen, so dass wir uns wie Michael Kohlhaas aus einer nachvollziehbaren Kränkung heraus auf einen Rachefeldzug einlassen, dessen Verlierer schon von Anfang an feststehen. Wichtig ist darum die persönliche Flexibilität, bei aller zeitweise eventuell sinnvollen Sturheit doch dann anders reagieren zu können, wenn dies die Situation erfordert. Dabei hilft dem Menschen die Einstellung des Humors. Die Fähigkeit, über sich und über das Leben lachen zu können, ist für jede Lehrperson und deren Psychohygiene (überlebens-) notwendig, für die Schülerinnen und Schüler ebenso. Ohne Humor ist keine sinnvolle schulische Disziplin denkbar. Humor gehört zu einem antinomischen Verständnis von Disziplin. Ohne ihn droht jede Disziplin zu erstarren. Ohne Humor drohen Entschiedenheit

«Alles klar, Frau Kollegin …?»

und Strenge zur erbarmungslosen Unerbittlichkeit zu entarten. Erst eine humorvolle Einstellung verleiht der klaren Linie in der Schule situationsgemäße Flexibilität und Menschlichkeit. Humor «ist die Fähigkeit, heiter zu bleiben, wenn es ernst wird», formulierte Ernst PETZOLD. Humor ist der «Schwimmgürtel auf dem Strom des Lebens», meinte Wilhelm RAABE. In beiden Zitaten kommt zum Ausdruck, dass es in gewissen Situationen nur dem humorvollen Menschen gelingt, souverän zu reagieren. Humor setzt eine gewisse Selbstsicherheit voraus. Wer sich verunsichern und rasch aus dem Konzept bringen lässt, hat es schwer, humorvoll zu reagieren. Glücklicherweise ist auch Humor bis zu einem gewissen Grad erlernbar. Humorlosigkeit hat oft mit persönlicher Strenge, Verbissenheit, protestantischem Pflichtethos, hohen Zielvorstellungen oder eigener Verletzlichkeit zu tun, alles persönliche Eigenschaften, die der Selbstreflexion prinzipiell zugänglich sind. Manche Lehrkraft merkt in ihrer Schulstube, dass es ihr persönlich mehr bringt, humorvoll zu reagieren als sich zu ärgern. Sehr oft geht es in der Schule eben nicht genau so, wie die Lehrperson vorausgeplant hat. Unterricht ist immer störungsanfällig, wie in Kapitel 3 verschiedentlich erörtert wurde. Einmal spielt das Wetter nicht mit, ein anderes Mal verunmöglicht der Streit in der Pause den sofortigen Beginn der Lektion. Wer mit unvorhersehbaren Störungen umgehen kann, wer den Humor und den Überblick, den Blick für die wahre Größenordnung behalten kann, tut sich selber den größten Dienst. In der Schule – wie auch sonst im Leben – ist es gefährlich, nach dem Ziel der Vollkommenheit zu streben. Vollkommene Lektionen, stets ruhige und aufmerksame Kinder gibt es nur in der Vorstellung der planenden Lehrkraft, auf dem Papier. Für die reale Durchführung ihres Unterrichtes brauchen Lehrkräfte einen gewissen «Mut zur Unvollkommenheit», wie ihn die Individualpsychologin Sophie LAZARSFELD schon 1926 postulierte (LAZARSFELD 1926, S. 375). Sie verstand darunter Realismus und den Mut zu Wahrheit und Echtheit sowie die Fähigkeit, eigene Mängel einzugestehen. Mit dieser Lebenseinstellung fahre der Mensch am besten. Dies gilt besonders für den Umgang mit Störungen. Nur mit einem gewissen «Mut zur Unvollkommenheit» gelingt Lehrpersonen ein sinnvoller und realistischer Umgang mit Störungen.

Bisher wurden vor allem die positiven Auswirkungen des Humors für die Lehrperson betont sowie der Gedanke, dass diese flexibler, besser, echter lebt, wenn sie dem Humor zu seinem Recht verhilft[55]. Es gibt noch weitere Gründe für die Lebenseinstellung des Humors.[56] Einerseits erlaubt er es, auf schwierige pädagogische Situationen manchmal optimal reagieren zu können, andrerseits erleichtert er auch den Schülerinnen und Schülern ihr nicht immer einfaches Leben und wird von ihnen sehr geschätzt. Diese beiden Gründe für den Humor in der Schule werden in den Abschnitten 5.3.1 und 5.3.2 thematisiert.

---

55 Ganz im Sinne des italienischen Schriftstellers Curzio MALAPARTE (1898–1957), der meinte: «Jedes Mal, wenn ein Mensch lacht, fügt er seinem Leben ein paar Tage hinzu.»

56 Seit der Antike wurden Humortheorien entwickelt, Zitate und Sprichworte rund um den Humor zeigen dessen weltweite Verbreitung (vgl. KASSNER 2002, S. 301). In den letzten Jahren ist er in Medizin und Pädagogik systematischer untersucht worden.

5.3.1 Humorvoll-überlegenes Entschärfen

Der Begriff «humorvoll-überlegenes Entschärfen» stammt von Hans GLÖCKEL (2000, S. 113). Er meint damit, dass Lehrpersonen so nicht nur Verständnis und Wohlwollen beweisen, sondern schlagfertig und überlegen ihren Führungsanspruch demonstrieren können, «der dann auch gerne anerkannt wird» und «zugleich eine fröhliche Grundstimmung schafft» (GLÖCKEL 2000, S. 113), die keinen Raum für ungute Gefühle lässt. GLÖCKEL illustriert diese Aussage gleich mit mehreren Anekdoten aus Klassenzimmern, zum Beispiel mit jener vom niesenden Lehrer, dessen Klasse Niespulver verstreut hatte. Er muss natürlich sofort niesen, nimmt aber die Sache von der humorvollen Seite, ohne sich aufzuregen, und reagiert schlagfertig: «‹Aber meine Nase hält das nur einmal im Jahr aus.› Er hat hinfort Ruhe.» (GLÖCKEL 2000, S. 114).

Beim zweiten GLÖCKEL-Beispiel brüllte ein lernschwacher Schüler der 7. Klasse, dem die Lehrerin eine Aufgabe stellte, sie vor der Klasse an:

> «Du goldzahnige Wildsau!» Daraufhin fragte sie erschrocken zurück: «Was, sieht man das so stark?» Sie hatte sich den Goldzahn erst vor ein paar Tagen einsetzen lassen. Der Schüler wurde leicht verlegen und gab fast entschuldigend zurück: «Naa, so schlimm is' ja gar net.» Später fragte sie ihn, was ihn so wütend gemacht habe. Er sagte einlenkend, er habe gemeint, das mit der Aufgabe tue sie mit Fleiß, da habe er eine solche Wut bekommen. Jetzt sehe er ein, dass das grob war, und das tue ihm leid. In der Folgezeit kamen sie öfter wie nebenbei ins Gespräch, und der Bub wurde geradezu anhänglich ... (GLÖCKEL 2000, S. 114).

Anhand dieses humorvoll-überlegenen Entschärfens lassen sich verschiedene Prinzipien sinnvollen Reagierens auf mögliche Störungen aufzeigen. Erstens fühlt sich die Lehrerin durch den «Wildsau»-Ausruf nicht persönlich angegriffen. So vermeidet sie die Gefahr des sofortigen Gegenangriffs aus emotionaler Betroffenheit heraus, was, wie in Kapitel 3.2 beschrieben worden ist, Voraussetzung für adäquates pädagogisches Reagieren ist. Zweitens findet die Lehrerin sofort eine passende Antwort, indem sie sich auf die Sachebene konzentriert und nur auf diesem Ohr (nach Schulz VON THUN) zurückfragt: «Was, sieht man das so stark?» Nun ist der Ball wieder beim Schüler, der leicht verlegen wird und beginnt, sich zurückzunehmen oder vielmehr die Unangemessenheit seiner persönlich gefärbten Reaktion zu erahnen. Durch ihre sachliche Rückfrage – die Lehrerin klammert die Möglichkeit, dass der Schüler sie treffen wollte, aus und denkt gar nicht daran – wird diesem ermöglicht, seine Reaktion genauer anzuschauen, was bei einer wütenden oder aufgebrachten Reaktion der Lehrperson verunmöglicht würde. Dann käme es bekanntlich zur Eskalationsspirale mit zwei Verlierern. Wichtig ist auch, dass die Lehrerin ihre Beziehung zum Schüler in weiteren Gesprächen vertieft. So lässt sich geradezu die Idealreaktion auf mögliche Unterrichtsstörungen dahingehend definieren, dass die Lehrperson diese Situation als Sprungbrett benutzt, um den Kontakt mit dem betreffenden Schüler zu vertiefen bzw. diesen pädagogisch zu fördern. Wenn «der Bub [...] anhänglich» geworden ist, haben sich die Voraussetzungen für Erziehung und schulische Unterstützung ja positiv entwickelt.

Zum Schluss dieses Abschnitts über die Möglichkeiten humorvollen pädagogischen Reagierens sei das Beispiel von Käthi Frick wiedergegeben. Es zeigt, wie fruchtbar die Kombination von Verstehen, Einfühlung und Humor sein kann:

> Ich arbeite als Kindergärtnerin im Kinderspital Zürich. Kranke, aber mobile Kinder besuchen den Kindergarten zwischen 9 und 11 Uhr. Seit zwei Wochen kommt die fünfjährige Sandra zu mir in den Kindergarten. Auf der Abteilung widersetzt sie sich öfters bei pflegerischen Handlungen: sei es beim Waschen, beim Zähne-Putzen usw. Sandra ist das jüngste Kind von drei Geschwistern. Die Eltern sind berufstätig und haben nicht viel Zeit für ihre Kinder.
>
> Immer wieder gelingt es Sandra, die Schwestern im Spital zu schikanieren und die Aufmerksamkeit negativ auf sich zu ziehen. Bei einer Anforderung oder einem Wunsch, den man an sie richtet, nimmt sie eine verweigernde Haltung ein und findet es eine Zumutung. Neben ihrer Krankheit, die sicherlich auch zu dieser Haltung beiträgt, hat sie als ein lebensstiltypisches Merkmal gelernt, sich zu verweigern, auf Forderungen nicht einzugehen: So weigert sie sich im Kindergarten beispielsweise, sich beim Znüni-Essen[57] zu setzen, von ihr gebrauchte Spielsachen aufzuräumen usw. Verweigerung scheint ihre einzige Waffe zu sein, bei Handlungen und Abläufen die Oberhand zu behalten. Auch ich bin etliche Male auf dieses Muster «hereingefallen»: Ich habe mit ihr gesprochen, mich um sie auf vielerlei Art und Weise bemüht, sei es in einem bestimmten Ton, sei es mit Charme. Wieder einmal wollte ich sie bitten, mir

57 *Znüni*: schweiz. mundartlich für «Vormittagsimbiss» (Duden 2009, S.1201)

beim Abwischen des Tisches zu helfen. Vorher überlegte ich mir eine andere Strategie. Den Ablauf des Gespräches wollte ich führen und innerlich musste ich bereits schmunzeln. Ich wusste, dass es mit Strenge überhaupt nicht ging, und ich wusste auch, dass sie gerne zu mir in den Kindergarten kam. An jenem Tag saßen vier Kinder um den Basteltisch. Meine Worte überraschten sie: «Ja Sandra, dich kann ich ja nicht fragen.» Ich schaute sie lange an, und Sandra fragte mich, weshalb ich lache und weshalb ich sie nicht frage. Dabei musste ich auf einmal spontan lachen und sagte nur: «Wer weiß, vielleicht weißt du es.» Sie war so gespannt, und auf einmal musste sie auch lachen. Dann meinte sie, jetzt wisse sie es. Eigentlich wollte ich ihr noch erklären, warum ich lachte, aber es war nicht mehr nötig. Ab diesem Zeitpunkt hat sie sich bei Anforderungen kooperativer verhalten, und wir haben uns jeweils in ähnlichen Situationen nur noch angeschaut und geschmunzelt. Erst zu einem späteren Zeitpunkt habe ich dann mit ihr über diese Situation gesprochen.

Einige Überlegungen zum obigen Beispiel: Zum Gelingen trug sicherlich eine gute Beziehung zu Sandra bei. Ich bin mit Sandra nicht in den Kampf geraten und habe sie nicht abgelehnt. Oft beobachtete sie mich genau, wie ich auf andere Kinder zuging und wie ich mich ihnen gegenüber verhalten habe. Da Sandra zu Hause häufig zurechtgewiesen wurde, hatte sie mit dieser Reaktion nicht gerechnet, war offenkundig überrascht, irritiert. Trotzdem wehrte sie nicht ab, sondern konnte mit der Zeit erfahren, dass es für sie so viel schöner wird – und sie deswegen überhaupt nicht zu kurz kommt! Ganz im Gegenteil: Die Kinder hatten sich zum ersten Mal persönlich ohne Aufforderung meinerseits bei ihr verabschiedet.

In meiner Arbeit mit kranken Kindern trägt sehr viel zum Wohlbefinden der kleinen PatientInnen bei, wie ich mich ihnen gegenüber verhalte. Oft sind sie durch ihre Krankheit empfindlicher, trauriger, oftmals auch schweigsamer. Oder ihr Verhalten ist schwieriger, ja manchmal auch destruktiv. Dabei ist es entscheidend, dass ich versuche, eine ruhige, positive und humorvolle Stimmung unter den Kindern zu verbreiten. Mit positiv meine ich: das Kind zu bestätigen und es grundsätzlich zu bejahen. (Frick, zit. nach Rüedi 2002, S. 188 f.)

5.3.2 Der Nutzen des Humors für Schülerinnen und Schüler

Bisher standen Lehrpersonen und der Nutzen des Humors für sie und ihr pädagogisches Verhaltensrepertoire im Zentrum. Abschließend sollen die Schülerinnen und Schüler zu Worte kommen. Für sie ist die Sachlage klar: Humor in der Schule ist wichtig! Zu diesem Schluss kommt zum Beispiel

DEFLORIN in seiner Arbeit «Humor im Unterricht»[58]. Er hat 74 Kinder gefragt, 68 von ihnen finden Humor in der Schule wichtig. Auch KASSNER (2002, S. 237) kommt zu diesem Ergebnis, wobei die Eigenschaft «Sie/er behandelt alle gleich», die «Gerechtigkeit der Lehrperson», an erster Stelle der Kinderwünsche steht, noch vor dem Wunsch nach einer humorvollen Lehrperson.

LOHMANN (2002, S. 133) schließt sich an: «Für Schülerinnen und Schüler ist Humor im Unterricht von großer Wichtigkeit, allein schon zur Bekämpfung ihres größten Problems, der Langeweile. Dies ist vor allem bei so genannt ‹trockenen› Themen der Fall.»

Nicht für alle Lehrpersonen ist es einfach, diese Aussage nachzuvollziehen, lieben sie doch ihr Fach, haben dieses ausgewählt und finden dessen Vermittlung wichtig. Und da soll Langeweile das größte Problem der Schülerinnen und Schüler sein? LOHMANN hat hier aber einen zentralen Punkt getroffen. Diese Einfühlung in die Schülerinnen und Schüler und ihre Sorgen ist notwendig für das Verständnis von Störungen. Der 16-jährige Max hilft uns, wenn er sich offenbart: «Die Zeit geht bei mir am langsamsten vorbei, wenn ich in der Schule ‹hocke›, weil man stundenlang den Lehrern zuhört, wie sie etwas erzählen. [...] In der Pause geht die Zeit rasch vorbei. Das ist immer so. Bei den Sachen, die Spaß machen, geht die Zeit rasch vorbei.»[59]

Lehrpersonen und Schülerinnen und Schüler haben eben verschiedene Rollen in der Schule. Die Lehrpersonen bestimmen, die Lernenden müssen wohl oder übel mitmachen. Dass die Lehrpersonen ebenfalls Vorgaben zu erfüllen haben, nämlich diejenigen des Lehrplans, ist den Schülerinnen und Schülern weniger bewusst. Lernen ist für sie eine tägliche Pflicht, deren Nichterfüllung mit Tadel oder schlechten Noten bestraft wird. Von Spaß und Humor versprechen sich die Schülerinnen und Schüler leichteres Lernen und nicht zuletzt ein gutes Klima. Sie erhoffen sich noch mehr vom Humor in der Schule als die Lehrpersonen. Wenn man sich in die Schülerinnen und

---

58 DEFLORIN, Lucas (2004): Humor im Unterricht. Abschlussarbeit im Ausbildungsbereich Erziehungswissenschaft. Hochschule für Pädagogik und Soziale Arbeit beider Basel, Liestal. [Unveröffentlicht]

59 Max HUBACHER (*1993), Schüler, Bern, auf die Frage: Warum die Zeit in der Schule stehenbleibt. In: Stapferhaus Lenzburg (Hrsg.) (2009): *Nonstop. Ein Lese- und Hörbuch über die Geschwindigkeit des Lebens.* Baden: Verlag Hier + Jetzt, Verlag für Kultur und Geschichte, Stück 9 auf der CD.

Schüler und ihre Rolle hineinversetzt, wird verständlich, dass sie den Humor noch wichtiger finden als ihre Lehrpersonen (vgl. Kassner 2002, S. 235). Wenn der Unterricht durch einen angemessenen, nicht ironisierenden Humor aufgelockert wird, führt dies zu einem entspannten Unterrichtsklima, «in dem sich die Schüler besonders wohlfühlen. Der Grad der Gewissheit in den sozialen Interaktionen der am Unterricht Beteiligten wird dadurch erhöht. Da die Schüler den positiven Einfluss des Humors auf das soziale Verhalten als besonders wohltuend empfinden, glauben sie noch stärker als die Lehrer an die Beeinflussungsmöglichkeiten der sozialen Interaktionen im Unterricht und im Beruf durch den Humor.» (Kassner 2002, S. 236).

Oder noch einfacher gesagt: Schülerinnen und Schüler wollen von Zeit zu Zeit herzhaft lachen, Spaß haben und sich so entspannen. Humorvolle Situationen verschaffen kurze Verschnaufpausen chaotischer Unordnung in den von den Lehrpersonen gesteuerten und dominierten Unterrichtslektionen. Gönnen wir darum den Schülerinnen und Schülern humorvolle Momente in der Schule. Diese kommen ihnen und uns Lehrpersonen zugute.[60] Vielleicht profitieren Lehrpersonen sogar noch mehr von humorvollen Stunden, weil sie mit dem Älterwerden das Lachen verlernt haben und wieder lernen müssen. Erwachsene lachen täglich ungefähr 15-mal, während Kinder gemäß Kassner rund 400-mal täglich lachen: «Beim Erwachsenwerden haben wir irgendwie ein paar hundert täglicher Lacher verloren. Durch das Wiedererlernen, leichter und öfter zu lächeln und zu lachen, könnten wir einen grundlegenden und positiven Effekt auf unsere Gesundheit und unser Wohlbefinden erzielen … .» (Kassner 2002, S. 37).

---

60 Dass sich Humor und Lachen positiv auf die Gesundheit des Menschen auswirken, ist inzwischen gut erforscht (vgl. zum Beispiel Kassner 2002, S. 33 ff.).

Prävention von Unterrichtsstörungen 6

Der neun Jahre alte Tim hat Schwierigkeiten, sich im Unterricht zu konzentrieren. Er ruft dann dazwischen oder steht sogar auf. Lehrerin B. hat sich darum Gedanken gemacht, ob es Möglichkeiten gibt, dieser unliebsamen Entwicklung vorzubeugen. Sie bittet Tim am nächsten Morgen um einen Gefallen: «Könntest Du mir heute helfen?» Tim ist gerne dabei und bejaht. Lehrerin B. trägt ihm auf zu notieren, wie viele Kinder in der nächsten Lektion mündliche Beiträge leisten, sie brauche eine Statistik. Tim ist in der Folge eifrig am Notieren und vergisst heute dazwischenzurufen. «Prävention von Unterrichtsstörungen durch Erteilen eines Beobachtungsauftrages»[61], so könnte dieses Prinzip genannt werden. Frau B. hat vorausgedacht und überlegt, wie sie Tims Verhalten präventiv steuern könnte, bevor er negativ auffällt. Prävention ist im Zusammenhang mit Unterrichtsstörungen ein hilfreiches Prinzip. Viele mögliche Störungen im Unterricht sind verhütbar. Die pädagogische Fachliteratur ist sich in der Einschätzung einig, dass Vorbeugen und präventive Strategien das A und O jeder sinnvollen Disziplin sind.[62] In den Worten von Hans-Peter Nolting (2002, S. 40 f.):

- Disziplin hängt überwiegend von Verhaltensweisen ab, die gar nicht wie eine «Disziplinierung» aussehen.

---

61 Andere Beispiele von Auftragserteilungen wären, das eigene Verhalten zu beobachten oder die Zeit zu stoppen, zum Beispiel nach fünf Minuten ein Zeichen zu geben.

62 Hier wie schon in Kapitel 4.2 verwende ich auszugsweise meinen Beitrag «Disziplin im Unterricht» aus Brandt, Sandra (Hrsg.): *Lehren und Lernen im Unterricht.* Reihe Lehrerwissen kompakt, Band 2. Baltmannsweiler: Schneider Hohengehren (voraussichtlich 2011).

- Entscheidend ist nicht die Reaktion auf bereits aufgetretene Disziplinprobleme, entscheidend ist die Prävention. Etwas überspitzt: Mit Disziplinproblemen muss man nicht «fertig werden», man muss sie verhindern.
- Präventiv wirken vor allem Verhaltensweisen, die auf ein gutes «Lernmanagement» hinauslaufen.
- Die wirksamsten Verhaltensweisen sind in hohem Maße ganz unauffällige, kaum merkliche Gewohnheiten, zum großen Teil nonverbaler Art.

NOLTING geht im Folgenden von «vier disziplinrelevante[n] Bereiche[n] des Lehrerverhaltens aus» und meint damit:

- Prävention durch breite Aktivierung – Akzent auf Unterrichtsführung bzw. Lernmanagement mit dem Ziel der Klassenaktivierung
- Prävention durch Unterrichts«fluss» – Akzent auf Vermeidung eigener Unterbrechungen des eigentlichen Unterrichts
- Prävention durch klare Regeln – Akzent auf Erwartungen an das Schülerverhalten, bezogen auf Lernaktivitäten sowie Unterlassungen von Störungen
- Prävention durch Präsenz- und Stoppsignale – Akzent auf Überwachung des Schülerverhaltens hinsichtlich der Einhaltung von Regeln. (NOLTING 2002, S. 42).

KOUNINS bereits zusammengefasste Dimensionen fließen bei NOLTING ein, gerade weil sehr direkte Handlungsanweisungen – zum Beispiel «Unterrichte schwungvoll!» – ableitbar sind. KOUNINS Empfehlungen zur effektiven Klassenführung sowie EVERTSONS «Classroom-Management» in den Kapiteln 4.3.1 und 4.3.2 laufen auf Präventionswissen in dem Sinne hinaus, dass sie veranschaulichen, mit welchen Verhaltens- und Vorgehensweisen Disziplin und Klassenführung ökonomisch und sinnvoll zu erreichen sind und wie gerade nicht. Sie legen dabei den Schwerpunkt auf die optimale Nutzung der Führungsdimension «Lenkung». Andere Autoren wie TAUSCH und TAUSCH, DREIKURS oder ADLER betonen mehr die Bedeutung der Beziehungsgestaltung. Der Grad der erzieherischen Beeinflussbarkeit ist in den Worten Alfred ADLERS davon abhängig,

> inwiefern die Rechte des zu Beeinflussenden durch den Beeinflusser sichergestellt erscheinen. Eine dauernde Einwirkung auf einen Menschen, dem man Unrecht tut, ist ausgeschlossen. Man wird dann am besten auf ihn einwirken können, wenn der andere in die Stimmung versetzt ist, in der er sein eigenes Recht als gewährleistet empfindet. Das ist besonders für die Erziehung ein

> wichtiger Gesichtspunkt. [...] Eine Erziehung, die diesen Gesichtspunkt berücksichtigt, wird deshalb wirksam sein, weil sie an das Ursprünglichste anknüpft, an das Gefühl der Zusammengehörigkeit. (ADLER 1927/1972, S. 66).

Mit den Stichworten «Zusammengehörigkeit und Beziehung» sowie «Lenkung» sind analog zum Führungshandeln (vgl. Kapitel 4.4) die beiden zentralen Dimensionen der Prävention von Unterrichtsstörungen genannt, sie sind die Inhalte der Abschnitte 6.1 und 6.2.

Beziehung als Voraussetzung jeglicher Prävention von Störungen 6.1

«Eine gute Beziehung zu den Schülerinnen und Schülern ist die Basis für gelingenden Unterricht.» Diese Aussage der Überschrift von Kapitel 5.1.1 verdient es, gerade im Zusammenhang mit Unterrichtsstörungen nochmals in Erinnerung gerufen und veranschaulicht zu werden. Guter, gelingender Unterricht ist im weitesten Sinne Störungsprävention. Wie kann diese Ermöglichung guten Unterrichts durch eine positive Beziehung zu den Schülerinnen und Schülern konkret aussehen? Ein in diesem Zusammenhang interessantes Erlebnis machte die Studentin M. St. in ihrem zweiten Praktikum in einer 3. Klasse (Kanton Baselland). Sie schreibt im Rückblick (2008):

> Die Kinder der Klasse waren aufgeweckt und interessiert. Das Klassenklima empfand ich als recht harmonisch. Die Klassenlehrerin hatte von Beginn an ein wöchentliches Zeitfenster für einen Klassenrat eingerichtet. Auch sonst legte die Lehrperson großen Wert auf einen positiven Umgang miteinander, Wertschätzung und Toleranz. Dies wurde auch immer wieder thematisiert.
>
> - Die Klasse, so sagte mir die Klassenlehrerin, war wohl lange Zeit sehr schwierig zu führen. Es gab große Disziplinschwierigkeiten und Mobbing unter Schülern.
> - Die Klassenlehrerin versuchte, den Klassenzusammenhalt zu stärken, indem sie den Klassenrat als zentrale Instanz ein- bis zweimal pro Woche einrichtete, Projekte zu Themen wie «Toleranz» und «Du bist jemand Besonderes» durchführte und Wertschätzung allen Kindern gegenüber sowohl selbst praktizierte als auch immer wieder mit den Schülern thematisierte. Darüber hinaus arbeitete sie eng mit Eltern und Fachpersonen (Heilpädagogen, Ergotherapeuten, Psychotherapeuten) zusammen. Auch ein erlebnispädagogisches Projekt konnte einmal durchgeführt werden.

- Nun konnte die Klasse mit mir wieder eine Praktikantin haben, weil sich das Klassenklima um einiges verbessert hatte. Ich selbst fühlte mich von Anfang an in der Klasse «pudelwohl» und konnte es kaum glauben, dass es hier einmal «drunter und drüber» gegangen war.
- Dieses Beispiel hat mir gezeigt, dass selbst große Veränderungen möglich sind – und nicht nur Ideale bleiben. Ein entsprechendes Vorleben und praktische wie auch theoretische Beschäftigungen mit Wertschätzung können dafür zentrale Pfeiler sein.

Als Gründe für die positive Entwicklung erwähnt die zukünftige Lehrerin M. St. unter anderem die Stärkung des Klassenzusammenhalts, «Wertschätzung allen Kindern gegenüber», die Zusammenarbeit mit Eltern und Fachpersonen sowie die Durchführung eines erlebnispädagogischen Projekts. Damit wäre mit den Worten von M. St. die Aussage veranschaulicht, dass eine positive Beziehung, eine tagtäglich in diese Richtung weisende Unterrichtsgestaltung, Unterrichtsstörungen verhindern, ja sogar eine Fehlentwicklung rückgängig machen kann. Es lohnt sich in einem nächsten Schritt, die Gründe für die positive Entwicklung dieser Klasse genauer unter die Lupe zu nehmen.

Wenn wie hier in einer Klasse Disziplinschwierigkeiten, Unterrichtsstörungen und Mobbing unter Schülern/Schülerinnen vorkommen, hat es die betreffende Lehrperson versäumt – oder es ist ihr nicht gelungen –, soziale Werte wie Respekt, Toleranz oder Einander-Zuhören einzuführen und durchzusetzen (vgl. NOLTING 2002, S. 42). Es kann sein, dass sie Ruhe und Aufmerksamkeit verlangt hat, diese Ziele der Klasse aber nicht abverlangen konnte; es kann sein, dass sie zu wenig entschieden war. Wie auch immer: Es war nicht die Lehrperson, welche die Regeln und Normen dieser Schulklasse bestimmt, vorgegeben und durchgesetzt hat. Ihre Nachfolgerin hat erkannt, dass eine Möglichkeit, «ein positives Klassen- und Lernklima» (BLUM / BLUM 2006, S. 14) zu schaffen sowie den Klassenzusammenhalt zu stärken, die Einrichtung eines Klassenrates sein kann. In die gleiche Richtung können Projekte zu Themen wie «Toleranz» und «Du bist jemand Besonderes» führen: Immer geht es darum, Wertschätzung allen Kindern gegenüber vorzuleben. Wenn es der Lehrperson gelingt, soziale Werte vorzuleben und durch passende Unterrichtsinhalte kognitiv zu unterstützen, kann sie unter Umständen in zwei, drei, vier Wochen ein ganz anderes Klassenklima «erzeugen», so dass es die Studentin M. St. kaum glauben konnte, «dass es hier einmal ‹drunter und drüber› gegangen war». Dieses Beispiel hat ihr «gezeigt, dass selbst große Veränderungen möglich sind – und nicht nur Ideale bleiben. Ein entsprechendes Vorleben und praktische wie auch theoretische Beschäftigungen mit Wertschätzung können dafür zentrale Pfeiler sein.»

Gelebte Wertschätzung sowie die entsprechende Klarheit und Entschiedenheit, mit denen Schülerinnen und Schülern gegenseitiger Respekt und Wertschätzung abverlangt werden, sind notwendig, um solche Entwicklungen zu erreichen. Klassenratgespräche nützen nur etwas, wenn die dort getroffenen Abmachungen Folgen zeigen und umgesetzt werden. Hinweise oder Regeln nützen nur etwas, wenn die Lehrperson darauf besteht, dass sie beachtet werden. Das, was die Lehrperson sagt,

> muss überlegt sein und nachhaltige Wirkung zeigen. Wenn sie zum Beispiel möchte, dass die Kinder aufstrecken [aufzeigen; Anm. des Verlags], wenn sie etwas sagen wollen, muss sie auf dieser Vorgabe bestehen. Sie muss diejenigen zurechtweisen, welche dreinrufen [dazwischenrufen; Anm. des Verlags], und sie darf Kinder nur dann an die Reihe nehmen, wenn diese wie verlangt ihre Hand hochhalten. Nimmt die Lehrperson dreinrufende Schülerinnen und Schüler an die Reihe, demonstriert sie somit öffentlich, dass Dreinrufen hier der Weg ist, um zum Ziel zu gelangen. So hat jede Handlung der Lehrperson eine Symbolbedeutung für alle Schülerinnen und Schüler. Die Bildung gewisser Verhaltensnormen in einer Schulklasse ist eine Folge der vorangehenden Einzelsituationen. Wenn die Lehrperson nur Kinder an die Reihe nimmt, welche aufstrecken, und konsequent beanstandet, wenn dreingerufen wird, schafft sie so Grundlagen für den mündlichen Unterricht. Für schriftliche Einzelarbeitsphasen werden andere Normen gelten müssen. «Wie man sich bettet, so liegt man.» Dieses Sprichwort lässt sich auf die Schule übertragen: Was man konsequent eingeführt und vorgelebt hat, das gilt dann und erleichtert mir die Schulführung. Konsequenz und Nachhaltigkeit sind zentrale Prinzipien für den Schulanfang. Das, was ich als Lehrperson einführe, muss Wirkung zeigen und in Zukunft gelten. Jede Intervention soll zugleich Prävention sein. (Rüedi 2002, S. 149).

Unterstützend ist in präventiver Hinsicht, wenn sich Lehrerinnen und Lehrer, Eltern und Fachpersonen gegenseitig unterstützen und am selben Strick ziehen (vgl. Rüedi 2002, S. 117 ff.). Möglichkeiten dafür sind Gespräche zwischen allen Beteiligten, Kontakthefte mit Kommentaren der Lehrperson, die von den Erziehungsberechtigten zu Hause unterschrieben werden, oder sogenannte «runde Tische» mit allen Beteiligten, die Schülerinnen und Schüler inbegriffen.

6.2 Lenkung als Voraussetzung für Disziplin und Prävention von Störungen

Ohne Lenkung durch die Lehrperson gibt es keine Disziplin im Unterricht. Positive Beziehungen zwischen Lehrperson und Lernenden sind wichtig, reichen aber für gelingenden Unterricht nicht aus. Schülerinnen und Schüler können gar nicht selber wissen, wie sie sich zu verhalten haben, damit die jeweils im Lehrplan festgehaltenen Lernziele erreicht werden. Die Lernenden sind somit auf die Lenkung durch Fachpersonen, durch die Lehrenden angewiesen. Nur Lenkung und didaktische Anleitung[63] ermöglichen eine Erreichung der Lernziele, somit Lernerfolg. Sinnvolle Lenkung, kombiniert mit didaktisch geschickter Anleitung, kommt der Prävention von Störungen gleich.

Wie die Lenkung je nach Situation aussehen kann, darüber wurde in den vorausgehenden Kapiteln schon viel gesagt. Eine vertiefende Fortsetzungsmöglichkeit wäre zum Beispiel, die «vier disziplinrelevante[n] Bereiche des Lehrerverhaltens» nach Nolting (2002, S. 42–73) ausführlich darzulegen. In der Form von Aufforderungssätzen lassen sich diese so zusammenfassen:

1. Aktiviere die Lernenden, indem du guten und mitreißenden Unterricht bietest.
2. Sorge für einen flüssigen Unterricht, der bei der Sache bleibt, so dass so viel Zeit wie möglich für wirkliches Lernen eingesetzt wird.
3. Lege mit der Klasse eine überschaubare Zahl von Verhaltensregeln fest, die so einsichtig und so positiv wie möglich sind. So wird Verhalten wirksam gesteuert (vgl. Nolting 2002, S. 61).
4. Verleihe den einmal festgelegten Regeln durch Präsenz- und Stoppsignale Nachdruck.

Diese Aufforderungen zur Lenkung richten sich direkt an die vor der Klasse stehende Lehrperson, damit diese ihre Führungsverantwortung wahr-

63 Disziplin im Unterricht und Didaktik haben viel miteinander zu tun. Schulische Disziplin ist im günstigen Falle das Ergebnis eines gelingenden Zusammenspiels von Anforderungen / inhaltlichen Zielvorgaben durch die Lehrperson und den darauf folgenden Schüler / innen-Reaktionen, die unter anderem von der Leistungsbereitschaft und der Lernmotivation abhängen. Ein didaktisch guter Unterricht verbessert die Lernmotivation, indem er das Interesse und die Neugier fördert und gangbare Wege zu Verstehen und Begreifen ermöglicht.

nimmt.[64] Die eigene Beitragsleistung zu erkennen und wahrzunehmen, ist eine wichtige Voraussetzung für eine gelingende Disziplin im Unterricht, genügt allerdings in einer demokratischen Gesellschaft nicht. Notwendig ist zugleich der Einbezug der Klasse, die nicht nur gelenkt, sondern der auch zugleich verständlich gemacht werden muss (vgl. Rüedi 2002, S. 232), dass sie von einer gelingenden Disziplin profitiert, indem sie dann optimal lernt: «Die internationale Forschung zeigt, dass kein anderes Merkmal so eindeutig und konsistent mit dem Leistungsniveau und dem Leistungsfortschritt von Schulklassen verknüpft ist wie die Klassenführung.» (Helmke 2004, S. 78). Konkret heißt dies, dass es im ureigensten Interesse aller Schülerinnen und Schüler ist, dass sie zum Beispiel einander zuhören, sich nicht auslachen, sondern sich respektieren, weil sie in einem solchen Klassenklima am besten lernen. Eine ideale Möglichkeit, der Klasse diese Zusammenhänge aufzuzeigen, bietet der Klassenrat. Er bietet auch den Schülerinnen und Schülern, die unter den Störungen eventuell leiden, eine Möglichkeit, sich zu artikulieren, womit zugleich die ganze Klasse – und nicht nur die Lehrperson – aufgefordert wird, nach Lösungen zu suchen (vgl. Lohmann 2003, S. 116). Eine andere Möglichkeit, die Lernenden zu beteiligen, ist zum Beispiel ein Gong, mit dessen Hilfe jede Person im Klassenzimmer anzeigen kann, dass sie diese Lautstärke beim Lernen beeinträchtigt. So wird die Suche nach der sinnvollen Disziplin im Unterricht eine Aufgabe aller Beteiligten, die ihre eigene Selbstdisziplin trainieren. Sie sollten sich im Klassenzimmer so verhalten, dass die Mitschülerinnen und Mitschüler in ihrem Lernprozess nicht behindert werden. Damit wird deutlich, dass eine zeitgemäße Disziplin und Selbstdisziplin miteinander zusammenhängen. Disziplin in der Schule sollte kein Selbstzweck, «sondern dem Ziel untergeordnet [sein], Kompetenzen und Verfügungskraft über sich selbst, somit Selbstdisziplin zu fördern» (Rüedi 2002, S. 23).[65]

64 Auf die unlösbaren Schwierigkeiten der Lehrerin, die auf der Seite der Schülerinnen / Schüler sein und damit die disziplinierende Rolle der Lehrerin verweigern will, weist Barbara Arens (1997) hin.

65 Auf dieser Suche nach einer zeitgemäßen Disziplin sind auch Schüler-Feedback-Bogen (vgl. Keller 2008, S. 98 oder Mayr 2008b) hilfreich; die darin gemachten Äußerungen können zum Anlass für einen Klassenrat genommen werden.

6.3 Entschiedenheit als Präventionsprinzip

Wenn in den beiden vorherigen Abschnitten 6.1 und 6.2 Beziehung und Lenkung als zentrale Grundlagen jeglicher Prävention von Unterrichtsstörungen bezeichnet worden sind, so muss sogleich die persönliche Fähigkeit der Lehrperson, entschieden aufzutreten, im nächsten Atemzug genannt und hinzugefügt werden, weil erst Entschiedenheit die Lenkung krönt. Eine positive Beziehung der Lehrperson zur Klasse schafft das Fundament, um Einfluss nehmen zu können. Situationsadäquate Lenkung sowie die nötige Entschiedenheit sind dann die nächsten Voraussetzungen für eine gelingende Klassenführung und für die Prävention von Störungen. Ohne entschiedenes und sicheres Auftreten – diese Aussage wird gleich zu veranschaulichen sein – gelingt die optimale Klassenführung nicht. Es gibt Lehrpersonen, die sehr häufig versuchen zu lenken, sie sagen ihren Schülerinnen und Schülern immer wieder, was sie tun oder nicht tun sollen. Allein, der Erfolg bleibt ihnen versagt. Erst die situationsgemäße Entschiedenheit der Lehrperson bewirkt, dass die Schülerinnen und Schüler in der gewünschten Richtung reagieren. Konrad Schneid (1984, S. 17) spricht darum von der «Haltung einer wohlwollenden Entschiedenheit» und fährt fort: «Eine entschiedene Haltung des Lehrers bedeutet für den Schüler eine Lernhilfe. Eine Erfahrung aus der Psychotherapie dürfte auch für die Schule Gültigkeit haben: Die Begegnung mit einer Autorität, die zwar akzeptierend, aber auch energisch ist, wird als hilfreich erlebt. ‹Die allzu bereite Zubilligung verminderter Zurechnungsfähigkeit vermindert sehr oft die Zurechnungsfähigkeit, d.h. sie verstärkt die Willensschwäche derjenigen, denen sie zuerkannt wird› […].» (Schneid 1984, S. 19).

Oder umgekehrt: Unsicherheit und Ängstlichkeit der Lehrperson erhöhen die Wahrscheinlichkeit von Unterrichtsstörungen (vgl. Kapitel 5.2). Dass zwischen fehlender Entschiedenheit und Unterrichtsstörungen ein häufiger Zusammenhang besteht, hat die Studierende B. K. in einer Semesterarbeit im Fach Erziehungswissenschaft mit einer Gegenüberstellung so dargestellt:

> Erstes Beispiel: Die Mathematikstunde von Herrn Y. Ein Optimismus ausstrahlender Lehrer betritt das Klassenzimmer. Nach kurzem Fragen nach dem Befinden der Kinder verkündet er mit lauter, prägnanter Stimme, dass Kopfrechnen

angesagt ist. Dies ist so gestaltet, dass jedes Kind aktiv mitdenken muss. Anschließend wird ins Bruchrechnen eingeführt. Es dürfen Papiere gefaltet werden. Die kritische Bemerkung eines Schülers: «Das ist aber kompliziert, wie Sie das erklären», wird von der Lehrperson aufgenommen und sofort in der Klasse diskutiert. Es folgt der Hinweis, dass persönliche Lösungswege in Ordnung, ja sogar erwünscht sind. Die Schülerinnen und Schüler hängen der Lehrperson an den Lippen. Sie wollen nichts verpassen. Beim Lösen der Aufgaben wird leise diskutiert. Die Atmosphäre ist sehr motivierend. Für mich als Beobachterin ging die Stunde im Nu vorbei.[66]

Diese Beschreibung spricht für sich: Der Lehrer Y. tritt, «Optimismus ausstrahlend» und «mit lauter, prägnanter Stimme» vor die Klasse und verkörpert so Sicherheit und Entschiedenheit in Person. Die Folge ist eine «motivierend[e]» Lernatmosphäre.

Ganz anders die Deutschstunde von Herrn X., wenn er ins Klassenzimmer tritt (B. K. 2007; vgl. Fußnote 66):

Mit leiser und unsicherer Stimme begrüßt er die Klasse kurz. Sofort tritt Herr X. an die Wandtafel und kehrt für längere Zeit den Schülerinnen und Schülern den Rücken zu. Immer wieder wischt er etwas Geschriebenes aus. Die Darstellung ist unklar. Die Kinder werden zu den Wandtafel-Informationen abgefragt. Auf Fragen der Kinder reagiert die Lehrperson mit zynischen Antworten. Kritische Fragen werden wahrscheinlich nicht gerne gehört. Nun kommt ein Arbeitsblatt zum Einsatz. Einige der Schülerinnen und Schüler haben dieses jedoch bereits fertig bearbeitet. Diese sollen nun ihr Heft schön gestalten. Die Kinder fangen an zu schwatzen. Es wird unruhig. Als ich das erste Mal auf meine Uhr schaue, sind erst 15 Minuten vergangen.

Auch diese Beschreibung der Studentin B. K. spricht für sich: Der Lehrer wirkt unsicher, mit leiser und unsicherer Stimme tritt er vor die Klasse. Didaktische Ungeschicktheiten gehen mit fehlender Entschiedenheit einher. Auf Fragen reagiert er ebenfalls nicht professionell. Wenn solche Situationen einmal, zweimal passieren, mag es gehen. Die meisten Lehrpersonen reagieren zuweilen didaktisch ungeschickt oder auch einmal unsicher. Das gehört zur Entwicklung im Lehrberuf, dass Fehler dazu anspornen, sich zu

66 Studierende B. K.: Semesterarbeit im Fach Erziehungswissenschaft, 3. Semester. Hochschule für Pädagogik der Fachhochschule Nordwestschweiz. November 2007, S. 6 f.

verbessern. Dieser Lernprozess gelingt der Lehrperson jedoch nur, wenn sie den eigenen Unterricht sowie dessen Unzulänglichkeiten analysieren und dann die Konsequenzen ziehen kann: kurz, wenn sie reflektierende Praktikerin ist, wie dies in Kapitel 4.1 beschrieben worden ist. Zu dieser Reflexion mit nachfolgenden Verbesserungen des eigenen Verhaltens ist der Mensch als autonomes, vernunftbegabtes und reflexives Wesen prinzipiell in der Lage. Er kann unter gewissen Voraussetzungen seine beruflichen Probleme analysieren und bewältigen. Andrerseits können in der Lebensgeschichte erworbene Gefühle oder Routinen uns Menschen stark steuern, so dass die notwendige Veränderung schwerfällt. Zynismus, wie er bei Lehrer X. festzustellen ist, könnte psychodynamisch als Abwehrmechanismus verstanden werden, der automatisch einsetzt. Lehrer X. freut sich nicht darüber, wenn seine Schülerinnen und Schüler sich mit Fragen am Unterricht beteiligen. Dabei könnten Fragen ein Sprungbrett für spannende Unterrichtsgespräche darstellen, wenn sie von der Lehrperson geschickt und geistesgegenwärtig aufgegriffen werden. In solchen Momenten kann im Unterricht eine Spannung entstehen, wie sie Lehrpersonen nur wünschen können. Die Schülerinnen und Schüler lauschen den Ausführungen dann mit größtem Interesse.

So die Gunst der Stunde zu nutzen, gelingt der Lehrperson jedoch nur, wenn sie sich von der Frage der Schülerin oder des Schülers nicht angegriffen oder gar bedroht fühlt. In solchen Situationen – wie in vielen anderen Situationen in der Schule – spielt das Menschenbild der Lehrperson, wie schon in Kapitel 5.1.3 angesprochen, eine entscheidende Rolle: Fühlt sie sich durch die Frage angegriffen oder eventuell in ihrer Stellung bedroht? Oder gelingt es ihr, souverän und selbstsicher zu reagieren und die Frage der Schülerin didaktisch geschickt aufzugreifen? Souveräne Menschen lassen sich von unvorhergesehenen Ereignissen – und Fragen im Unterricht sind solche – nicht so leicht aus der Fassung bringen oder gar entmutigen, sondern sie reagieren gelassen und können die Situation differenziert, ohne «Tunnelblick» (LOHMANN) betrachten. Auch unsachliche Angriffe beantworten sie in der Regel sachlich und ohne emotionale Betroffenheit. Lehrpersonen sagen manchmal, der Angriff eines Vaters gelte zum Beispiel gar nicht ihnen selber, sondern entzünde sich an ihrer Funktion als Noten gebender Lehrer, es gehe dem Vater um die Berufschancen seines Kindes, nicht um einen persönlichen Angriff. Solche sachlichen Überlegungen sind letztlich Ausdruck einer inneren Haltung, einer Persönlichkeit, die sich nicht sofort infrage stellt, sondern in sich ruht, von ihrer eigenen Selbstwirksamkeit überzeugt ist. Hier wird ein positives Menschenbild sichtbar, das den Menschen als harmloses Wesen mit einer Neigung zur Güte einschätzt.

Dieses Menschenbild charakterisiert zum Beispiel den Anti-Apartheid-Kämpfer und ersten schwarzen Präsidenten Südafrikas, Nelson MANDELA. In seiner Autobiografie schreibt er: «Im Menschen ist eine Neigung zur Güte, die vergraben oder verborgen sein kann, um dann unerwartet wieder hervorzutreten.» (MANDELA 1997, S. 353). Dieses Menschenbild, diese Überzeugung von der tendenziellen Güte des Menschen, zeigte sich zum Beispiel bei Mandela, wenn er auch den Gefängnisaufsehern die Fähigkeit zur persönlichen Änderung zugesteht. Auf Beleidigungen oder Anschuldigungen seiner damaligen Ankläger, seiner Richter oder seiner Gefängniswärter reagierte er ohne Hass. MANDELA war persönlich davon überzeugt, dass sie eine falsche Meinung über Schwarze hätten, es lag ihm jedoch fern, seine «Peiniger» als Unmenschen anzugreifen. Gerade diese souveräne Haltung hat viele Menschen von Mandela überzeugt. Als er nach der jahrelangen Haft auf Robben Island entlassen wurde, war es ihm wichtig, sich von seinen Wärtern zu verabschieden. Er schreibt dazu: «Ich hatte den Behörden gesagt, ich wolle mich gerne von den Wachen und Wächtern verabschieden, die sich um mich gekümmert hatten, und bat darum, dass sie und ihre Familien am Eingangstor auf mich warten sollten, damit ich ihnen einzeln danken konnte.» (MANDELA 1997, S. 750 f.).

MANDELA war es möglich, im Gefängnispersonal trotz allem menschliche Wesen zu sehen. Darum war es ihm wichtig, sich von ihm zu verabschieden, wie dies unter Menschen üblich ist, wenn sie eine gewisse Zeit miteinander verbracht haben. MANDELA erkannte im Laufe der Zeit immer deutlicher, dass auch die Weißen – und in seiner damaligen Umgebung besonders die Wärter – Opfer eines unmenschlichen Systems, somit ihrer Umwelt geworden waren. Diese Aussage erinnert in gewisser Hinsicht an PESTALOZZI, der von Jugendlichen sagte, sie würden schon gut sein wollen, wenn ihnen der Weg dazu nicht «verrammelt» worden wäre. Ein positives Menschenbild erleichtert es dem Pädagogen oft, Störungen nicht als Ausdruck einer grundsätzlich bösen oder «verderbten» menschlichen Natur zu sehen, sondern als Ausdruck und Folge biografischer Entwicklungen, die zu erkennen und zu verstehen möglich – und hilfreich ist.[67] In diesem Sinne sind eine realistisch-optimistische Lebenseinstellung sowie ein entsprechendes Menschen- und Weltbild optimale persönliche Voraussetzungen für den Umgang mit Unterrichtsstörungen.

6.4 «Schwierige» Schülerinnen und Schüler überzeugen und gewinnen

Gute Beziehungen, Lenkung und Entschiedenheit verbessern – so die zentrale Aussage der Abschnitte 6.1 bis 6.3 – die Möglichkeiten der Prävention von Unterrichtsstörungen. Beispielsweise sind Schülerinnen und Schüler, die sich ihrer Lehrerin persönlich verbunden fühlen, eher bereit, sich deren schulischen Anforderungen zu unterziehen und eigene Wünsche hintanzustellen. Vertrauenswürdigkeit und Kompetenz der Lehrperson sowie eine entschiedene Lenkung erhöhen die Wahrscheinlichkeit, dass Schülerinnen und Schüler im Unterricht aufpassen und mitziehen, statt sich zu widersetzen. Heißt dies, dass Unterrichtsstörungen generell zu verhüten sind? Muss es gar keine Schülerinnen und Schüler mehr geben, welche resigniert vor sich hindösen oder sich aktiv mit Seitengesprächen die Zeit zu vertreiben suchen? Christian Gotthilf Salzmanns bekannte Aussage von 1806 *«Von allen Fehlern und Untugenden seiner Zöglinge muss der Erzieher den Grund in sich selbst suchen.»*[68] könnte auf den ersten Blick in diesem Sinne verstanden werden. Wenn man den nächsten Satz zusätzlich zur Kenntnis nimmt, ändert sich allerdings der Gesamtsinn, denn dieser Klassiker der Pädagogik fährt so fort:

> Dies ist eine harte Rede, werden viele denken; sie ist aber nicht wirklich so hart, als sie beim ersten Anblick scheint. Man verstehe sie nur recht, so wird die scheinbare Härte sich bald verlieren. Meine Meinung ist gar nicht, dass der Grund von allen Fehlern und Untugenden seiner Zöglinge in dem Erzieher

---

67 Eine systematische Behandlung des Menschenbildes und seiner Bedeutung findet sich bei Frick (2007, S. 28–44). Er empfiehlt dort (S. 44 f.) einen «realistischen Optimismus» und fährt fort: «Menschen, die tendenziell eher über ein optimistisches Konzept verfügen, haben eine höhere Lebensqualität.»

68 Salzmann (evangelischer Pfarrer und Pädagoge, 1744–1811) 1806 in Winkel 1988b, S. 299.

> wirklich läge, sondern ich will nur, dass er ihn in sich suchen soll. Sobald er Kraft und Unparteilichkeit genug fühlt, dieses zu tun, ist er auf dem Wege, ein guter Erzieher zu werden. (SALZMANN 1806 in WINKEL 1988b, S. 299).

SALZMANN meint damit, auf unseren Zusammenhang bezogen, nicht etwa, dass vor sich hindösende oder unaufmerksame Schülerinnen und Schüler dies immer darum tun, weil ihre Lehrpersonen Fehler begehen. Nein, das wäre zu monokausal, zu vereinfachend gedacht. Der Mensch soll nachdenken, bei sich selber beginnen «den Grund in sich selbst suchen», weil ihm gerade dieser Schritt oft am schwersten fällt. Den Splitter im Auge des anderen Menschen zu sehen, fällt – wie es in der Bibel heißt – manchmal leichter, als den Balken im eigenen Auge zu sehen. Erst wenn der Pädagoge so stark ist, den eigenen möglichen Anteil zu erkennen, ist er fähig, realistisch zu analysieren und zu beurteilen. Dann sind die Chancen gut, dass er den Anteil erkennt, den sogenannt «schwierige» Schülerinnen und Schüler hineintragen. Im besten Unterricht, wenn Lehrpersonen sich noch so engagieren, kann es Schülerinnen und Schüler geben, welche resigniert vor sich hindösen oder sich aktiv mit Seitengesprächen die Zeit zu vertreiben suchen. Junge Menschen haben ihre eigenen Biografien, kommen mit ihren Erlebnissen in die Schule, haben vielleicht zu Hause zu wenig Grenzen oder Anleitung erfahren, haben vielleicht nicht gelernt zu üben oder zu trainieren. Die pädagogische Psychologie spricht von «Lernschwierigkeiten», wenn Lernende zögern, ausweichen oder schulische Inhalte entwerten. MATTHES und SCHWARZER (1997, S. 338) weisen darauf hin, dass bei sogenannten Lernschwierigkeiten immer Gründe und Ziele zu erkennen sind:

> Ganz gleich, welche Form von Bewältigungsversuchen bei Lernschwierigkeiten im Vordergrund steht, «Faulheit», ungenügende Sorgfalt, Schulangst, störendes oder besonders unauffälliges Verhalten, für das Mädchen oder den Jungen hat dieses Verhalten eine Funktion, und es liegen verstehbare Gründe vor. Dasselbe gilt andererseits für die Reaktionen der Bezugspersonen. Die Lebenssituation des Schülers ist oft durch eine Reihe gleichsinniger Wirkungen charakterisiert, die entweder ermutigen, beleben, aktivieren oder im Gegenteil dazu entmutigen und Ausweichverhalten verstärken. [...] Um eine Entwicklung herbeizuführen, in der neue Tendenzen dominieren, müssen Bedingungen geschaffen werden, die andersartige, positive, die Persönlichkeit unterstützende Lernerfahrungen erlauben. [...]. *Dem Schüler muss Lernerfolg ermöglicht, vermittelt und vor Augen geführt werden.* [kursive Hervorhebung im Original]

Dem Schüler/der Schülerin Lernerfolg zu ermöglichen, zu vermitteln und vor Augen zu führen, diese zentrale störungspräventive pädagogische Devise zu realisieren, ist oft einfacher gesagt als getan. Wenn ein Schüler zum Beispiel bisher in einem Fach auf keinen grünen Zweig gekommen ist, wenn er schon beim Nennen des Faches Mathematik an ungenügende Noten oder an Misserfolge denkt, dann reicht wahrscheinlich auch ein motivierender Unterricht nicht aus, damit dieser Schüler Lernerfolge erreicht. Dann werden individuelle Bemühungen und ermutigende Unterstützung nötig, um einen Neubeginn[69] zu gewährleisten. Für MATTHES und SCHWARZER (1997, S. 337) ist zuerst eine «*Stabilisierung des Selbstwertgefühls*» nötig, bevor die «*Gewährleistung echter Lernfortschritte*» durch «*Beseitigung von Kenntnislücken und Fähigkeitsmängeln*» möglich wird.

Auch LOHMANN (2009, S. 28) erkennt die Unmöglichkeit, bei allen Schülerinnen und Schülern sofort und auf direktem Weg Lernerfolg zu erreichen. Um Resignierte und Zuschauer in einer Klasse zu ermutigen und aus der Reserve zu locken, empfiehlt er vier Schritte:

1. Vertrauen zu gewinnen
2. sie zu motivieren (mit lohnenswerten Herausforderungen, gegebenenfalls mit extrinsischen Verstärkern nach individuellen Bedürfnissen)
3. das Selbstwertgefühl der Schüler und ihr Zutrauen in die eigene Leistungsfähigkeit zu stärken
4. sie in das Geschehen im Klassenzimmer zu involvieren.

Hier können Lehrer an die speziellen Fähigkeiten dieser Schüler andocken und sie mit gestuften, leistbaren Anforderungen Kompetenzerfahrungen machen lassen.

Eigene Kompetenzerfahrungen zu machen, ist für die Prävention von Lernstörungen und für die Verhinderung von «Teufelskreisen» (BETZ/BREUNINGER 1995) von größter Bedeutung. Misserfolgserlebnisse können nämlich Stofflücken und Lernrückstände zur Folge haben. Vertiefen und verfestigen sich diese in den ersten Schuljahren, erleben die betreffenden Kinder, dass sie nicht mehr mithalten können. Schrittweise wird das Selbstwertgefühl tangiert, Misserfolgserwartungen und Versagensängste

69 Beispiele für solche Neubeginnermöglichungen schildern JEGGE (vgl. Anhang 3) und SIMON (vgl. RÜEDI 1995, S. 105 ff.).

stellen sich ein. Können diese Kinder mit niemandem darüber sprechen, ist die Gefahr groß, dass sie zu Erklärungen wie «Ich bin zu dumm» oder «Dieses Fach ist nichts für mich» Zuflucht nehmen. Damit gehen Resignation und Vermeidungsverhalten einher. Spätestens jetzt müsste dem Kind mit Ermunterung, Unterstützung und Aufklärung über das, was abläuft, beigesprungen werden, sonst nimmt die Wahrscheinlichkeit zu, dass ein weiterer Teufelskreis von Mahnen und Strafen vonseiten der Schule sowie von Ausweichen, Rebellion und Widerstand vonseiten des Kindes in Gang gesetzt wird. Widerstand gegen die Anforderungen der Schule sowie Disziplinschwierigkeiten können – zumindest in gewissen Fällen – als Folge schulischer Überforderung[70] interpretiert werden. Dem schulisch immer mehr ins Hintertreffen geratenden Kind bleiben nur noch depressive Varianten von Resignation und Aufgeben oder aktivere wie Clown-Spielen oder Aggressivität. Die Individualpsychologie Alfred ADLERS spricht in solchen Fällen von Kompensation durch Rache oder Protest. Ist der Teufelskreis einmal soweit fortgeschritten, sind individuelle Bemühungen und ermutigende Unterstützung nötig, um einen Neubeginn zu ermöglichen. Nur wenn die in Schieflage geratenen Schülerinnen oder Schüler merken und erfahren, dass sie von ihrer Umwelt nicht aufgegeben und nicht für hoffnungslos gehalten werden, sondern im Gegenteil unterstützt und ermutigt werden, besteht Hoffnung auf eine Vermeidung einer Misserfolgsentwicklung in der Schule. Lehrpersonen müssen über solche Gefährdungsmöglichkeiten Bescheid wissen, damit sie zum Beispiel Clown-Spiele oder resignatives Zurückziehen als das interpretieren, was sie unter Umständen sind: Hinweise einer bereits einsetzenden Entmutigung und Unsicherheit, den schulischen Leistungsanforderungen nicht mehr entsprechen zu können. Eine bekannte Fabel von Äsop veranschaulicht die psychische Situation gewisser «schwieriger» Schülerinnen und Schüler – treffend: Ein Fuchs sah an einem hohen Weinstock reife Trauben hängen und sann auf Mittel und Wege, sie abzubrechen und zu genießen. Da er sie aber trotz großer Anstrengungen nicht erreichen konnte, tröstete er sich über sein Missgeschick mit den Worten: «Sie sind noch zu unreif und viel zu sauer; man könnte sich an ihnen fast die Zähne ausbeißen.» Die Fabel lehrt – so ÄSOP –, dass

70 Dass auch Unterforderung ein Grund für Widerstand und Disziplinschwierigkeiten sein kann, soll in Abschnitt 6.5 zur Sprache kommen.

viele Leute das herabsetzen, was sie nicht erreichen können. Für die vom Misserfolg bedrohten Schülerinnen und Schüler kann «herabsetzen» beispielsweise heißen, dass sie die Schule «blöd» oder «langweilig» finden. Eine andere Variante der Aufrechterhaltung des eigenen Selbstwertgefühls kann darin bestehen, dass Schülerinnen oder Schüler abschweifen, zu träumen beginnen, sich gleichsam mit etwas traumhaft Schönem beschäftigen oder sich mit Gleichgesinnten während des Unterrichts unterhalten und Witze machen. Wiederum ist die Einfühlungsfähigkeit der Lehrperson – ihre emotionale Intelligenz – von enormer Bedeutung. Wenn sie sich angegriffen und in ihrer Würde verletzt fühlt, wird sie falsch reagieren und nicht die psychische Lage des Kindes oder Jugendlichen zum Ausgangspunkt ihres Handelns nehmen. Wenn sie jedoch die Privatunterhaltungen als das nimmt, was sie unter Umständen sein können, als Ausdruck schulischer Entmutigung, wird sie anders, besser reagieren. Natürlich gibt es auch andere psychische Hintergründe für «Privatunterhaltungen», zum Beispiel das Bedürfnis, bei den Gleichaltrigen Beachtung oder Geltung zu finden. Was auch immer die genauen Hintergründe für mangelnde Aufmerksamkeit der Schülerinnen und Schüler sein mögen, diese zu erkennen und zutreffend zu analysieren wird jener Lehrperson besser gelingen, die sich nicht emotional betroffen oder getroffen fühlt. Dann sind ihre Voraussetzungen optimal, dass sie die Schülerinnen und Schüler gewinnen und ihnen Lernerfolg ermöglichen, vermitteln und vor Augen führen kann.

6.5 Unterforderung als Ursache für Unterrichtsstörungen

Überforderung oder fehlender Schulerfolg sind, wie in Abschnitt 6.4 beschrieben, in Pädagogik und Psychologie schon länger als schulspezifische Ursachen für Unterrichtsstörungen erkannt und beschrieben worden. Die zugrundeliegende Hypothese liegt nahe: Wer sich den Schulstoff nicht zutraut, wer diesen als nicht mehr bewältigbar einstuft, wird – wie im «Teufelskreismodell» in drei Stufen dargestellt – seine Aktivität in mehr Erfolg versprechende Bereiche lenken, sich eventuell vom schulischen Lernen abwenden und im ungünstigen Fall den Unterricht stören. In den letzten Jahren ist im Zuge der Hochbegabtenforschung eine weitere Perspektive hinzugefügt worden, dass nämlich auch in der Unterforderung eine mögliche Ursache für Unterrichtsstörungen liegt.

Wie kam es zu dieser erweiterten Perspektive? Schon KAISER (1983) und GANTER-BÜHRER (1991) haben auf den möglichen Zusammenhang von Schulverweigerung und hoher Intelligenz hingewiesen. Wer intelligent ist, muss nicht unbedingt gerne zur Schule gehen, die Sache ist komplizierter. Eine hohe Intelligenz kann sehr wohl mit Schulverweigerung einhergehen. STAMM (2005) hat diesen Sachverhalt aufgrund empirischer Untersuchungen belegt. In der Pädagogischen Psychologie ist schon länger bekannt, dass hohe Intelligenz nicht zwingend Schulerfolg nach sich ziehen muss.[71] Für solche Zusammenhänge zwischen Persönlichkeit/hoher Intelligenz und fehlendem Schulerfolg hat sich in den letzten 20 Jahren die Hochbegabtenforschung besonders interessiert. Sie prägte den Begriff «Underachievement» und meinte damit ein Schulleistungsdefizit, das heißt schlechtere Schulleistungen, als vom Intelligenzniveau her erwartet werden könnten. Von «Minderleistung» – so der deutsche Begriff für «Underachievement» – sollte gemäß STAPF (2008, S. 208) dann «gesprochen werden, wenn schlechte Leistungen über einen Zeitraum von mindestens einem Jahr, besser von zwei Jahren, beobachtet werden, also relativ stabil bleiben, um zum Beispiel jeweils aktuelle Lehrereinflüsse geringer zu halten und übliche Leistungsschwankungen (z. B. wie sie vermehrt in der Pubertät auftreten) auszuschließen».

Aus der Praxis der Hochbegabtenberatung (vgl. WITTMANN/HOLLING 2004, S. 192 ff.) sind viele Bespiele überliefert, wie sogenannte «Minderleister» mit gewissen Verhaltensweisen das Konfliktpotenzial in der Schule erhöhen und Unterrichtsstörungen bewirken können. Zum Beispiel David: Er ist im Lehrerkreis als «auffälliges», den Unterricht störendes Kind bekannt:

> Gegenüber seinen Lehrern verhält er sich oftmals ungehalten und frech. Er «löchert» sie mit Fragen und gibt nicht auf, bevor er mit der Antwort 100-prozentig zufrieden ist. Einige seiner Lehrer fühlen sich dadurch überfordert und hilflos.

---

71 Lotte SCHENK-DANZINGER sprach von den «Stützfunktionen der Intelligenz» und meinte damit, dass eine positive Arbeitshaltung die vorhandene Intelligenz «stützen» muss, damit schulische Erfolge resultieren (vgl. SCHENK-DANZINGER (1988, S. 310 ff.).

> Im Rahmen des normalen Stundenablaufs und aufgrund des zu behandelnden Lehrstoffs fehlt es ihnen an Zeit und Kapazität, auf Davids besondere Fragen einzugehen. Außerdem empfinden sie seine Fragerei als lästig oder kompromittierend. Andere dagegen bedauern den Zeitmangel, da sie sich im Grunde über sein großes Interesse und seine Wissbegierde freuen. (Wittmann/Holling 2004, S. 192).

Diese Stelle mit den zwei unterschiedlichen Reaktionsweisen der Lehrpersonen erinnert an Abschnitt 6.3. Beim unglücklich agierenden Lehrer X. heißt es dort: «Auf Fragen der Kinder reagiert die Lehrperson mit zynischen Antworten. Kritische Fragen werden wahrscheinlich nicht gerne gehört.» Lehrer Y. hingegen wird gerade gegenteilig geschildert, als Mensch, der kritische Bemerkungen aufnimmt und sofort in der Klasse diskutiert. Wie Lehrpersonen in solchen Situationen reagieren, ob sie sich infrage gestellt fühlen und zynisch reagieren, ob sie auf dem Hintergrund ihres Menschen- und Weltbildes einen Angriff auf ihre Person befürchten oder ob sie Bemerkungen als legitimen Ausdruck des Mitdenkens einstufen, solche unterschiedlichen Reaktionen sind oft entscheidend für den weiteren Unterrichtsverlauf. Hochbegabte Minderleister wie David beklagen sich bei ihren Eltern darüber, dass ihr Lehrer nicht auf ihre Fragen und Anliegen eingehe:

> Er fühlt sich oft ungerecht behandelt und behauptet, die Lehrer ignorierten ihn absichtlich, wenn er aufzeigt. Als die Eltern sich daraufhin mit den Lehrern, mit denen ihr Sohn die meisten Schwierigkeiten hat, in Verbindung setzen, um mit ihnen über Davids Eindrücke sowie eine stärkere Förderung seiner Interessen und seines intellektuellen Potenzials zu sprechen, stoßen sie auf Unverständnis und auf «taube Ohren»: Die angesprochenen Lehrer sehen keinen Bedarf zu einer intensiveren Förderung, da David ihrer Meinung nach über keine außergewöhnlichen kognitiven Fähigkeiten verfügt. Schließlich falle er überwiegend durch störendes Verhalten oder geistige Abwesenheit auf und habe zudem keine besonders guten Noten. (Wittmann/Holling 2004, S. 192).

Wer hat Recht, David oder seine Lehrer? Das Beispiel veranschaulicht, wie sogenannte «Minderleister» mit einzelnen Verhaltensweisen Konflikte mit ihren Lehrern heraufbeschwören und in deren Augen Unterrichtsstörungen «produzieren». David wirkt stellenweise rechthaberisch und besserwisserisch, er möchte manchmal das letzte Wort haben. Er kann dann seinen Lehrer öffentlich kritisieren oder ihm zumindest widersprechen. Es fehlt ihm dann an einer gewissen Kompromissbereitschaft. An anderen Tagen blättert er wieder heimlich unter der Bank in Büchern, beteiligt sich nicht am gemeinsamen Unterricht und «taucht» in seine Privatwelt ab. Anstatt abzutauchen, spielen andere hochbegabte Schülerinnen und Schüler den Klassenclown, um so die Aufmerksamkeit von Lehrperson und/oder Klasse zu erhalten. Die Unterrichtsstörung ist Tatsache, dieses Mal nicht auf dem Hintergrund schulischer Überforderung, sondern der Unterforderung.

Für betroffene Lehrpersonen gäbe es zahlreiche Möglichkeiten, das Konfliktpotenzial zu entschärfen und dem Entstehen von Unterrichtsstörungen durch sogenannte «Minderleister» vorzubeugen: Fragen wie diejenigen von David sollten nicht abgeblockt oder ignoriert, sondern soweit möglich im Unterricht erwidert werden. Falls keine Zeit besteht, darauf einzugehen, sollte nach der Stunde für eine Fortsetzung gesorgt werden. Zusatzaufgaben oder weiterführende «Projektreisen» im Zusammenhang mit der aufgeworfenen Frage wären weitere Möglichkeiten. Wichtig ist, David auch eine gewisse Zeit zu widmen, damit er nicht den Eindruck erhält, mit mehr Stoff «ruhiggestellt zu werden». Falls sich der betreffende Lehrer überfordert fühlt und den Eindruck hat, dass er diese individualisierende Förderung von David im Rahmen seiner zeitlichen Möglichkeiten nicht leisten kann, ist an eine psychologische Abklärung zu denken und mit den Eltern oder den Erziehungsberechtigten zu besprechen, damit ein optimaler Weg der Begabungsförderung gefunden werden kann. Auf jeden Fall zu vermeiden sind solche Zuspitzungen und Konflikt-Eskalationen wie bei David, dessen Beziehungen zur Schule sich so massiv verschlechtern. Er fühlt sich von einzelnen Lehrern verkannt und ungerecht behandelt. Seine Hochbegabung wird durch einzelne Lehrer nicht wahrgenommen oder nicht akzeptiert. Eventuell gehen diese irrtümlicherweise davon aus, dass Hochbegabung grundsätzlich mit guten Schulleistungen einhergehe, so dass Schüler wie David nicht in ihrem Leistungspotenzial erkannt und damit gefördert werden. Andere «Minderleister» reagieren anders, «Minderleister» stellen keineswegs eine «homogene Gruppe» (Stapf 2008, S. 208) dar. Stapf fährt deshalb fort:

> Eine Gruppe von Minderleistenden ist von anderen zu unterscheiden: solche, die sich bewusst verweigern («Rebellen», «Aussteiger»). Sie akzeptieren die Leistungswerte der Schule oder Hochschule nicht, sehen sie für sich nicht als erstrebenswert an. Wann der Ausstieg beginnt, ist unterschiedlich, meist jedoch

> während oder nach der Pubertät. Als schwierig werden diese «leistungsverweigernden» Kinder häufig schon im Vorschul- und Grundschulalter beschrieben. (Stapf 2008, S. 209).

Ohne das Verständnis für das Phänomen «Minderleister», ohne das Wissen, dass auch in der Unterforderung eine mögliche Ursache für Unterrichtsstörungen liegen kann, ist es schwer, solchen «leistungsverweigernden» Schülerinnen und Schülern gerecht zu werden und ihnen zu helfen. Es kommt auch vor, dass (hoch-)begabte Kinder oder Jugendliche psychosomatisch reagieren, häufig erbrechen müssen oder mit depressiven Verstimmungen reagieren. Im Beratungsgespräch erklären sie, dass sie vor der Schulzimmertür ihr Gehirn «auf Standby-Modus umschalten». In der Folge geraten sie schulisch ins Hintertreffen und leiden in mehrfacher Hinsicht. Um solche Dramen zu vermeiden, sind individuelle Diagnosen und das Verständnis dafür, wie Schulschwierigkeiten oder Schulverweigerung zustande kommen, notwendig. Eine wirkliche Verbesserung der Situation von «Minderleistern» erfordert gemäß Stapf «die Einbeziehung von Familie, Lehrern und Mitschülern. Leistungserfolge und positive Beziehungen zu Klassenkameraden sind wichtige Teilziele. Einzelne Maßnahmen, beispielsweise nur ein Klassen- oder Schulwechsel allein ohne zum Beispiel Veränderungen der Anforderungen oder der sozialen Beziehungen helfen in der Regel nicht [...].» (Stapf 2008, S. 211).

Die Hochbegabtenforschung der letzten Jahre hat – so lässt sich der jetzt abzuschließende Abschnitt 6.5 zusammenfassen – dem Verständnis für die Entstehung von Unterrichtsstörungen und Schulverweigerung eine weitere Perspektive hinzugefügt, dass nämlich auch in der Unterforderung ein möglicher Hintergrund liegen kann. Weder Über- noch Unterforderung werden Schülerinnen und Schülern gerecht und erhöhen somit die Wahrscheinlichkeit von Unterrichtsstörungen. Nebst der Förderung positiver Beziehungen, situationsgemäßer Lenkung und wohlwollender Entschiedenheit ist die Vermeidung von schulischer Unter- und Überforderung darum wichtig. Zahlreichen Unterrichtsstörungen kann so vorgebeugt werden. Sie ganz aus der Welt schaffen zu wollen, wäre jedoch eine gefährliche Vorstellung, die Lehrpersonen unrealistische Einstellungen nahelegen würde: Unterrichtsstörungen gehören – wie in Kapitel 3 gezeigt wurde – zur Schule und sind bei bestem Lehrpersonenverhalten nie ganz aus der Welt oder aus der Schulstube zu verbannen. Deshalb ist es für Lehrerinnen und Lehrer wichtig zu wissen, wie sie auf Störungen reagieren können und sollen. Diese Kompetenz, bei Störungen zu intervenieren, ist für Lehrpersonen lebenswichtig und soll darum im 7. Kapitel zur Sprache kommen. Zuvor werfen wir noch einen Blick auf die Team- und Schulhausebene.

6.6 Unterstützung durch Kolleginnen / Kollegen und die Schulleitung als Möglichkeiten der Prävention

In Kapitel 5.1.4 ist die Bedeutung der kollegialen Unterstützung bereits angesprochen worden. «Was mir fehlte, war ein Schulterklopfen und ein aufmunterndes ‹Du schaffst das!›», schrieb Lehrerin K. bedauernd. Unterrichten ist einfacher, wenn ein kollegialer Grundkonsens besteht (vgl. Frey 2010, S. 53). Wertschätzung im Team sowie durch die Schulleitung erleichtert den tagtäglichen Gang an den Arbeitsort «Schule». Im Zusammenhang mit der Prävention von Unterrichtsstörungen eröffnet die Unterstützung durch Kolleginnen und Kollegen sowie durch die Schulleitung zahlreiche Möglichkeiten, die zu erörtern hilfreich ist.

Wenn Schülerinnen und Schüler wissen, dass ihre Lehrpersonen zusammenstehen und gerade bei Konfliktsituationen zusammenhalten, entsteht eine ganz andere Basis, als wenn sich Lehrpersonen gegeneinander ausspielen (lassen). So erzählte eine junge Lehrerin mit viel Freude, ihr Sportlehrerkollege, ein starker, groß gewachsener Mann, sage jeweils zu ihr: «Wenn eine Klasse bei dir blöd tut, sag es mir! Die kriegt es mit mir zu tun.» Diese Zusicherung begleitete die junge Kollegin sichtlich, stärkte sie und verlieh ihren Aussagen und Anweisungen Schwung und einen sicheren Klang. Die Schülerinnen und Schüler ihrerseits realisierten sofort, dass ihre Lehrpersonen zusammenspannten.

Die störungspräventive Wirkung gelungener Abmachungen belegen zahlreiche Beobachtungen, zum Beispiel diejenigen eines Schulteams im Kanton Zürich, das die Neuerung einführte, bei Regelübertretungen eines Schülers oder einer Schülerin automatisch die Klassenlehrperson und ab einem gewissen Ausmaß die betreffenden Eltern zu informieren. Die Schülerinnen und Schüler registrierten den neuen Wind, der da pfiff, sofort. Ähnliche Ergebnisse werden von Lehrpersonen berichtet, die sich gegenseitig

«Passt auf, wenn ihr Frau Brunner gegenüber nochmals so frech seid, kriegt ihr es mit mir zu tun!»

darauf verständigt haben, dass störende Schülerinnen und Schüler jeweils ins benachbarte Klassenzimmer hinüberwechseln müssen. Die störende Stephanie zum Beispiel, eine Oberstufenschülerin, fand es «cool», ständig Grenzen zu überschreiten, die Hausaufgaben nicht zu machen, sich nichts sagen zu lassen. Ins benachbarte Klassenzimmer gehen zu müssen, entzieht ihr den Boden oder vielmehr das Publikum. Ähnliche sozialpsychologische Auswirkungen hat der angeordnete Gang zum Schulleiter. Die «Sünderin» steht plötzlich alleine vor einer Autoritätsperson, die vom Alter her ihr Vater sein könnte.

Sofortmaßnahmen bei Unterrichtsstörungen können rasch und unbürokratisch beschlossen werden, wenn Lehrpersonen im gleichen Schulhaus einander helfen und ihre Schulleitung mit einbeziehen. Unter Umständen noch mehr Gewicht erhalten solche Schritte, wenn sie wie die «Trainingsraum-Methode» in Deutschland vom ganzen Team beschlossen werden. Heidrun Bründel und Erika Simon schreiben im Vorwort zu ihrem Buch (2007, S. 9):

> Die Trainingsraum-Methode ist nun seit insgesamt sieben Jahren in vielen Schulen der Bundesrepublik und auch darüber hinaus im deutschsprachigen Ausland fest implementiert. Sie hat sich in konzentrischen Kreisen ausgehend vom Bielefeld-Gütersloher Raum in Nordrhein-Westfalen immer weiter ausgebreitet und ist nun in fast allen Bundesländern bekannt. In den Schulen hat sich herumgesprochen, dass es eine effektive Methode ist, um Schülerinnen und Schüler zu mehr Verantwortung für ihr eigenes Verhalten zu erziehen und um Lehrerinnen und Lehrern Wege aufzuzeigen, ihren Unterricht möglichst störungsfrei durchzuführen.

Herzstück dieser Methode ist der «Trainingsraum», ein Klassenzimmer oder ein besonderer Raum für Schülerinnen und Schüler, die den Unterricht stören. Im Trainingsraum erwarten besonders für diese Aufgabe ausgebildete Lehrpersonen die störenden Schülerinnen und Schüler,

> sprechen mit ihnen in offener und respektvoller Haltung und versuchen herauszufinden, was die betreffenden Schülerinnen und Schüler bewegt hat, andere zu stören, welche Absicht, welches Ziel – um mit der Wahrnehmungskontrolltheorie zu sprechen – sie damit verfolgt haben. Sinn und Zweck solcher Gespräche ist es, herauszuarbeiten, wie sie es erreichen können, nicht mehr zu stören und wie sie dann ihr Vorhaben möglichst in einem konkreten, messbaren und überschaubaren Plan konkretisieren können. (Bründel/Simon 2007, S. 60).

Ein Vorteil dieses Programms ist das Vorliegen von Evaluationsergebnissen. Eine Gefahr sei eine Verwässerung sowie eine «Abwendung von der Grundidee. Manche Lehrerinnen und Lehrer glauben, dass es das Ziel des Programms sei, ihre Unterrichtstätigkeit zu erleichtern. Dies ist ein Irrtum. Das Ziel des Programms besteht darin, die Eigenverantwortung der Schülerinnen und Schüler für ihr Verhalten zu stärken, alles andere ist diesem Ziel untergeordnet.» (BRÜNDEL/SIMON 2007, S. 155).

7 Interventionsmöglichkeiten bei Störungen[72]

«Peter, du schreibst auf morgen ein Stundenprotokoll!» «Nein, das mache ich nicht, die Stunde ist schon zu mehr als zwei Dritteln vorüber.» Die meisten Lehrpersonen kennen solche «Ballwechsel» (vgl. Kapitel 4). Sie fühlen sich durch ein Privatgespräch gestört, intervenieren, und der Schüler oder die Schülerin weigert sich, der «Ansage»[73] Folge zu leisten. Oft bringt diese Form der Intervention wenig oder gar nichts, im Gegenteil, meistens fühlt sich die betreffende Lehrperson danach bloßgestellt oder blamiert. Im Nachhinein macht sie sich eventuell Vorwürfe, so unbedacht und im Affekt reagiert zu haben. Aber eben: «Vom sichern Port lässt sich's gemächlich raten» – heißt es bei Schiller. Unterrichtsstörungen haben oft die tückische Eigenschaft, dass sie – wie in Kapitel 3.1 schon dargelegt – Lehrpersonen auf dem falschen Fuß erwischen. Es gehört gerade zum Wesen der Klassenführung und des Intervenierens bei Störungen, dass sie «Handeln unter Druck» (WAHL 1991) verlangen, dass die Lehrperson emotional sehr gefordert wird, womit auch die Gefahr des Scheiterns erhöht wird. LOHMANN (2003, S. 151) weist deshalb auf die Gefahr der «negative[n] Emotionen» hin, die überlegtes Handeln verhindern:

---

72 Hier verwende ich nochmals auszugsweise wie schon in Kapitel 4.2 meinen Beitrag «Disziplin im Unterricht» aus BRANDT, Sandra (Hrsg.): *Lehren und Lernen im Unterricht.* Reihe Lehrerwissen kompakt, Band 2. Baltmannsweiler: Schneider Hohengehren (voraussichtlich 2011).

73 SOMMER und ECKSTEIN (2008, S. 42) sprechen dann von «Ansage», wenn es um eine «Normverdeutlichung», um eine «Grenzziehung» geht, nicht etwa um die Einleitung eines Gesprächs.

> Wenn wir sehr verärgert sind, stehen uns nur noch sehr wenige Handlungsmöglichkeiten zur Verfügung und wir handeln dann so, wie uns gerade zumute ist, und nicht so, wie die Schüler es brauchen. Wir lassen Dampf ab, fangen an zu brüllen und machen andere Dinge, die uns hinterher peinlich sind oder leid tun. Solch ein Handeln wirkt außerdem sehr schädlich auf die Beziehungen zur Klasse. Lehrer, die Schüler anbrüllen, sind bei ihnen untendurch.

Wie hätte die Lehrperson von Peter sonst noch reagieren können? Hätte sie – um in der Sprache der Autofahrer zu sprechen – einen tieferen Gang wählen können, statt gleich Vollgas zu geben? Ja, das wäre sicher vorteilhaft gewesen. Sie hätte sich zum Beispiel sagen können: «Ich ignoriere die Störung, fahre mit dem Unterricht fort und ziehe vorwärts. Ich zeige damit: ‹Der Unterricht ist das Wichtige. Ich hoffe, dass sich die Störung von selbst erledigt und dass Peter bald wieder mitmacht.›»

Oder die Lehrperson hätte denken können: «Ich ziehe den Peter hinein, ohne den Unterricht zu unterbrechen und sage zu ihm: ‹Wenn du, Peter, dieses Wort anschaust, erkennst du den Fehler sofort, nämlich?› Ich stelle eine Frage, nenne den betreffenden Namen, gebe ihm die Gelegenheit, sich am Unterrichtsgeschehen zu beteiligen und fahre weiter in der Hoffnung, Peter mitgenommen zu haben. So berücksichtige ich die Empfehlung Kounins, den Unterrichtsfluss beizubehalten und mich nicht auf einzelne Störungen einzuschießen.»

Oder eine dritte Variante wäre gewesen, nur mit einem Nebensatz zu reagieren: «Die Hälfte von 222 – das geht auch dich an, Peter – ist wie viel?»

Diese drei Reaktionmöglichkeiten auf die gleiche Störung veranschaulichen die Bedeutung eines breiten Handlungsrepertoires. Eine zutreffende Analyse der Hintergründe, Ziele und Entstehungsbedingungen einer Störung nützt nur dann etwas, wenn die betreffende Lehrperson auch verschiedene Reaktionsmöglichkeiten zur Auswahl hat, um das eigene Handeln auf die Analyse abzustimmen. Es zeichnet erfahrene Lehrerinnen und Lehrer aus, dass sie bei Störungen nicht ihren «negative[n] Emotionen» (Lohmann) das Feld überlassen, sondern die Ruhe bewahren, um die Situation blitzschnell zu analysieren und adäquat zu reagieren: Sofortdiagnose, gefolgt von reflektiertem Handeln, statt «Tunnelperspektive» mit automatisch unreflektiertem Handeln, so könnte in Anlehnung an das 4. Kapitel zusammengefasst werden. Der Vorteil der Diagnose ist es, die Besonderheiten der jeweiligen Störsituation zu erfassen: Führt Peter zum Beispiel Seitengespräche, weil er schon lange abgehängt hat und dem Unterricht nicht mehr folgen kann, so können Hilfestellungen und aufgabenbezogene Hinweise sinnvoll sein. Dann unterbreche ich zum Beispiel den Unterricht und frage Peter direkt: «Was ist los? Kann ich dir helfen? Besteht eine Unklarheit?» Wenn ich aber als Lehrer die Situation so einschätze, dass Peter sehr wohl mitkommt, im Moment aber lieber der Klasse zu verstehen gibt: «Es gibt Interessanteres im Leben als den Inhalt der heutigen Lektion», dann kann eine sehr direkte Klarstellung angebracht sein, zum Beispiel: «Peter, ich habe nicht gesagt, dass du jetzt ein Seitengespräch führen sollst! Höre sofort auf damit!» Eine solche «Ansage» muss überzeugend, sicher und bestimmt ausgesprochen werden, so sicher, dass gar keine Widerrede folgen wird. Peter muss spüren, dass ich es ernst meine. Er muss spüren, dass er mich jetzt verärgert, wenn er weiter schwatzt. Und das möchte er lieber nicht. Oft entscheiden Klarheit und Bestimmtheit über die Wirkung einer Aussage: «Wenn zwei dasselbe tun, ist es nicht dasselbe.»

Drei Voraussetzungen müssen somit erfüllt sein, damit Interventionen im Unterricht gelingen:

1. Die jeweilige Störung muss zutreffend analysiert werden, die störenden Schülerinnen und Schüler müssen mit ihren Motiven erfasst werden. Jedes störende Verhalten hat Ursachen und Ziele, besitzt also kausale Hintergründe und finale Perspektiven. Ich muss als Lehrperson erkennen, warum und wozu zum Beispiel eine Schülerin dazwischenruft. Hat sie Verständnisschwierigkeiten und ist ungeduldig, weil sie nicht nachkommt? Oder verfolgt sie mit ihrem Dazwischenrufen das Ziel, sich Beachtung zu verschaffen? Gründe und Ziele des jeweiligen Verhaltens einzubeziehen, ist wichtig. Ebenso notwendig ist an dieser Stelle die Selbstreflexion, der Einbezug meiner eigenen Stärken und Schwächen (vgl. Rüedi 2002, S. 150 ff.).
2. Es muss eine sinnvolle und der Situation angemessene Reaktion, eine passende Intervention abgeleitet werden, ohne dass uns «negative Emotionen» leiten beziehungsweise verleiten.
3. Die Intervention muss sicher und situationsadäquat erfolgen. Es genügt nicht, eine richtige Intervention in Betracht zu ziehen, sie muss auch wirkungsvoll ausgeführt werden. Oder in Anlehnung an die bekannte Feuerbach-These von Marx: Es genügt nicht, die Störung richtig

zu interpretieren, es kommt darauf an, die Unterrichtssituation, die mich stört, bestimmt und entschieden zu verändern. Und zugleich den Ton zu treffen: «C'est le ton qui fait la musique», sagen die Französinnen und Franzosen. In der richtigen Tonart kann man störenden Schülerinnen und Schülern sehr vieles sagen, in der falschen fast nichts, unabhängig davon, welche Interventionsstrategie man wählt. Allerdings spielt die Wahl der Strategie schon eine Rolle, die eine Antwort verspricht mehr Erfolg als die andere, passt besser zur jeweiligen Unterrichtssituation. Darum sollen in den nächsten Abschnitten verschiedene Möglichkeiten, auf Störungen im Unterricht zu reagieren, behandelt werden. In Abschnitt 7.1 stehen lehrpersonenzentrierte Interventionsstrategien bei Störungen im Zentrum, in Abschnitt 7.2 kooperative Interventionsstrategien.[74] In Abschnitt 7.3 wird ein breites Spektrum von verschiedenen Reaktionsmöglichkeiten auf Störungen dargestellt, damit Lehrpersonen ihr Handlungsrepertoire und ihre Handlungsstrategien erweitern können.[75]

7.1 Lehrpersonenzentrierte Interventionsstrategien bei Störungen

> Im Gegensatz zu Schiffen stranden menschliche Beziehungen schon an Kieselsteinen, nicht erst an Felsriffen. Ein Lehrer kann aufbauend oder sehr zerstörend wirken, allein durch die Art, wie er alltägliche Disziplinprobleme handhabt.
> Haim GINOTT

Disziplinprobleme und Unterrichtsstörungen sind heikle Situationen. Sie fordern uns heraus. Wie soll ihnen die Lehrperson begegnen? Wichtig ist

---

74 Diese Unterscheidung von lehrerzentrierten und kooperativen Strategien stammt von NOLTING (2002, S. 74 ff.).

75 WINKEL (1996, S. 93 f.) hat in Anlehnung an REDL 21 systematische Maßnahmen zusammengestellt, die ermöglichen sollen, den jeweils situationsgemäßen Gang einzuschalten, ohne mit Kanonen auf Spatzen, aber auch nicht mit Kieselsteinen auf Löwen zu schießen. Abschnitt 7.3 geht von dieser Grundidee WINKELS aus, dass ein reichhaltiges Repertoire an Interventionsmöglichkeiten für Lehrpersonen sinnvoll ist, um in jeder Störungssituation reflektierend auswählen zu können.

das Bewusstsein, dass Störungen zum Unterricht gehören, wie in Kapitel 3 schon aufgezeigt worden ist. Wer Störungen stets sich selber oder seinen eigenen vermeintlichen «Defiziten» zuschreibt, wird zum Beispiel in der Pause nicht über sie berichten und sie als Hinweis für die eigenen Mängel deuten. Dies wäre gefährlich, weil sich diese Lehrperson die ideale Möglichkeit der Lösungssuche vorenthält: das Gespräch mit Berufskolleginnen und Berufskollegen. Die Stressforschung zeigt eindeutig die positive Wirkung dieser sozialen Unterstützung auf (vgl. Rüedi 2002, S. 180). Erfahrene Kolleginnen und Kollegen nennen uns zum Beispiel aus eigener Erfahrung Strategien, die nicht viel bringen, zum Beispiel zu häufiges Ermahnen, das leicht verpufft, vor allem wenn es mit spürbarer Verzweiflung angewendet wird (vgl. Kummer 2000, S. 75).

Eine bessere Strategie wäre, den Unterricht zu unterbrechen und die Situation durch Humor, durch einen Witz zu verändern. Zum Beispiel zu einem Jungen, der gestört und geplaudert hat, zu sagen: «So, jetzt hast du wieder einmal für etwas Abwechslung und Auflockerung gesorgt, nun sind wir bereit und erholt für den nächsten Lernschritt. Der ist kompliziert, ich bin gespannt, ob ihr den schafft!» «Humorvolle Bemerkung und Ansprechen des gesunden Ehrgeizes zur Motivierung für den nächsten Lernschritt» könnte diese Strategie genannt werden. Damit sind wir bereits bei der Erörterung der Interventionsstrategien angelangt. Zu den Grundmustern oder «Standardreaktionen» zählt Nolting (2002, S. 76) «die direkte Bitte oder Aufforderung, dieses oder jenes zu tun, eventuell mit anschließender positiver Bekräftigung». Ökonomisch ist es, nur den Namen des «Störers»/der «Störerin» aufzurufen. Dies geschieht in der Erwartung, dass diese/r selber weiß, dass er/sie den Unterricht soeben gestört hat. Wenn die Lehrperson zusätzlich steuern will, fügt sie dem Namen eine Aufforderung hinzu, zum Beispiel: «Heinz, schau zu mir an die Wandtafel!» Diese positive Formulierung ist der negativen (z. B. «Hör auf zu schwatzen!») vorzuziehen, weil so direkter auf das erwünschte Verhalten hingewiesen und hingesteuert wird. Positive Verstärkungen wie: «Peter, du kannst die Antwort sagen, du hast aufgestreckt!» sind zum Beispiel dann besonders sinnvoll, wenn die Klasse sich ans Aufzeigen gewöhnen muss. Wenn Peter dazwischengerufen hat, kann man mit «Peter, dich kann ich jetzt nicht drannehmen, du hast nicht aufgestreckt!» reagieren. Denkt er das nächste Mal daran, dass er aufstrecken sollte, kann die Lehrperson positiv bestärken, indem sie antwortet: «Peter, jetzt hast du aufgestreckt, wie lautet deine Antwort?» Solche konsequenten Lenkungsstrategien sind gerade dann unerlässlich für gemeinsamen (Frontal-) Unterricht, wenn die Klasse sich an eine vorgegebene Regel wie «Wer etwas beitragen will, zeigt mit der Hand auf» gewöhnen soll. Ohne strikte und konsequente Lenkung (vgl. Kapitel 6.2) gelingt gemeinsamer Unterricht nicht. In diesem Sinne meint NOLTING (2002, S. 72):

> Es gibt also keinen Aufschub und vor allem keine Ausnahme. Für die Schüler erscheint das Lehrerverhalten sehr konsequent; sie unterlassen die Regelverstöße erfahrungsgemäß recht rasch, sodass der Lehrer immer seltener eingreifen muss. Umgekehrt ist für die meisten Lehrer das anfangs häufige Eingreifen sehr ungewohnt. Sie befürchten, im Stoff nicht voranzukommen und das Unterrichtsgeschehen durch das häufige Eingreifen zu «zerhacken». Der rasch eintretende Erfolg erlaubt aber langfristig ein wesentlich effektiveres Unterrichten und Lehren, sodass im Endeffekt die verfügbare Lehrzeit deutlich höher ist.

In solchen Standardsituationen, wenn die Lehrperson kleinmaschig lenkt und führt, ist es sinnvoll, dass sie sachlich spricht und nicht zu emotional wird. Bei massiveren Störungen kann es durchaus angebracht sein, dass ich meine eigene Unzufriedenheit deutlich zeige. Eine Variante davon sind die bekannten «Ich-Botschaften» nach GORDON (1977): «So fühle ich mich gestört.» Ich-Botschaften kann man bekanntlich schlecht widersprechen. Noch ultimativer tönt es, wenn die Lehrperson die Störung energisch abstellt: «Das will ich nicht mehr sehen!» «Das glaube ich ja nicht! Was habe ich gesagt? Peter, wiederhole den Auftrag!» Den Auftrag wiederholen lassen, ihm so Nachdruck verleihen und klarstellen, wer der Chef/die Chefin ist, so könnte diese Interventionsstrategie genannt werden. Sie ist zum Beispiel sinnvoll, wenn eine Schülerin beginnt, den Unterricht systematisch zu stören. Dann muss ich sie als Lehrperson ins Visier nehmen. Wenn hingegen die ganze Klasse nicht so ganz bei der Sache ist, muss ich alle Schülerinnen und Schüler ansprechen, zum Beispiel so: «Jetzt hört alle einmal gut zu! So schaffen wir es heute Morgen mit dem Mathematikstoff nicht. Wir müssen einen neuen Anlauf nehmen. Die nächsten fünf Minuten gibt es keine Zwischengespräche, alle sind voll dabei und ziehen mit. Also, jetzt starten wir mit dem neuen Anlauf!» Klarstellung und anschließende

Verdeutlichung der gemeinsamen Anstrengung «Disziplin», so könnte diese Strategie genannt werden.[76]

Eine andere Interventionsstrategie ist das aus dem Fußballspiel bekannte Ritual von Pfiff und gelber oder roter Karte. Ich zeige so mit Nachdruck: «Etwas muss sich ändern! So geht es nicht mehr weiter!» Dann nennt die Lehrperson den Namen des / der «Schuldigen». «Mit dir, ..., möchte ich in der Pause noch sprechen. Komm dann zu mir!» Die Verlegung ins Einzelgespräch kann sinnvoll sein, weil so der Unterrichtsfluss gewahrt bleibt und sich die beiden Kontrahenten in einer anderen, entspannteren Situation begegnen. Die Besonderheiten und Vorteile des Einzelgesprächs sind so zahlreich, dass sie in den nächsten Abschnitten ausführlicher dargestellt werden.

Einzelgespräche und ihre Möglichkeiten 7.1.1

Der Vorteil von Einzelgesprächen als Möglichkeit, den Klassenunterricht zu entlasten und mit der betreffenden Schülerin/dem betreffenden Schüler unter vier Augen zu reden, wurde soeben angesprochen. Sozialpsychologisch betrachtet, bietet das Einzelgespräch verschiedene neue Perspektiven. Die Lehrperson steht viel weniger unter Handlungsdruck, die Zuschauerkulisse fehlt. Schüler und Lehrperson stehen sich von Angesicht zu Angesicht gegenüber. Die Lehrperson kann sich in einer Art und Weise für den jungen Menschen interessieren, wie es ihr im Klassenunterricht nicht möglich ist. Sie kann beispielsweise nachfragen, wie es dem Kind oder der Jugendlichen geht, was diese für Hobbys haben, wie es ihnen bei den Hausaufgaben oder in der Schule generell geht. Wird das Einzelgespräch

---

76 Es muss bei einer unvollständigen Aufzählung einzelner lehrerzentrierter Interventionsstrategien bleiben. Eine systematische Fortsetzung findet sich in Abschnitt 7.3. Ein umfangreiches Kapitel wären Drohungen mit nachfolgender Bestrafung, vgl. RÜEDI 2002, S. 161ff. oder JAGLARZ/BEMMERLEIN 2006. Umfangreiches Lernmaterial für die Lösung von Konflikten bietet Georg BECKERS Buch: «Lehrer lösen Konflikte» (2000), das etwa 300 Konfliktbeispiele nach 25 Problembereichen wie «Pause und Schulhof» oder «Sachbeschädigung» ordnet. Systematisch geordnete Hinweise zu Interventionen bei Störungen finden sich bei BECKER 2009 (S. 134ff.).

einfühlsam geführt, bietet es ideale Möglichkeiten, eine Vertrauensbeziehung aufzubauen oder gar zu vertiefen. So weit kann es jedoch nicht kommen, wenn die Lehrperson gleich vorprescht mit einer Frage wie: «Was ist los mit dir?», die wie ein Vorwurf ankommen muss. Natürlich ist der Wunsch der Lehrperson, eine Verhaltensänderung beim Kind herbeizuführen, in vielen Fällen verständlich und berechtigt. Ein Gespräch, das wirklich etwas bringen soll, darf aber keine «Standpauke» (Nolting 2002, S. 96) sein, sondern sinnvoller ist es,

> solche Gespräche in zwei deutlich unterscheidbare Phasen zu gliedern: Zuerst konzentriert man sich auf eine ehrliche Klärung und erst am Schluss, oder noch besser: in einem zweiten Gespräch, auf Wege zur Verhaltensänderung. Zunächst geht es also darum zu erkunden, «was ist», womit zwar auch äußere Fakten gemeint sind, vor allem aber die «innere Realität». Dies erfordert von der Lehrkraft, sich in die Situation des Schülers einzufühlen und seine Empfindungen zu akzeptieren (ohne freilich seine Handlungsweisen gutzuheißen). (Nolting 2002, S. 96).

Nolting empfiehlt in der Folge, die einleitenden Sätze sehr genau zu überdenken, um eine gute Ausgangslage für die Lösungssuche zu schaffen. Wie ein solches Gespräch aussehen kann, beschreibt Student B.[77] (2005) in seinem Lerntagebuch:

> *Ein Fall aus der Praxis*
>
> In diesem Fall handelt es sich um einen Jungen aus der Unterstufe. Er fällt durch sein aggressives Verhalten auf. Die Klasse hat darunter sehr zu leiden, weil dieses Verhalten oft durch Auslachen, Schlagen oder Zerstören von persönlichen Dingen zum Ausdruck kommt. Kommt der Junge selbst in die Opferrolle, reagiert er sehr sensibel. Er beginnt, in solchen Situationen schnell zu weinen und lässt sich zu Boden fallen.
>
> In einer ersten Phase hat die Lehrerin das Verhalten des Schülers in der Klasse diskutiert. Sie begründete ihre Entscheidung damit, dass das Verhalten

77 Im Rahmen seiner Ausbildung zur Lehrperson an der Pädagogischen Hochschule der Fachhochschule Nordwestschweiz absolvierte Student B. zwischen 2004 und 2007 sechs begleitete Praktika. Lerntagebücher und Zielvereinbarungen sind wichtige Arbeitsinstrumente in diesem Ausbildungsteil und geben ihrerseits wieder Anstöße für den theoretischen Unterricht.

des Kindes die ganze Klasse betreffe, weil die anderen Kinder unter diesem Verhalten zu leiden haben.

Als diese Maßnahme jedoch keine Wirkung zeigte, hat sich die Lehrperson zusätzlich für ein Einzelgespräch entschieden. Dabei ist sie in den folgenden Schritten vorgegangen:

- Als Einleitung ins Gespräch hat sie kurz über ein anderes Thema geredet, nämlich übers Wochenende, um mit dem Kind überhaupt in ein Gespräch zu kommen.
- Danach ließ sie das Kind zuerst erzählen. Dabei hat sie folgende Fragestellung verwendet: Was war gut an diesem Morgen – was war weniger gut?
- Weil der Junge die Störung nicht von sich aus angesprochen hat, ist die Lehrerin darauf eingegangen.
- Sie hat daraufhin einen Stempelpass eingeführt, was als eine Art Vertrag auf der Unterstufe betrachtet werden kann. Wurden die Abmachungen eingehalten, durfte das Kind einen großen Stempel abholen. Wurden die Abmachungen nicht oder nur teilweise eingehalten, gab es einen kleinen oder mittleren Stempel in den Pass.

Dieser Umgang mit dem auffälligen Verhalten des Kindes hat große Wirkungen gezeigt. Dem Schüler wurde bewusst, dass die Verantwortung für sein Verhalten auch bei ihm selbst liegt. Durch den Stempelpass war auch die Möglichkeit geboten, das Verhalten des Kindes täglich in einem kurzen Einzelgespräch zu reflektieren.

Gerade wenn das Einzelgespräch den Auftakt zu einem längeren gemeinsamen Prozess bildet, kann es nachhaltige Auswirkungen haben, wie sie Student B. erlebte. Zentral war bei diesem Beispiel, dass dem Knaben bewusst wurde, dass er selber verantwortlich ist in seinem Leben für das, was er tut oder lässt. Damit hat er an Selbstkompetenz, an der Fähigkeit, sein eigenes Leben selbstständig zu steuern, gewonnen. Diese Kompetenzen und Verfügungskraft über sich selbst, somit Selbstdisziplin zu fördern ist schlussendlich das Ziel schulischer Disziplin.

Wenn Einzelgespräche notwendig werden 7.1.2

Beim Entstehen von Unterrichtsstörungen durch sogenannte «Minderleister» sind wir in Kapitel 6.5 bereits auf die Notwendigkeit gestoßen, Fragen wie diejenigen von David nicht abzublocken oder zu ignorieren, sondern soweit möglich im Unterricht zu erwidern oder eventuell nach der Stunde für eine Fortsetzung zu sorgen. Wir sahen, wie wichtig es ist, David auch eine gewisse Zeit zu widmen, damit er nicht den Eindruck erhält, mit mehr Stoff «ruhiggestellt» oder gegen seinen Willen als Helfer für die anderen eingespannt zu werden. Beides wäre verheerend, in persönlicher Hinsicht für David wie unter Umständen in disziplinarischer Hinsicht für die ganze Klasse. David braucht persönliche Unterstützung in seinem ausgeprägten Bestreben zu lernen, Neues zu erkunden und sich mitzuteilen. «Lernfähigkeit» und «Lernbedürftigkeit» sind – wie am Ende von Kapitel 5.1.3 bereits festgehalten worden ist – anthropologische Charakteristika des Menschen, denen in der Schule unbedingt Rechnung zu tragen ist.[78] Wenn zum Beispiel ein Schüler oder eine Schülerin leistungsmäßig stark nachlässt, gehört es zur Aufgabe der Lehrperson, den Gründen für diese besorgniserregende Entwicklung nachzugehen. Ein Einzelgespräch wäre dazu der ideale Ort. Schülerinnen und Schüler, die noch im Rahmen der Klasse «gestört» haben oder unbeteiligt vor sich hindämmerten, sind unter Umständen nicht mehr wiederzuerkennen, wenn sich ihre Lehrperson besorgt erkundigt, warum die Leistungen so stark nachgelassen haben: «Ich habe mir Sorgen gemacht, warum du in Physik so nachgelassen hast. Du warst doch in der letzten Klasse immer besser als jetzt. Hast du eine Erklärung dafür? Magst du mir sie verraten? Können wir etwas dagegen unternehmen?»

---

78 Lutz Jäncke bezeichnet den Menschen als «ein biologisches Wesen, das sich infolge der Evolution zu einem besonderen ‹Lernwesen› entwickelt hat. Trotz einiger rudimentärer biologisch verankerter Reaktionsmechanismen verfügt der Mensch über kognitive und motivationale Fertigkeiten, die es ihm erlauben, sich an verschiedene Sozialsysteme und biologische Nischen anzupassen. Ein typisches Beispiel ist die enorme Fähigkeit des Menschen, konventionelle Sprachsysteme zu entwickeln, was sich daran zeigt, dass der Mensch prinzipiell in der Lage ist, ca. 6000 Sprachen mit ca. 20 000 Dialekten zu lernen.» (Jäncke 2007, S. 14). Welche Sprache(n) er erlernt, das entscheidet die jeweilige Umwelt, an die sich der lernende Mensch ja anpassen will. Wichtig ist jedoch im Hinblick auf die kognitiven und motivationalen Fertigkeiten des Menschen, dass diese unterstützt werden, zum Beispiel durch Anregungen und emotionale Unterstützung. Eine Auseinandersetzung mit diesem wissenschaftlich abgestützten Menschenbild (vgl. Kapitel 5.1.3) ist darum für Lehrpersonen Pflicht!

Welcher Rebell würde nicht schmelzen, wenn er unter vier Augen so angesprochen würde? Erwachsene[79] berichten später gerührt von solchen Einzelgesprächssituationen, die ihnen vielleicht wieder Mut eingeflößt oder Anstöße zum Lernen gegeben haben. Eigene Kompetenzerfahrungen zu machen ist – wie in Kapitel 6.4 gezeigt worden ist – für die Prävention von Lernstörungen und für die Verhinderung von «Teufelskreisen» (Betz/Breuninger 1995) und eventuellen Disziplinschwierigkeiten von größter Bedeutung. Widerstand gegen die Anforderungen der Schule kann – zumindest in gewissen Fällen – als Folge schulischer Überforderung oder motivationaler Schwierigkeiten interpretiert werden. Versteht die Lehrperson solche Zusammenhänge nicht, wird sie nicht zu den Wurzeln vorstoßen können, sondern an der Oberfläche bleiben und sich unter Umständen in einen Kampf mit der entmutigten Schülerin oder dem nicht motivierten Schüler einlassen. In einem Einzelgespräch besteht immer die Möglichkeit, neue Zusammenhänge zu erfahren, so dass sich für die *Lehrperson* die ganze Ausgangslage verändert. Und einem *Schüler*, der vielleicht nicht mehr viel von der Schule und deren Repräsentanten erhofft, kann ein Einzelgespräch eine neue Perspektive eröffnen: «Vielleicht lohnt es sich doch, meine Energie ins Lernen zu investieren statt in den Kampf gegen die Lehrerin oder den Lehrer .... Die sind ja netter, als ich bisher dachte ...»[80]

---

79 Diese geschilderte Situation aus dem Physikunterricht hat biografische Hintergründe, Physik war nie mein Lieblingsfach ... (Anmerkung J. R.).

80 Nach dieser «Einladung zum Führen von individuellen Gesprächen» mag der Einwand erhoben werden: «Jetzt sollen wir auch das noch ... .» Diese Entgegnung ist verständlich, solange Lehrpersonen auf sich allein gestellt sind. Das finnische Schulsystem unterstützt Lehrpersonen beim gezielten Eingehen auf Problemfälle: «In jeder Schule gibt es einen multidiszplinären Schülerbetreuungsausschuss, der in den größeren Schulen einmal pro Woche tagt. Dieser Ausschuss unterstützt den Lehrer in Fragen der Schülerbetreuung. In den meisten Schulen gehören diesem Ausschuss Schulleiter, Lehrer, Sonderpädagogen, Gesundheitsfürsorger und Schullaufbahnberater an. [...] Dieses Stützsystem ermöglicht, dass man auf besondere Probleme einzelner Kinder flexibel und kurzfristig eingehen kann.» (Ikonen/Domisch 2009, S. 10). Allgemein spielt in der finnischen Gemeinschaftsschule die Begegnung mit den Schülerinnen und Schülern eine zentrale Rolle.

7.1.3 Hilfen bei der Problemdiagnose

> Ein äußerst schwieriger Neuntklässler wird immer mehr zum Rädelsführer gegen die Lehrer. Der Klassenlehrer lädt ihn zum Kaffee ein und plaudert mit ihm zwanglos über alles Mögliche, über seine eigene Jugend, nur nicht über die Schule. Schüler und Klasse bessern sich zusehends, die Disziplinschwierigkeiten verschwinden. (GLÖCKEL 2000, S. 122).

Von solchen Entwicklungen träumen alle Lehrerinnen und Lehrer. Ohne gezielt zu intervenieren, nach einer Plauderei beim Kaffee verbessert sich alles. Leider geht es nicht immer so einfach. Verweigert zum Beispiel eine ganze Klasse die Arbeit, müssen zuerst die Hintergründe und die Entstehungsgeschichte erforscht und herausgefunden werden, bevor die Lehrperson einschätzen kann, wie sie weiter vorgehen will. Ist die Klasse demoralisiert und mag nicht mehr, verweigert die Zusammenarbeit auf der ganzen Linie, in allen Fächern? Oder muss der betreffende Lehrer seinen Unterricht, die didaktische Gestaltung der Lektionen oder die eigene Einstellung zum Beruf hinterfragen? Mehr Fragen als Antworten ...

Um Unterrichtsstörungen zu verstehen, muss sich die Lehrperson ständig darum bemühen, die Sichtweise der Schülerinnen und Schüler in Erfahrung zu bringen (vgl. Kapitel 3.3). NOLTING (2002, S. 98 ff.) empfiehlt für diesen persönlichen Forschungsprozess verschiedene Methoden. Eine erste, wenig aufwändige Möglichkeit ist die *«Problembeschreibung»* durch die Lehrperson, die sich die Zeit nimmt, die wichtigsten Fakten sachlich festzuhalten und sich so persönlich Rechenschaft zu geben.

Eine zweite Methode ist die *Selbstreflexion*, in der unter anderem auf folgende Fragen eingegangen wird:

- Wie empfinde ich das Problem? Warum macht es mir so viel aus?
- Wie bin ich bisher damit umgegangen? Habe ich durch mein Verhalten möglicherweise zu dem Problem beigetragen?
- Habe ich ein konkretes Ziel vor Augen, das ich erreichen möchte?

> Das Nachdenken über sich selbst und den eigenen Anteil ist deshalb so hilfreich, weil man bei sich selbst am leichtesten etwas ändern kann – selbst dann, wenn man nicht das eigentliche Problem ist. Ein Schüler, der gegenüber verschiedenen Lehrkräften zu provozierenden Bemerkungen neigt, ist wohl das «eigentliche» Problem. Dennoch hängt es auch von den jeweiligen Lehrerreaktionen ab, ob das Problem sich noch verschlimmert oder begrenzt wird. (NOLTING 2002, S. 101).

Zusätzliche Anstöße für die Selbstreflexion sind *Fragen an die Schülerinnen und Schüler*: Zum Beispiel schreiben alle in freien Formulierungen ihre Meinungen und Einschätzungen zu einer bestimmten Frage wie «Lautstärke» oder «Hausaufgaben» anonym auf Zettel oder Karten, die von der Lehrperson dann ausgewertet werden. Gezieltere Befragungen erlauben Fragebogen mit vorgegebenen Antwortmöglichkeiten. Sie geben der Lehrperson wichtige Anregungen für ihre Selbstreflexion, für ihre «Selbstdiagnose» (vgl. Kapitel 4.1), und verhindern den «Tunnelblick» (LOHMANN 2003, S. 29). In der Fachliteratur finden sich zahlreiche Beispiele erprobter Fragebogen.[81]

Eine vierte Hilfe für die «Problemdiagnose» (NOLTING 2002, S. 98) ist der sogenannte *Perspektivenwechsel*. Das bekannte Indianer-Sprichwort, man verstehe einen Menschen erst, wenn man einen Tag in seinen Mokassins gewandert sei, weist in die gleiche Richtung: Die Lehrperson solle versuchen, sich in die Lage der störenden Schülerinnen oder Schüler hineinzuversetzen und überlegen, wie es ihnen wohl zumute ist:

> Ein Perspektivenwechsel kann Erklärungen fördern und auch Ansatzpunkte liefern. Mit der Einfühlung in den Schüler kann die Frage aufkommen, ob die eigenen Reaktionen (z.B. Ärgerreaktionen) von ihm als «Erfolg» erlebt werden und daher andere Reaktionen (z.B. Ignorieren) günstiger sein können. Das Nachdenken über die Schülerperspektive kann auch dahin führen, dass man eine gründlichere Klärung durch ein Gespräch sucht, vielleicht mit der ganzen Klasse. [...] (NOLTING 2002, S. 102 f.).

Gespräche mit der *ganzen* Klasse zählen in der Systematik NOLTINGS nicht mehr zu den lehrpersonenzentrierten, sondern zu den kooperativen Interventionsstrategien, wie sie in Abschnitt 7.2 thematisiert werden.

81 Zum Beispiel zur Auswertung von Frontalunterricht oder fehlenden Hausaufgaben findet sich ein Fragebogen bei NOLTING (2002, S. 120 respektive S. 130). Der Linzer Diagnosefragebogen (LDK) liefert Grundlagen für die Reflexion und Weiterentwicklung des eigenen pädagogischen Handelns. Darüber hinaus ist (mit Ausnahme der Grundschule) ein Vergleich des eigenen Handelns mit dem Handeln anderer Lehrer/innen möglich (vgl. http://ius.uni-klu.ac.at/projekte/ldk/reflexionsinstrument.php).

7.2 Kooperative Interventionsstrategien bei Störungen

Bei den zuvor behandelten Strategien stehen Lehrerinnen und Lehrer im Zentrum. Sie fragen sich, wie sie auf Störungen reagieren, welche lenkenden Maßnahmen sie ergreifen sollen. Sie wissen dabei genau, dass sie entschieden und klar intervenieren müssen, weil sich unsichere und zögerliche Lehrpersonen ihr eigenes Grab schaufeln. Allerdings ist aus antinomischer Sicht hinzuzufügen, dass selbst größte Entschiedenheit und Selbstsicherheit den pädagogischen Erfolg nicht garantieren. Klarste pädagogische Maßnahmen können geradewegs ins Verderben führen, wenn nämlich die zu lenkenden Schülerinnen und Schüler nicht von den wohlwollenden Absichten ihrer Lehrperson emotional überzeugt sind. Dann beginnen sie unter Umständen, sich zu wehren, wenn sie den Eindruck haben, dass das Einhalten gewisser Regeln ohne ihr Einverständnis, quasi über ihren Kopf hinweg, erzwungen werden soll.

Nolting weist darum auf die Gefahren hin, die entstehen, «wenn man nicht weiß, wie die Schüler/innen über das Problem denken, und sie nicht an den Entscheidungen beteiligt werden. Für kooperative Verfahren ist daher kennzeichnend, dass die Lehrkraft versucht, das Problem gemeinsam mit der Klasse zu lösen. Kooperatives Vorgehen vermeidet nicht nur, eine Lösung gegen die Klasse durchzusetzen (das tun auch die [...] lehrergesteuerten Strategien nicht), sondern auch, keine Entscheidungen ohne die Klasse zu treffen». (Nolting 2002, S. 108).

Damit sind gewisse kooperative Interventionsstrategien bei Störungen angesprochen, Prozess-Strategien, die im Rahmen öffentlicher Schulen nicht immer anwendbar sind, in gewissen Situationen jedoch sehr gut, vor allem dann, wenn verschiedene Lösungen denkbar sind. Kooperativen Interventionsstrategien wohnt ein schöpferisches Potenzial inne. Alle Meinungen sind gefragt: Wie lösen *wir* das Problem? So lautet die Grundfrage bei den kooperativen Interventionsstrategien. Natürlich sind die Übergänge fließend. Auch lehrpersonengesteuerte Interventionen enthalten oft kooperative Elemente, wenn zum Beispiel die Schülerinnen und Schüler bei der genauen Fixierung der Hausaufgaben einbezogen und gefragt werden. Aber dass die Hausaufgaben prinzipiell zu lösen sind, diese Zielrichtung steht außer Frage. Bei den kooperativen Strategien ist jedoch der Ausgang prinzipiell offen, die Schülerinnen und Schüler sind von Anfang an einbezogen, niemand weiß die Lösung im Voraus. Diese Ausgangssituation wirkt auf viele Schülerinnen und Schüler animierend und motivierend, sie fühlen sich angesprochen und auch gefordert. Viele Lehrpersonen haben gute Erfahrungen mit kooperativen Interventionsstrategien gemacht. Sie schildern, dass zum Beispiel Klassengespräche nicht nur Interventions-, sondern zugleich Präventionsmöglichkeiten seien. Geht es zum Beispiel darum, den Ort für eine Lagerwoche auszuwählen, sei es sinnvoll, diese Klasse bei der Suche zu beteiligen. Bei gewissen Fragen, wenn diese zum Beispiel wie «Klassenatmosphäre» oder «Lernmotivation» alle betreffen, ist ein Weiterkommen gar nicht ohne den Einbezug der ganzen Klasse möglich. In den Abschnitten 7.2.1 und 7.2.2 sollen deshalb exemplarisch zwei Beispiele von kooperativen Interventionsstrategien vorgestellt werden. In Abschnitt 7.2.3 werden die Möglichkeiten kooperativer Interventionsstrategien mit der Wiedergabe eines realen Klassengesprächs veranschaulicht. In Abschnitt 7.2.4 werden Verträge und Vereinbarungen zu den kooperativen Interventionsstrategien hinzugefügt.

7.2.1 Das konstruktive Konfliktgespräch nach Gordon

Ein sehr bekanntes kooperatives Konzept ist die «niederlagelose Methode der Konfliktlösung» von Thomas Gordon (vgl. Gordon 1977, S. 194). Anstatt dass die Lehrperson zum Beispiel von ihrer Klasse Ruhe verlangt, sendet sie die «Ich-Botschaft» aus: «Wenn so viel geplaudert wird, habe ich Mühe, mich auf die Erklärung des Stoffes zu konzentrieren. Dann kommt ihr weniger gut mit.» Jetzt ist die ganze Klasse aufgerufen, nach Lösungsmöglichkeiten zu suchen, die von allen akzeptiert werden. Die Lehrperson ihrerseits hat – so wie jedes beteiligte Individuum – eine Veto-Möglichkeit. Ein Lösungsvorschlag wird nur dann umgesetzt, wenn alle Beteiligten zustimmen. So soll – im Gegensatz zu demokratischen Abstimmungsprozessen, bei denen 49,9 % aller Stimmberechtigten verlieren können – die Zufügung von Niederlagen vermieden werden. Der eigentliche Problemlösungsprozess gliedert sich in sechs Stufen:

1. Definition des Problems
2. Sammlung möglicher Lösungen
3. Wertung der Lösungsvorschläge

4. Entscheidung für die beste Lösung
5. Realisierung der Entscheidung
6. Beurteilung des Erfolgs (vgl. GORDON 1977, S. 197).

Das Zustandekommen einer Entscheidung setzt also voraus, dass sie von allen Beteiligten akzeptiert wird, was manchmal einer hohen Hürde gleichkommen kann. Der Vorteil der Methode liegt in der breiten Akzeptanz, welche die Lösung findet. Die Lehrperson kann dann darauf zurückkommen, dass doch die ganze Klasse mitzumachen versprochen hat. Konkrete Beispiele zum Umgang mit Disziplinproblemen finden sich bei GORDON (1977, S. 204 ff.) und ENKHARDT (1999, S. 144 ff.).

7.2.2 Das Klassenrat-Modell in der Grundschule Berg Fidel

Klassenratmodelle werden heute von vielen Lehrpersonen eingesetzt, die an kooperativen Strategien interessiert sind. Der Begriff stammt laut BLUM / BLUM (2006, S. 10) ursprünglich aus der Freinet-Pädagogik. Dort ist der Klassenrat Teil eines umfassenden Konzepts, das vier grundlegende Ziele verfolgt:

1. freie Entfaltung der Persönlichkeit
2. kritische Auseinandersetzung mit der Umwelt
3. Selbstverantwortung des Kindes
4. kooperative Arbeit und gegenseitige Verantwortlichkeit.

Der Klassenrat ist für die Freinet-Pädagogik ein wichtiger Baustein zur Verwirklichung dieser Ziele. Hier fassen Lehrpersonen und Schülerinnen und Schüler wichtige Beschlüsse zur Unterrichtsorganisation und zur Unterrichtsplanung. Mit der Einführung eines Klassenrats setzt jede Lehrperson einen Baustein zu ihrem Unterrichtskonzept (vgl. RÜEDI 2002, S. 226 ff.). Eva und Hans-Joachim BLUM (2006, S. 10) definieren den Klassenrat für die Regelschule so:

> Der Klassenrat ist eine regelmäßig stattfindende Gesprächsrunde, in der sich Schüler und die Klassenlehrkraft gemeinsam mit konkreten Anliegen der Klassengemeinschaft (z. B. Ausflüge oder Projekte, Organisationsfragen wie Dienste und Regeln, Probleme und Konflikte) beschäftigen und dafür möglichst einvernehmliche Lösungen finden.

In fünf Kapiteln beschreiben BLUM und BLUM mit ihrem praxisnahen Leitfaden nicht nur, «wie man einen Klassenrat ‹macht›», sondern liefern auch «gute Argumente für die Diskussion mit Eltern, Schulleitern und Kollegen» (BLUM/BLUM 2006, S.7). Im Folgenden sei zur Veranschaulichung des Modells «Klassenrat» das Beispiel der Grundschule Berg Fidel (STÄHLING 2006, S.75ff.) zusammengefasst wiedergegeben.

In dieser Grundschule findet der «Klassenrat» wöchentlich in allen Klassen statt, damit «Unrecht nicht ungehört verhallt» (STÄHLING 2006, S.76). Unrecht wäre zum Beispiel, wenn ein Kind das andere tritt, wenn ein Kind das andere in der Pause nicht mitmachen lässt, wenn ein Kind zum anderen «Osama» sagt, ohne dass eine Reaktion erfolgt. Und solche Aussagen fallen alle Tage in einer Grundschule, sie haben zudem einen Einfluss auf die Lernprozesse, indem sie in den Unterricht hineinwirken. Kein Kind kann sich unverzüglich dem Lernen zuwenden, wenn es soeben in der Pause gekränkt worden ist. Darum hat die Schulkonferenz nach gründlicher Vorarbeit entschieden: «Wir schauen bei Problemen nicht weg. In jeder Klasse findet einmal wöchentlich mit allen Kindern ein Klassenrat statt, in dem Probleme und Gemeinschaftsaufgaben der Kinder besprochen werden.» (STÄHLING 2006, S.76).

Wer es der Schule Berg Fidel nachmachen will, muss in sieben Schritten vorgehen:

1. Ein Sitzkreis wird gebildet, damit alle Kinder einander sehen können.
2. Auf ein für alle Kinder zugängliches Heft wird der Titel «Klassenrat» geschrieben. Ab jetzt kann jedes Kind seine Sorgen hineinschreiben.
3. Wichtig ist die Entwicklung einer toleranten Haltung der Lehrperson: «Der moralische Zeigefinger ist Tabu in einem Klassenrat. Wir wollen die Sorgen verstehen. Wer jemandem Gewalt angetan hat, bekommt eine Chance, sich zu erklären (wie in jedem Rechtsstaat auch!). Wenn es ihm leid tut, kann er sich entschuldigen – es eventuell wieder gutmachen.» (STÄHLING 2006, S.77f.).
4. Einmal in der Woche zur vereinbarten Zeit findet der Klassenrat statt. Dann wird nachgeschaut und der Klasse vorgelesen, was im «Klassenrat»-Heft steht. Wenn kein Kind ein Problem eingetragen hat, ist ein Kreisspiel angesagt.

5. Für die Gespräche gibt es allen bekannte Regeln: Zuerst spricht das Kind, das etwas ins Heft eingetragen hat. Es darf so lange sprechen, bis es fertig ist, ohne unterbrochen zu werden. Auch der «Gegner», die «Gegnerin» darf nachher so lange sprechen, bis sie fertig sind. Dann werden Fragen gestellt und Lösungen gesucht. Die Lehrperson leitet das Gespräch und achtet auf die Einhaltung der Gesprächsregeln.
6. Dieses Modell baut auf die guten Ideen der Kinder, die ein eigenes Interesse daran haben, sich wieder zu vertragen.
7. «Klassenrat in allen Klassen der Schule ist ein Idealfall. Vieles wird dadurch leichter. Wer ein Problem mit einem Kind aus einer anderen Klasse hat, geht – begleitet von einem Vertrauten – in den fremden Klassenrat und trägt sein Anliegen dort vor. Nach vielen Jahren Klassenrat können wir in allen Klassen der Schule einen deutlichen Rückgang von Gewalt zwischen den Schülern erkennen. Die Kinder in der Grundschule Berg Fidel stammen aus 30 Nationen. In allen Klassen sind Kinder mit Verhaltensauffälligkeiten und verschiedensten Lernproblemen selbstverständlich dabei. Zu erwarten wären mehr Schwierigkeiten als anderswo. Wir stellen jedoch fest, dass Gewalt nicht (mehr) das Thema Nr. 1 ist. Der Grund: Niemand wird mit seinen Sorgen allein gelassen. Jeder an unserer Schule merkt bald, dass wir im Klassenrat für alle sozialen Schwierigkeiten eine Lösung finden können – eigentlich unglaublich! – wenn auch nicht durch die Erwachsenen, dann doch mit Hilfe der Kinder! Denn die sind unglaublich!» (STÄHLING 2006, S. 79).

Gegen Ende von Abschnitt 7.2 ist von Lehrpersonen berichtet worden, die schildern, dass Klassengespräche nicht nur Interventions-, sondern zugleich Präventionsmöglichkeiten seien. STÄHLINGS Bericht veranschaulicht diese Begründung für kooperative Strategien beziehungsweise für Klassengespräche eindrücklich, wenn er von einem «Rückgang» (2006, S. 79) der Gewalt spricht. *Kooperative* Präventions- und Interventionsstrategien haben einen großen Vorteil: Sie rechnen mit den Ressourcen der Kinder und fördern diese, während eine Strategie, welche die Kinder und Jugendlichen ausschließlich als zu disziplinierende Wesen sieht, diesen anders gegenübertritt, gleichsam mit einem inneren Vorbehalt. Dieser ist gefährlich für Disziplin und Unterricht. Schulische Lernerfolge sind das Ergebnis «gemeinsam erreichter Disziplin. Diese darf aber nicht durch Erniedrigung der Undisziplinierten erreicht werden. Erniedrigung schafft im Gegenteil Widerwillen, Widerstand, lauerndes Chaos. Nur wenn eine Vertrauensbeziehung entsteht, nur wenn Schülerinnen und Schüler sich grundsätzlich verstanden und unterstützt fühlen, entsteht eine tragfähige Disziplin, eine fruchtbare Zusammenarbeit» (Rüedi 2002, S. 23).

Eine antinomisch denkende Lehrperson führt somit ihre Klasse und bemüht sich gleichzeitig, diese für die Kooperation zu gewinnen, weil sie weiß, dass Lehren nur mit den Lernenden und nicht gegen diese möglich ist. Wenn die Schülerinnen und Schüler zu selbstständigen, verantwortungsbewussten, toleranten und zur Zusammenarbeit fähigen Menschen erzogen werden sollen, müssen sie Selbstständigkeit, Verantwortungsübernahme, Zusammenarbeit und Toleranz erleben können. Konkret könnte dies zum Beispiel heißen, dass den Schülerinnen und Schülern die Verantwortung des Selber-Putzens zugemutet wird. Enja Riegel, die langjährige Direktorin der Helene-Lange-Schule in Wiesbaden, begründet überzeugend, warum an ihrer Schule die Lernenden – und damit auch Abfälle Erzeugenden – selber putzen:

> Die Wirkung auf die Schüler ist überzeugend. Wenn alle wissen, dass heute mein Nachbar oder ich selbst für Ordnung sorgen muss, achten alle mehr auf ihre Umgebung. Sie nehmen Dreck und kaputte Dinge wahr und machen sich gegenseitig darauf aufmerksam. Das sind Nebenwirkungen, über die sich die Erwachsenen freuen. Die Schüler sehen das meist schlichter. Auf die häufige Frage von Hospitationsgruppen, warum sie ihre Schule putzen würden, haben die Schüler die einfache Antwort: «Damit es sauber wird.» (Riegel 2004, S. 62).[82]

82 Das Prinzip «Mitgestaltung und Mitbestimmung» wird an der Helene-Lange-Schule auch in Anspruch genommen, um Vandalismus und Wandschmierereien vorzubeugen. Nochmals dazu Enja Riegel (2004, S. 70): «Kunst ist nach unseren Erfahrungen ein vorbeugendes Mittel gegen Vandalismus. Sie wirkt befriedend. In unserer Schule, in den Klassen, den Fluren und Treppenhäusern hängen überall Bilder, an die fast nie auch nur ein Bleistiftstrich gekommen ist, obwohl sie mitunter lange hängen bleiben. Kunst schützt sich gewissermaßen selbst, insbesondere wenn sie von den Schülern selbst gemacht, von anderen bewundert wird».

Natürlich gibt es an der Helene-Lange-Schule in Wiesbaden auch den «Klassenrat», damit die Lernarbeit nicht gestört wird:

> An der Helene-Lange-Schule ist der Klassenrat ein festes Ritual am Ende einer Woche. Vorbereitet wird er durch eine Wandzeitung, die jedem Schüler im Laufe der Woche die Möglichkeit bietet, seine Wünsche, positiven Anmerkungen, aber auch Kritik und Konflikte einzutragen. Jeder weiß, dass alles, was in der Wandzeitung steht, im Klassenrat zur Sprache kommen wird. Wenn ein Konflikt von den Schülern nicht vorher beigelegt und die Eintragung gestrichen wurde, wird die ganze Klasse darüber beraten. (Riegel 2004, S. 64 f.).

Die Helene-Lange-Schule veranschaulicht auf eindrückliche Art und Weise Bedeutung und Wirksamkeit kooperativer Strategien, welche die Beteiligten zu Betroffenen und zu Mitgestaltern machen. Dass dies schon früh, zum Beispiel in einer zweiten Klasse möglich ist, zeigt die folgende Klassenratssitzung. Sie wurde von der betreffenden Lehrperson im Nachhinein so genau wie möglich aufgezeichnet.

7.2.3 Protokoll einer Klassenratsstunde

> Im April 2007 trat Elias[83] neu in unsere zweite Klasse (Kanton Zürich) ein. Er bringt ein Zeugnis mit genügenden Noten im Betragen und bei der Ordnung mit. Dies lässt tief blicken. Bereits in der ersten Stunde (Turnstunde) fällt er durch Ungehorsam – er kickt die Bälle quer durch die Halle, befolgt keine Regeln – und Wichtigtuereien auf.
>
> 2. Tag: Während zwei Stunden kämpft Elias unaufhörlich mit mir als Lehrerin dafür, dass er um 10.00 Uhr nach Hause kann, er sei nie in die Musikschule gegangen, er müsse zur Großmutter. In den Pausen bindet er sich sorgfältig ein Tuch schräg über die Stirne, dann setzt er die «Dächlikappe» [Schirm-, Schildmütze; Anm. des Verlags] nach hinten auf. In der großen Pause warten bereits drei Schüler der dritten Klasse vor meiner Türe auf ihn, alle drei sind im Schulhaus eher negativ bekannt! Die ersten Kinder beklagen sich über Elias' Fouls beim Fußballspielen und seine Drohgebärden sowie über seine wüsten Schimpfwörter.

83 Alle Namen sind zum Schutze der Betroffenen verändert worden.

3. Tag: Auf dem Weg ins Schwimmen teilt er mehrmals «Hurensohn» aus, droht, schlägt. Zwei Kinder kommen weinend zu mir und sagen, so gefalle es ihnen nicht mehr in der Schule. Auf dem Heimweg schlägt und tritt Elias Marco. Zurück im Schulzimmer feiern wir den Geburtstag von Sascha und essen Kuchen. Anschließend beginne ich mit einer spontan eingeschobenen Klassenratsstunde:

- Lehrerin: «Wir haben seit drei Tagen einen neuen Schüler in der Klasse, und es scheint im Moment für alle noch etwas schwierig zu sein. Ich möchte, dass wir darüber sprechen.» (Wer den Sprechstab hat, darf sich äußern!)
- Benjamin: «Elias, ich will dir sagen, dass wir in unserer Klasse keine schlimmen Wörter wie ‹Hurensohn›, ‹figg dini Mueter› [fick deine Mutter] sagen. Niemand redet so. Das kannst du bei uns nicht machen.»
- Toni: «Du trägst deine Hosen so weit und unten. Die Mütze könntest du gerade aufsetzen. Du showerst[84] so.»
- Miles: «Mir tut Elias nichts zuleide. Ich habe sofort gesehen, dass er ein netter Bub ist. Wir machen immer zusammen ab.»
- Jonathan: «Es ist schon klar, dass es nicht einfach ist, in eine neue Klasse zu kommen. Auch wir sagen manchmal schlechte Wörter. Du bist noch nicht lange hier. Ich finde dich auch nett, wir wollen dir helfen, wenn dir jemand etwas zuleide tut. Du musst uns nur rufen.»
- Naomi: «Du drohst uns immer. Du kommst zu mir und Andrea, wenn wir zusammen spielen, und sagst: ‹Willst du den Baseballschläger ins Gesicht›? Das hast du jetzt jeden Tag gesagt. Das geht nicht.»
- Elias wehrt sich: «Ihr regt mich auf. Ihr macht mich nervös und sagt mir auch dumme Sachen.» (Er kann aber auf meine Rückfragen keinen genauen Ausspruch wiedergeben).
- Markus: «Beim Fußball kannst du nicht immer foulen. So wollen wir dich nicht in der Gruppe.»
- Matteo: «Mein Vater ist der Trainer. Er wird schon dafür sorgen, dass Elias richtig spielt. Mein Vater kann auch streng sein, manchmal.»
- Jana: «Wenn Elias immer so herumfuchtelt in der Stunde, kann ich nicht richtig arbeiten. Er stört mich.» (Es kommen noch zwei, drei weitere Klagen, an die ich mich nicht mehr erinnern kann.)
- Michelle: «Was für ein Gefühl muss das für Elias sein, wenn wir uns alle über ihn beklagen. Es muss sehr verletzend sein für ihn. Aber natürlich darf er uns nicht so plagen. Wir müssen ihm sagen, was er ändern muss.»
- Elias bricht in einen Weinkrampf aus, es schüttelt ihn richtig.

84 «showern»: eine Schau abziehen; Anm. des Verlags.

- Ich setze mich zu ihm und versuche ihn zu trösten. An der Wandtafel steht: «Showern» und «Sprache». Ich mache ihn darauf aufmerksam, dass er eigentlich nur diese beiden Sachen ändern müsse.
- Nun suchen die Kinder Tipps, um ihm zu helfen. Einzelne schlagen vor: «Wenn er wieder Schimpfwörter sagt, rufen wir: ‹Nein, stopp, nicht bei uns!›»
- Leider ist es schon 12.00 Uhr, und es läutet. Ich danke den Kindern für das Gespräch. Alle bekommen einen Kaugummi. Elias bekommt eine ganze Hosentasche voll. Er scheint wieder getröstet.
- Ich sehe, wie ihm mindestens vier Schüler die Hand schütteln und auf Wiedersehen sagen. (Die Kinder geben sich normalerweise nicht die Hand bei Schulbeginn oder Schulschluss.)
- Ich rufe noch Elias' Mutter an und erzähle ihr von der Klassenstunde, da ich nicht weiß, in welcher Verfassung Elias nach Hause kommt.
- Leider habe ich nicht mehr alle Kinderbeiträge ganz gegenwärtig. Aber so ungefähr ist dieses Gespräch von etwa 20 Minuten abgelaufen.

4. Tag: Die Kinder sollen Paare bilden und dann zu zweit einen Löwenzahn mit der Wurzel ausgraben. Ich weise darauf hin, dass man Elias nicht vergessen soll. Drei Buben gehen sofort zu ihm hin.

5. Tag: Ein ruhiger Morgen mit einem unauffälligen Elias. Hoffentlich hält es an! (Nachtrag eine Woche später: Elias hat die ganze Woche keinen Anlass zu Klagen von Kindern gegeben. Er arbeitet zwar sozusagen nichts in der Stunde, aber die Kinder lässt er in Ruhe.)

Dieses Protokoll einer Klassenratsstunde veranschaulicht, wie echt und direkt achtjährige Kinder sich heute ausdrücken können. Das Gespräch zeigte zweifellos gewisse positive Auswirkungen, indem Elias sich «unauffällig» benahm. Er hat gemerkt, dass er mit seinem aggressiven und asozialen Verhalten auf Widerstand gestoßen ist, und hat gewisse Konsequenzen gezogen. Auch wenn man keine grundlegende Persönlichkeitsveränderung von einem solchen Klassengespräch erwarten darf – dazu bräuchte es eine entsprechende dauerhafte Haltung vonseiten der Eltern –, erleben alle beteiligten Kinder so gleichwohl, dass es wichtig und richtig ist, aggressivem und rücksichtslosem Verhalten Einhalt zu gebieten. Für die Lehrerin war es ein Erlebnis, ihre Klasse einmal von einer anderen Seite zu erleben. Und Elias bekam wohl Feedback über seine Wirkung auf andere Kinder, Feedback, das ihn immerhin zu einer wenigstens zeitlich befristeten Änderung seines Verhaltens bewog.

Verträge und Vereinbarungen 7.2.4

Mit den Klassenratsmodellen standen sozusagen klassische Beispiele kooperativer Verfahren im Zentrum, die vom Einbezug aller Beteiligten leben. Die «Lehrkraft versucht, das Problem gemeinsam mit der Klasse zu lösen. Kooperatives Vorgehen vermeidet nicht nur, eine Lösung gegen die Klasse durchzusetzen (das tun auch die […] lehrergesteuerten Strategien nicht), sondern auch, keine Entscheidungen ohne die Klasse zu treffen» (Nolting 2002, S. 108).[85]

Diese Grundüberlegungen der kooperativen Interventionsstrategien liegen auch Verträgen und Vereinbarungen mit einzelnen Schülerinnen und Schülern zugrunde.

Wenn der Lehrer unvermittelt zu Peter sagt: «Du schreibst morgen ein Stundenprotokoll!» (vgl. Beginn Kapitel 7), so ist Peters Widerstand zu erwarten. «Ansagen»[86] oder Aufforderungen haben ihre situative Berechtigung und sind manchmal notwendig, sie haben aber auch ihre Grenzen. Einerseits besteht die Gefahr einer konflikthaften Zuspitzung. Was direkte Aufforderungen zudem meistens nicht vermögen, ist die Herbeiführung dauerhafter und grundlegender Veränderungen, weil sie nicht zum Motivationsgefüge des Schülers oder der Schülerin vorzudringen vermögen. Verträge oder Vereinbarungen haben in dieser Hinsicht bessere Chance. Anstatt mich vor versammelter Runde in eine Prüfungssituation mit ungewissem Ausgang zu begeben und Peter zu einer Strafaufgabe sprich zu einem «Stundenprotokoll» zu verdonnern, könnte ich ihn bitten, nach der

85 Eine interessante aktuelle Unterstützung erfährt das Menschenbild, das kooperative Strategien befürwortet, durch Erkenntnisse der Neurobiologie. Joachim Bauer (2008, S. 23) bezeichnet den Menschen als für «gelingende Beziehungen konstruiert. Wir sind – aus neurobiologischer Sicht – auf soziale Resonanz und Kooperation angelegte Wesen. Kern aller menschlichen Motivation ist es, zwischenmenschliche Anerkennung, Wertschätzung, Zuwendung oder Zuneigung zu finden und zu geben.» Wer auf kooperative Strategien in der Schule verzichtet, lässt im Lichte Bauers den «Kern aller menschlichen Motivation» (Bauer 2008, S. 23) außer Acht.

86 Sommer und Eckstein (2008, S. 42) sprechen dann von «Ansage», wenn es um eine «Normverdeutlichung», um eine «Grenzziehung» geht, nicht etwa um die Einleitung eines Gesprächs.

Schule zu mir zu kommen. Er ahnt wohl bereits, was das Thema sein wird. «Du kannst dir vorstellen, was ich mit dir besprechen möchte, oder?» Schon sind wir im Gespräch über das, was verändert werden sollte, ohne dass ich als Lehrperson einen Kurzbefehl durchgegeben habe, der sowieso nichts bringt. Verträge oder Vereinbarungen haben den Vorteil, dass nicht von vornherein feststeht, was die zu erbringenden Fortschritte sind, sondern Ziel und Zeitraum können gemeinsam ausgehandelt werden. Als Lehrperson muss ich sicher die Zielrichtung der Veränderung angeben, *ich* will ja, dass sich etwas ändert. Aber die genaue Richtung sowie das Tempo der Veränderung sind im Moment offen. Ich kann als Lehrperson auch mit einer «Ich-Botschaft» beginnen: «Heute habe ich mich über einen Schüler in unserer Klasse geärgert. Kannst du dir vorstellen, über wen?» Oder ich kann auch eine direktere Gangart wählen und Peter mitteilen, dass ich mich durch sein häufiges Schwatzen gestört fühle und den Faden verliere: «Das liegt nicht mehr drin. Dein Kredit für dieses Schuljahr ist aufgebraucht. Was schlägst du vor?» Jetzt ist der Ball wieder bei Peter, der mir einen Vorschlag zur Verbesserung machen muss. Das ist das Entscheidende. Der schwatzende Schüler ist jetzt in den Prozess einbezogen und kann Ziel und Zeitrahmen mitbestimmen. Darum ist diese Art des Vorgehens oft wirksam. Zum Beispiel kann Peter antworten, seine Bemerkung sei ja gar nicht so laut gewesen. Damit beginnt er schon mitzuspielen, er rechtfertigt sich, und das Gespräch verläuft viel weniger konfrontativ, als wenn er vor versammelter Klasse sofort mit «Mach ich nicht!» reagiert. Als Lehrer kann ich diese Rechtfertigung zur Kenntnis nehmen, bestehe aber darauf, im Unterricht in Zukunft nicht gestört werden zu wollen. So kann Peter sein Gesicht wahren, der Lehrer auch. Dies ist eine wichtige Voraussetzung für die Lösung von Konflikten. Im günstigen Falle verspricht Peter eventuell in einem nächsten Schritt, er wolle sich in der nächsten Stunde darum bemühen, im mündlichen Unterricht nicht mehr zu schwatzen. Wenn ich diesen Schritt als sinnvoll begrüße, gehe ich auf Peters Vorschlag ein und gebe ihm die Hand: «Abgemacht, ein Mann ein Wort!» Das wäre ein mündlicher Vertrag, eine mündliche Vereinbarung, die ja bekanntlich auch in der Geschäftswelt gelten.

Wichtig ist, dass beide Seiten dem Inhalt zustimmen und ihn mit einer mündlichen oder schriftlichen Abmachung abrunden, um die eigene Bereitschaft zu bekräftigen. Häufig werden schriftliche Verträge aufgesetzt. LOHMANN (2003, S.190) spricht von «Verhaltensverträge[n]» und versteht darunter schriftliche und auf einen bestimmten Zeitraum bezogene Dokumente, welche Rechte und Pflichten der beiden Seiten präzis ausformulieren. Schülerinnen und Schüler müssen genau wissen, welches Verhalten wann, wie und wie oft gezeigt werden soll, welche Lernleistung zu erbringen ist. Auch Lehrpersonen sollten sich mit dem Verhaltensvertrag Pflichten auferlegen, zum Beispiel welche Unterstützung[87] sie gewähren oder welche Gegenleistung der Schüler oder die Schülerin bekommen soll. LOHMANN gibt im Folgenden wertvolle Regeln und Tipps für Verhaltensverträge:

- Verträge werden ausgehandelt, beziehen Sie also die Schüler in die Entwicklung und Formulierung der Vertragsbedingungen mit ein.
- Formulieren Sie die jeweiligen Leistungen und Verhaltensweisen möglichst kleinschrittig, spezifisch, beobachtbar, klar, eindeutig und in positiver Form.
- Der Vertrag soll auf Erfolg angelegt sein, d. h. die Schüler müssen in der Lage sein, die Leistungen zu erfüllen.
- Leistung und Gegenleistung müssen in einem fairen Verhältnis zueinander stehen, d. h. die Gegenleistung muss für die Schüler attraktiv sein.
- Wählen Sie als Gegenleistung nur «soziale Verstärker», z. B. besondere förmliche Anerkennung, positive Rückmeldung an die Eltern, spezielle Aufgaben innerhalb einer Klassenaktivität und Ähnliches. Bieten Sie auf keinen Fall Dinge oder Privilegien an, die für die anderen Schüler nicht zu haben sind!
- Die Laufzeit sollte relativ kurz sein, oder:
- Positive Konsequenzen müssen schon zu Beginn der Laufzeit spürbar werden.
- Legen Sie fest, wer wann die Einhaltung des Vertrags kontrolliert und feststellt.
- Falls sich abzeichnet, dass der Vertrag nicht eingehalten werden kann, sollten Sie rechtzeitig prüfen, ob die Anforderungen nicht vielleicht doch zu hoch sind, ob die Gegenleistungen attraktiv genug sind, die Laufzeit angemessen ist und wie der Vertrag gegebenenfalls modifiziert werden könnte.
- Falls der Vertrag erfüllt wird, machen Sie Folgeverträge, in denen Sie sich als Kontroll- und Belohnungsinstanz schrittweise zurückziehen und diese Funktion auf den Schüler übertragen, damit dieser lernt, sich selbst zu beobachten, zu bewerten und zu belohnen. Nur so kann er langfristig sein Verhalten selbst kontrollieren. (LOHMANN 2003, S. 190 f.).

---

87 Wenn zum Beispiel ein Schüler regelmäßig Schwierigkeiten hat, seine Hausaufgaben zu lösen, könnte ihm die Thematisierung in einem Klassenrat («Was hilft euch beim Lösen der Hausaufgaben?») zusätzlich helfen. Oder ein Klassenrat zum BUSCH-Zitat: «Ausdauer wird früher oder später belohnt, meistens aber später.».

LOHMANNS Ausführungen geben eine gute Anleitung zum Aushandeln von Verträgen und Vereinbarungen. Wichtig ist hier wie überall, dass die Schülerinnen und Schüler das grundsätzliche Wohlwollen der Lehrperson spüren, auch wenn diese mit gewissen Verhaltensweisen wie Plaudern etc. nicht einverstanden ist. Wenn die Beziehung einer Klasse zu ihrer Lehrperson intakt ist, darf diese auch einmal «böse» werden.

Die Möglichkeiten, Verträge oder Vereinbarungen einzusetzen, sind vielfältig.[88] Als Lehrperson kann ich sie für Verhaltensänderungen, aber auch zum Aufarbeiten von persönlichen Lerndefiziten bei Schülerinnen, zum Üben gewisser Lernschritte oder zur Entwicklung eines positiven Selbstbildes einsetzen. Manchmal müssen auch gewisse Selbstbeobachtungsaufträge vorangehen, damit Schüler / Schülerinnen zuerst lernen, das eigene Verhalten besser wahrzunehmen. Verträge sind nicht auf den disziplinarischen Bereich beschränkt. Verträge können auch mit ganzen Klassen eingesetzt werden, zum Beispiel wenn das Einhalten von Regeln besonders wichtig ist wie bei einer Schulreise oder einer Velotour. Verträge ermöglichen dann eine vertiefte und nachdrücklichere Behandlung der Regeln, ohne dass ich als Lehrperson diese nur vorsagen muss, was ja erfahrungsgemäß leichter vergessen wird.

7.3 Nicht mit Kanonen auf Spatzen schießen

«Peter stört» ist der Titel eines Textes von Jürgen HENNINGSEN (1972, S. 51–71). HENNINGSEN startet mit einer Unterrichtsstunde:

> Die Lehrerin steht am Fenster, ihren Text, für die Klasse die erste Ganzschrift, in der Hand. Sie überblickt ihre achtunddreißig «Kunden» [...]. Schade, dass der Rolf nicht mehr in der Klasse ist. Aber eigentlich hat sich der Verein seit Ostern ganz gut entwickelt. [...] Verstehe gar nicht, weshalb Fräulein B. sich neulich über die Disziplin in der Fünften beklagt hat. Gerdas Lesen ist eine Katastrophe. Ihr Blick bleibt an Peter Schneider hängen. Der Junge hat die Nase ins Buch gesteckt – aber reichlich tief. Er liest nicht, er malt. Und zwar mitten hinein ins Schuleigentum. Peter ist seit längerem schwierig. Ihr erster Gedanke

88 In den Anhängen 4 bis 6 finden sich Beispiele oder Anregungen für Verträge oder Vereinbarungen. Vgl. auch RÜEDI (2002, S. 220–223).

> «Der Junge ist wenigstens beschäftigt» weicht dem zweiten: «Da muss etwas getan werden.» In diesem Augenblick hat Peter sein Kunstwerk beendet, wippt auf seinem Stuhl nach hinten, stößt einen Jungen des Nebentisches an, hält sein Buch hoch. Mehrere Kinder werden aufmerksam. Unterdrücktes Lachen. (HENNINGSEN 1972, S. 51f.).

Was könnte oder sollte die Lehrerin tun? In der Folge stellt HENNINGSEN drei fiktive Fortsetzungen nebeneinander – drei Lösungen aus einer Vielzahl möglicher. Bei der ersten Lösung ruft die Lehrerin: «Peter! Steh auf! Du verlässt sofort die Klasse. Du störst dauernd deine Gruppe, und jetzt hast du Schuleigentum ruiniert.» (HENNINGSEN 1972, S. 55). Peter muss beim Rektor vortraben, der ihn ins Kreuzverhör nimmt und mit ihm darüber spricht, warum es sich nicht gehört, in Schulbücher hineinzuschreiben.

Dies wäre eine stark lehrpersonenzentrierte Interventionsstrategie (vgl. Abschnitt 7.1), ein Delegieren des Problems an den Vorgesetzten. Auf eine Mitarbeit von Peter wird zuerst einmal nicht gebaut, außer dass er verstehen sollte, warum es sich nicht gehört, in Schulbücher hineinzumalen.

Bei der zweiten Strategie wird Peter von der Lehrerin in ein Gespräch verwickelt, in dessen Verlauf er davon überzeugt werden soll, warum es nicht gut ist, in Schulbücher hineinzuzeichnen. Auch für diese zweite, weniger ausgeprägt lehrpersonenzentrierte Interventionsstrategie gibt es gute Gründe, natürlich auch Gegengründe, etwa dass so die ganze Klasse bei einem Dialog zuhören muss, der sie eigentlich nichts angeht.

Die dritte von Henningsen erwähnte Strategie würde in der Unterscheidung von NOLTING (2002, S. 74ff.) zu den kooperativen Interventionsstrategien gehören (vgl. Abschnitt 7.2):

> «Herrschaften! Seht euch das an.» Alle Augen folgen dem Blick Fräulein Pohls. Peter, unversehens im Brennpunkt der Aufmerksamkeit, geht in Abwehrstellung. Das erwartete Gewitter bleibt allerdings aus. «Peter hat sein Buch beschmiert», stellt Fräulein Pohl sachlich fest und erspart so den letzten Neugierigen das Halsrecken. Es ist muckmäuschenstill in der Klasse. […] «Was machen wir jetzt?», fragt sie, Initiative und Verantwortung durch achtunddreißig teilend. (HENNINGSEN 1972, S. 61).

«Weitergabe des Problems an die Klasse» (RÜEDI 2002, S. 158) wird diese Strategie auch genannt. Sozialpsychologisch gesehen gefährlich ist bei dieser Strategie, dass Peter in der Klasse isoliert werden könnte und eventuell

Nicht mit Kanonen auf Spatzen, aber auch nicht mit Kieselsteinen auf Löwen schießen.

von eher braven Kindern beschuldigt wird. Schon wenn ein Kind häufiger aufgerufen wird, besteht diese Gefahr, dass es zum Außenseiter werden kann, vor allem wenn bei der Lehrperson eine gewisse Ungehaltenheit mitschwingt. Ein Vorteil der «Weitergabe des Problems an die Klasse» könnte sein, dass alle gemeinsam eine Lösung suchen; im günstigsten Fall entsteht eine kooperative Stimmung. Es kommt sehr darauf an, welche Einstellung die Lehrperson zum Kind hat.[89] Sicher ist es von Vorteil, wenn die Lehrperson bei einer Störung auf zahlreiche Reaktionsweisen und Strategien[90] zurückgreifen kann, dann steigt die Wahrscheinlichkeit der angemessenen Reaktion, dass zum Beispiel nicht mit Kanonen auf Spatzen, aber auch nicht mit Kieselsteinen auf Löwen geschossen wird (vgl. Rüedi 2002, S. 154). In diesem Sinne sollen im nächsten Abschnitt verschiedenste Reaktionsweisen auf Peters Störungen zusammengestellt werden, damit Lehrpersonen bewusst reflektierend aus einem reichhaltigen Repertoire auswählen können.

---

89 Eine schöne Illustration zum Stichwort «Einstellung der Lehrperson» berichtete V. Krummenacher an der 16. Wagenschein-Tagung 2009 in Liestal. Martin Wagenscheins eindringliches Nachfragen: «Haben Sie wirklich verstanden?» blieb ihm in positiver Erinnerung. Je nach der Haltung des Fragenden tönt es nach disziplinierendem Nachfragen oder nach tiefem Interesse. Bei Wagenschein war das Interesse der Motor. Schön zeigt sich seine Wertschätzung des sachbezogenen Interesses im folgenden Zitat, wenn er sich Gedanken über die Auswirkungen der Noten macht: «Die Schüler arbeiten nicht fürs Verstehen, sondern für die gute Note. So zerstört man auf Dauer ihr *sachliches* Interesse, das Erfasstsein vom Gegenstand und vor allem: die von unbefangenen Kindern mitgebrachte, unbeschädigte *Verstehens-Lust*. Diese Antriebe werden enttäuscht und gehen ein, werden verdrängt, ersetzt und verraten an die Sucht und die Ängste des Wettkampfes.» (Wagenschein 1986, S. 70; Hervorhebung im Original)

90 Die erfahrene Lehrerin B. meint auf die Frage, was beim Reagieren auf Störungen wichtig sei (s. Anhang 1): «Ich habe konsequent auf Störungen reagiert. Eine Reaktion auf eine Störung kann ganz unterschiedlich ausfallen. Es kann nur ein Blick sein oder aber auch das Aufrufen des Namens kombiniert mit einem Blick. *Wichtig ist es, ein breites Repertoire zu haben* [Hervorhebung J. R.] und nie impulsiv zu reagieren. Mit Repertoire ist gemeint, dass man nicht nach einem bestimmten Muster handelt, sondern situativ.»

7.3.1 Reaktionsmöglichkeiten auf Störungen – 13 Handlungsstrategien

1. *Ignorieren oder kurz warten*

Ich ignoriere Peters Verhalten, fahre mit dem Unterricht fort und ziehe vorwärts. Ich zeige damit, der Unterricht ist das Wichtige, und hoffe, dass sich die Störung von selbst erledigt. Die klassische Lernpsychologie spricht von bewusstem Ignorieren. In die gleiche Kategorie wie Ignorieren gehört das «bewusste Warten» (LEHMANN-SCHAUFELBERGER 2009, S. 22): «*Das heißt, ich mache mich bemerkbar und warte, bis es still ist.*» Warten oder Ignorieren haben den Vorteil, dass der Schüler immer noch auf die Linie der Lehrperson einschwenken kann, ohne negativ erwähnt zu werden. Zudem sind sie sehr ökonomische Verhaltensweisen, der Fokus bleibt beim Unterrichtsstoff. Bei Peter, der sich recht ausgeprägt in seine persönliche Welt begeben hat und dem Unterrichtsgeschehen wohl nicht mehr gefolgt ist, wird Ignorieren kaum ausreichen. Dann braucht es eine stärkere Intervention, zum Beispiel die zweite Strategie.

2. *Aufrufen ohne zu unterbrechen*

Ich ziehe den Schüler/die Schülerin hinein, ohne den Unterricht zu unterbrechen: «Wenn du, Peter, dieses Wort anschaust, erkennst du den Fehler sofort, nämlich dass das -ck fehlt.» Ich stelle keine Frage, warte nicht, nenne aber den betreffenden Namen, fahre weiter und hoffe, Peter mitgenommen zu haben. Auf Störungen nur mit Nebensätzen zu reagieren, erlaubt sofort wieder vorwärtszumachen, zum Beispiel: «Wer kennt – das geht auch dich an, Peter – eine ck-Regel?» Im folgenden Beispiel aus dem Turnunterricht nennt die Kindergärtnerin ebenfalls den betreffenden Namen, fährt dann aber gleich fort. In den Worten der beobachtenden Studentin: «Die Kindergärtnerin hat gepfiffen – das Zeichen, dass alle Kinder auf den inneren Kreis der Turnhalle sitzen müssen. Ein Mädchen verweigert dies. Sie bleibt in einer Hallenecke stehen. Die Kindergärtnerin steht bewusst mit dem Rücken gegen das Kind und erklärt der Kindergruppe, dass dieses Verhalten zwar nicht in Ordnung ist, aber dass sie es nicht weiter beachten werden. Nach etwa zwei Minuten kommt das Mädchen von selbst in den Kreis.» (Studentin M. G., Liestal 2009).

3. *Kurzes Ansprechen – Übersehen – Überhören*
Eine interessante Variante zum Ignorieren oder dazu, sich nicht durch die Störung ablenken zu lassen, ist das kurze Ansprechen dessen, was mich stört, ohne mich aber auf ein Gespräch einzulassen. «Das will ich nicht mehr sehen, dass ….» Ich gehe dann vorwärts mit dem Unterricht, zeige aber kurz, was mir nicht gefällt. Man könnte von der Strategie «Unerwünschtes ein letztes Mal erlaubt haben, zugleich aber für die Zukunft Unwillkommenes klar und deutlich benennen» sprechen. Eine Variante dazu ist das Benennen mit Übersehen oder Überhören. Zum Beispiel könnte die Lehrperson zu Peter sagen: «Dass du ins Schulbuch gezeichnet hast, habe ich nicht gesehen. Du weißt warum.» Oder zu einem fluchenden Kind sagt die Lehrperson: «Das habe ich nicht gehört, das überhöre ich, dieser wüste Begriff passt nämlich gar nicht zu dir!»

4. *Änderung von Tonfall oder Lautstärke. Laut und leise sprechen*
Lehrpersonen können auf verschiedene Art und Weise ausdrücken, dass sie sich gestört fühlen. Eine laut ausgesprochene Frage: «Peter, was denkst du zur Aufgabe?», teilt dem angesprochenen Schüler ohne große Worte mit: So, mach jetzt mit, Peter! Lauter oder leiser zu sprechen sind Möglichkeiten, eine Botschaft auszusenden. Der Vorteil dieser Variationen ist, dass der Unterrichtsfluss ganz im Sinne Kounins nicht unterbrochen wird. Schülerinnen und Schüler bekommen selber die Möglichkeit, ihr Verhalten zu ändern, ohne dass ihr «Fehlverhalten» zum Thema wird.

5. *Ein Zeichen für Ruhe geben*
Bekannte Zeichen dafür sind der Finger auf den Mund oder das Kopfschütteln. Eine Möglichkeit ist, mit Kindern ein Zeichen zu vereinbaren, das nur sie kennen und darum als persönlichen Hinweis deuten. Auch eine Standortveränderung – wenn ich zum Beispiel zur betreffenden Schülerin oder zu Peter hingehe oder wenigstens Schritte in dieser Richtung unternehme – kann ein Signal aussenden, ohne dass ich deshalb den Unterrichtsfluss unterbrechen muss. Blicke können vielfältigste Signale aussenden: «Man kann jemanden mit ‹blitzenden›, ‹warmen›, ‹bestimmten›, ‹funkelnden›, ‹strahlenden›, ‹eisigen› Augen ansehen» (Heidemann 1999, S. 86).[91]

91 Heidemann (1999) widmet sich ausführlich den Möglichkeiten der «Körpersprache im Unterricht», viel ausführlicher, als es hier in Abschnitt 7.3.1 möglich ist.

6. *Wenn ich den Unterricht doch kurz unterbrechen muss …*

Bei den bisher behandelten fünf Möglichkeiten ging es darum, möglichst ökonomisch zu reagieren, ohne dass der Unterrichtsfluss gebremst werden muss. Immer geht dieser Weg jedoch nicht. Manchmal muss der Unterricht gerade unterbrochen werden, damit er später nicht mehr unterbrochen wird. Diese Entscheidung muss situativ gefällt werden. Unterbrechungen des Unterrichts – so unwillkommen sie sein mögen – sind zum Beispiel dann nötig, wenn die Lehrperson die betreffenden Schüler oder Schülerinnen sonst nicht in den Unterricht «zurückholen» kann oder wenn diese beginnen, das Kommando zu übernehmen. Wenn die Lehrperson die jeweilige Situation so einschätzt, muss sie den Unterricht unterbrechen und stoppen. Alle drei von Henningsen erwähnten fiktiven Fortsetzungen (vgl. S. 171) gehören dazu. Andere Varianten zum Unterbrechen wären:

1. Ich bitte Peter, beim Unterrichtsgespräch mitzumachen: «Peter, schau bitte hierher. Wir sind jetzt beim Thema ‹Verdauung›!» Diese Variante bedient sich einer positiven Sprache und betont das erwünschte Verhalten. Bei Verboten wird das Fehlverhalten betont: «Peter, höre sofort auf, im Schuleigentum herumzumalen!» Solche Verbote mögen manchmal ihre Berechtigung haben, damit dem Fehlverhalten Einhalt geboten wird. Die Gefahr ist, dass Kinder so beinahe herausgefordert werden, das Verbotene zu tun, ganz im Sinne des alten Sprichworts «Verbotene Früchte schmecken am besten».[92]
2. Ich unterbreche den Unterricht, halte im Satz inne und gebe ein Zeichen. Zum Beispiel zeige ich an die Wandtafel: «Da sind wir, Peter!» Oder ich zeige mit dem Schwenken meiner Hand: «Nein, das geht nicht!» Oder ich klatsche und warte, bis die ganze Klasse auch geklatscht hat. (Ich habe mit der Klasse abgemacht, dass sie mein zweimaliges Klatschen mit ebenfalls zweimaligem Klatschen beantwortet.) Anstatt ein Handzeichen zu geben, kann ich dem Schüler auch die Hand auf die Schulter legen, am besten nach einer vorausgehenden Abmachung, so dass der Schüler weiß, was die Hand auf seiner Schulter zu bedeuten hat.

---

92 Von John B. Priestley stammt die Variante: «Verbotenes bekämpft man am besten, indem man es erlaubt.» Manchmal geht dies in der Schule, manchmal leider nicht … Wenn es geht, spricht man von «paradoxen Interventionen» (vgl. Rüedi 2002, S. 235).

3. Ich unterbreche den Unterricht und entschärfe die Situation durch Humor, durch einen Witz. Zum Beispiel sage ich zu Peter: «So, jetzt hast du wieder einmal für etwas Abwechslung und Auflockerung gesorgt, nun sind wir bereit und erholt für den nächsten Lernschritt. Der ist kompliziert, ich bin gespannt, ob ihr den schafft!» Humorvolle Bemerkung und Ansprechen des gesunden Ehrgeizes, könnte man sagen.
4. Ich unterbreche den Unterricht und frage die betreffenden Schülerinnen direkt: «Was ist los? Kann ich euch helfen? Besteht eine Unklarheit?» Zurechtweisung in Frageform und Anbieten von Hilfe. Eine ältere Lehrerin pflegte direkt zu fragen: «Ist dies für die Allgemeinheit bestimmt?» So wird den schwatzenden Schülerinnen und Schülern die Unterscheidung «privat = für die Pause» und «zum Unterricht passend = jetzt mitteilbar» bewusst. Noch deutlicher werde ich als Lehrperson, wenn ich zu Peter sage: «Ich habe den Eindruck, dass du uns heute stören und ablenken willst. Ich will jetzt von dir wissen, ob du sofort damit aufhören willst?» In gewisser Hinsicht wird Peter so ernst genommen als junger Mensch, der sein Verhalten ändern kann. Wenn diese persönliche Überzeugung bei der Lehrperson zu spüren ist, ist die Wirkung eine ganz andere, als wenn ihr Ärger von weitem herauszuhören ist. Damit soll aber nicht gesagt sein, dass das Ausdrücken von Ärger immer verfehlt wäre. Es gibt auch den nachvollziehbaren, den berechtigten Ärger, zum Beispiel bei der nächsten Variante.
5. Ich unterbreche den Unterricht und zeige meine Unzufriedenheit. Eine Variante sind die bekannten «Ich-Botschaften» nach GORDON: «So fühle ich mich gestört». Oder ultimativer: Ich stelle die Störung energisch ab: «Das will ich nicht mehr sehen!» «Das glaube ich ja nicht!» «Was habe ich gesagt? Peter, wiederhole den Auftrag!» Ich stelle klar, wer der Chef/die Chefin ist.
6. Ich unterbreche den Unterricht und setze ein Ritual ein: Gong, Pfiff, gelbe Karte, rote Karte. Ich zeige so mit Nachdruck: «Etwas muss sich ändern! So geht es nicht mehr weiter!» Dann übernehme ich sogleich wieder die Führung. Oder ich nenne den Namen des/der «Schuldigen»: «Mit dir, ..., möchte ich noch in der Pause sprechen. Komm dann zu mir!» Die Verlegung ins Einzelgespräch kann sinnvoll sein, weil damit die Gesamtsituation umstrukturiert wird. Dadurch ergeben sich neue Möglichkeiten und Ausblicke.

7. Umstrukturierung der Situation

Winkel (2005, S. 121) versteht darunter die andere Gestaltung der Situation durch «curriculare, mediale oder methodische Neuarrangements». Umstrukturierungen der Situation haben den Vorteil, dass die Lehrperson nicht allein die Aufgabe der Verbesserung lösen muss. Das Ganze kann nochmals beginnen, die Beteiligten können sich kurz erholen und sich neu sammeln. Wenn ich zum Beispiel feststelle, dass verschiedene Schülerinnen und Schüler in einer Übungsphase unruhig sind, rufe ich die ganze Klasse nochmals nach vorne, erkläre den Stoff ein zweites Mal und schicke sie dann mit der Anweisung an den Platz: «So, jetzt sollte besser und ruhiger gearbeitet werden als beim ersten Mal!» Diese Vorgehensweise empfiehlt sich zum Beispiel dann, wenn die Lehrperson davon ausgeht, beim ersten Mal nicht alles optimal erklärt zu haben. An einem langen Nachmittag wirkt oft eine spielerische Auflockerung besser als die zehnte Ermahnung: «Jetzt seid endlich einmal still!» Weil traditionellerweise Lehrpersonen mehr die Aufrechterhaltung von Ruhe und Ordnung übernehmen, statt für spielerische Abwechslungen zu sorgen, überrascht und entspannt dies oft die Unterrichtssituation, wenn die Lehrperson für spielerische Rhythmisierung sorgt: «Ich habe eine Idee für eine Spielauflockerung, getreu dem Motto: ‹Spiele als Entspannung und Entpannung!›»

Ebenfalls hilfreich können Entspannungsübungen oder Fantasiereisen sein, welche die Situation umstrukturieren oder verbessern.[93]

Eine andere Möglichkeit zur Umstrukturierung der Situation wäre eine «Runde zur Ent(s)pannung»: «Peter, willst du einmal ums Schulhaus laufen und dann wieder mit neuer Kraft starten?»[94]

---

93 Auf Erwachsenenebene habe ich auch schon einen Joker eingeführt: Wer diese Karte hat, muss eine kurze Spielidee dabei haben. Wenn jemand nicht mehr aufpassen kann, darf sie / er Joker rufen, und die andere Person erklärt das Spiel bzw. führt es mit der Klasse durch. Manchmal kommen einem als Lehrer solche Veto-Aussagen wie «Stopp, jetzt machen wird das und das» ungelegen. Lohnen können sich solche «kooperativen Varianten», wenn eine solidarisch-humorvolle Stimmung entsteht, die eventuell Unterbrechungen wieder kompensiert.

94 Ich kenne auch Lehrpersonen, die diese Möglichkeit der «Pausenrunde» oder des Arbeitens im Gang mit dem betreffenden Schüler absprechen, so dass dieser entscheiden kann, wann es besser für alle ist, dass er das Klassenzimmer verlässt. Dieses Vorgehen wäre dann zu den kooperativen Vorgehensweisen zu zählen.

Oder einen Schüler an einen anderen Platz / in ein anderes Zimmer / zu einem Kollegen / einer Kollegin versetzen und so die Situation ändern. Ins gleiche Kapitel der Umstrukturierung von Situationen gehört die Umgruppierung der Sitzordnung oder der Arbeitsgruppen, wenn sich gruppendynamische Spannungen ergeben. Dann ist eine Umgruppierung des gesamten Systems besser als eine Anvisierung von Individuen, getreu dem alten Grundsatz: Zuerst verstehen (= die Situation analysieren), dann handeln und situativ richtig reagieren. Gewisse Lehrpersonen wechseln regelmäßig die Sitzordnung, um eventuelle «Plauderklubs» aufzulösen und die Klasse neu zu mischen. Überlegt werden kann auch die Einrichtung absoluter Ruhezonen im Schulhaus / Klassenzimmer. LEHMANN-SCHAUFELBERGER (2009, S. 27) berichtet zum Beispiel von einem Mediationsraum, in den störende Schüler geschickt werden können: «Dort ist er aufgefordert, sich mit seinem Störverhalten auseinanderzusetzen.» [95]

8. *Die Betroffenen zu Mitdenkenden machen*

«‹Peter hat sein Buch beschmiert›, stellt Fräulein POHL sachlich fest und erspart so den letzten Neugierigen das Halsrecken. Es ist mucksmäuschenstill in der Klasse. [...]. ‹Was machen wir jetzt?›, fragt sie, Initiative und Verantwortung durch achtunddreißig teilend.» (HENNINGSEN 1972, S. 61). Mit seiner dritten Variante wies uns HENNINGSEN so auf die Möglichkeit hin, alle Schülerinnen und Schüler zum Mitdenken aufzufordern. Sicher muss dieser Einbezug der ganzen Klasse – oder zumindest eines Teils – sorgfältig überlegt werden. Es geht zum Beispiel nicht an, die ganze Klasse auf den Sündenbock zu «hetzen», wie dies früher im Militär öfters praktiziert worden ist. Unterrichtsstörungen sind in erster Linie ein von der Lehrperson zu lösendes Problem, weil sie professionelle Kompetenzen zur Führung der Klasse besitzen muss. Schülerinnen und Schüler haben in der Schule das Recht zu lernen, ohne dabei gestört zu werden. Fräulein POHL muss sich ihre Frage «Was machen wir jetzt?» somit genau überlegen. Sie muss sich

95 In Anhang 7 wird ein einfaches Beispiel wiedergegeben, wie eine Schülerin / ein Schüler ohne großen Aufwand aufgefordert werden kann, ihr / sein Verhalten zu reflektieren. Solche Problemskizzen können eventuell am Anfang eines längeren Prozesses stehen, der mit einem Vertrag (vgl. Abschnitt 7.2.4) fortgesetzt wird.

davor hüten, Schülerinnen und Schüler für eine Aufgabe einzuspannen, die zu lösen eigentlich ihr beruflicher Auftrag ist. Gleichwohl gibt es Situationen, in denen das POHL'sche Motto, in die Runde zu fragen: «Was machen wir jetzt?» seine Berechtigung hat. Das Klassengespräch im Abschnitt 7.2.3 gab zum Beispiel allen Schülerinnen und Schülern Gelegenheit, ihre eigene Sicht der Dinge zu vertreten, eine Kompetenz, die ja im gesamten Leben des Menschen von größter Bedeutung ist. Legitim ist es auch, alle Schülerinnen und Schüler einer Klasse zu ermutigen bzw. ihnen die Möglichkeit zu geben zu rufen, wenn es ihnen zu laut wird oder wenn sie nicht verstehen können, was die Lehrperson oder eine Mitschülerin sagt. Disziplin sollte nicht nur die Sache der Lehrperson sein, sonst besteht die Gefahr, dass die Lernenden in ihrer Selbstdisziplin, im Erkennen ihrer eigenen Beitragsmöglichkeiten beim Zustandekommen einer lernförderlichen Atmosphäre, nicht gefördert werden. Eine konkrete Möglichkeit der Mitbeteiligung der Klasse besteht darin, dass Schülerinnen und Schüler einen Gong oder eine Glocke betätigen können, um allen mitzuteilen: «So kann ich nicht gut lernen!»

9. *«Man muss Kinder fordern!»* (MALDOOM 2008).
Hieß die achte, soeben diskutierte Strategie «die Betroffenen zu Mitdenkenden machen!», könnte Royston MALDOOMS Strategie auch «die Betroffenen zu Mitmachenden machen» genannt werden. MALDOOM, einem britischen Star-Choreografen, gelingt es, fast 250 Berliner Schulkinder aus 25 Nationen zum Tanzen zu bringen. Zusammen choreografieren sie «Le sacre du printemps». Den dazu gedrehten Dokumentarfilm «Rhythm is it» (2004) nennt Rainer WINKEL (2005, S. 99) einen «der besten pädagogischen Filme, die ich kenne: Ein bunter Haufen von netten (aber bequemen), lustbetonten (aber auch egoistischen), spontanen (und schwatzsüchtigen) Berliner Schülern wird wohl nie zu STRAWINSKYS ‹Le sacre du printemps› (aus dem Jahr 1913) tanzen lernen. Erst nachdem sie die von dem Choreografen Royston MALDOOM und dem Chef der Berliner Philharmonikern Sir Simon RATTLE geforderte Disziplin akzeptieren, gelingt ihnen eine mitreißende Performance.» MALDOOM begründet den erstaunlichen Prozess der Veränderung dieser jungen Menschen darin, dass sie Selbstvertrauen und ein besseres Körpergefühl erwerben und Ängste verlieren: «Stellen Sie sich den Fall eines typischen Klassenaußenseiters vor: Bei mir tanzt so einer plötzlich ein Solo. Er steht zum ersten Mal im Mittelpunkt; die anderen fangen

an, ihn zu bewundern. Oder die Zappelphilippe, die nervigen, lauten Kinder, die, die angeblich an Aufmerksamkeitsdefizitsyndromen leiden [...]. Das ganze Aufmerksamkeitsdefizitsyndrom ist doch bloß eine Erfindung der Pharmaindustrie! Ich habe noch nie ein Kind kennengelernt, das sich nicht konzentrieren konnte. Ich habe allerdings Hunderte erlebt, die nicht aufmerksam waren. Es liegt nicht an den Kindern! Es liegt am schlechten Lehrer, es liegt am Erziehungssystem. Wieso übt dasselbe Kind, das sich morgens keine fünf Minuten im Klassenraum konzentrieren kann, nachmittags fünf Stunden lang Tricks auf dem Skateboard? [...] Man muss Kinder fordern! Je mehr ich ihnen sage: ‹Hey, ihr könnt das noch besser›, desto mehr blühen sie auf. Sie merken, hier ist einer, der ihnen viel zutraut. Das puscht ihr Selbstbewusstsein enorm. Sie sind dann sogar bereit, sich diszipliniert zu verhalten. [...] Disziplin ist eine Überlebenskompetenz. In Peru oder Äthiopien, in allen Entwicklungsländern, in denen ich gearbeitet habe, musste ich das Kindern nicht erst beibringen: Die wissen längst, dass sie nur mit Disziplin vorankommen. Die sind gierig nach Bildung. Kindern die Vorstellung zu geben, die Dinge kämen schon von allein, ist grundfalsch. Sie kommen, wenn du bereit für sie bist und daran arbeitest. Disziplin bringt dich nach vorn.» (Maldoom 2008, S. 76).

Ohne Maldooms Konsequenzen eins zu eins auf die Schule übertragen zu wollen, ist ihm in folgenden Forderungen zuzustimmen: Kinder und Jugendliche müssen stufengemäß gefordert werden. Die Schule muss ihnen etwas zutrauen, ihnen mit anderen Worten die Chance geben aufzublühen. «Das puscht ihr Selbstbewusstsein enorm.» (Maldoom 2008, S. 76). Disziplin ist dann die Folge davon, dass Kinder und Jugendliche merken: Mit Disziplin komme ich zum Ziel oder zum Erfolg. «Disziplin ist eine Überlebenskompetenz.» (Maldoom 2008, S. 76).

Die Schule muss Schülerinnen und Schülern zeigen und vor Augen führen, dass sie nur mit Einsatz, mit der Übernahme der Verantwortung, mit Selbstdisziplin zum Erfolg kommen. Der ganzen Klasse zur Selbstdisziplin zu verhelfen, ist ein wichtiger Schritt auf dem Weg zur Prävention von Unterrichtsstörungen oder zum sinnvollen Umgang damit. Konkret kann dies heißen, bei einer Unterrichtsstörung zum Beispiel so zu reagieren: «So kommen wir nicht weiter! Der nächste Lernschritt ist viel zu anspruchsvoll. Was wir brauchen, ist eine Phase absoluter Ruhe. Dann habt ihr eine Chance mitzukommen, drauszukommen. Sonst nicht! Also starten wir!»

10. *Ziele lenken vorwärts und bündeln die Kräfte!*
Maldoom hat anders ausgedrückt mit seiner «großen Klasse» ein hohes Ziel ins Auge gefasst, dessen Erreichung größten Einsatz und die Aufbietung aller Kräfte verlangt. Kinder und Jugendliche kennen diese Ausgangssituation oft vom Sport, dort sind gewisse Diskussionen nutzloser Kräfteverschleiß und werden darum vom Trainer unterbunden. Damit ist sozialpsychologisch eine günstige Ausgangssituation geschaffen. Viele Lehrpersonen wissen um diesen Effekt und fassen zusammen mit ihrer Klasse ein erstrebenswertes Ziel ins Auge, das nur erreicht werden kann, wenn alle Kräfte gebündelt werden. Man könnte auch vom Markieren deutlicher Grenzlinien sprechen: «Jetzt hören alle einmal gut zu! Das gilt auch für dich. So schaffen wir es nicht heute Morgen. Unser Ziel ist sehr anspruchsvoll. Wir müssen einen neuen Anlauf nehmen. Die nächsten fünf Minuten gibt es keine Zwischengespräche, sondern nur stille Einzelarbeit …. Also, jetzt starten wir mit dem neuen Anlauf!» Die Klasse wird so einbezogen, indem ihr das Ziel der gemeinsamen Anstrengung «Disziplin» erklärt/verdeutlicht wird. In eine ähnliche Richtung gehen die gemeinsam vereinbarten Wochenziele: «Diese Woche setzen wir uns das Ziel ‹konzentrierte, stille Arbeit›.» Wochenziele können auch in sozialer oder arbeitstechnischer Hinsicht festgelegt werden. Oder wenn etwas nicht geklappt hat in der letzten Woche, wird aus dem Defizit ein Wochenziel. Wichtig ist stets die Motivierung der Klasse für die Erreichung des jeweiligen Ziels.

11. *Versprechungen und Belohnungen*
Bei «Rhythm is it» spielen Versprechungen und Belohnungen insofern eine Rolle, als die Jugendlichen realisieren: Wenn wir die von Royston Maldoom und Simon Rattle geforderte Disziplin akzeptieren, könnte uns eine mitreißende Performance gelingen. Unsere Eltern, Freundinnen und Freunde könnten eine großartige Aufführung miterleben! Und wir ständen im Mittelpunkt, wegen uns würden so viele Menschen kommen. Solche Vorstellungen oder Fantasien spielen bei vielen Projekten, die ein Ziel verfolgen, eine Rolle, verstärken die Neigung mitzutun und fördern die Disziplin der Schülerinnen und Schüler. Dazu ein reales Beispiel aus der Schule: Eine Klasse möchte mit ihrem Lehrer in eine Projektwoche. Er würde gerne an einen Ort gehen, den er schon von anderen Wochen her kennt. Die Klasse würde einen entlegenen und schwer erreichbaren Ort bevorzugen. Der

Lehrer bringt seine Überlegungen und Einwände ein und weist auf die komplizierte Reise und die höheren Kosten hin. Die Klasse möchte bei ihrem Ziel bleiben, nimmt jedoch die Einwände ihres Lehrers ernst, dass die Reise sehr gut vorbereitet und etwas Geld zusammengetragen werden muss. So entstehen eine Gemeinschaft und die Bereitschaft, die ganze Projektwoche optimal und langfristig vorzubereiten. Die Projektwoche wird ein Erfolg. Am wichtigsten bei solchen Entwicklungen ist wohl, dass sich Lehrperson und Klasse näherkommen, was in disziplinarischer Hinsicht von großer Bedeutung ist.

In der Fachliteratur werden Versprechungen und Belohnungen kontrovers diskutiert. Lernpsychologisch orientierte Theorien[96] befürworten sie meistens, humanistisch oder psychodynamisch orientierte Theorien sind Versprechungen oder Belohnungen gegenüber kritischer eingestellt. Wenn Schülerinnen und Schüler bei der Fixierung der Ziele oder bei der Formulierung der Belohnungen mitdiskutieren können, ist die Situation eine andere, als wenn gewisse Vergünstigungen bei erwartetem Wunschverhalten einseitig von der Lehrperson festgelegt werden.

12. *Drohungen*

«Drohungen sind nicht schön und rufen zumeist mehr Schaden als Nutzen hervor. Und doch kann die zugrundeliegende Funktion des Warnens mitunter sinnvoll sein. Wenn wir in einer gefährlichen Situation die Autohupe betätigen, ist das – kommunikationspsychologisch gesehen – eine Drohung mit Warneffekt. Ein pausenlos hupender Autofahrer hingegen benutzt die Drohung als Einschüchterung zum Zweck seiner rücksichtslosen Bedürfnisse. Auf die Schule übertragen bedeutet dies: Der mit Zensuren, Elternbriefen usw. drohende Lehrer will Angst einflößen und einschüchtern. Sein Verhalten findet hier keine Rechtfertigung, wohl aber der Lehrer, der dem Schüler die Folgen seines Verhaltens ruhig und bestimmt vor Augen führt, d.h. ihn zu seinem eigenen Schutze warnt.» (Winkel 2005, S. 127).

96 In Anhang 8 findet sich ein Beispiel einer Verstärkungs- und Belohnungsstrategie, wie sie lernpsychologisch orientierte Theorien befürworten, weil sie davon ausgehen, dass auf erwünschtes wie auch auf unerwünschtes Verhalten eine Reaktion der Umwelt erfolgen muss.

WINKELS Zitat verdeutlicht wiederum, wie wichtig die Beziehung des betreffenden Lehrers zu seinem Schüler ist. Wie es in der Überschrift zu Kapitel 5.1.1 heißt: «Eine gute Beziehung zu den Schülerinnen und Schülern ist die Basis für gelingenden Unterricht.» Beziehung verbindet. Wenn sich Schülerinnen und Schüler grundsätzlich von ihrer Lehrperson geschätzt fühlen, lassen sie sich viel mehr sagen, auch für einmal etwas auf Anhieb Unangenehmes. Kommunikationspsychologisch gesprochen: Die Beziehungsebene bestimmt, wie die Inhaltsebene, zum Beispiel auch der Hinweis auf ein Verbot, aufgenommen und verstanden wird. Hinweise auf die Folgen eines gewissen Verhaltens – um den Begriff «Drohung» anders zu formulieren – können auch wohlmeinend oder als Ausdruck innerer Sorge oder zumindest als Anstoß zum Nachdenken interpretiert werden. Und nicht zu vergessen: Die Schule ist eine Institution mit gewissen Regeln, Pflichten und Rechten für alle daran Beteiligten. Wenn Schülerinnen oder Schüler gegen grundsätzliche Pflichten verstoßen und zum Beispiel nicht in den Unterricht kommen, muss die betreffende Lehrperson nachfragen und eventuell auch auf die Folgen unentschuldigten Fernbleibens hinweisen: Ob man das «Drohen» nennen will oder nicht, ist eine Frage der Definition. Andernfalls verstößt diese Lehrperson gegen ihre Aufsichtspflicht. *Wie* sie diese Pflicht erfüllt, das bestimmt sie. Hier hängt viel vom Ton ab: «C'est le ton qui fait la musique.» Oder im Lichte empirischer Forschung gesprochen: «Die bisher vorliegenden empirischen Befunde weisen eindeutig darauf hin, dass sowohl Lehrer wie auch Schüler dem Vertrauensaufbau einen hohen Stellenwert für den Erfolg schulischer Erziehungs- und Bildungsmaßnahmen beimessen; sie sprechen gleichermaßen für die Etablierung von Vertrauen als pädagogisch relevantes Ziel.» (SCHWEER 2008, S. 560). Wenn Fürsorge, Respekt, Kommunikation und Kooperation entsprechend ausgeprägt sind, «entsteht eine Vertrauensbasis, die auch Meinungsverschiedenheiten, Konflikte und Risiken tragen kann» (SCHWEER 2008, S. 560).

13. *Sanktionen und Strafen*

Sanktionen und Strafen erfolgen meistens als letzte Antworten auf längere Unterrichtsstörungen, wenn alle bisherigen Bemühungen nichts gefruchtet haben.

HENNINGSENS erste Fortsetzung könnte zu «Strafen und Sanktionen» gezählt werden, wenn die Lehrerin ruft: «Peter! Steh auf! Du verlässt sofort die Klasse. Du störst dauernd deine Gruppe, und jetzt hast du Schuleigentum ruiniert.» (Henningsen 1972, S. 55). Peter muss beim Rektor vortraben, der ihn ins Kreuzverhör nimmt und mit ihm darüber spricht, warum es sich nicht gehört, in Schulbücher hineinzuschreiben. Eventuell verhängt nun der Rektor eine Sanktion oder eine Strafe. Früher war das Abschreiben verbreitet: «Ich darf nicht in Schulbücher hineinschreiben. Ich darf nicht in Schulbücher hineinschreiben.» Heute ist diese Strafart in Verruf geraten (vgl. Rüedi 2002, S. 166). Einigkeit besteht darin, dass Sanktionen und Strafen nicht aus heiterem Himmel, sondern nur nach erfolgter Vorankündigung erfolgen sollten. Die einzuhaltenden Regeln sollten klar kommuniziert worden sein. Körper- und Kollektivstrafen sind in vielen Ländern in der Schule zu Recht verboten. Sinn und Nutzen von Strafen sind in der Geschichte der Pädagogik bis heute ein kontroverses Thema geblieben. Pädagogisch bevorzugt werden Strafen, die mit dem «Vergehen» in einem erkennbaren Zusammenhang stehen, zum Beispiel die Wiedergutmachung des angerichteten Schadens. Weitere Formen von Strafen sind Nachsitzen, Dienst für die Gemeinschaft, Strafarbeiten. Wer nach den Gründen des eigenen Fehlverhaltens suchen oder überlegen muss, wie sich solche Taten vermeiden lassen, lernt eventuell etwas, was mit der Anwendung der Strafe ja erhofft wird. Von der Entschuldigungsaufforderung erhofft sich die Lehrperson einen Lernprozess im Sinne des Bereuens. Entscheidend ist wohl auch hier die Beziehung der Lehrperson zu den Schülerinnen und Schülern.

Weil das Thema «Strafe und Sanktionen» in der Geschichte der Pädagogik einen großen Raum einnimmt und bis heute kontrovers diskutiert wird, ist Kapitel 8 ausschließlich dieser Thematik gewidmet. Zuvor wird den 13 Reaktionsmöglichkeiten auf Unterrichtsstörungen eine Reflexion hinzugefügt.

7.3.2 Abschließende Reflexion zu den Reaktionsmöglichkeiten und 13 Strategien

Das Ziel von Abschnitt 7.3.1 war es, verschiedenste Reaktionsmöglichkeiten und Handlungsstrategien bei Unterrichtsstörungen zusammenzutragen, damit Lehrpersonen bewusst reflektierend aus einem umfangreichen Repertoire auswählen können. Alle diese aufgezählten Reaktionsmöglichkeiten und Handlungsstrategien haben keinen Wert für sich allein, sind «guten» oder «schlechten» Lösungen zuträglich, können glücken oder scheitern. Entscheidend sind der vorangegangene Aufbau einer tragfähigen Beziehung sowie die genaue Analyse der jeweiligen Störungssituation, ihres Schweregrades, ihrer Zielrichtung sowie ihrer Qualität. Die zutreffende Analyse des eigenen Unterrichts ist notwendig, um passende Schlüsse ziehen zu können. In diesem Sinne gibt es – wie in Kapitel 4.1 gefordert – keine Patentrezepte, die immer und unabhängig von einzelnen Situationen anwendbar wären. So sehr die jeweiligen Störsituationen die Lehrpersonen auch bedrängen mögen, die eigene Analyse, den Schritt zum reflektierenden Praktiker, zur reflektierenden Praktikerin kann den Lehrpersonen niemand abnehmen.[97]

Eine tragfähige Beziehung zu einem störenden Schüler, zu einer störenden Schülerin erhöht die Wahrscheinlichkeit, dass diese auf die Intervention der Lehrperson eingehen. Wenn sich Lernende von ihren Lehrpersonen grundsätzlich akzeptiert fühlen, verbessert diese emotionale Gestimmtheit die Chancen der Erziehung in der Schule. Darum gehört zu unserem Thema des konkreten Reagierens in schwierigen Störungssituationen auch dasjenige des Aufbauens und Gestaltens von persönlichen Beziehungen. Wer solche Kompetenzen besitzt, hat größere Chancen, Kindern und Jugendlichen zu helfen und ihnen auch in kritischen Situationen den Weg zu weisen. Auch die Beziehungen zu ihren Eltern und Pflegepersonen müssen aufgebaut und gestaltet werden: «Dass Schule und Familie zusammenspannen müssen, um die optimale Förderung der Kinder und Jugendlichen zu gewährleisten, ist heute eine grundsätzlich von allen Seiten anerkannte Selbstverständlichkeit.» (Rüedi 2002, S. 145).

Wenn Lehrpersonen und Eltern eine gemeinsame Basis finden, wird sich dies auch bei eventuellen Unterrichtsstörungen durch die betreffende Schülerin, den betreffenden Schüler auswirken. In diesem Fall werden sie rascher eine gemeinsame Strategie finden, um der Schülerin oder dem

---

97 Buebs (2006) *Lob der Disziplin* nimmt dem Praktiker, der Praktikerin diesen wichtigen Schritt der eigenen Analyse gerade ab und ruft – ohne vom Einzelfall Kenntnis zu nehmen – zu mehr Strenge, zu mehr Disziplin auf. Eine Aufmunterung zu strengem Vorgehen ist nur vertretbar, wenn sie aus einer individuellen Analyse hervorgeht, wie dies in Kapitel 2 angedeutet ist. *Ein Lob der Disziplin* ohne vorhergehende Reflexion ist Dogmatik.

Schüler einen sinnvollen Weg – nämlich ohne Störungen des Unterrichtes – zu zeigen. Angesichts dieser offensichtlichen Bedeutung der Elternarbeit für unser Thema «Disziplin und Störungen» soll diese wenigstens in Abschnitt 7.3.3 ins Zentrum der Aufmerksamkeit treten.[98]

Zur Bedeutung der Elternarbeit für Klassenführung und Disziplin 7.3.3

Dass Eltern für das Leben ihrer Kinder wichtig sind, davon geht die Pädagogik seit langem aus. In den letzten 50 Jahren unternahm sie es mit gestiegenem Selbstbewusstsein – der neuere Begriff «Erziehungswissenschaft» deutet dies an –, den Fragen des elterlichen Einflusses mit wissenschaftlichen Methoden nachzugehen: «Spätestens seit den 1960er Jahren wissen wir aus amerikanischen Studien [...]: Eltern sind für die Schulleistungen ihrer Kinder, aber auch für deren Verhalten in der Schule wesentlich mitverantwortlich.» (Neuenschwander et al. 2005, S. 11).

So viel einmal zur grundsätzlichen Mitverantwortlichkeit der Eltern und Erziehungsberechtigten. Schwieriger zu beantworten sind die zwei exakten Fragen, welche Determinanten Schulleistungen und das Verhalten der Kinder im Einzelnen erklären. Dem Zustandekommen der Schulleistungen sind bis heute zahlreiche Forscherinnen und Forscher nachgegangen (vgl. Helmke / Weinert 1997 oder Helmke 2004). Ein bekanntes Modell stammt von H. J. Walberg. Dieser nennt neun Bedingungsfaktoren der Schulleistung; die Erziehungssituation im Elternhaus ist für ihn einer dieser neun Faktoren (vgl. Helmke 2004, S. 33). Auch für Schrader und Helmke (2008, S. 287) spielt der Einflussfaktor «familiäre Lernumwelt» eine Rolle beim Zustandekommen der schulischen Leistung, ohne dass sie sich auf eine Zahl der determinierenden Faktoren festlegen.

---

98 Das Thema «Elternarbeit» wäre natürlich im Zusammenhang mit Disziplin und Unterrichtsstörungen mehrere Kapitel wert. Diese Behandlung würde jedoch den Rahmen sprengen. An dieser Stelle sei auf aktuelle Fachliteratur wie diejenige von Neuenschwander et al. (2005), Fuhrer (2005, S. 265 ff.) oder Korte (2008) verwiesen. In Anhang 9 findet sich ein Fallbeispiel zur Veranschaulichung, wie individuell der Kontakt der Lehrperson mit Eltern eines nicht ganz «einfachen» Kindes verlaufen kann oder muss.

Ebenso schwierig zu beantworten ist die Frage, wie und inwieweit Eltern oder Erziehungsberechtigte das Verhalten ihrer Kinder in der Schule beeinflussen. Dass Eltern und Erziehungsberechtigte einen katastrophalen Einfluss auf das Verhalten ihrer Kinder ausüben, davon gehen gewisse Bücher auf den Bestsellerlisten, zum Beispiel Gaschkes «Erziehungskatastrophe» oder «Erziehungsnotstand» von Gerster und Nürnberger, aus. Gaschke zum Beispiel hält gewisse Verhaltensstörungen wie Hyperaktivität für eine Folge ungenügender Erziehung. Gerster und Nürnberger doppeln nach und kritisieren, dass Kinder aufgrund defizitärer Erziehung kaum mehr gesellschaftsfähig seien. Erziehung oder vielmehr deren Notstand ist zu Beginn des dritten Jahrtausends zu einem Medienereignis geworden, womit allerdings die Ausgangsfrage nach dem genauen Einfluss der Eltern auf das Verhalten ihrer (Schul-) Kinder noch keineswegs wissenschaftlich beantwortet ist. Entwarnung geben können epidemiologische Untersuchungen zu Verhaltensstörungen von Kindern und Jugendlichen nicht, wie Schneewind und Böhmert (2008, S. 9 f.) festhalten: Die Rate für unterschiedliche psychische Störungen von Kindern und Jugendlichen (z. B. aggressives Verhalten oder soziale Ängste) liege zwischen 18 % und 27 %. Tendenziell einig ist sich die Erziehungswissenschaft darin, dass es heutige Eltern oder Erziehungsberechtigte nicht einfach haben. Schneewind und Böhmert (2008, S. 10) sehen die erwähnten Verhaltensschwierigkeiten junger Menschen auf dem Hintergrund eines epochalen Wandels,

> der nach dem Motto «Von der Erziehung zur Beziehung» zu einer zunehmenden Liberalisierung des Eltern-Kind-Verhältnisses geführt hat […]. Für viele Eltern bedeutet dieser im Prinzip begrüßenswerte Liberalisierungsschub allerdings eine Verunsicherung hinsichtlich ihrer Erziehungswerte und -methoden. Dies vor allem dann, wenn es darum geht, ihren Kindern in herausfordernden Situationen (z. B. wenn sie sich nicht an Vereinbarungen halten, sich um unangenehme Aufgaben drücken, sich abfällig und respektlos verhalten, anderen gegenüber aggressiv sind) klare Regeln zu vermitteln und Grenzen zu setzen. (Schneewind/Böhmert 2008, S. 10).

Werden Eltern von Lehrpersonen auf das störende Verhalten ihres Kindes hingewiesen, antworten sie manchmal, das sei neu für sie …[99] Lehrpersonen ihrerseits betonen immer wieder

99 Auch im Fallbeispiel in Anhang 9 ist eine ähnliche Reaktion der betroffenen Mutter zu beobachten.

> die Bedeutung der Eltern beim Entstehen von Unterrichtsstörungen. Insbesondere wird beklagt, dass die Eltern ihre Erziehungspflichten unzureichend wahrnehmen, so dass die Kinder sich den Regeln der Schule nicht unterwerfen können/wollen und damit der Unterrichtsverlauf beeinträchtigt werde [...]. Lehrpersonen attribuieren Störungen vor allem dann auf die Eltern, wenn sie die Disziplinprobleme nicht selber beseitigen können, wenn es zu Plagen, Gewalt, Vandalismus zwischen den Schülerinnen und Schülern kommt. Konsequenterweise versuchen Lehrpersonen mit solchen Attributionsmustern, Eltern verstärkt in den Unterricht einzubinden und ihnen Verantwortung für das Schülerverhalten im Unterricht zu übertragen. Durch die Koordination der Bemühungen soll die Erziehungswirkung erhöht werden. Beispielsweise informieren sie die Eltern in einem Kontaktheft wöchentlich über vorgefallene Schwierigkeiten im Unterricht. (NEUENSCHWANDER et al. 2005, S. 33 f.).

Diese Intensivierung der Elternarbeit bei auftretenden Störungen ist nachvollziehbar und legitim, solange Lehrpersonen auch ihren eigenen möglichen Beitrag in Betracht ziehen.[100] Lehrpersonen haben ein Recht darauf, grundsätzlich von Eltern und Erziehungsberechtigten bei ihrer oft nicht einfachen Aufgabe unterstützt zu werden. Dieses Recht müssen sie heute einfordern, gerade weil Unterrichten in gewisser Hinsicht schwieriger geworden ist. Die noch 1950 oder 1960 festzustellende elterliche Bevorzugung von Erziehungswerten wie Gehorsam, Pflichterfüllung und Anstand ist zurückgegangen. Ins Zentrum getreten sind Erziehungsziele wie Selbstständigkeit, Mündigkeit, Selbstbewusstsein und Kreativität. Erziehung in der Familie ist anspruchsvoller geworden, jede Entscheidung steht zur Diskussion und muss ausgehandelt werden. Eine Folge für die Schule und die unterrichtenden Lehrpersonen ist, dass Erziehung auch für sie anspruchsvoller und konfliktanfälliger geworden ist. Sie können nicht mehr wie vor 40 oder 50 Jahren auf einem in der Familie angelegten Wertkodex aufbauen, sondern sie müssen selber ein Fundament an Werten errichten, das für sie, für ihr Schulzimmer sowie für ihr ganzes Schulhaus gelten soll. Die Errichtung dieses Fundamentes erfordert eine große persönliche Überzeugungskraft sowie tagtäglich zu leistende Geduldsarbeit. Gefordert sind aktive, auf die Eltern zugehende Lehrpersonen. Das Berner Forschungsprojekt

100 NEUENSCHWANDER et al. (2005, S. 34) weisen darauf hin, dass im Zusammenhang mit dem «Stellenwert der Eltern für das Entstehen von Unterrichtsstörungen» Forschungsbedarf bestehe (vgl. dazu auch FUHRER 2005, S. 278 ff.).

«Jetzt nicht, Schatz. Mama und Papa bilden sich gerade weiter…»

(Neuenschwander et al. 2005, S. 252 f.) weist auf zentrale Merkpunkte für jede gelingende Elternarbeit hin:

> Die Schulakzeptanz wird durch die Eltern insbesondere dann hoch eingeschätzt, wenn sie den Eindruck haben, sie seien informiert. Es zeigte sich, dass den Eltern die Informiertheit über Beurteilung, Übertritt und Schule wichtiger ist als die Informiertheit über das Verhalten der Lehrperson und die Situation im Unterricht [...]. Besonders wichtig ist den Eltern die Information über die Beurteilung und über das Übertrittsverfahren.

Aus pädagogischer und lernpsychologischer Sicht ist zudem wichtig, Eltern an einem Informationsabend zu erklären, wie sie ihr Kind unterstützen können und wie nicht. Im Zusammenhang mit den Hausaufgaben – sie sind aus wissenschaftlicher Sicht umstritten – spielen sich manchmal häusliche Dramen ab. Schülerinnen und Schüler sollten ihre Aufgaben alleine lösen können. Wichtig ist, dass sich Eltern und Erziehungsberechtigte für die schulischen Lerninhalte ihrer Kinder und Jugendlichen interessieren. Es ist zudem sinnvoll, dass Lehrpersonen den Eltern erklären, welche Regeln, eventuell sogar welche Strafen bei ihnen warum gelten. Wenn Eltern oder Erziehungsberechtigte mit einer pädagogischen Maßnahme der Lehrperson ihres Kindes nicht einverstanden sind oder diese nicht verstehen – in demokratischen Gesellschaften kommt dies natürlich vor –, sollen sie direkt zur Lehrperson gehen und nachfragen. Nichts untergräbt die Autorität der Lehrpersonen mehr als Eltern, welche ihren Kindern gegenüber über die Lehrpersonen herziehen, ohne mit diesen vorher das direkte Gespräch gesucht zu haben.[101]

---

101 Ein Schulleiter aus dem Kanton Baselland schilderte 2004 dazu folgendes Beispiel aus seiner Schule: «Wichtig ist auch, dass den Eltern bewusst ist, dass sie bei Zweifelsfällen der Schule und ihren Lehrkräften einen miserablen Dienst erweisen, wenn sie einfach von vorneherein Partei für ihr Kind ergreifen. Als Beispiel möchte ich eine Situation aus unserer Schule schildern: Eine Lehrerin hat einem Kind eine Strafe erteilt. Es muss zu Hause eine Seite schreiben. Am andern Tag kommt das Kind mit einem leeren Blatt und einem Kommentar der Eltern: ‹Wir finden diese Strafe übertrieben. Das Vergehen unseres Kindes war nicht so schwer, deshalb haben wir ihm gesagt, es müsse diese Strafseite nicht schreiben.› Wohlverstanden – ohne Rücksprache mit der Lehrerin. Auf diese Weise werden sämtliche Erziehungsbemühungen der Lehrkräfte im Keime erstickt. Ganz zu schweigen vom Autoritätsverlust!» (Schulleiter F. St.)

Auch solche Fragen gehören heute zur Elternarbeit oder zur allgemeinen Information der Eltern, damit diese die Lehrperson ihres Kindes in ihrer Schulführung optimal unterstützen können.[102] Wenn Informationen nicht alle Kinder oder nicht alle Eltern betreffen, muss dem unbedingt Rechnung getragen werden. Gerade Unterrichtsstörungen werden häufig von einzelnen Schülerinnen und Schülern verursacht, die möglichst direkt angesprochen werden müssen. Lehrpersonen müssen darauf achten, dass sie ihre eventuell schlechte Laune wegen einzelner «Übeltäter» nicht an der ganzen Klasse auslassen.

Wie individuell der Kontakt der Lehrperson mit Eltern eines nicht ganz «einfachen» Kindes verlaufen kann oder sogar muss, ist in Anhang 9 exemplarisch dargestellt.

102 Forschungen zeigen, dass diese Unterstützung wiederum dem eigenen Kinde zugutekommt.

Strafen? 8

In Kapitel 7.3.1 sind «Strafen und Sanktionen» als 13. Reaktionsweise genannt worden, als «letzte Antworten auf meistens längere Unterrichtsstörungen». Wie versprochen, ist dem Problem der Strafe angesichts seiner Komplexität das ganze Kapitel 8 gewidmet.

Zur fragwürdigen Aktualität der Strafe 8.1

Am 3. August 2007 fragte der Zürcher «Tages-Anzeiger» seine Leserinnen und Leser: «Bringen härtere Strafen wirklich mehr Disziplin in die Schulen?» 453 Teilnehmerinnen und Teilnehmer stimmten ab, 55,0% antworteten mit «Ja». Diese Befürwortung härterer Strafen – auch wenn diese Befragung nicht repräsentativ war – verwundert nicht. Sie drückt ein weitverbreitetes Unbehagen aus, das das deutsche Magazin «Focus» in seiner Nummer 26/2006 (S. 43; kursive Hervorhebung im Original) so in Worte fasste: «*Ein Befreiungsschlag muss her* in der schier endlosen Erziehungsdebatte über haltlose Kinder und ratlose Eltern, einer Debatte, in der sich Jammern über Werteverlust, Emanzipationskritik und Medienschelte vermengen zu einer trüben Melange, in der keiner mehr durchblickt.» Die Strafe als «Befreiungsschlag»?

Hinterließ vor 40 Jahren ein Kind oder eine Jugendliche einen Abfallberg, so reagierten Menschen der nächsten Umgebung mit Zurechtweisungen. Heute besteht eine Tendenz, nach der Polizei oder nach Bußen zu rufen. Der öffentliche «Druck» auf unordentliche «Missetäter» hat nachgelassen, von Lehrpersonen wird allerdings weiterhin erwartet, dass sie «Druck» auf unordentliche Schülerinnen und Schüler ausüben. Der St. Galler Jurist Niklaus Oberholzer sieht einen Zusammenhang zwischen der Verunsicherung der Gesellschaft und dem Bedürfnis, etwas gegen die überall lauernden Gefahren zu tun, er meint: «Globalisierung, Wirtschaftskrise oder Klimaerwärmung sind Bedrohungen ohne klare Schuldige und ohne Möglichkeit, Konkretes zu unternehmen. Gegen Verbrechen lässt sich dagegen mit einfachen Mitteln vermeintlich etwas tun.»[103] Am Straftäter, dem Inbegriff des «Bösen», lasse sich exemplarisch und stellvertretend das Unsicherheitsgefühl abreagieren.

Auch in der Pädagogik wird das Thema der Strafe wieder entdeckt. So titelte die Berner Fachzeitschrift «Schulpraxis» ihre Nummer 1/2009 mit «*Strafen* – Bis hierher und nicht weiter» (kursive Hervorhebung im Original) und meint damit, jede Gesellschaft müsse darauf achten, dass ihre Regeln eingehalten werden. Um praktische Wege aufzuzeigen, haben Barbara Jaglarz und Georg Bemmerlein 2006 einen «Bußgeldkatalog» mit «68 originelle[n] Zusatzaufgaben bei Regelverstößen» verfasst. Ihre «Zusatzaufgaben bieten dem Klassenlehrer, Fachlehrer oder Schulleiter neue und zusätzliche Möglichkeiten, passend und originell auf Regelverstöße während des Schullebens innerhalb und außerhalb des Unterrichts zu reagieren» (Jaglarz/Bemmerlein 2006, S. 4). Bernhard Bueb (2006, S. 107) hält Strafen für unentbehrlich. Wer gerecht erziehen wolle, müsse bereit sein zu strafen: «Recht und Ordnung lassen sich in menschlichen Gemeinwesen nicht ohne Strafen aufrechterhalten. Daran zweifelt niemand. In der Welt der Pädagogik verbreitete sich jedoch seit Beginn des 20. Jahrhunderts die Auffassung, dass Erziehung ohne Strafen auskommen sollte.» Anscheinend zweifelt doch jemand an der Notwendigkeit von «Strafen». Und das ist auch gut so. Gerade auf dem Feld der Strafen sollten Pädagoginnen und Pädagogen selber ihren Weg finden, ohne sich zu rasch durch Dogmen oder Zeitgeistströmungen beeinflussen oder beeindrucken zu lassen. Eine sich antinomisch verstehende Pädagogik (vgl. Rüedi 2002, S. 165 ff.) hütet sich vor zu raschen Positionsbezügen beim Thema Strafen in der Schule und mutet dem Individuum die Erarbeitung einer eigenen Position zu. Diese persönliche Auseinandersetzung lohnt sich. Sie beginnt beim Nachvollziehen der althergebrachten Begründungen der Strafe in der Geschichte der Pädagogik und leitet so zur Frage über: Welches Menschen- und Weltbild begründete Strafen früher?

---

103 Niklaus Oberholzer in einem Interview mit dem «Tages-Anzeiger», Zürich vom 3. Dezember 2008, S. 5.

Zur Begründung der Strafe vom 17. bis 20. Jahrhundert 8.2

Während Jahrhunderten behandelten Gesellschaften Straftäter und Straftäterinnen nicht zimperlich, sondern ahndeten deren Verfehlungen mit dem Pranger, mit Peitschenhieben oder gar dem Abhacken von Fingern oder Ohren. Bei schwereren Delikten war das zur Anwendung kommende Strafrepertoire drastisch: So war es verbreitet, einem Verbrecher die Zunge herauszuschneiden, Delinquenten zu rädern, zu ertränken oder zu verbrennen. Schulkinder waren von solchen Strafen nicht ausgenommen. Auf alten Abbildungen von Schule und Unterricht waren häufig prügelnde oder strafende Lehrer zu sehen. So hat der schwäbische Schulmeister Johann Jacob Häberle im Laufe seiner 51-jährigen Amtszeit 911527 Stockhiebe, 124010 Rutenhiebe, und 20939 «Pfötchen» und Hiebe mit dem Lineal ausgeteilt. Dazu kamen unter anderem 7905 Ohrfeigen, 1158800 «Kopfnüsse» und 22763 «Notabene» (Denkzettel) mit Bibel, Katechismus, Gesangbuch (!) und Grammatik (vgl. Borgius 1981, S. 44).

> Der Schulmann Balthasar Schuppius (1610–1661; Professor der Geschichte und der Beredsamkeit) bezeichnete in seiner Schrift «Der deutsche Lehrmeister» die Schulen als ‹*privilegierte Mördergruben*, wo die Kinder noch sehr glücklich sind, wenn sie mit heilen Beinen herauskommen› […], und der bekannte Pädagoge Samuel Heinicke, Schöpfer des Taubstummenunterrichts, ruft aus: «Wenn ich einen *Hund* hätte, den ich liebte, würde ich ihn diesen *Bestien* nicht untergeben, geschweige denn einen Sohn […]». Und es ist Bracken gern zu glauben, wenn er erklärt: «Die Fälle, die wir angeführt haben, sind nicht Einzelvorkommnisse. Man kann sie beliebig vermehren. In Geschichtswerken, Biographien, Schulordnungen und Akten liegt noch eine Unmenge von Nachrichten über die *barbarische Schulzucht* der vergangenen Jahrhunderte.» (Borgius 1981, S. 44; kursive Hervorhebungen im Original).

Die Liste der Schulstrafen ließe sich beliebig verlängern, sie waren zudem, so Gelzer (2006, S. 4), an lokale Traditionen geknüpft:

> Der schweizerische Atlas der Volkskunde widmete in seiner Ausgabe 1956 eine Doppelseite dem Thema Schulstrafen. Während körperliche Züchtigungen, Strafaufgaben und Arrest [Nachsitzen; Anm. des Verlags] in der ganzen Schweiz verbreitet waren, kamen Strafen wie auf der Schandbank sitzen, eine Eselskappe tragen, ein Lineal im Mund halten oder etwa auf einem besonderen Gegenstand knien nur in bestimmten Regionen vor.

«Hääh …?»

Begründet wurden die Strafen damit, dass nur so der absolute Gehorsam, das wichtigste Erziehungsziel der damaligen Zeiten, möglich werde:

> Strafen dienen dazu, diesen Gehorsam in der Schule und in der Familie und damit eine straffe Disziplin zu erreichen. Strafen wird dabei nicht als lustvolle Tätigkeit, sondern als notwendiges Übel, das den Erzieher schmerzt, beschrieben. Interessant ist auch, dass Mütter als untauglich zur Erziehung beschrieben werden, als zu weich und zu nachgiebig. (Gelzer 2006, S. 3).

Der evangelische Theologe, Pädagoge und Kirchenlieddichter August Hermann Francke (1663–1727) begründete die christliche Zucht sowie die Bestrafung der Kinder auch mit dem Gebot Gottes. «Wer sein Kind liebt, der züchtigt es» – so heißt es in den Sprüchen Salomos in der Bibel. Züchtigung und Strafen in der Schule setzten sich bis in die Neuzeit fort. Engelmayer begründete die Notwendigkeit der Strafe 1956 damit, dass eine straffreie Pädagogik das heilsame Gleichgewicht störe:

> Man sollte sich darüber klar sein, dass das Versagen, die Vereitelung, der Schmerz ebenso unentbehrliche Faktoren der gesunden Persönlichkeitsausformung sind wie der Lohn. Ohne sie gibt es weder gelungene Anpassung

> noch echte Gewissensbildung […]. Richtige Strafe weckt Selbsterkenntnis und entsühnt, indem sie dem verletzten Rechtsempfinden Genüge tut […]. Schule oder Familie ohne Strafe kultiviert ein Pseudoleben; das Kind wird dann eines Tages in das wirkliche Leben entlassen, dessen Härte und Frische es nicht gewachsen ist und von dessen «Notwendigkeiten» es nie gelernt hat, sich führen zu lassen. (ENGELMAYER 1956, S. 195).

Noch 1967 leitete das Handbuch zur «Pädagogik der Strafe» die «Notwendigkeit von Strafe» aus dem «Wesen der Strafe» ab (vgl. BASTIAN 1995, S. 21). Strafen galten zu Beginn der 1960er-Jahre mehrheitlich als legitime Möglichkeiten zur Höherentwicklung des Menschen, als gezielt anzuwendende pädagogische Kunst. Falsches oder bedenkliches Strafen sollte vermieden werden, aber Strafen an sich wurden mehrheitlich verteidigt und begründet. Mit welcher Selbstverständlichkeit noch in der Schule von 1960 geschlagen und gestraft wurde, schildert der Berner Lehrer Res THEILER in Anhang 2.[104]

Zur Kritik an der Strafe im 20. Jahrhundert[105] 8.3

Im 19. Jahrhundert – vereinzelt auch schon früher, zum Beispiel bei Erasmus VON ROTTERDAM – ertönten erste kritische Einwände gegenüber der Körperstrafe, vor allem wenn diese die Gesundheit des Schülers oder der Schülerin

---

104 THEILER schreibt dort unter anderem: «Ich hatte, als doch noch recht scheuer Neunzehnjähriger, eine Gruppe Achtklässlerinnen im Mädchenturnen zu unterrichten; und das in einem der damals verrufenen Quartiere von Bern. Gar keine leichte Aufgabe! Der Lehrer, welcher normalerweise dieses Fach unterrichtete, erklärte sich bereit, während der ganzen Zeit anwesend zu sein, um mir in schwierigen Situationen Unterstützung zu geben. Gesagt, getan, noch während der ersten Viertelstunde, als ein Mädchen sich besonders affig anstellte und ich nicht mehr weiter wusste, marschierte er seelenruhig in die Halle hinein, versetzte dem Mädchen einen regelrechten Fußtritt ins Hinterteil und ging gemütlich wieder zurück. Niemand – außer mir – wunderte sich! Der Betrieb lief nachher ganz gut, und am Ende der Stunde meinte mein Kollege nur: ‹Du musst sie auf eine Weise behandeln, die sie gewohnt sind und gut verstehen.›»

105 Dieser Abschnitt zur Strafe stützt sich teilweise auf meinen Artikel: «Respekt erzwingen – durch Strafen?», erschienen in der Zeitschrift Pädagogik 2/2008, Seiten 22–25.

beeinträchtigte. Nach dem «Preußischen Allgemeinen Landrecht» von 1794 durfte beispielsweise die Schulzucht niemals bis zu Misshandlungen ausgedehnt werden. Thüringen verbot 1923 die körperliche Züchtigung, 1933 wurde sie in Deutschland an allen Schulen von den Nationalsozialisten allerdings wieder eingeführt. Nach dem Zweiten Weltkrieg vollzog sich ein schrittweiser Wandel, der in den deutschsprachigen Ländern zu einem verbreiteten Verbot der Körperstrafe in der Schule führte. Eine große Rolle in diesem Prozess spielte die Studentenbewegung von 1968. Vehement wandte sie sich gegen die Selbstverständlichkeit, mit der die Strafe vorher legitimiert wurde:

> Die radikale Abwendung fand ihren Ausdruck in der Abwendung von «Autorität», «Strafe» und «Gehorsam» – als Buch und Filmtitel von Gerhard Bott 1971 zugespitzt in seinem Plädoyer für eine «Erziehung zum Ungehorsam». Vielleicht gab es ja keine andere, bessere Möglichkeit, aus diesem Selbstverständnis einer Pädagogik radikal auszusteigen und sich frei zu machen für die Suche nach neuen Formen. (Bastian 1995, S. 25).

In den 1970er-Jahren unterstützten viele Fachleute die Kritik an Strafen, indem sie auf deren Nachteile hinwiesen, zum Beispiel Tausch und Tausch. Für sie unterstützen folgende Gründe die Auffassung,

> in Erziehung und Unterrichtung keine Verhaltensänderungen durch sogenannte Bestrafungen anzustreben:
>
> - Strafende Erzieher sind keine angemessenen Modelle sozialen Verhaltens, sondern Modelle für Aggression, für Gebrauch von Gewalt, für Geringschätzung der Würde von Menschen, für unsoziales Verhalten, für geringe Selbstkontrolle, Quälereien oder gar Sadismus. [...]
> - Bestrafungen lenken häufig Beachtung und Aufmerksamkeit anderer anwesender Jugendlicher, so z. B. der übrigen Schüler der Klasse, auf das unangemessene Verhalten, ebenso wie sie die Beachtung des bestraften Jugendlichen selbst darauf lenken. Man kann annehmen, dass diese Beachtung zugleich eine gewisse Verstärkung des unangemessenen Verhaltens bewirkt.
> - Strafen führen meist zu einer Verschlechterung des emotionalen und sozialen Beziehungsverhältnisses zwischen Erziehern und Jugendlichen.
> - Strafen vermindern die Selbstachtung von Jugendlichen und verstärken ungünstige Elemente ihres Selbstkonzeptes.
> - Strafen führen meist nicht zu einer Auslöschung unangemessener Verhaltensweisen, sondern sie unterbinden nur ihre Realisierung. [...]

- Wenn einem Individuum keine Änderung seines Verhaltens möglich ist, so beispielsweise einem Schüler mit geringen Schulleistungen bei geringer Intelligenz, so kann Bestrafung zu verstärkter Angst und zu verminderter Kontrolle des Verhaltens führen.
- Strafendes Verhalten scheint bei den bestraften Personen mit größerer Wahrscheinlichkeit eine Erhöhung ihrer Rigidität und eine Verminderung ihrer Flexibilität und Kreativität zu bewirken. (TAUSCH und TAUSCH 1973, S. 109 f.).

Diese sieben Argumente *gegen* Strafe fassen den Tenor vieler Stimmen aus den 1970er-Jahren zusammen. Die Stimmung hatte sich innerhalb von 10, 15 Jahren geändert, von der «Notwendigkeit der Strafe» zur «Fragwürdigkeit der Strafe» könnte der Umschwung bezeichnet werden. Damit gingen große Zweifel einher, ob mit Strafen wünschenswerte Einstellungen wie Respekt oder Toleranz wirklich zu fördern seien. Den strafenden Lehrpersonen war es nicht wohl in ihrer Haut: «Generell fühle ich mich bei Strafen unwohl. Ich tue es nur, wenn mir der Gaul durchgeht.» – «Wenn ich SchülerInnen bestrafe, fühle ich mich auch selbst bestraft; ich habe mich unter Druck gesetzt, oft gegen meine Überzeugung gehandelt, war ungeduldig, rigide, [...]» – «Wenn ich genau hinschaue, dann entdecke ich in mir als strafende Person meinen strafenden Vater, meine strafende Mutter, strafende Freundinnen / Freunde.»

Diese Lehreraussagen (aus: MILLER 1995, S. 43) veranschaulichen das Dilemma vieler Lehrkräfte bis heute, wenn sie an Strafen denken. Sie empfinden damit persönliches Versagen, gegen die eigene Überzeugung gehandelt zu haben. Bernhard BUEB (2006) hingegen zählt Strafen explizit zu seinen eigenen pädagogischen Überzeugungen. Er argumentiert mit der Sicherheit des erfahrenen Schulleiters, der die Bilanz seines beruflichen Lebens zieht. Dem Thema Strafe widmet er ein eigenes Kapitel mit der Überschrift: «Wer gerecht erziehen will, muss bereit sein zu strafen.» Ruhe und Ordnung ließen sich «in menschlichen Gemeinschaften nicht ohne Strafen aufrechterhalten. Daran zweifelt niemand.» (BUEB 2006, S. 107). BUEB fährt fort (2006, S. 114): «Im Übrigen müssen wir zugestehen, dass eine Erziehung ohne Strafen Erwachsene und Schüler überfordert.»

Aber stimmen diese Behauptungen eigentlich? Strafen alle Pädagoginnen und Pädagogen heute? Und wenn sie nicht strafen, sind sie dann – wie BUEB behauptet – überfordert und nicht fähig zu erziehen? Diesen Fragen geht der folgende Abschnitt nach.

8.4 Jede Lehrperson muss ihren eigenen Weg finden

Die Frage, ob niemand an der Notwendigkeit der Strafe in der Erziehung zweifelt, bedarf der empirischen Beantwortung, das heißt, wir müssen zuerst einmal Lehrpersonen fragen. In den Jahren 2005 und 2006 wurden 41 Lehrpersonen in der Nordwestschweiz gefragt, wie sie zu Strafen stehen. Diese Antworten fallen wesentlich differenzierter aus, als es nach BUEBS Kapitel zum Thema Strafe erwartet werden mag. Natürlich wenden viele Lehrpersonen Strafen an, aber ihre Begründungen fallen viel nachdenklicher aus als bei BUEB. So antwortet zum Beispiel die Grundschullehrerin W. mit elf Jahren Praxis 2005 auf die Frage, ob sie strafe:

> Ich finde Strafen schwierig und gebrauche sie auch wenig, weil ich die Erfahrung gemacht habe, dass Strafen nicht dazu beitragen, das Verhalten eines Schülers zu ändern. Er erledigt zwar die Strafe, aber das Verhalten bleibt in der Regel dasselbe.

Diese Lehrerin geht somit davon aus, dass mit Strafen keine wirklichen Einstellungsänderungen wie mehr Respekt oder größere Einsicht zu erzielen sind.

Solche nachdenklichen Reflexionen zur längerfristigen Wirkung von Strafen fehlen bei BUEB, der so von deren Notwendigkeit überzeugt ist, dass sich für ihn die Frage nach ihren realen Auswirkungen erübrigt. Ebenso wenig interessiert er sich für die pädagogische Fachliteratur, die sich zum Beispiel kritisch mit dem Thema Strafe auseinandersetzt (vgl. zum Beispiel LANIG 2004, S. 15 ff.). Hier zeigt sich ein dogmatischer Zug bei BUEB, der ihn daran hindert, den tatsächlichen Wirkungen von Strafen nachzuforschen: Es kann nicht sein, was nicht sein darf. Tragisch wirkt sich diese Dogmatik beispielsweise aus, wenn BUEB den Eltern den Ratschlag gibt: «Wenn Geschwister sich streiten, sollen die Eltern den, der unrecht hat, bestrafen. Sonst taugt die ganze Rechtsprechung nichts.» (BUEB 2006, S. 123). Wie wenn es in der Erziehung stets so einfach wäre zu erkennen, wer unrecht hat. Die Frage, *warum* ein Geschwister sogenannt Unrechtes tut, gehört zu den wichtigsten und unerlässlichsten in der Erziehung. Ohne diese selbstkritische Nachfrage gibt es kein Verstehen von Geschwisterkonflikten. FRICK (2006, S. 158 f.) berichtet zum Beispiel von einem vierjährigen Mädchen, das aus massiven Eifersuchtsgefühlen seine kleine Schwester aus dem Fenster werfen und sie mit Desinfektionsmitteln füttern wollte. Dieses Mädchen zu bestrafen, weil es «unrecht hat», würde nur dessen Gefühle von Benachteiligung und

Eifersucht verstärken, ohne ihm und seiner Schwester zu helfen. Der nächste Angriff wäre programmiert, was, wie wir aus der Geschichte von Kain und Abel wissen, tragisch enden kann. Diese kritische Haltung sich selber und dem eigenen pädagogischen (Straf-) Verhalten gegenüber ist von größter Bedeutung, wenn Lehrpersonen weiter lernen und sich gerade der von Bueb postulierten Gerechtigkeit annähern wollen. Gerechtigkeit oder vielleicht vorsichtiger formuliert die Annäherung an einen gerechten Umgang hängt entscheidend davon ab, ob sich die Pädagogin in das Kind, in den Jugendlichen und seine Motive, Ziele und persönlichen Beweggründe einfühlen kann. Buebs Postulat, wer gerecht erziehen wolle, müsse bereit sein zu strafen, läuft auf ein Denk- und Nachforschverbot hinaus und ruft zum Strafen auf, ohne sich einen eigenen Standpunkt dazu zu erarbeiten. Lehrpersonen müssen sich mit dem Sinn, den Wirkungen und Folgen ihres Strafverhaltens auseinandersetzen. Das ist gerade der Auftrag des reflektierenden Praktikers, der reflektierenden Praktikerin, sich die Auswirkungen des eigenen pädagogischen Verhaltens immer wieder vor Augen zu führen und dann zu entscheiden, wie die zukünftigen pädagogischen Konsequenzen aussehen sollen. Am Beispiel einer sensiblen Beobachtung der Studentin C. St. soll die Notwendigkeit des eigenen Nachforschens, der eigenen Reflexion verdeutlicht werden. Diese Studentin hielt in ihrem Lerntagebuch zum zweiten Praktikum 2005 folgende Beobachtung fest:

> Rico ist ein unruhiger Junge voller Energie. Im Unterricht fällt er durch seine ständigen Bewegungen, durch lautes Schwatzen und freche Bemerkungen auf. Die Lehrerin reagiert auf sein Verhalten mit Strafen. Rico muss dann ein kleines Tierbild abgeben, wenn er drei Tierbilder abgegeben hat, muss er eine Seite schreiben.[106] Beispielsweise: «Ich darf im Gang nicht rennen. Ich darf im Gang nicht rennen. ...» Rico provoziert immer mehr, die Lehrerin straft härter, was seine Unbefriedigung noch verstärkt. Seine zum Stören führende Motivation bleibt erhalten, da sie nicht gesättigt wird. Der Druck der Lehrerin und die Unbefriedigung des Schülers durch seine ständigen Niederlagen nehmen stetig zu und die Situation verhärtet sich zunehmend. Das persönliche Verhältnis zwischen Rico und der Lehrerin ist belastet, was eine langfristige Lösung verunmöglicht.

106 Anmerkung des Autors: Dies ist eine interessante Variante zur herkömmlichen Strafe: Das Kind wird so sichtbar mehrmals gewarnt, bevor die Strafe ausgesprochen wird. Vgl. dazu Anhang 8.

«Gewalt ist keine Lösung …!»

In einer solchen Situation dogmatisch bei der Strafe zu bleiben, ohne die Hintergründe dieses Teufelskreises zu analysieren, ist für alle Betroffenen kontraproduktiv. Das persönliche Verhältnis zwischen Rico und seiner Lehrerin bleibt «belastet», wie C. St. analysiert, ja die Belastung wird für beide immer größer. Notwendig wären eine sachliche Analyse sowie eine neue Beurteilung: Eine solche Situation zu analysieren, ist eine Fundgrube für die «reflektierende Praktikerin» (vgl. Kapitel 4.1). «Unser Kopf ist rund, damit das Denken seine Richtung ändern kann.», formulierte der französische Schriftsteller, Maler und Grafiker Francis Picabia. Eine genaue Analyse der eigenen Strafpraktik ist gerade darum besonders wichtig, weil ihr Misslingen verheerende Folgen nach sich ziehen kann, Verletzungen auf der Seite des bestraften Schülers Rico zum Beispiel, Ermüdungs- und Verhärtungsfolgen auf der Seite der Lehrerin. Diese würde besser daran tun, Rico einmal zu einem ruhigen Gespräch unter vier Augen einzuladen und ihn zu fragen: «Was läuft eigentlich zwischen uns genau ab? Ich bin nicht zufrieden mit deinem Schwatzen und deinen frechen Bemerkungen, du hast vielleicht den Eindruck, dass ich etwas gegen dich habe ... So wie bisher kommen wir nicht vorwärts. Wie siehst du die Situation? Was schlägst du zur Verbesserung vor?» Bei Rico würde sich der Versuch einer solch kooperativen Strategie lohnen, nachdem die Lehrerin bisher einseitig auf Strafen gesetzt hatte, dies aber offensichtlich eine «langfristige Lösung» verunmöglichte. Dass Strafen oft «zu einer Verschlechterung des emotionalen und sozialen Beziehungsverhältnisses zwischen Erziehern und Jugendlichen» (Tausch und Tausch 1973, S. 110) führen, ist vielfach belegt. Darum ist hier die sensible persönliche Einstellung der Lehrperson, ihre Reflexion der eigenen pädagogischen Praxis von besonderer Bedeutung. Dieser Prozess des Nachforschens kann auch über Jahre dauern, bis die jeweilige Lehrperson eine Lösung gefunden hat, die für sie stimmt. Wie so ein persönlicher, mehrere Jahre dauernder Forschungsprozess aussehen kann, wird in Abschnitt 8.5 anhand des Beispiels der Unterstufenlehrerin C.[107] veranschaulicht.

107 Lehrerin C. ist eine erfahrene Lehrerin auf der Unterstufe (1., 2. und 3. Klasse); sie unterrichtete zum Zeitpunkt dieses Berichts – er entstand 2006 – seit rund 20 Jahren im Kanton Solothurn.

8.5 Auf der Suche nach dem eigenen Strafverständnis

Lehrerin C. verteilte viele Jahre lang Strafen. Wenn immer sie strafte, fühlte sie «weder Erleichterung noch Befriedigung, sondern da war immer die Gewissheit, als Lehrperson nicht pädagogisch, sondern hilflos gehandelt zu haben».

Auf ihre Biografie zurückblickend, kommen ihr folgende Begebenheiten aus der eigenen Schulzeit in den Sinn:

> Ich erinnere mich daran, wie mein Kinderherz klopfte, als der Lehrer durchs Klassenzimmer schrie, auch wenn das Geschrei nicht mir galt. Ich erinnere mich, wie ein Schulkamerad, ein Bauernkind, das einen langen Schulweg hatte, im Klassenzimmer vor Angst in die Hose machte und unter dem Hohn des Lehrers, so gut es ging, vor den Augen von uns anderen den Boden aufwischte. Aufgrund meiner Erfahrungen als Lehrperson und als Schulkind wage ich die Frage zu stellen: Hat jemals ein Kind aus Demütigung und Machtdemonstration gelernt, sich verantwortungsbewusst und solidarisch im Klassenverband zu verhalten? Wurde jemals durch Strafe der herkömmlichen Art ein Kind zu mehr Selbstvertrauen und Selbstakzeptanz geführt und damit zu einem sozial- und selbstkompetenten Umgang mit sich und den anderen?

Wer diese Fragen so stellt, hat sich bereits von der Überzeugung verabschiedet, dass Kinder den «Respektspersonen» Autorität und Achtung schulden, nur weil sie einige Jahre jünger sind. Selbstkritisch blickt Lehrerin C. auf ihre ersten Berufsjahre zurück und beschreibt ihre frühen Versuche, Disziplin zu schaffen, so:

> Wir alle wissen […], dass die heutigen Schulkinder ganz andere Vorteile, aber auch Herausforderungen haben als unsere Generation. Dennoch ist man als Lehrperson immer wieder versucht, scheinbar «Altbewährtes» zu Hilfe zu nehmen, um Schwierigkeiten mit Schulkindern vom Tisch zu schaffen.

Zum scheinbar «Altbewährten» zählt sie die Strafe, die sie jahrelang anwandte, ohne dabei ein gutes Gefühl zu haben: «Ehrlich gesagt hatte ich nie den Eindruck, dass diese Strafmaßnahmen eine echte Verbesserung des Fehlverhaltens zur Folge hatten.»

Heute straft sie nicht mehr, für sie brauchen «Kinder von heute […] vor allem vier Dinge von ihrer Lehrperson:

1. Vermittlung von Lebensfreude und Optimismus
2. klare Zielorientierung im Unterricht
3. eine freundliche, liebevolle Grundhaltung
4. und Konsequenz».

Das Wichtigste ist für Lehrerin C., den Kindern wie auch deren Eltern deutlich zu machen, welche Folgen ihre Handlungen oder ihre Unterlassungen haben, und zwar für sie selber wie für die Schulkameraden und die Lehrpersonen. Am besten gelingt ihr diese Verdeutlichung der Folgen des eigenen Tuns und Lassens im Einzelgespräch. Wenn ein Kind sich nämlich nicht an die Regeln hält, zum Beispiel seine Hausaufgaben nicht löst, dann hat es auf den folgenden Tag zwei Hausaufgaben zu erledigen, diejenige von gestern und diejenige von heute. So verdeutlicht Lehrerin C. dem Kind die Notwendigkeit, sich an die Klassenregeln zu halten. Ein solches Einzelgespräch eröffnet viel mehr Möglichkeiten als ein kurzer Paukenschlag, wie ihn eine Strafe metaphorisch gesprochen darstellt. Ein Paukenschlag kann in gewissen Situationen sinnvoll, ja notwendig sein, aber der Weg der Veränderung ist damit noch nicht gegangen. Einzelgespräche können Etappen auf einem längeren Weg sein. Sie können Lehrpersonen zum Beispiel dazu verhelfen, die Hintergründe zu erfahren, warum ein Kind die Hausaufgaben nicht gelöst hat oder vielleicht, genauer gesprochen, nicht lösen konnte. Strafende Lehrpersonen verbauen sich oft den Weg des weiteren Nachforschens, die Verhältnisse sind für sie so klar, dass sich weitere Nachfragen erübrigen. Andrerseits zeigt vielleicht gerade die interessierte und geduldige Nachfrage der Lehrerin: «Marcel, warum konntest du deine Hausaufgaben nicht lösen?» dem betreffenden Kind, dass es respektiert und geachtet wird, dass sich die Lehrerin für seine Lernschritte interessiert. Im Einzelgespräch können eben ganz verschiedene Zielsetzungen gleichzeitig oder zumindest nacheinander verfolgt werden:

- Die Lehrperson kann Hintergründe erfahren.
- Sie kann zugleich unterstützende, ermutigende oder aufklärend-orientierende Hinweise mitgeben.
- Sie kann mit dem Kind einen Zeitpunkt abmachen, zu dem es erzählen kann, wie es zum Beispiel mit den Hausaufgaben ging.
- Sie kann so Zielvorgaben machen und gleichzeitig zu deren Erreichung anleiten und ermutigen.

Ein weiterer Vorteil ist für Lehrerin C. die Schonung der Klasse, indem diese nicht miterleben muss, wie die Lehrperson sich den sogenannt «nötigen Respekt» verschafft oder das Kind bestraft. Damit wird auch die Gefahr ausgeschaltet, die TAUSCH und TAUSCH das Lenken der «Beachtung und Aufmerksamkeit anderer anwesender Jugendlicher, so z.B. der übrigen Schüler der Klasse, auf das unangemessene Verhalten» (TAUSCH/TAUSCH 1973, S.110) nennen.

Wenn Einzelgespräche nicht ausreichen, um die gewünschte Verhaltensänderung herbeizuführen, nimmt Lehrerin C. Kontakt mit den Eltern bzw. den Erziehungsberechtigten auf, um mit ihnen die Situation zu besprechen. Wichtig findet sie bei diesen Kontaktaufnahmen eine gelassene Haltung,

> getragen von der Überzeugung, dass es dem Kind hilft, sich an bestimmte Normen zu halten, und dass ich als Lehrperson dazu da bin, ihm den Weg dorthin zu erleichtern. Ebenso ist es von Bedeutung, den Eltern Hinweise zu geben, wie sie ihr Kind unterstützen könnten, z.B. nachfragen: «Wie war's denn heute in der Schule? Hast du viele Hausaufgaben? Kommst du gut zurecht? ...» Sehr häufig hat man auf diese Weise in den Eltern bereits Verbündete gewonnen, welche sich bemühen, ihrem Kind das korrekte Verhalten zu erklären und ihm beim Erreichen desselben die nötige Unterstützung zu geben.

Die Lehrerin C. zieht folgendes Fazit:

> Ich habe für alle Beteiligten nur Vorteile eruieren können:
>
> - Kinder, welche keine Disziplinar-Schwierigkeiten zeigen, bleiben von den Diskussionen zur Durchsetzung der Disziplin verschont.
> - Der Unterricht wird nicht davon beeinträchtigt und bleibt effizient.
> - Betroffene Eltern und Kinder werden in einem diskreten Rahmen angesprochen und gefördert.
> - Die Disziplinierung hat eine Nebenrolle. Sie ist Mittel zum Zweck.
> - Der Zeitaufwand ist sogar geringer als zu früheren Zeiten, da eben Kinder von Grund auf bemüht sind, ihre Sache gut zu machen.

Diese persönliche Entwicklung der Lehrerin C. zeigt schön auf, wie wichtig es für Lehrpersonen ist, ständig in Bewegung zu bleiben und auf ihre inneren Stimmen, auf ihr «inneres Team» (Schulz VON THUN 1998) zu hören. So können sie sich persönlich entwickeln und Wege des Unterrichtens finden, zu denen sie voll und ganz stehen können. MAYR (2009, S.37) betont die Bedeutung solcher Entwicklungsschritte in Richtung der persönlichen

Stimmigkeit, so werde die eigene Führungskompetenz gesteigert. Er schreibt genau in diesem Zusammenhang: «Das hier vertretene Konzept von ‹Stimmigkeit› darf durchaus als Ermutigung zur Entwicklung eines sehr individuellen Führungsverhaltens aufgefasst werden.» Solche Entwicklungen kommen der Lehrperson selber wie ihren Schülerinnen und Schülern zugute. Diese merken – und registrieren es dankbar –, wenn Lehrpersonen auch auf ihr inneres Team, auf ihre Stimmen und Wünsche hören und auf ihre Bedürfnisse eingehen und nicht von unverrückbaren Zielen und Werten ausgehen. Ob die beste Lösung am Schluss der Übergang zu Gesprächen oder eine Variante von reflektiertem Strafen ist, muss im Sinne einer «antinomischen Disziplin» (vgl. RÜEDI 2002, S. 165) nicht vorgegeben, sondern kann dem Individuum und dessen situativer Einschätzung überlassen werden. Wichtig ist das nicht endende Suchen, die stete Bemühung, Kindern Respekt, Achtung und Wertschätzung entgegenzubringen, ihnen gerecht zu werden, auch wenn dabei eigene Erlebnisse oder Prinzipien kritisch hinterfragt werden müssen.

Bedingungen und Voraussetzungen für diskutierbare Strafen 8.6

Lehrerin C. straft heute nicht mehr. Sie hat andere Wege gefunden, um auf Unterrichtsstörungen zu reagieren. Lehrer H. G. befürwortet Strafen:

> Strafen sind nötig, weil in der Schule abgemachte Regeln über den individuellen Bedürfnissen stehen und verbindlich sind, zum Beispiel: Ich will nicht, dass auf den Boden gespuckt wird. Diese Regel zählt mehr als die momentane Lust, auf den Boden zu spucken. Über den Widerstand in Form von Störungen wollen Schülerinnen und Schüler wissen, ob die vorgegebenen Leitplanken gelten oder nicht. Kinder und Jugendliche wollen Leitplanken (Konsequenz). Über den Widerstand wollen die Schülerinnen und Schüler aber auch die Lehrperson spüren. (H. G., Oberstufenlehrer Kanton Baselland 2006).

Auch andere Lehrpersonen strafen, zum Beispiel A. L., eine erfahrene Gymnasiallehrerin aus Basel. Sie meint:

> Ja, ich kenne Strafen. Sie sind manchmal notwendig, wenn vorausgehende Gespräche nicht den gewünschten Erfolg gebracht hatten. An unserer Schule gibt es offizielle Strafnachmittage, welche von einer Lehrperson beaufsichtigt werden. Als Lehrperson kann ich die Schülerinnen und Schüler für diesen

> Strafnachmittag aufbieten. Selbstverständlich informiere ich persönlich die Schüler/die Schülerinnen über die getroffene Maßnahme. Die offizielle Disziplinarmeldung erfolgt jedoch über den Prorektor und geht bei Minderjährigen an die Adresse der Eltern. Somit sind diese auch über die Ursache informiert. Die bestrafende Lehrperson beschäftigt den Schüler/die Schülerin mit einer schriftlichen Arbeit (im Zusammenhang mit dem aktuellen Thema). (Lehrperson A. L. 2007).

Das wäre bereits ein Strafkonzept für eine ganze Schule. Hier wird die Vollstreckung der Strafe – ein Stück weit wenigstens – von der Lehrperson an eine nächste Instanz weiterdelegiert, mit entsprechenden Vor- und Nachteilen.

Die Stimmen für und gegen Strafen könnten beliebig vermehrt werden. Was sagt die Wissenschaft der Pädagogik? Kann sie entscheidende Klärungshilfen geben? Zuerst muss einmal zwischen Körperstrafen und sonstigen Strafpraktiken unterschieden werden. Was die Körperstrafe betrifft, hat sich in den meisten Staaten Europas seit den 1960er- und 1970er-Jahren die Position durchgesetzt, dass Körperstrafen schädlich für die Entwicklung des Kindes sind und nicht mehr angewendet werden sollten. Neue psychologische und pädagogische Erkenntnisse sind wichtige Antriebskräfte für diesen Sinneswandel. In den deutschsprachigen Ländern sind darum Körperstrafen heute in der Schule verboten. Andere Strafen sind in den europäischen Schulen unter gewissen Voraussetzungen erlaubt und somit – wie in der Überschrift angesprochen – diskutierbar. Was kann die moderne Pädagogik zum Umgang mit (nicht körperlichen) Strafen aussagen? Zuerst einmal muss sie darauf hinweisen, dass es *die* Pädagogik nicht gibt, sondern vielmehr verschiedene Strömungen und verschiedene Theorien, die im Hinblick auf Strafen wiederum verschiedene Schlussfolgerungen ziehen.[108]

Ein antinomisches Verständnis von Pädagogik (vgl. Rüedi 2002) berücksichtigt für eine Beurteilung von Strafen in der Schule den situativen Kontext sowie die Motive der Handelnden und nimmt Abstand von Normen

---

108 Den theoriegeleiteten Zusammenhang zwischen Grundannahmen/Menschenbild und Einstellung zu Strafen behandelt zum Beispiel Guss (1975, S. 115 ff.) mit den vier Theorien Psychoanalyse, Lerntheorie, Gestalttheorie und Individualpsychologie.

oder psychologischen Aussagen, die außerhalb des jeweiligen pädagogischen Prozesses zustande gekommen sind[109], «bindet also das Maß des Handelns gerade an diesen Interaktionsprozess» (Winkel 1996, S. 106).

Eine antinomische Pädagogik lehnt somit Strafen und weiterführende Maßnahmen nicht kategorisch und generell ab, sondern verlangt erstens situative Begründungen und weist dabei auf die Risiken und Gefahren hin, um danach dem Individuum in seinem pädagogischen Lebenszusammenhang die Verantwortung zu überlassen. Zweitens weist sie auf gewisse Voraussetzungen und Bedingungen hin, die vor dem Verhängen einer potenziell sinnvollen Strafe erfüllt sein sollten:

1. Körperstrafen sind in der Schule wie gesagt verboten, auch dann, «wenn sie im kantonalen Erziehungsgesetz nicht ausdrücklich untersagt werden. Es gilt hier das allgemeine Verbot körperlicher Übergriffe im schweizerischen Strafgesetzbuch. Wenn Schülerinnen und Schüler ihrerseits grobe Gewalt anwenden und die Lehrperson entsprechend körperliche Gewalt zur Beilegung der Situation anwenden muss, gilt das Gebot der Verhältnismäßigkeit.» So steht es in den Standesregeln der Schweizer Lehrerinnen und Lehrer (vgl. LCH 2008, S. 41). Sämtliche Vorgaben der pädagogischen Berufsverbände müssen ebenso wie die juristischen Bestimmungen des jeweiligen Landes berücksichtigt werden, bevor eine Strafe in Betracht gezogen werden kann.
2. Zweitens darf eine Strafe nie als Liebesentzug formuliert werden. Zurückweisung, Reduzierung des Blickkontaktes auf das Nötigste oder offensichtliches Links-liegen-Lassen sind keine pädagogisch vertretbaren Umgangsformen. Das Bestrafen sollte – wenn man sich dazu entscheidet – in einem positiv-wertschätzenden Klima erfolgen, zwischen Tat und Täter / Täterin sollte unterschieden werden. Ich verurteile das, was der Täter/die Täterin getan hat, aber ich lehne sie nicht als Mensch ab, enthalte mich also zum Beispiel ablehnender oder affektgeladener Kränkungen.
3. Es muss ein einsehbarer, sinnvoller und verhältnismäßiger Zusammenhang mit dem «Vergehen» bestehen. Hundert Mal einen wohlbekannten

---

109 Buebs prinzipielle Befürwortung von Strafen kommt außerhalb des betreffenden pädagogischen Kontexts zustande.

Satz zu schreiben, wird von den «Bestraften» meistens als Unsinn empfunden und ist auch ein Blödsinn (vgl. Rüedi 2002, S. 246).[110]

4. Die Strafe sollte als Bereinigung/Entschuldigung der fehlbaren Tat empfunden werden. Das Kind sollte wissen: Jetzt ist es wieder gut, ich habe meine Strafe «erledigt».
5. Der Strafe sollte eine Warnung vorausgehen. Sie sollte nie als Blitz aus heiterem Himmel erfolgen. Die einzuhaltenden Regeln sollten allen klar und kommuniziert sein.
6. Eine Strafe sollte nicht in blinder Wut erteilt werden. Ein asiatisches Sprichwort lautet: «Bist du geduldig in einem Augenblick des Zorns, wirst du dir hundert Tage des Kummers sparen.» Auch dem Kind oder der betreffenden Jugendlichen ersparen wir «hundert Tage des Kummers», wenn sie nicht in blinder Wut bestraft werden. Im Zorn oder in blinder Wut verhängte Strafen werden oft als ungerecht empfunden, was das Verhältnis zwischen Erzieher und zu Erziehenden belastet. Damit werden die Einflussmöglichkeiten des Erziehers reduziert, weil er nicht mehr als Vorbild anerkannt wird.
7. Kollektivstrafen sind von Gesetzes wegen verboten. Sie verletzen den rechtsstaatlichen Grundsatz des individuellen Verschuldens. Das heißt, eine Strafe kommt nur dann in Frage, wenn dem Individuum eine persönliche Schuld nachgewiesen werden kann.
8. Strafen bieten noch keine alternativen Verhaltensweisen an: «Es mag sein, dass eine Strafe zu einer vordergründigen Beruhigung der pädagogischen Situation beitragen kann. Weil sie aber immer nur an den Symptomen herumoperiert, sind ihre Effekte rasch verpufft.» (Lanig 2004, S. 16).

---

110 Eine interessante(re?) Alternative zum mechanischen Abschreiben ohne inhaltlichen Zusammenhang hat der Solothurner Oberstufenlehrer H. ausgearbeitet. Er hat zu einem «Vergehen» wie «Vergessen der Hausaufgaben» einen begründenden Text zusammengestellt, warum das betreffende (Fehl-) Verhalten dem Urheber selbst schadet, im Sinne von: «Vergesslichkeit ist ein Verhalten, das der betreffenden Person in verschiedener Hinsicht schaden kann. [...]» Dieser abzuschreibende Text könnte dann mit dem Hinweis enden, dass Vergesslichkeit dazu führt, die eigene Hochzeit zu vergessen. Dann heiratet ein anderer die Angebetete.

9. Aus LANIGS Kritik an der Strafe könnte die neunte Forderung abgeleitet werden, dass eine sinnvolle Strafe Denkanstöße geben muss. Dieser Auffassung ist Tina, Schülerin der 9. Klasse, wenn sie schreibt: «Eine gute Strafe ist jene, die mich zum Nachdenken bringt.»[111] Nachdenken führt im günstigen Falle zu nachhaltigen Veränderungen.
10. Veränderungen werden begünstigt, wenn dem Kind oder der Jugendlichen mögliche Wege der Verbesserung aufgezeigt werden, auf denen sie weiterkommen können.[112] Das ist der Vorteil des Nachahmungs- oder Vorbildlernens, wenn Kinder oder Jugendliche tagtäglich erfahren, in welchen Schritten sie vorwärtskommen können.

Vorwärtskommen und dazulernen sollen sie auch aus dem Erleben der Folgen des eigenen Handelns, riet der Individualpsychologe Rudolf DREIKURS. Er sprach von der «Anwendung logischer Folgen», die seiner Ansicht nach die «überholten Traditionen von Lohn und Strafe» (DREIKURS/GREY 1977, S. 53) ersetzen werden. Was DREIKURS unter «logischen Folgen» verstand, wird in Abschnitt 8.7 zusammengefasst.

Logische Folgen nach Rudolf Dreikurs 8.7

Schon Jean-Jacques ROUSSEAU hatte darauf hingewiesen, dass Kinder aus den Folgen des schlechten Verhaltens lernen sollten, anstatt bestraft zu werden. DREIKURS, ein Schüler des Individualpsychologen Alfred ADLER, schloss sich dieser Forderung an und prägte den Begriff der «logischen Folgen», um solche Lernprozesse zu beschreiben: Kein Kind tue willentlich etwas, von dem es glaube, dass es ihm schade. In den Worten von DREIKURS und GREY (1977, S. 53): «Wir tun so viele Dinge, die uns letztlich schaden,

111 Aus einem Interview mit Schülerinnen und Schülern in: *Schulpraxis*, 1/2009, Bern, S. 19.

112 Lehrer P. H. berichtete an einem Kurs (2005) von einem Schüler, der sich ständig daneben benommen habe. Die Warnung: «Deine Bestrafung wird erwogen» nützte nichts. Darauf habe er ihm eine halbe Seite aus dem Telefonbuch zum Abschreiben gegeben, was der Schüler ausführte. Am wichtigsten sei das anschließende Gespräch geworden: Erst dadurch habe die Strafe ihren Sinn gewonnen. Die Fortsetzung, das, was auf die Strafe folge, sei das Wichtige.

weil wir in einem gegebenen Augenblick fälschlich glauben, dass ein bestimmter Handlungsverlauf der beste oder wenigstens der sicherste ist. Ein Beispiel für dieses Sicherheitsprinzip ist das Verhalten kleiner Kinder. Wenn sich ein Kind den Kopf an einem Tisch stößt oder seine Hand an einen heißen Heizkörper hält, ist seine unmittelbare Antwort darauf, dass es das nächste Mal eine solche Gefahr meidet.»

Das wären zwei Beispiele für natürliche Folgen: Das Kind realisiert bereits im Augenblick des Missgeschicks, dass ihm diese Handlung nicht guttut, also wird es sie in Zukunft vermeiden. Diese Schlussfolgerung leuchtet ein. Warum jedoch soll ein Schüler nicht im Unterricht schwatzen, wenn er dieses kommunikative Bedürfnis verspürt? Subjektiv erscheint ihm das Schwatzen als Erfüllung seines Kommunikationsbedürfnisses. Er verbrennt sich dabei auch nicht die Finger an einer heißen Herdplatte, warum also soll der Schüler nicht schwatzen?

Dreikurs und Grey (1977, S. 53) antworten, dass es an den Eltern und Lehrpersonen liegt, für das Kind «das unangenehme Ergebnis seiner eigenen Handlung» herbeizuführen. Logische Folgen können somit solche Erziehungsmittel genannt werden, welche einzelnen Schülerinnen oder Schülern, eventuell auch ganzen Gruppen die Gelegenheit geben, die Konsequenzen ihres (Fehl-) Verhaltens selber zu tragen. Aber wie soll dies geschehen? Und wo wäre dann der Unterschied zur Strafe?

Dreikurs und Grey (1977, S. 57 ff.) erläutern fünf Unterschiede zwischen «logischen Folgen» und herkömmlichen Strafen:

1. «Logische Folgen drücken die Wirklichkeit des gesellschaftlichen Lebens, nicht der Person, aus; Strafe drückt Macht der persönlichen Autorität aus.» (Dreikurs / Grey 1977, S. 57).
2. «Die logische Folge ist logisch mit dem Fehlverhalten verknüpft; die Strafe ist es selten.» (Dreikurs / Grey 1977, S. 57).
3. «Logische Folgen enthalten kein Element moralischen Urteils; Strafen dagegen häufig.» (Dreikurs / Grey 1977, S. 57).
4. «Logische Folgen befassen sich mit dem, was gerade geschieht; Strafen dagegen mit der Vergangenheit.» (Dreikurs / Grey 1977, S. 61).
5. «Die Stimme ist freundlich, wenn Folgen beschworen werden; in der Bestrafung liegt, offen oder versteckt, Gefahr. ‹Karl, du kommst jetzt sofort her!› Vaters Stimme ist ärgerlich und streng. ‹Wie oft habe ich dir

> schon gesagt, dass du mein Werkzeug nicht ohne meine Erlaubnis benutzen sollst? Jetzt gehst du sofort auf dein Zimmer und bleibst dort, bis ich dir sage, dass du wieder herauskommen darfst.› Ob der Vater es weiß oder nicht, die Chancen, dass sein Sohn sich wieder an sein Werkzeug macht, sind größer, als wenn er in freundlichem Ton zu ihm gesprochen hätte. Der Ton der Stimme ist ein verlässlicher Anzeiger für menschliche Beziehungen; er zeigt offene oder versteckte Haltungen an. Die erfolgreiche Anwendung von Folgen setzt voraus, dass der Erwachsene ein freundlicher Zuschauer ist.» (Dreikurs / Grey 1977, S. 62).

«Logische Folgen» haben deshalb nur eine Chance auf Erfolg, wenn die «Chemie stimmt», wenn die Lehrperson eine gute Beziehung zum Schüler, zur Schülerin aufgebaut hat, denen sie Gelegenheit geben will, die Konsequenzen ihres (Fehl-)Verhaltens selber zu tragen, um so etwas dazuzulernen. «Logische Folgen» sollten vorher verabredet sein, damit sie nicht wie Blitze aus heiterem Himmel einschlagen und die Stimmung verderben. Wenn zum Beispiel ein Schüler immer wieder den Unterricht durch sein Schwatzen stört, kann ihm seine Lehrperson zu verstehen geben, dass sie dieses Verhalten im Klassenzimmer nicht tolerieren kann. Das wäre die «Wirklichkeit des gesellschaftlichen Lebens» (Dreikurs / Grey 1977, S. 57). Er solle sich, solange er nicht zuhören und mitmachen könne, in den Nebenraum begeben, bis er wieder lernen wolle. Diese Lehrperson zeigt Verständnis für die augenblickliche Befindlichkeit des unruhigen Schülers, besteht aber auf der ungestörten Durchführung des Unterrichts, um die übrigen Schülerinnen und Schüler nicht zu benachteiligen. Deshalb ermöglicht sie dem Schüler die Wahl: zu bleiben und sich angemessen, diszipliniert zu verhalten, oder vorläufig das Klassenzimmer zu verlassen. Der schwatzende Schüler muss somit die Konsequenzen seines Fehlverhaltens selber tragen. Eine andere Variante von «logischen Folgen» wäre, Schülerinnen und Schüler, die dazwischenrufen, im mündlichen Unterricht nicht aufzurufen; die Lehrperson könnte zum Beispiel sagen: «Ich darf dich jetzt nicht an die Reihe nehmen, weil du die Regel des Aufzeigens nicht befolgst. Sobald du diese Regel beachtest, rufe ich dich gerne wieder auf.»

In der Praxis zeigt sich allerdings, dass die Anwendung logischer Folgen nicht leicht fällt: «Wenn die Eltern sich bedroht oder besiegt fühlen, sind sie nicht in der Lage, logische Folgen anzuwenden, weil sie persönlich zu sehr verstrickt sind», schreiben DREIKURS/GREY (1977, S. 62). Anstatt «Eltern» könnten wohl auch «Lehrpersonen» eingesetzt werden, stehen sie doch in der Schule vor vergleichbaren Aufgaben. Lehrpersonen müssen wie Eltern häufig erwünschtes Verhalten einfordern und stetig am Ball bleiben. Wie beide Aufgaben im Klassenzimmer gleichwohl gelingen können, soll im nächsten Kapitel am Beispiel der Lehrerin Sabine WEISSEN veranschaulicht werden.

Wie Pädagogik gelingen kann 9

Der Beitrag wurde ursprünglich unter dem Titel «Er wurde wieder bockig und hielt sich die Ohren zu» in Dialogform abgedruckt in der Fachzeitschrift *Die neue Schulpraxis* 8/2008, S. 4–6. Sabine WEISSEN schloss im Sommer 2006 ihre Ausbildung zur Primarlehrerin ab. Nach einem Jahr Praxis berichtet sie über die intensive und wechselvolle Auseinandersetzung zwischen ihr und einem ihrer Schüler, Lukas. Lukas ist ein Deckname.

Sabine WEISSEN ist die Lehrerin von Lukas. Er geht zu ihr in die 2. Klasse. Sie hat mit ihm eine interessante Erfahrung gemacht. Lukas hat bisher in seinem Leben, so schildert sie,

> vor allem gewaltvolle Kommunikation erfahren [...] in Form von Prügeln, Beschimpfungen und Drohungen. In der Schule kannte er ebenfalls eine raue Sprache und wiederholte Strafen. Da ein autoritär-strafender Stil nicht zu mir passt, musste ich einen anderen Weg suchen. Ich beobachtete ihn sehr genau und hatte so meine Vermutungen, weshalb er immer wieder stört und negative Aufmerksamkeit auf sich zieht.

Hier zeigt sich wieder einmal die Bedeutung des ruhigen Beobachtens, ohne voreiliges Aussprechen dessen, was der Lehrerin durch den Kopf geht. Sabine WEISSEN sammelt Hypothesen, ohne sich mit einer einzigen, mit einem «Tunnelblick» (LOHMANN 2003, S. 29) zu begnügen. Oft sprechen Lehrpersonen – darauf weist die Studie des Dachverbands Schweizer Lehrerinnen und Lehrer LCH von 1998 hin – zu rasch und zu viel: Die Sofortmaßnahme «Ermahnen» wird in der Schule sehr häufig angewandt, ohne dass sie von den betreffenden Lehrpersonen als wirksam eingeschätzt würde. Sabine WEISSEN ermahnte nicht sofort, sondern entwickelte ihre Vermutungen. Sie tat das, was die reflektierende Praktikerin (vgl. Kapitel 4.1) tut:

> gejagt. Ich ging darauf ein und stellte behutsam Fragen wie: Haben dich alle gejagt? Haben sie dir etwas nachgesagt? Hat das mit einem bestimmten Kind angefangen? Am Schluss kam heraus, dass die anderen sich zusammengetan und ihn gehänselt hatten. Da ging er auf ein Mädchen los, und die anderen kamen ihr zu Hilfe, bis er schließlich davonrannte und alle anderen ihm nach. Er hatte sich bedroht gefühlt.

Sabine Weissen unterschied Tat und Täter, billigte die Tat nicht, respektierte jedoch den Täter als Person. Geduldig fragte sie nach der Motivation, die Lukas zum Schlagen getrieben hatte. Schrittweise erfuhr sie so die Wahrheit, das aggressive Verhalten entpuppte sich als Notwehr, als Reaktion auf die Hänselei. Hier bestätigte sich die frühe Aggressions-Frustrations-Hypothese von Dollard und Miller: Aggression ist oft die Reaktion auf Frustration.[115]

Sabine Weissen:

> Die Kommunikation war nun wieder im Fluss und die Beziehung wieder hergestellt. Ich zeigte wieder Verständnis für seine Gefühle, nahm ihn ernst. Das hat einen Boden geschaffen für den nächsten Schritt: Stärkung seiner sozialen Kompetenzen. So nahm ich ihn bei den meisten Vorkommnissen zur Seite und erklärte ihm, weshalb der Konflikt entstanden war. Der oder die Beteiligten, selten auch die ganze Klasse, waren natürlich auch dabei. Durch das offene Aussprechen merkten alle, dass sie mit ihren Gefühlen nicht alleine waren, und getrauten sich immer mehr, über ihre Gefühle zu sprechen, was wiederum die Einsicht und die Fähigkeit, Konflikte selber zu lösen, förderte.

Jetzt zeigt sich schön, dass die Stärkung der sozialen Kompetenz einerseits Lukas, im Endeffekt aber der ganzen Klasse zugute kommt. Wenn sich die Lehrperson in einen Kampf mit einem einzelnen Kind verwickelt, verwickeln lässt, kann sie diesem nicht helfen, zugleich wird aber der gesamten Klasse der Weg zum Verständnis des sogenannt «schwierigen» Kindes verbaut. In einer konfliktbelasteten Atmosphäre kann niemand offen über seine Gefühle sprechen. In der Klasse von Sabine Weissen entstand jedoch eine Stimmung der Offenheit, welche ermöglichte, dass alle Kinder über ihr Innenleben berichten konnten. So legte die Lehrerin durch ihr eigenes verständnisvolles Verhalten die Grundlage für gegenseitiges Verständnis zwischen allen Mitgliedern der Klasse.

---

115 Damit soll nicht gesagt werden, dass diese Theorie immer stimmt.

Sabine WEISSEN:

> Mittlerweile ist der Junge wieder gut integriert in der Klasse – zwar noch «verhaltensoriginell», aber nur noch gering störend und recht gut zu leiten. Er kann sogar langsam seine Gefühle äußern, ohne zu provozieren. Er kann auch mal zugeben, dass er einen Fehler gemacht oder etwas nicht verstanden hat, und er erkennt nun besser den Zeitpunkt, wo er aufhören muss, wenn er keinen Ärger will. Er kann andere Kinder loben und sich freuen, wenn sie etwas Tolles gemacht haben, oder auch mal traurig sein und Trost annehmen. Ich habe auch sehr gute Erfahrungen gemacht mit speziellen Aufgaben für Lukas. Ich suchte eine Möglichkeit, sein Verlangen nach Bestätigung zu befriedigen. Dafür nutzte ich seine Hilfsbereitschaft einerseits (Blätter verteilen, Licht an- oder abmachen, Computer an- oder abstellen etc.) und versuchte, ihm häufig eine Plattform zu geben, wo er zeigen konnte, was er wusste oder konnte.

Die Fortschritte von Lukas sind beeindruckend: Er stört weniger, kann dafür seine Gefühle besser äußern. Gewalttätiges Verhalten entpuppt sich hier wie so oft als Folge eines Defizits an Sozialkompetenz. Ein Zuwachs an sozialer oder emotionaler Kompetenz ermöglicht dem betreffenden Kind, Gewalt durch Sprache zu ersetzen. Lukas hat sogar gelernt, andere Kinder zu loben. Zudem hat ihm die Lehrerin Wege aufgezeigt, wie er positiv zur Geltung kommen kann. Wie schon PESTALOZZI sagte: «Das Kind möchte schon gut sein, wenn ihm der Weg dazu nicht verrammelt worden ist.»

Sabine WEISSEN:

> Am Anfang waren die Kinder durch mein Verhalten, nicht gleich zu urteilen und zu strafen, noch verunsichert. Langsam gewannen sie Vertrauen und fordern nun nicht mehr ständig Strafen füreinander. Ich habe am Anfang viel Zeit investiert, habe immer wieder betont, dass Gefühle wie Wut, Trauer und Angst ganz natürlich sind, dass es aber für das Zusammenleben wichtig ist, sie zu kennen und zu lernen, damit umzugehen. Das hieß für mich als Vorbild, dass auch ich zu meinen Gefühlen stehen musste, zum Beispiel indem ich ihnen sagte, was und warum mich etwas wütend machte. Wurde ich einmal zu Unrecht wütend, habe ich mich entschuldigt. Ich behandle die Kinder mit Respekt und Humor und stelle sie nicht bloß, nehme sie in ihren Gefühlen ernst und höre ihnen zu. So kann ich dasselbe mit der Zeit auch von ihnen verlangen, und sie geben das auch gerne zurück, weil es sich gut anfühlt. So wurde das Zusammenleben immer friedlicher, und die Auseinandersetzungen in ihren Spielen wurden kreativer.

Es ist beeindruckend, wenn eine Lehrerin einen Fallbericht so beenden kann. Sie lebte ihrer Klasse vor, wie wichtig eine wohlwollende Grundeinstellung, Verständnis und Geduld sind. Sabine WEISSEN zeigte den Kindern immer wieder, was es heißt, sich selbst, seine eigenen Gefühle und diejenigen der anderen Menschen zu verstehen. Sich selber zu kennen, heißt zum Beispiel auch zu wissen, wann man zu Recht und wann man zu Unrecht wütend geworden ist. Das eine vom anderen zu unterscheiden und sich zum Beispiel dann zu entschuldigen, wenn man übertrieben reagiert hat, ist – wie Lehrerin WEISSEN vorlebt – ein Merkmal der Selbstkompetenz. Schön zeigt der Fallbericht auch, dass die Förderung von Sozial- und Selbstkompetenz und Souveränität ein kontinuierlicher Prozess ist, der schrittweise und über längere Zeit voranschreitet und nicht nur dem zuerst im Mittelpunkt der pädagogischen Bemühungen stehenden Kind, sondern der gesamten Klasse zugute kommt. Der Individualpsychologe Alfons SIMON geht sogar so weit, den Gewinn der Klasse als den größten zu bezeichnen. Er schrieb: «Der Gewinnanteil, der auf die Klasse fiel, ist wahrscheinlich der größte. Sie hat erlebt, wie nur der Unrecht tut, der selber in irgendeiner Not ist, denn kein Glücklicher quält seinen Mitmenschen.» (SIMON in RÜEDI 1995, S. 135).

Das Beispiel von Lukas veranschaulicht zudem, dass Erziehung, Verstehen und Helfen Zeit, Geduld und Engagement brauchen. Wenn sich Sabine WEISSEN nicht so für «ihren» Lukas eingesetzt hätte, wenn sie nicht so geduldig am Ball geblieben wäre, wäre diese Entwicklung nicht möglich geworden.[116]

116 Voraussetzung für ein solches am Ball-bleiben-Können ist unter anderem ein gewisses Menschenbild, das – wie in Kapitel 5.1.3 dargestellt – von der Notwendigkeit der «Ermutigung» sowie einer «autoritativen Klassenführung» ausgeht.

Voraussetzungen für einen gelingenden Umgang mit Klassenführung und Unterrichtsstörungen 10

In Kapitel 9 wurde mithilfe des Fallbeispiels von Sabine WEISSEN kasuistisch dargestellt, wie mit Unterrichtsstörungen produktiv umgegangen werden kann. Im abschließenden Kapitel 10 werden mit der gleichen Zielsetzung die Kapitel 1 bis 8 ausgewertet, damit die Voraussetzungen für einen gelingenden Umgang mit Unterrichtsstörungen so zusammengefasst werden.[117]

Unterrichtsstörungen gehören zum pädagogischen Alltag 10.1

Störungsfreier Unterricht ist eine «didaktische Fiktion» (LOHMANN 2003, S. 13; vgl. auch Kap. 3). Mit diesem Bewusstsein wird die Grundlage dafür geschaffen, die entstandene Störung verstehen zu wollen (und zu müssen). Störungen können nicht verbannt, nicht aus der Welt geschafft, sondern müssen zuerst einmal verstanden werden. So tritt die lösungsorientierte Frage in den Mittelpunkt, was getan werden kann, anstatt dass sich die Lehrperson persönlich durch die «Störung» be- und getroffen fühlt. Mit den Worten einer angehenden Lehrerin:

> Die neue Wahrnehmung der Problematik hat meine Haltung verändert. Es geht mir nicht mehr darum, Störungen abzuschaffen, sondern darum, mein Repertoire an Handlungsmöglichkeiten zu erweitern und diese auszuprobieren. Störungen empfinde ich nicht mehr als Bedrohung, sondern als Herausforderung. (Studentin M. 2007).

117 Grundsätzliche Strategien zum Umgang mit Klassenführung und Disziplinmanagement sind in Kapitel 4.2 dargestellt.

10.2 Lehrpersonen und Schülerinnen / Schüler nehmen Unterrichtsstörungen unterschiedlich wahr

Lehrpersonen tendieren dazu, Unterrichtsstörungen als Folge eines unangemessenen Schülerinnen- oder Schülerverhaltens wahrzunehmen. Wenn Peter oder Claudia sich besser benehmen würden, würde die Lektion gelingen…. Wenn Lehrpersonen so wahrnehmen, besteht die Gefahr, dass sie weder die Zusammenhänge, Hintergründe und Ursachen noch ihre möglichen Handlungsvarianten erkennen. Lehrerinnen und Lehrer reagieren dann am empfindlichsten, wenn sie ihre Autorität in Gefahr sehen, so zum Beispiel bei Regelverstößen wie Schwänzen oder den Platz Verlassen.

Schülerinnen und Schüler reagieren dann am stärksten, wenn sie in ihrem individuellen Wohlbefinden beeinträchtigt werden (vgl. Pfitzner 2000, S. 174). Bei vielen Situationen stimmen die Wahrnehmungen von Lehrpersonen und Schülern / Schülerinnen nicht überein (vgl. auch Kap. 3.2 und 3.3). Zum Verständnis von und zum richtigen Umgang mit Unterrichtsstörungen gehört darum das ständige Bemühen der Lehrperson, die Sicht- und Empfindungsweise der Schülerinnen und Schüler in Erfahrung zu bringen und zu erfühlen, was in diesen vorgeht. Lehrpersonen können nicht zwingend davon ausgehen, dass sie mit ihrer spontanen Reaktion auf das, was sie als Unterrichtsstörung empfinden, «richtig liegen». Eine Thematisierung von Unterrichtsstörungen kann notwendig werden, wenn Teufelskreise des Missverstehens vermieden werden sollen.

10.3 «Universalrezepte» gibt es nicht

Arnold (2007, S. 13) erhob gegenüber Bueb den Vorwurf, vereinfachende «Universalrezepte» statt komplexer Antworten zu liefern.

Ein antinomisches Verständnis von Unterrichtsstörungen (vgl. Kap. 3.4) geht von verschiedenen Perspektiven und Interessen der Beteiligten, von Widersprüchen aus. Als Lehrperson denke ich verständlicherweise an den Inhalt und möchte ihn so gut wie möglich vermitteln, weil ich ihn ja pflichtbewusst vorbereitet habe. Schülerinnen und Schüler denken nicht immer gleich an den Stoff, wenn sie in die Schule kommen. Sie möchten zum Beispiel auch ihre Freundinnen und Freunde sehen. Die antinomische

Sichtweise ermöglicht einen gelasseneren Umgang mit den verschiedenen Sichtweisen: Die Lehrperson weiß dann um die Berechtigung ihres Anliegens, den Stoff in aller Ruhe – nur dann ist optimales Verstehen möglich – zu erklären. In gewissen Situationen wird sie energisch und laut Ruhe einfordern. Zugleich weiß sie aber auch, dass Zwischenrufe oder sonstige Störungen in der Schule manchmal vorkommen. Heute kann – und darf – die Lehrperson nicht mehr von gehorsamen, stets aufmerksamen Schülerinnen und Schülern ausgehen. Für diese realistische Einstellung der Lehrperson von heute ebnet die antinomische Sichtweise den Weg. Schülerinnen und Schüler von heute brauchen das Gefühl, dass ihre Interessen ernst genommen und auf *irgendeine Weise* berücksichtigt werden, z.B. indem ihre Erwartungen und Interessen thematisiert oder Kompromisse ausgehandelt werden. Lehrpersonen, die glauben, dauernd kontrollieren und Unterrichtsstörungen von vornherein ausschalten zu müssen, werden sich Kontrollprobleme schaffen. Auch hier gilt die sich selbst erfüllende Prophezeiung unserer Wahrnehmung. Die Bilder und Typisierungen, die wir uns vom Gegenüber entwerfen, legen dieses Gegenüber gleichzeitig fest oder locken zu Rebellion und Widerspruch. Ein antinomisches Verständnis verhindert solche Festlegungen und erlaubt der Lehrperson ein flexibles Verhalten, das die Besonderheiten der jeweiligen Situation erfasst. Universalrezepte gibt es in der Pädagogik – leider – nicht.

Werden Sie eine reflektierende Praktikerin! 10.4

Wenn Störungen und unerwartete Überraschungen zum Unterricht gehören, müssen sie richtig analysiert und angemessen beantwortet werden können (vgl. Kap. 4.1). Die Fähigkeit, Unterrichtsstörungen jederzeit selbstkritisch und so objektiv wie möglich wahrzunehmen, ohne die beteiligten Schülerinnen und Schüler von vornherein als «Urheberinnen und Urheber des Missstands» zu bezeichnen, ist eine zentrale Voraussetzung, um den erfolgreichen Umgang mit Unterrichtsstörungen zu erlernen. In den Worten Lohmanns (2003, S. 44) ist ein erfolgreicher Lehrer bereit, die Auswirkungen seines Handelns auf die Schülerinnen und Schüler kontinuierlich zu evaluieren, er sucht «aktiv nach Möglichkeiten zur Verbesserung und Professionalisierung seines Handelns […]. Er ist bereit, seine durch Routinen verdichteten Wissensstrukturen aufzubrechen, neu zu reflektieren und zu bewerten, um sich neue Handlungsmöglichkeiten zu eröffnen.» Sich «neue Handlungsmöglichkeiten zu eröffnen» setzt auch voraus, solche zu kennen. Eine Übersicht gibt der folgende Abschnitt 10.5.

10.5 Die «Tunnelstrategie» genügt nicht

Lehrerinnen und Lehrer profitieren von Beschreibungen dessen, was alles zu einer gelingenden Klassenführung gehört. In der Fachliteratur gibt es zahlreiche Diagnosebögen oder Zusammenstellungen sinnvoller pädagogischer Handlungsstrategien, die zu kennen hilfreich ist. Drei solche Beispiele werden in Kapitel 4.2 zusammengefasst, und zwar diejenigen von Keller (2008, S. 116 f.), Rüedi (2002, S. 199 ff.) und Mayr et al. (2006). Als notwendig erweisen sich die Kompetenzen der Unterrichtsgestaltung, der Beziehungsförderung sowie der Verhaltenskontrolle. Erstens brauchen Schülerinnen und Schüler das Gefühl, bei ihrer Lehrperson einen guten, interessanten und zielorientierten Unterricht zu erleben. Zweitens muss die Lehrperson gewisse klimatische und soziale Bedingungen schaffen. Schülerinnen und Schüler müssen sich von ihrer Lehrperson geschätzt fühlen, in einem von Humor, Ehrlichkeit und Verständnis getragenen Klima. Drittens muss die Lehrperson sinnvolle Formen der Verhaltenssteuerung und der Verhaltenskontrolle kennen und ausüben. So müssen Schülerinnen und Schüler wissen, was die Lehrpersonen von ihnen erwarten. Und Lehrpersonen müssen situativ angemessen auf Unterrichtsstörungen reagieren, damit sie weiterhin in ihrem Lehrauftrag akzeptiert werden. Wie sie dies tun, dies müssen sie selber entscheiden. Es gibt nicht den *einen* Weg, eine erfolgreiche Lehrperson zu sein. Ebenso wenig aber führen Beliebigkeit und Laisser-faire-Stil zum Ziel.

10.6 Lehrpersonen müssen lenken und zugleich guten Unterricht bieten

Wenn soeben mit Mayr et al. (2006) die Kompetenzbereiche «Unterrichtsgestaltung», «Beziehungsförderung» und «Verhaltenskontrolle» ins Zentrum gestellt worden sind, lassen sich diese mit den Strategien des «Classroom-

Managements» von KOUNIN und EVERTSON und Kollegen gut konkretisieren (vgl. Kap. 4.3.1 und 4.3.2). KOUNINS Forschungen wiesen auf die Bedeutung der souveränen, allgegenwärtigen, nicht aus der Fassung zu bringenden Lehrperson hin, welche ihren Stoff beherrscht und interessant und schwungvoll präsentieren kann. Zugleich empfahl KOUNIN der Lehrperson, von der Klasse Aufmerksamkeit und Konzentrationsbereitschaft zu verlangen, die eigenen Erwartungen somit klar auszusprechen, womit sich Verhaltenskontrolle und eine gute Unterrichtsgestaltung im Hinblick auf eine gelingende Klassenführung ergänzen. EVERTSON und Kollegen (2006) stimmten der Aufforderung, von den Schülerinnen und Schülern Aufmerksamkeit zu verlangen, zu. Sie sprachen vom Prinzip «Selbstwirksamkeit», das jeder Schülerin und jedem Schüler im Sinne einer Förderung der Selbstdisziplin vor Augen geführt werden müsse: Lernende sind für ihre Arbeitsergebnisse selber verantwortlich. Nur indem sie die Notwendigkeit ihrer eigenen Beitragsleistung – somit die Notwendigkeit von Selbstdisziplin – erkennen, leisten sie ihren Beitrag zur Disziplin der ganzen Klasse. Neben Empfehlungen aus den Kompetenzbereichen «Unterrichtsgestaltung» und «Verhaltenskontrolle/-steuerung» gaben EVERTSON und Kollegen (2006) Hinweise zu so verschiedenen Bereichen wie «Vorbereitung des Klassenraums» oder «Klassenregeln». Klassenregeln sind notwendig und müssen gerade zu Beginn eines Schuljahres mit Nachdruck eingeführt und beachtet werden. Zum Beginn eines Schuljahres seien zudem gemeinsame Aktivitäten sinnvoll, welche das Gefühl der Zusammengehörigkeit fördern. Hier zeigt sich, dass bei EVERTSON und Kollegen (2006) auch der dritte Kompetenzbereich der Beziehungsförderung berücksichtig wird. Noch stärker gewichtet wird dieser dritte Bereich von anderen pädagogischen und theoretischen Strömungen, wie sie in den folgenden Abschnitten zum Zuge kommen werden.

Man kann nicht ohne Liebe mit Menschen umgehen 10.7

In der Schule ist Lenkung notwendig. Schülerinnen und Schüler erwarten mit Recht, etwas zu lernen. Der Schulpflicht der Schülerinnen und Schüler entspricht die Lehrpflicht der Lehrpersonen, die den Lehrstoff vermitteln und die Klasse in dieser Richtung lenken müssen. Aber wer *nur* lenkt – so lässt sich aus einer antinomischen Perspektive einwenden – vergisst leicht die zu lenkenden jungen Menschen und übersieht damit die Tragweite der Beziehungsebene: «Man kann ohne Liebe Holz hacken, Ziegel formen, Eisen schmieden. Aber man kann nicht ohne Liebe mit Menschen umgehen», formulierte Tolstoi zu Recht. Entscheidend für Klassenführung und den gelingenden Umgang mit Unterrichtsstörungen ist, ob die Lehrperson den Kontakt zu den Schülerinnen und Schülern findet und sie auf dieser Basis anleiten und motivieren kann. «Die Chemie stimmt» – so heißt es heute manchmal, wenn es Lehrpersonen gelingt, wertschätzend und liebevoll – um diesen klassisch-ehrwürdigen Begriff aus der Geschichte der Pädagogik, wie sie in Kapitel 4.4.1 aufgerollt wird, aufzugreifen – mit ihren Schülerinnen und Schülern umzugehen. Für Lehrpersonen lohnt es sich, den Kontakt mit ihren Schülerinnen und Schülern aufzunehmen. Jeder Schultag bietet unzählige Gelegenheiten dafür. So kann die Lehrperson am Morgen früher im Klassenzimmer sein und sich Zeit für eine herzliche Begrüßung nehmen. Oder sie überrascht ihre neuen Schülerinnen und Schüler, indem sie zu Beginn des Schuljahres deren Namen rasch auswendig lernt. Oder sie interessiert sich für das letzte Fußballspiel, über das die Kinder / Jugendlichen in der Pause gerade lebhaft diskutiert haben. In Kapitel 4.4.2 werden solche Möglichkeiten der Beziehungsgestaltung in der Schule ausführlicher behandelt.[118]

10.8 In die «richtige» Richtung: Der «autoritative Erziehungsstil»

Die Forderung des letzten Kapitels, Lenkung und Wertschätzung miteinander situativ stimmig zu kombinieren, findet im Konzept des «autoritativen Erziehungsstils» (vgl. Kap. 4.4.3) in der Tradition von Baumrind ihre wissenschaftliche Bestätigung. Die Erziehungswissenschaft empfiehlt heute,

---

118 Die Bedeutung von Beziehungsgestaltung und Beziehungsqualität verdeutlicht Marie-Theres Schönbächler mit Daten aus dem Forschungsprojekt «Klassenmanagement und kulturelle Heterogenität». Sie ging der Frage nach, inwieweit kulturelle Heterogenität respektive Homogenität tatsächlich den Unterricht im Hinblick auf Störungen beeinflusst oder ob andere Klassenmerkmale ebenso wirksam oder gar einflussreicher sind. Ihre Antwort lautete: «Es zeigt sich, dass andere Merkmale der Klasse – insbesondere die wahrgenommene Beziehungsqualität – wesentlich besser die systematischen Unterschiede zwischen den Klassen bezüglich Störverhalten erklären können.» (Schönbächler 2009, S. 185).

sich am «autoritativen Stil» zu orientieren, der durch «Wertschätzung», «Lenkung», «Fordern und Grenzensetzen» und «Fördern von Eigenständigkeit» charakterisiert ist: Die autoritative Richtung ist die «richtige» Richtung. SCHÖNBÄCHLER hält darum für ein umfassendes «Qualitätsverständnis von Unterricht» eine hohe Ausprägung der Aspekte «Beziehung» und «Lenkung» für gleichermaßen wünschenswert: «Dieses Muster korrespondiert mit dem ‹autoritativen› Typ von BAUMRIND.» (SCHÖNBÄCHLER 2008, S. 32).

FUHRER (2007, S. 135) empfiehlt, «Herzenswärme und Liebe mit der Förderung des kindlichen Autonomiestrebens» zu kombinieren,

> und all dies geschieht innerhalb klar definierter, der Entwicklung des Kindes angemessener Grenzen, auf deren Einhaltung konsequent bestanden wird. Zumindest für den westlichen Kulturkreis hat sich eine bemerkenswerte Übereinstimmung der Forschungsbefunde ergeben, als sich eine *autoritative elterliche Erziehung*, d. h. weder ein zu lockerer noch ein zu strenger Erziehungsstil (als Mittelweg) als die positivste Erziehung erweist. (FUHRER 2007, S. 135; kursive Hervorhebung im Original).

Die Richtung des «autoritativen Erziehungsstils» wird von tätigen Lehrpersonen heute bejaht. Sie wissen um die Tragweite von Führung/Lenkung und Wertschätzung, wie aus den Interviews in Kapitel 4.4.4 klar hervorgeht.

10.9 Eine gute Beziehung zu den Schülern und Schülerinnen als Basis für gelingenden Unterricht

> Eine gute Beziehung zu den Schülern und Schülerinnen meiner Klasse zu haben, ist für mich als Lehrperson sehr wichtig und bildet im Grunde die Basis für gelingenden Unterricht und Lernen. (Lehrerin K., 2008).

Diese Aussage von Lehrerin K. (vgl. Kap. 5.1) kann nicht genug wiederholt werden, weil sie in der Hitze des Gefechts oft in Vergessenheit zu geraten droht. Lehrpersonen müssen heute an 1000 Dinge denken, immer mehr werden sie von den Anforderungen des schulischen Umfelds – zum Beispiel Schulentwicklung oder Elternarbeit – in Anspruch genommen. Dann noch immer an die Bedeutung der eigenen Präsenz für die Schülerinnen und Schüler zu denken, ist oft (zu) viel verlangt. Darum ist es für Lehrpersonen immer wieder sinnvoll, sich vor Augen zu führen, wie wichtig ihre Beziehung

zu den Schülerinnen und Schülern ist, wie sehr diese der Ermutigung bedürfen (vgl. zum Stichwort «Ermutigung» Anhang 10). Diese Aussage ist empirisch vielfach belegbar, zum Beispiel indem von «Bindungs- und Selbstwerterhöhungsbedürfnissen» (vgl. Rüedi 2002, S. 79 ff.) ausgegangen wird, denen im pädagogischen Alltag Rechnung zu tragen ist: Kinder und Jugendliche brauchen Liebe, Anerkennung, Förderung, Anregung und Orientierung, die ihnen vorgelebt werden. Dass dem so ist, wurde in Kapitel 5.1.3 ausführlicher dargelegt, indem auf die Roth'sche Tradition der «Pädagogischen Anthropologie» Bezug genommen worden ist. Ermutigung und Beziehungspflege sind Balsam für die Seele der Kinder und Jugendlichen. Dafür gibt es jeden Tag Gelegenheiten und Notwendigkeiten in der Schule: eine freundliche Begrüßung oder Verabschiedung, ein Hinweis auf eine Verbesserung der Leistung, ein Lied wünschen oder vorsingen zu dürfen. Aber auch Lehrpersonen brauchen in ihrem Kollegium das Gefühl, ernst genommen und unterstützt zu werden. Wenn dieses fehlt, kommt es zu den «Wechselbäder[n]», wie sie die Lehrerin K. in Kapitel 5.1 geschildert hat. Zum Gefühl, von den Kolleginnen und Kollegen unterstützt zu werden, trägt ein «kollegialer Grundkonsens» bei (vgl. Kap. 5.1.4). Schülerinnen und Schüler merken sofort: «Aha, unsere Lehrpersonen halten zusammen, die lassen sich nicht gegeneinander ausspielen.» Ein routinierter Sportlehrer drückte diese Haltung einmal so aus, als eine junge Kollegin über disziplinarische Schwierigkeiten mit einer Klasse berichtete: «Also denen sage ich das nächste Mal: ‹Passt auf, wenn ihr der Frau B. gegenüber nochmals so frech seid, kriegt ihr es mit mir zu tun!›»

Von der Pflicht zur Selbstsorge: Wenn nicht ich für mich bin, wer ist dann für mich? 10.10

Bei aller Bedeutung des Kollegiums für das Wohlergehen des Individuums: Diesem obliegt letzten Endes gleichwohl die Regie für seine persönlichen Belange. In diesem Sinne kann von einer «Pflicht zur Selbstsorge»[119] gesprochen werden. Jede Lehrperson hat in ihrem persönlichen und beruflichen Leben tagtäglich die Möglichkeit, etwas für sich selber und ihre bio-psychosoziale Gesundheit zu tun. Oder sie unterlässt dies aus irgendwelchen Gründen und überlässt sich ihren persönlichen Stimmungsschwankungen. Im Hinblick auf Klassenführung und «Disziplin-Management» würde sich diese resignative Einstellung gefährlich auswirken: Als Lehrperson muss ich darauf achten, dass ich mir die persönliche Überzeugung für meine eigene Selbstwirksamkeit bewahre, sonst lasse ich als Individuum zu, dass sich meine Chancen, meine Klasse(n) zu führen, verschlechtern (vgl. Kap. 5.1.5). Wer von Berufes wegen tagtäglich für andere sorgen muss, muss zuerst für sich selber sorgen können, sonst wird irgendwann eine Burn-out-Entwicklung die Folge sein.[120]

---

119 Der Begriff der «Selbstsorge» steht in einer langen Tradition, die bis auf Platon und Sokrates zurückgeht; in seinem Spätwerk entwickelte der französische Philosoph Michel Foucault (1926–1984) die Idee der Selbstsorge. Hier bezieht sich der Begriff der «Selbstsorge» jedoch auf ein Verständnis von «Psychohygiene im Lehrberuf» (vgl. Rüedi 2002, Kapitel 14.1), das vier Ebenen unterscheidet: die persönliche, interpersonale, arbeitsplatzbezogene und organisatorisch-strukturelle Ebene: Auf jeder dieser vier Ebenen kommt dem Individuum Lehrperson eine Verantwortung für seine persönliche Psychohygiene zu, wobei die Beitragsmöglichkeiten des Individuums auf jeder Ebene wieder anders aussehen. Aber sie existieren auf jeder Ebene (vgl. dazu auch Frick 2007)!

120 Burn-out-Entwicklungen können als Folge einer längerfristig gestörten Balance betrachtet werden. Eine gewisse Zeit hält der Mensch ein Ungleichgewicht zwischen Anspannung und Entspannung bzw. ein Überwiegen der Anspannung aus. Wenn dieses Ungleichgewicht jedoch zu lange andauert, kommt es zu einer Gefährdung der Gesundheit bzw. zu einer Burn-out-Entwicklung (vgl. Lattmann / Rüedi 2003, S. 33).

10.11 Die Führung übernehmen

Wenn eine Lehrperson eine Klasse neu übernimmt, muss sie sich in den ersten Wochen als «Leader» im Klassenzimmer etablieren – die Führung übernehmen. Konsequenz, Entschiedenheit und das Bewusstsein, in den entscheidenden Momenten aktiv zu werden, sind unerlässliche Voraussetzungen für eine gelingende Klassenführung (vgl. Kap. 5.2). Es gibt Situationen in der Schule, in denen Lehrerinnen und Lehrer Klartext sprechen müssen: «Hier bin ich die Chefin / der Chef und sage, wo es lang geht! Hast du das kapiert?» Die Schwierigkeit dabei ist, sich nicht zu versteifen, sich nicht auf «eine formale Machtbasis» (Lohmann 2003, S. 21) stützen zu wollen, sondern mit der notwendigen Selbstverständlichkeit und Natürlichkeit reagieren zu können (vgl. Kap. 5.2.1). Gelingt dies einmal nicht, so ist dies noch kein Grund zur Resignation: Junge Menschen müssen zum Beispiel in diese Rolle hineinwachsen. Wichtig ist die sensible Auseinandersetzung mit der eigenen Entschiedenheit, der eigenen Wirksamkeit, wie dies Lehrerin D. B. in Kapitel 5.2.4 beschreibt: Auch der «böse Blick» im Sinne persönlicher Authentizität ist erlernbar. Zum antinomischen Verständnis von Unterrichtsstörungen gehört die Überzeugung, dass Lehrpersonen in gewissen Ernstsituationen eindeutig und unmissverständlich intervenieren müssen. Aber wenn sie immer und bei jeder Kleinigkeit grobes Geschütz auffahren und dauernd klarstellen müssen, dass sie die Chefin/der Chef sind, dann fehlt es ihnen an der notwendigen oder sinnvollen Souveränität. Mit Erich Fromm gesprochen: «Der springende Punkt ist, ob man Autorität hat oder eine Autorität ist.» (vgl. Kap. 5.2.1).

10.12 Humor ist die Fähigkeit, heiter zu bleiben, wenn es ernst wird

Die Führung übernehmen und eindeutig intervenieren zu können, sind wichtige Fähigkeiten, damit Lehrpersonen die Lenkung und Führung ihrer Klassen gelingt. Wenn sie jedoch vor lauter Führungsanspruch und vor lauter Entschiedenheit vergessen, den Kindern und Jugendlichen bei anderer Gelegenheit ihr Ohr zu leihen, dann wird der scheinbare Vorzug zu einer Einseitigkeit. Antinomisches Denken warnt darum vor zu sturem Festhalten an gewissen Prinzipien, die situativ durchaus ihre Berechtigung haben, aber nie verabsolutiert werden sollten. Wichtig ist zugleich die persönliche Flexibilität, bei aller offensichtlichen Führungsstärke auch dann anders reagieren zu können, wenn in der pädagogischen Situation zum Beispiel Nachdenklichkeit oder interessiertes Nachfragen angebracht sind. Dabei ist die Einstellung des Humors hilfreich. Ohne Humor ist keine sinnvolle schulische Disziplin denkbar. Ohne Humor drohen Entschiedenheit und Eindeutigkeit zur erbarmungslosen Unerbittlichkeit zu erstarren. Erst eine humorvolle Einstellung verleiht der klaren Linie in der Schule eine situationsgemäße Flexibilität und Menschlichkeit. Humor kann somit als Fähigkeit umschrieben werden, heiter zu bleiben, wenn es ernst wird in der Schule.... So lebt die betreffende Lehrperson besser und ruhiger, weil sie sich weniger aufreibt, weniger verausgabt (vgl. Rüedi 2002, S. 184 f.). Zur Verbesserung der eigenen Gesundheit kommt der pädagogische Nutzen des humorvollen Reagierens hinzu: Dieses ist eine souveräne und oft wirkungsvolle Reaktionsmöglichkeit auf Unterrichtsstörungen (vgl. Kap. 5.3.1), die zugleich von den Schülerinnen und Schülern sehr geschätzt wird. Diese schätzen es, von Zeit zu Zeit herzhaft zu lachen und sich so zu entspannen. Solche Situationen verschaffen kurze Verschnaufpausen, lockern auf und ermöglichen in einem nächsten Schritt, sich wieder konzentrierter dem Lernen zuzuwenden (vgl. Kap. 5.3.2).

Prävention ist das A und O jeder sinnvollen Disziplin 10.13

Vorbeugung und präventive Strategien sind das A und O jeder gelingenden Klassenführung. Disziplin hängt vorwiegend von Verhaltensweisen ab, die von außen gesehen selbstverständlich erscheinen, Verhaltensweisen, die guten Unterricht und erfolgreiches Lernen ermöglichen, so dass Störungen oder Unterrichtsunterbrechungen gar nicht aufkommen. Beziehungsgestaltung und Lenkung sind die beiden zentralen Dimensionen der Prävention von Störungen im Unterricht (vgl. Kap. 6.1 und 6.2). Schülerinnen und Schüler, die sich von ihrer Lehrperson geschätzt und anerkannt fühlen, lassen sich lenken, zu den Lerninhalten hinführen, auch einmal tadeln oder kritisieren. Marmet nennt darum die «sozial-emotionale Führung» (Marmet 1996, S. 49) die eine Funktion der Führung, die andere wäre die «aufgabenorientierte Führung». Schülerinnen und Schüler benötigen diese aufgabenorientierte Führung, weil sie alleine gar nicht wissen können, welche Lernziele sie wie zu erreichen haben. Wenn Lehrpersonen ihre aufgabenorientierte Führung nicht wahrnehmen, verlieren Schülerinnen und Schüler das Zutrauen zu ihnen, indem sie sich nicht genug gefordert fühlen, sich im Hinblick auf ihre zukünftigen Bildungschancen nicht gut aufgehoben wissen. Sachkompetenz sowie ein entschiedenes Auftreten sind Voraussetzungen dafür, dass die betreffende Lehrperson ihre aufgabenorientierte Führung optimal wahrnehmen kann.

10.14 Unterrichtsstörungen und das persönliche Menschen- und Weltbild der Lehrperson

Situationen, die leicht als «Störungen des Unterrichts» empfunden werden können, sind oft besonders geeignet, der betroffenen Lehrperson Aufschluss über ihr persönliches Menschen- und Weltbild zu geben. Nehmen wir zuerst eine auf den ersten Blick harmlos erscheinende Situation aus dem Alltag: Im Gedränge einer Straßenbahn steht ein Mann einem anderen unbeabsichtigt auf den Fuß. Wie reagiert dieser auf die zugegeben nicht ganz angenehme Situation? Herr A. reagiert erbost und sichtbar verletzt: «Au, was fällt Ihnen eigentlich ein? Passen Sie doch auf, wo Sie Ihre Pfote hinstellen!» Herr A. fühlt sich sichtlich persönlich getroffen, und dementsprechend heftig fällt seine Reaktion aus. Ein anderer Mann hingegen, Herr Z., zieht in einer vergleichbaren Situation seinen Fuß zurück, schaut dem «Täter» direkt ins Gesicht und sagt ihm: «Au, das war mein Fuß!» Herr Z. hat sich sichtlich besser unter Kontrolle, sein Menschen- und Weltbild erlaubt ihm eine situationsangemessene Reaktion. Das Menschen- und Weltbild von Herrn A. scheint sich hingegen in der Richtung auszuwirken, dass er sich rasch betroffen und persönlich verletzt fühlt. Dementsprechend gereizt fällt seine Reaktion aus, als würde er sagen: «Immer werde ich geplagt, immer haben es die anderen auf mich abgesehen.» In der Pädagogik wirken sich solche von Gereizt- und Betroffenheit verursachten Reaktionen, wie dies zum Beispiel in Kapitel 6.3 anhand eines realen Unterrichtsbeispiels aufgezeigt worden ist, verhängnisvoll aus. Herr X. reagiert dort auf Fragen der Kinder «mit zynischen Antworten. Kritische Fragen werden wahrscheinlich nicht gerne gehört». So interpretiert es die Studentin B. K. (vgl. S. 129,

Fußnote 66). Die Folgen seines Verhaltens sind verheerend, bald beginnen die Kinder im Unterricht von Herrn X. zu schwatzen. Es wird unruhig, der Unterricht schleppt sich dahin. An diesem realen Beispiel lässt sich die Bedeutung des persönlichen Menschen- und Weltbildes gut veranschaulichen: Herr X. scheint die Fragen der Schülerinnen und Schüler als unwillkommen, als Störung zu erleben. Für Schule und Unterricht – gerade auch bei Störungen oder für den Unterricht mit sogenannt «schwierigen Schülerinnen und Schülern» – ist ein tendenziell positives Menschen- und Weltbild hilfreich (vgl. Kap. 6.3). Ein solches erleichtert es zum Beispiel, Verständnisfragen von Schülerinnen oder Schülern als belebende Anstöße für den mündlichen Unterricht wahrzunehmen. Was auch immer die genauen Umstände oder Hintergründe für die Unterrichtsstörungen sind, was auch immer die Ursachen der jeweiligen Lernschwierigkeiten sind, diese zu erkennen und zutreffend zu analysieren, wird jener Lehrperson besser gelingen, die sich nicht persönlich getroffen fühlt, deren Menschen- und Weltbild eine situationsadäquate und realistische Wahrnehmung erlaubt. Zu einem wissenschaftlich abgestützten, die situationsadäquate Wahrnehmung fördernden Menschenbild gehört heute zum Beispiel die Perspektive, den Menschen als «grundsätzlich offenes, soziales, beziehungsorientiertes, entwicklungsfähiges und veränderbares Wesen» (Frick 2009, S. 2) zu betrachten, «das durch entsprechende Rahmenbedingungen zu einem sozialen, kooperativen und nützlichen Wesen heranwachsen kann (nicht muss, wie auch die heutige Welt an vielen Orten leider zur Genüge zeigt!), zudem auch umlernen kann. Der englische Soziobiologe Ridley spricht sogar von einer ‹instinktiven Kooperationsbereitschaft› (Ridley 1997, S. 340).» (Frick 2009, S. 2).

So ist es für den Umgang mit Schülerinnen und Schülern allgemein sinnvoll, von einem tendenziell positiven Menschenbild, von einer optimistischen Grundhaltung auszugehen und ihnen als gleichwertige, mündige Menschen zu begegnen! Für den Umgang mit störenden oder sogenannt «schwierigen» Schülerinnen und Schülern heißt das konkreter, davon auszugehen, dass sie unter Umständen bereit sind, sich zu verändern, wenn sie Möglichkeiten dazu sehen, Unterstützung erhalten oder genügend Mut entwickeln. Vielleicht brauchen sie auch einmal Einspruch oder eine Lehrperson, die sich mit ihnen direkt auseinandersetzt oder widerspricht. Alle diese Möglichkeiten in Betracht zu ziehen, lohnt sich! Spüren Pädagoginnen und Pädagogen dagegen Widerstände, fühlen sie sich von ihren (störenden)

Schülerinnen oder Schülern geplagt oder nicht ernst genommen, lohnt sich die Frage nach dem eigenen Welt- und Menschenbild: Ist dieses der pädagogischen Situation oder dem wissenschaftlichen Stand angemessen? Wovon gehe ich aus? Gehe ich davon aus, dass sich «meine störenden Schülerinnen oder Schüler» unter Umständen entwickeln können, wenn sie Möglichkeiten dazu sehen und Unterstützung erhalten? Liegt es an mir, solche Zugänge zu finden?[121]

10.15 Sowohl Unter- wie Überforderung erhöhen die Wahrscheinlichkeit von Unterrichtsstörungen

Dass Überforderung die Gefahr von Unterrichtsstörungen erhöht, ist in der Pädagogik schon lange bekannt (vgl. Kap. 6.4). Eine neuere Hypothese für die Entstehung von Unterrichtsstörungen formulierten kritische Schülerinnen und Schüler 1969 im «Kleinen roten SchülerInnenbuch» (Aktion kritischer StudentInnen 1969, S. 16): «Radau ist auch Flucht. Radau macht man, wenn man sich langweilt.»

Unterrichtsstörungen oder Radau können zum Beispiel dann eine Folge von Langeweile und Unterforderung sein, wenn die betroffenen Schülerinnen und Schüler beginnen, sich lautstark zu unterhalten, statt dem Unterricht zu folgen. Manche Schülerinnen oder Schüler beginnen bei Unterforderung in der Schule, sich zu langweilen und vor sich hinzudösen. Andere

121 Mit diesen Fragen soll nicht gesagt sein, dass es immer am Pädagogen liege oder dass zum Beispiel Interventionen, Weiterleitungen an Behörden oder ähnliche Maßnahmen immer falsch seien. Es geht hier um die Warnung von Christian Gotthilf Salzmann aus seinem «Ameisenbüchlein» von 1806. Dort formulierte er seine berühmt gewordenen Sätze: «*Von allen Fehlern und Untugenden seiner Zöglinge muss der Erzieher den Grund in sich selbst suchen.* Dies ist eine harte Rede, werden viele denken; sie ist aber nicht wirklich so hart, als sie beim ersten Anblick scheint. Man verstehe sie nur recht, so wird die scheinbare Härte sich bald verlieren. Meine Meinung ist gar nicht, dass der Grund von allen Fehlern und Untugenden seiner Zöglinge in dem Erzieher wirklich läge, sondern ich will nur, dass er ihn in sich suchen soll. Sobald er Kraft und Unparteilichkeit genug fühlt, dieses zu tun, ist er auf dem Wege, ein guter Erzieher zu werden.» (Salzmann 1806 in Winkel 1988b, S. 299; kursive Hervorhebung im Original).

wiederum beginnen, ihre Lehrperson mit Fragen zu «löchern», wie dies in Kapitel 6.5 exemplarisch beschrieben worden ist. Wie sich die Unterrichtsstörung im einzelnen Fall äußert, ob sie «Radau» oder inneres Pausieren nach sich zieht, immer geht es um den pädagogisch wichtigen Sachverhalt, dass Unter- oder Überforderung negative Folgen zeigen und die Wahrscheinlichkeit von Unterrichtsstörungen erhöhen. Die Folgen von Unterforderung wurden erst in den letzten 20 Jahren durch die Hochbegabtenforschung ausführlicher thematisiert und erforscht. Lange gingen die meisten Lehrpersonen davon aus, dass eine hohe Begabung grundsätzlich mit guten Schulleistungen einhergehe, dass also vor allem gute Schülerinnen und Schüler besonders begabt sind. Dem muss jedoch nicht so sein. Die Hochbegabtenforschung spricht von «Minderleistern» (vgl. Kap. 6.5) und meint damit die empirisch bestätigte Tatsache, dass auch besonders begabte junge Menschen mittelmäßige oder sogar schwache Schulleistungen erbringen, wenn sie sich zum Beispiel unterfordert fühlen. Die Vermeidung schulischer Unterforderung ist darum genauso wichtig wie die Vermeidung schulischer Überforderung.[122]

Unterrichtsstörungen zutreffend analysieren und angemessen intervenieren 10.16

Wenn Störungen und unerwartete Überraschungen zum Unterricht gehören, müssen sie richtig analysiert und angemessen beantwortet werden können, (vgl. Kap. 10.4). Mit einer angemessenen Intervention antworten zu können setzt voraus, dass die Lehrperson über ein gewisses Repertoire an Reaktions- bzw. Interventionsmöglichkeiten verfügt, so dass ihr eine

122 Dass die Vermeidung von Unterforderung die heutigen Schulen vor beträchtliche Probleme stellt, dass wirkliche Individualisierung und persönlich-individuelle Förderung nicht so einfach zu erreichen sind, zeigen Praxisberichte oder umfassende Evaluationen. So steht zum Beispiel im Jahresbericht 2007/2008 (S. 9) der Fachstelle für Schulbeurteilung des Kantons Zürich: «In den meisten Schulen sind Individualisierung und Differenzierung des Unterrichts wenig ausgeprägt. In den meisten der beobachteten Lektionen richtete sich der Unterricht an eine als homogen gedachte Schülerschaft und wurde wenig an die unterschiedlichen Voraussetzungen der Kinder und Jugendlichen angepasst.»

Auswahl möglich ist. Lehrpersonenzentrierte Interventionsstrategien, wie sie in Kapitel 7.1 dargestellt worden sind, ermöglichen rasches und gezieltes Reagieren. Dies ist oft unerlässlich, um die Führung der Klasse zu behalten. Es gibt Situationen, in denen nur die unmissverständliche Klarstellung: «Hier geht es lang!» hilft (vgl. Abschnitt 10.11).

Einzelgespräche mit der Schülerin / dem Schüler können meistens nicht sofort eingesetzt werden, haben jedoch andere Vorteile. Die Lehrperson steht weniger unter Handlungsdruck als vor der ganzen Klasse, sie hat meistens mehr Zeit zur Verfügung, was der Beziehungs- und Vertrauensbildung zugute kommen kann (vgl. Kap. 7.1.1). Längere Prozesse, wie sie manchmal in schulischen Zusammenhängen nötig sind (vgl. Kap. 9), können am besten von Angesicht zu Angesicht eingeleitet werden. Schulische Disziplin hängt davon ab, dass jedes Mitglied der Klasse seinen Beitrag zum gemeinsamen Gelingen leistet. Jedes Mitglied sollte somit die Notwendigkeit eigener Selbstdisziplin für den gemeinsamen wie den individuellen Lernerfolg erkennen. Solche Zusammenhänge einsichtig und nachvollziehbar zu machen, gelingt oft besser im Einzelgespräch.

Kooperative Interventionsstrategien, wie sie in den Kapiteln 7.2.2 und 7.2.3 dargestellt werden, haben wieder andere Vorteile auf ihrer Seite: Ihnen wohnt oft ein kreatives, die Klasse zusammenschweißendes Potenzial inne. Weil die Lösung von allen Gesprächsteilnehmenden gemeinsam gesucht werden kann und nicht von Anfang an feststeht, sind die Schülerinnen und Schüler oft motiviert dazu beizutragen. Wird dann gegen Ende des Gesprächs im günstigen Falle eine Lösung gefunden, so kann dieses Ergebnis für alle Teilnehmenden verbindlich sein. «Wir haben doch abgemacht, dass ...» – so werden Schülerinnen und Schüler manchmal angesprochen, wenn sie gegen eine gemeinsam gefundene Regel verstoßen.

10.17 Verträge und Vereinbarungen als sinnvolle Interventionsmöglichkeiten bei Störungen

Direkte Aufforderungen sind in der Schule nötig, wenn sofort auf unwillkommene Reaktionen der Schülerinnen und Schüler reagiert werden muss. Sie vermögen jedoch selten, dauerhafte und grundlegende Veränderungen herbeizuführen, weil sie kaum in das Motivationsgefüge der Schülerin oder des Schülers vorzudringen vermögen. Verträge oder Vereinbarungen haben in dieser Hinsicht ihre Vorteile. Im Gespräch können Lehrpersonen ihr Missbehagen über gewisse Verhaltensweisen der Schülerinnen und Schüler zum Ausdruck bringen, ohne dass sich diese vor der ganzen Klasse kritisiert fühlen und dann verteidigen müssen. Zudem bieten Einzelgespräche die Chance, dass beide Seiten ihren Standpunkt äußern können. So können eventuell Kompromisslösungen[123] entstehen, denen beide Seiten zustimmen, was die Wahrscheinlichkeit für eine Verhaltensänderung erhöht.

Häufig werden schriftliche Verträge aufgesetzt. Lohmann (2003, S. 190) spricht von «Verhaltensverträge[n]» und versteht darunter schriftliche Dokumente, die Rechte und Pflichten der beiden Seiten präzis ausformulieren. Seine Ausführungen (vgl. Kap. 7.2.4) geben eine gute Anleitung zum Aushandeln von Verträgen und Vereinbarungen. Wichtig ist hier wie überall, dass die Schülerinnen und Schüler das grundsätzliche Wohlwollen der Lehrperson spüren, was im Einzelgespräch oft besser erreicht werden kann als im Klassenunterricht. Die Lehrperson kann zum Beispiel auf eine soeben gemachte Aussage zurückkommen und beim Schüler nachfragen, wie er diese verstanden hat. Verträge oder Vereinbarungen bieten die Chancen einer gemeinsamen Reise von einem Etappenziel zum nächsten. Schülerinnen und Schüler interpretieren sie im günstigen Falle so, dass die Lehrperson an ihnen und an ihrem Fortkommen interessiert ist. Wozu würde sie sonst Gespräche und damit «Lebenszeit» einsetzen?

Zum angemessenen Umgang mit Unterrichtsstörungen 10.18

In den beiden letzten Abschnitten ging es um die Erörterung lehrpersonenzentrierter und kooperativer Strategien der Klassenführung. Ein weiterer wichtiger Gesichtspunkt ist die Frage der Dosierung: Wie stark, mit welcher Dosierung und mit welcher Zielrichtung soll auf die Störung eingegangen

123 Eine sich antinomisch verstehende Pädagogik bemüht sich, wenn möglich Kompromisslösungen zu finden, verpflichtet sich jedoch nicht im Sinne eines strikten Prinzips dazu. Gewisse Situationen wie Mobbing oder Auslachen verbieten das Eingehen von Kompromissen.

werden? Sicher ist es nicht sinnvoll, mit Kanonen auf Spatzen zu schießen, sonst werden diese Spatzen in den Rang bedeutender Staatsfeinde erhoben. Ebenso unangebracht, ja lebensgefährlich wäre es aber auch, mit Kieselsteinen auf Löwen zu schießen, da würden sich die Löwen für diese Schonung bedanken. Oder auf die Schulklasse bezogen: Die störenden Schülerinnen/Schüler würden unter Umständen rasch das Kommando übernehmen, wenn sie zu nachsichtig, zu schonungsvoll behandelt würden: Auf einen groben Klotz gehört nämlich ein grober Keil, gibt das alte Sprichwort mit Recht zu bedenken. Die Fragen von Dosierung und Zielrichtung sind somit im Hinblick auf passende Interventionen von zentraler Bedeutung. Ideal im Sinne von KOUNIN (vgl. Kap. 4.3.1) und ökonomisch ist es, wenn auf die Unterrichtsstörung möglichst en passant, möglichst ohne Unterbrechung reagiert werden kann. Zu dieser Kategorie sind die ersten fünf Reaktionsmöglichkeiten in Kapitel 7.3.1 zu zählen: Ignorieren, kurz aufrufen oder warten, übersehen, die Lautstärke ändern oder nur ein Zeichen geben: Immer geht es darum, den Unterrichtsfluss nicht zu unterbrechen. Wenn solche «sanften» Interventionen ausreichen, ist dies ideal. Manchmal muss aber der Unterricht gerade unterbrochen werden, damit er später nicht mehr unterbrochen wird. Diese Reaktionen auf Störungen des Unterrichts wurden mit der sechsten Reaktionsmöglichkeit in Kapitel 7.3.1 dargestellt. Klarstellungen oder unmissverständliche Hinweise, was sofort zu unterlassen ist, können ebenso sinnvoll sein wie humorvolle Entschärfungen der Situation oder das energische Zeigen der roten Karte: «So nicht mehr!» Immer geht es darum, dem betreffenden Individuum in der richtigen Tonart entgegenzutreten und zugleich dem Rest der Klasse zu zeigen, wer hier die Lehrperson ist. Weniger an einzelne Individuen als vielmehr an die ganze Klasse denkt die Lehrperson bei der Umstrukturierung des Settings oder bei der Motivierung der Klasse durch hohe Forderungen und Zielsetzungen. Dies zu unterscheiden, wann der einzelne Schüler/die einzelne Schülerin und wann gerade die Klasse als ganze anzusprechen ist, gehört zur hohen Kunst der Klassenführung.

Das Ziel von Kapitel 7.3.1 ist es, verschiedenste Reaktionsmöglichkeiten und Handlungsstrategien bei Unterrichtsstörungen zusammenzutragen, damit Lehrpersonen bewusst reflektierend aus einem umfangreichen Repertoire auswählen können. Nie kann es dabei um Rezepte gehen. Entscheidend sind der der Intervention vorangegangene Aufbau einer tragfähigen

Beziehung sowie die genaue Analyse der jeweiligen Störungssituation, ihres Schweregrades, ihrer Zielrichtung sowie ihrer Qualität. So drängend die jeweiligen Störsituationen auch sein mögen, so sehr sie die Lehrpersonen auch bedrängen, die eigene Analyse, den Schritt zum reflektierenden Praktiker, zur reflektierenden Praktikerin kann und soll diesen niemand abnehmen.

Eltern und Erziehungsberechtigte: Wichtige Partner für die Schule 10.19

Die empirische Forschung hat belegt, dass das Interesse der Eltern für die Schule, zum Beispiel für die Hausaufgaben, die *Schulleistungen* der Kinder beeinflusst (vgl. Fuhrer 2007, S. 261). Eltern und Erziehungsberechtigte sind ebenso mitverantwortlich für das *Verhalten* ihrer Kinder und Jugendlichen. Die Kooperation der Schule mit den Eltern und Erziehungsberechtigten ist deshalb eine zwingende Notwendigkeit und dient dem Wohle des Kindes. Diesem ist am meisten gedient, wenn seine Eltern und Lehrpersonen sich gegenseitig respektvoll unterstützen. Lehrpersonen erleichtern sich die Erfüllung ihres Berufsauftrages, wenn es ihnen gelingt, die betreffenden Eltern und Erziehungsberechtigten von ihrer Schul- und Klassenführung zu überzeugen. Wenn Eltern zu ihrem Kind sagen: «Du gehst zu einer der besten Lehrpersonen, die wir uns für dich vorstellen können», ist leicht vorstellbar, wie motiviert dieses Kind oder diese Jugendliche zur Schule gehen, wie achtungsvoll es oder sie der Lehrperson begegnen wird. Wie es herauskommt, wenn Eltern von der Klassenführung der Lehrperson ihres Kindes nicht überzeugt sind, zeigt die Fußnote 101 (vgl. S. 191). Im Hinblick auf eine gelingende Klassenführung suchen Lehrpersonen darum den Kontakt zu den Eltern ihrer Schülerinnen und Schüler:

- Erstens informieren sie die Eltern und Erziehungsberechtigten darüber, wann und wie im Laufe des Schuljahres Kontakte vorgesehen und möglich sind.
- Zweitens informieren Lehrpersonen die Eltern über die Art der Beurteilungen und den jeweiligen Stand des Kindes. Wenn der Übertritt in eine nächsthöhere Stufe bevorsteht, ist den Eltern oder den Erziehungsberechtigten besonders wichtig, über den Leistungsstand des eigenen Kindes und über das Übertrittsverfahren Bescheid zu wissen.

- Drittens ist es aus lernpsychologischer Sicht wichtig, dass Eltern erfahren, wie sie ihr Kind unterstützen können und wie nicht. Eltern sollten sich bemühen, mit ihren Kindern über deren schulische Erfahrungen zu reden: sich Zeit nehmen, «aktiv zuhören, Interesse und Verständnis zeigen, Emotionen zulassen, aber auch eigene Meinungen äußern. Gelingt dies den Eltern, dann fällt Kindern die psychische Verarbeitung des Schulalltags leichter, und ihre Beziehung zu den Eltern wird entspannter. Derart können sie ihren Kindern helfen, schulischen Erfolg und Misserfolg sowie Schulstress zu bewältigen.» (FUHRER 2007, S. 252).
- Eltern sollten erfahren / wissen, dass sie in ihren Reaktionen auf Noten extreme Reaktionsweisen vermeiden müssen: «Weder Wut und Drohungen fördern das Verhältnis zum Kind noch übermäßiges Lob und besondere Belohnungen. Auch extrem positive Reaktionen der Eltern lassen das Kind deutlich spüren, welch großen Wert die Eltern auf gute Schulleistungen legen. Denn gleichzeitig muss es darum bangen, dass es bei schlechteren Zensuren weniger Zuwendung erhält und muss sich daher noch mehr anstrengen. Damit wächst der Leistungsdruck und das Kind gerät in einen Teufelskreis, je stärker die Eltern-Kind-Beziehung auf dem Tauschprinzip ‹Anerkennung gegen gute Noten› aufgebaut ist.» (FUHRER 2007, S. 252).

Es kommt damit jeweils dem Kind zugute, wenn Lehrpersonen in der Richtung Einfluss ausüben, dass Eltern ihre Leistungs- und Schulabschlusserwartungen auf ein für die Leistungsfähigkeit ihrer Kinder angemessenes Niveau einstellen. Oft läuft dies darauf hinaus, dass Lehrpersonen die elterlichen Leistungserwartungen zurückschrauben. Kinder und Jugendliche müssen sich von ihren Eltern geschätzt und anerkannt fühlen, und zwar unabhängig vom jeweiligen Leistungsniveau, das sie in der letzten Prüfung gerade erreicht haben.[124]

124 Das Thema Elternarbeit ist sehr wichtig und wird – in diese Richtung weisen verschiedene Einschätzungen (vgl. FUHRER 2007, S. 262) – in Forschung sowie Lehrpersonenaus- und -weiterbildung tendenziell unterschätzt.

Auf dem Weg zum eigenen Klassenführungskonzept 10.20

Der Schweizer Leichtathletik-Meister Franco FÄHNDRICH und Lehrerin C. (vgl. Kap. 8.5) haben etwas gemeinsam: Sie blieben am Ball, ließen sich durch Hindernisse und Schwierigkeiten nicht entmutigen. FÄHNDRICH ließ sich mit 16 Jahren nicht vom 100-Meter-Lauf abbringen, obwohl man ihm damals beim BTV Luzern riet, es einmal mit längeren Distanzen zu versuchen. Er blieb beharrlich, wechselte die Distanz gerade nicht, sondern übte beharrlich und fleißig: «Dann [...] explodierten seine Leistungen. Mit 19 Jahren war er der schnellste Schweizer, mit einer 100-Meter-Zeit von 10,3 Sekunden. Zwei Jahre später lief er mit handgestoppten 10,2 Sekunden seinen ersten Schweizer Rekord.» (DEGEN 2009, S. 39[125]).

Lehrerin C. blieb ebenfalls am Ball, nahm ihr persönliches Unbehagen beim Strafen in der Schule ernst und fand einen für sie persönlich besseren Weg: Heute verteilt sie keine Strafen mehr, sondern bevorzugt Einzelgespräche, um dem betreffenden Kind die Folgen seines Tuns oder Lassens zu verdeutlichen (vgl. Kap. 8.5).

Diese persönliche Entwicklung der Lehrerin C. zeigt schön auf, wie wichtig es für Lehrpersonen ist, am Ball zu bleiben und auf ihre inneren Stimmen, auf ihr «inneres Team» (Schulz VON THUN 1998) zu hören. So können sie sich persönlich entwickeln und Wege des Unterrichtens finden, zu denen sie voll und ganz stehen können. MAYR (2009, S. 37) betont die Bedeutung solcher Entwicklungsschritte in Richtung der persönlichen Stimmigkeit, so werde die eigene Führungskompetenz gesteigert.

Lehrerin C. gelang dieser persönliche Entwicklungsprozess, indem sie sich mit den Folgen und Wirkungen ihres eigenen Strafverhaltens auseinandersetzte (vgl. Kap. 8.5) und sich mit den als ungünstig beurteilten Auswirkungen nicht abfand. Anderen Lehrpersonen mögen vergleichbare Entwicklungsschritte auf dem Weg zu einem entschiedenen und effektiven Führungshandeln (vgl. Kap. 5.2) gelingen. Auch der Umgang mit Unterrichtsstörungen beinhaltet für Lehrpersonen Entwicklungspotenzial. Entscheidend ist es, sich durch offene Fragen oder Misserfolge nicht entmutigen oder abschrecken zu lassen, sondern weiter zu lernen und den eigenen Weg

---

125 DEGEN, Ernst (2009): «Aus dir wird sicher nie ein Sprinter». Basler Zeitung vom 11. April 2009, S. 39.

in Richtung persönlicher Stimmigkeit fortzusetzen. Genau dies machte die Lehrerin Sabine WEISSEN (vgl. Kap. 9). Sie merkte, dass ein «autoritär-strafender Stil» nicht zu ihr passte, und suchte «einen anderen Weg», der in Kapitel 9 beschrieben ist. Dieser Fallbericht verdeutlicht eindrücklich, dass die ganzheitliche Förderung unter Einbezug der Förderung von Sozial- und Selbstkompetenz ein kontinuierlicher Prozess ist, der schrittweise und über längere Zeit voranschreitet und allen Schülerinnen und Schülern der Klasse zugute kommt. Sabine WEISSEN lebt vor, dass Erziehung, Verstehen und Helfen Zeit, Geduld und Engagement brauchen. Wenn sich Sabine WEISSEN nicht so für «ihren» Lukas eingesetzt hätte, wenn sie nicht so geduldig am Ball geblieben wäre, wäre diese schöne Entwicklung nicht möglich geworden.[126]

126 Weitere Anregungen zur persönlichen Entwicklung und zur Reflexion gibt Anhang 11.

Literatur

Adler, Alfred (1912): *Zur Erziehung der Eltern.* Monatshefte für Pädagogik und Schulpolitik, 4, achtes Heft: 225–235.

Adler, Alfred (1927/1972): *Menschenkenntnis.* Frankfurt: Fischer.

Adler, Alfred (1928/1982): *Kurze Bemerkungen über Vernunft, Intelligenz und Schwachsinn.* In: Adler, Alfred: *Psychotherapie und Erziehung.* Ausgewählte Aufsätze, Band 1: Frankfurt am Main: Fischer, S. 224–231.

Adler, Alfred (1929/1973): *Individualpsychologie in der Schule.* Frankfurt am Main: Fischer.

Adler, Alfred (1930/1976): *Kindererziehung.* Frankfurt am Main: Fischer.

Adler, Alfred (1930): *Verzärtelte Kinder.* Erstabdruck in: Zeitschrift für Individualpsychologie, 5, 1980, S. 177–181.

Ahrbeck, Bernd (2004): *Kinder brauchen Erziehung. Die vergessene pädagogische Verantwortung.* Stuttgart: Kohlhammer.

Aktion kritischer StudentInnen (1969/2003): *Das kleine rote SchülerInnenbuch.* Wien: AKS.

Althof, Wolfgang (1994): *«Just Community» – Die Schule als Gemeinschaft gestalten.* Schweizer Schule 10: 21–30.

Ansbacher, Heinz; Ansbacher Rowena (1982): *Alfred Adlers Individualpsychologie.* München/Basel: Reinhardt.

Apel, Hans Jürgen (2002): *Herausforderung Schulklasse. Klassen führen – Schüler aktivieren.* Bad Heilbrunn: Klinkhardt.

Arens, Barbara (1997): *Identitätsproblematik und Identitätsfindung «kritischer» Lehrerinnen und Lehrer in den 70er und 80er Jahren.* Wissenschaftliche Reihe, Bd. 90. Bielefeld: Kleine.

Arnold, Rolf (2007): *Aberglaube Disziplin. Antworten der Pädagogik auf das «Lob der Disziplin».* Heidelberg: Carl-Auer-Verlag.

Bandura, Albert (2001): *Social cognitive theory: An agentic perspective.* Annual Review of Psychology, 52: 1–26.

Bastian, Johannes (Hrsg.) (1995): *Strafe muss sein?* Weinheim: Beltz.

Bauer, Joachim (2007): *Lob der Schule.* Hamburg: Hoffmann und Campe.

BAUER, Joachim (2008): *Prinzip Menschlichkeit. Warum wir von Natur aus kooperieren.* München: Heyne-Verlag.

BECKER, Georg E. (2009): *Disziplin im Unterricht – Auf dem Weg zu einer zeitgemäßen Autorität.* Weinheim / Basel: Beltz.

BECKER, Georg E. (2000): *Lehrer lösen Konflikte. Ein Studien- und Übungsbuch.* Weinheim / Basel: Beltz.

BETZ, Dieter; BREUNINGER, Helga (1995): *Teufelskreis Lernstörungen.* Weinheim Beltz.

BIRNBAUM, Ferdinand (1932): *Die individualpsychologische Versuchsschule in Wien.* Zitiert nach ECHLE, Erika (1992): *Das Klassengespräch – ein möglicher Weg zur Demokratie im Klassenzimmer.* Diplomarbeit am Alfred Adler-Institut. Zürich 1992, S. 12 f. (Unveröffentlicht)

BLEIDICK, Ulrich (1985): *Individualpsychologie, Lernbehinderungen und Verhaltensstörungen.* Berlin: Marhold-Verlag.

BLUM, Eva; BLUM Hans-Joachim (2006): *Der Klassenrat.* Mülheim an der Ruhr: Verlag an der Ruhr.

BÖHM, Winfried (2005): *Wörterbuch der Pädagogik.* Stuttgart: Kröner.

BORGIUS, Walter (1981): *Die Schule – ein Frevel an der Jugend.* Freiburg: Mackay-Gesellschaft.

BROMME, Rainer (1997): *Kompetenzen, Funktionen und unterrichtliches Handeln des Lehrers.* In: WEINERT, Franz E. (Hrsg.): *Enzyklopädie der Psychologie.* Band 3: Psychologie des Unterrichts und der Schule. Göttingen: Hogrefe, Verlag für Psychologie, S. 177–212.

BROMME, Rainer; RHEINBERG, Falko; MINSEL, Beate; WINTELER, Adi; WEIDENMANN, Bernd (2006): *Die Erziehenden und Lehrenden.* In: KRAPP, Andreas; WEIDENMANN, Bernd (Hrsg.): *Pädagogische Psychologie. Ein Lehrbuch.* Weinheim, Basel: Beltz, S.269–355.

BRUMLIK, Micha (Hrsg.) (2007): *Vom Missbrauch der Disziplin. Antworten der Wissenschaft auf Bernhard Bueb.* Weinheim / Basel: Beltz.

BRÜNDEL, Heidrun; SIMON, Erika (2007): *Die Trainingsraum-Methode. Unterrichtsstörungen – klare Regeln, klare Konsequenzen.* 2. Auflage. Weinheim / Basel: Beltz.

BUCHNER, Christina (2006): *Disziplin – kein Schnee von gestern, sondern Tugend für morgen.* Kirchzarten bei Freiburg: VAK.

BUEB, Bernhard (2006): *Lob der Disziplin.* Berlin: List.

DREIKURS, Rudolf (1976): *Psychologie im Klassenzimmer.* Stuttgart: Klett.

DREIKURS, Rudolf; GRUNWALD, Bernice; PEPPER, Floy (1979): *Schülern gerecht werden.* München: Urban & Schwarzenberg.

DREIKURS, Rudolf; GREY, Loren (1977): *Kinder lernen aus den Folgen. Wie man sich Schimpfen und Strafen sparen kann.* Freiburg im Breisgau: Herder.

DUDEN (2001): *Das Fremdwörterbuch.* 7., neu bearbeitete und erweiterte Auflage. Mannheim: Dudenverlag.

Duden (2009): *Die deutsche Rechtschreibung.* 25. Auflage. Mannheim: Dudenverlag.

Echle, Erika (1992): *Das Klassengespräch – ein möglicher Weg zur Demokratie im Klassenzimmer.* Diplomarbeit am Alfred Adler-Institut. Zürich 1992. (Unveröffentlicht)

Eikenbusch, Gerhard (2009): *Classroom Management – für Lehrer und für Schüler. Wege zur gemeinsamen Verantwortung für den Unterricht.* Pädagogik 2: 6–10.

Emmer, Edmund T. et al. (2002): *Classroom Management for secondary teachers.* 6th ed. Boston, MA: Allyn and Bacon.

Engelmayer, Otto (1956): *Pädagogische Entwicklungs- und Lebenshilfe.* 3. Auflage. München: Ehrenwirth.

Enkhardt, Dieter (1999): *Störungen im Unterricht.* In: Diepold, Siga (Hrsg.) (1999): *Die Fundgrube für Klassenlehrer. Das Nachschlagewerk für jeden Tag.* Berlin: Cornelsen Scriptor, S. 136–157.

Evertson, Carolyn M.; Emmer, Edmund T.; Worsham, Murray E. (2006): *Classroom Management for Elementary Teachers.* Boston: Pearson Education.

Fend, Helmut (2000): Persönliche Mitteilung vom 22. Dezember 2000.

Fend, Helmut (2007): *Lob der Forschung.* Pädagogik, 6: 60 f.

Frey, Karin (2010): *Disziplin und Schulkultur.* Bern: Schulverlag.

Frick, Jürg (2006): *Ich mag dich – du nervst mich.* Bern: Verlag Hans Huber.

Frick, Jürg (2007): *Die Kraft der Ermutigung.* Bern: Verlag Hans Huber.

Frick, Jürg (2008): *Beziehungsgeschehen und Motivation.* ph I akzente, 4: 22–25.

Frick, Jürg (2009): *Einige Anmerkungen zur Aktualität der Individualpsychologie.* Vortrag zum 60. Geburtstag der Schweizerischen Gesellschaft für Individualpsychologie nach Alfred Adler. Zürich, 6. Juni 2009.

Fuhrer, Urs (2005): *Lehrbuch Erziehungspsychologie.* Bern: Verlag Hans Huber.

Fuhrer, Urs (2007): *Erziehungskompetenz. Was Eltern und Familien stark macht.* Bern: Verlag Hans Huber.

Ganter-Bührer, Gerda (1991). *Wenn Kinder nein zur Schule sagen.* Zürich: Pro Juventute.

Gaschke, Susanne (2001): *Die Erziehungskatastrophe.* Stuttgart: Deutsche-Verlags-Anstalt.

Gelzer, Hermann (2006): *Die Entwicklung der Strafe in der Pädagogik im Laufe der Jahrhunderte.* Referat, gehalten an der Tagung der Lostorfer Gruppe in der Paulus-Akademie Zürich, S. 1–10. (Unveröffentlicht)

Gerster, Petra; Nürnberger, Christian (2001): *Der Erziehungsnotstand.* Berlin: Rowohlt.

Glöckel, Hans (2000): *Klassen führen – Konflikte bewältigen.* Bad Heilbrunn: Klinkhardt.

Goleman, Daniel (1996): *Emotionale Intelligenz.* München: Hanser.

Gordon, Thomas (1977): *Lehrer-Schüler-Konferenz. Wie man Konflikte in der Schule löst.* Hamburg: Hoffmann/Campe.

Grell, Jochen (1989): *Techniken des Lehrerverhaltens.* 12. Auflage. Weinheim/Basel: Beltz-Verlag.

GRUNTZ-STOLL, Johannes (1999): *Erziehung – Unterricht – Widerspruch.* Pädagogische Antinomien und Paradoxe Anthropologie. Bern: Peter Lang.

GUSS, Kurt (1975): *Psychologie als Erziehungswissenschaft.* Stuttgart: Klett-Verlag.

HEIDEMANN, Rudolf (1999): *Körpersprache im Unterricht. Ein praxisorientierter Ratgeber.* 6., durchges. Auflage. Wiebelsheim: Quelle & Meyer.

HELMKE, Andreas (2004): *Unterrichtsqualität erfassen, bewerten, verbessern.* 3. Auflage. Seelze: Kallmeyersche Verlagsbuchhandlung.

HELMKE, Andreas; WEINERT, Franz E. (1997): *Bedingungsfaktoren schulischer Leistung.* In: WEINERT, Franz E. (Hrsg.) (1997): *Enzyklopädie der Psychologie.* Band 3: Psychologie des Unterrichts und der Schule. Göttingen: Hogrefe, Verlag für Psychologie, S. 71–176.

HENLEY, Martin (2006): *Classroom Management. A Proactive Approach.* Upper Saddle River, NJ: Merrill Prentice Hall.

HENNINGSEN, Jürgen (1972): *Peter stört.* Analyse einer pädagogischen Situation. In: FLITNER, Andreas; SCHEUERL, Hans (Hrsg.) (1972): *Einführung in pädagogisches Sehen und Denken.* München: Piper, S. 51–71.

HERZOG, Walter (2002): *Zeitgemäße Erziehung.* Weilerswist: Velbrück Wissenschaft.

HOBMAIR, Hermann (Hrsg.) (1996): *Pädagogik.* Köln: Stam-Verlag.

HÖSS, Rudolf (1983): *Kommandant in Auschwitz.* Autobiographische Aufzeichnungen. München: dtv.

IKONEN, Kristina; DOMISCH, Rainer (2009): *Schule und Unterstützungssystem integrieren. Individuelle Förderung als Grundrecht für alle Schüler in Finnland.* Pädagogik, 61, 3: 8–11.

JAGLARZ, Barbara; BEMMERLEIN, Georg (2006): *Bußgeldkatalog. 68 originelle Zusatzaufgaben bei Regelverstößen.* Horneburg: Persen Verlag.

JÄNCKE, Lutz (2008): Vorwort. In: STEDTNITZ, Ulrike (2008): *Mythos Begabung.* Bern: Verlag Hans Huber, S. 13–16.

JÄNCKE, Lutz (2009): *Hirndoping. Pillen für ein besseres Gehirn.* Sanitas, Ausgabe 1: 4–7.

JERUSALEM, Matthias (2005): *Selbstwirksamkeit.* In: WEBER, Hannelore; RAMMSAYER, Thomas (Hrsg.): *Handbuch der Persönlichkeitspsychologie und Differentiellen Psychologie.* Göttingen: Hogrefe, S. 438–445.

KAISER, Heinrich (1983): *Schulversäumnisse und Schulangst.* Frankfurt: Lang.

KASSNER, Dieter (2002): *Humor im Unterricht. Bedeutung – Einfluss – Wirkungen.* Hohengehren: Schneider.

KELLER, Gustav (2008): *Disziplinmanagement in der Schulklasse.* Bern: Verlag Hans Huber.

KORTE, Jochen (2008): *Erziehungspartnerschaft Eltern – Schule.* Weinheim: Beltz.

KOUNIN, Jacob S. (1976/2006): *Techniken der Klassenführung.* Münster: Waxmann.

KUMMER, Annemarie (2000): *Disziplinschwierigkeiten in Schweizer Schulen.* Berichte des Fachbereichs Pädagogische Psychologie I, Universität Zürich, Prof. Dr. Helmut Fend.

LAMNEK, Siegfried (2005): *Qualitative Sozialforschung. Ein Lehrbuch.* Weinheim/Basel: Beltz PVU.

LANIG, Jonas (2004): *Gegen Chaos und Disziplinschwierigkeiten.* Mülheim an der Ruhr: Verlag an der Ruhr.

LARGO, Remo (mit M. BEGLINGER) (2009): *Schülerjahre. Wie Kinder besser lernen.* München/Zürich: Piper.

LATTMANN, Urs Peter; RÜEDI, Jürg (2003): *Stress- und Selbstmanagement. Ressourcen fördern.* Aarau: Sauerländer.

LAZARSFELD, Sophie (1926): *Mut zur Unvollkommenheit.* Zeitschrift für Individualpsychologie, 4: 375–381.

LCH Dachverband Schweizer Lehrerinnen und Lehrer (Hrsg.) (1998): *Disziplinschwierigkeiten gehen uns alle an!* Zürich: Verlag LCH.

LCH Dachverband Schweizer Lehrerinnen und Lehrer (Hrsg.) (2008): *Standesregeln des Dachverbandes Schweizer Lehrerinnen- und Lehrer.* Online abrufbar unter: www.lch.ch > LCH-Berufsleitbild und LCH-Standesregeln (PDF). (Datum des letzten Zugriffs: 23. Februar 2010).

LEHMANN-SCHAUFELBERGER, Dietmar (2009): *Richtig reagieren bei Störungen im Schulalltag.* Buxtehude: AOL-Verlag.

LEWIN, Kurt; LIPPITT, Ronald; WHITE, Ralph (1939): *Patterns of aggressive behavior in experimentally created «social climates».* Journal of Social Psychology, 10: 271–299.

LOHMANN, Gert (2002): *Humorsituationen im Unterricht.* In: GRUNTZ-STOLL, Johannes; RISSLAND, Birgit (2002): *Lachen macht Schule. Humor in Erziehung und Unterricht.* Bad Heilbrunn: Klinkhardt, S. 129–143.

LOHMANN, Gert (2003): *Mit Schülern klarkommen.* Berlin: Cornelsen.

LOHMANN, Gert (2009): *Schwierige Schüler gewinnen.* Pädagogik, 61, 2: 28–33.

LOZANO, Sandra Anna (2007): *Disziplin im Klassenzimmer: Modelle und Methoden für das 21. Jahrhundert.* Seminararbeit am Departement für Psychologie der Universität Freiburg i. Ü., Lehrstuhl Klinische Psychologie. (Unveröffentlicht)

LUKESCH, Helmut (1980): *Erziehungsstile.* In: SPIEL, Walter. (Hrsg.): *Psychologie des 20. Jahrhunderts.* Band XI, Konsequenzen für die Pädagogik: 1. Entwicklungsmöglichkeiten und erzieherische Modelle. Zürich: Kindler, S. 329–356.

MALDOOM, Royston (2008): *«Ich fordere Kinder heraus».* «Spiegel Special», 7: 76–77. (Interview)

MANDELA, Nelson (1997): *Der lange Weg zur Freiheit.* Autobiografie. Frankfurt: Fischer.

MARMET, Otto (1996): *Ich und du und so weiter. Kleine Einführung in die Sozialpsychologie.* Weinheim: Beltz.

MATTHES, Gerald; SCHWARZER, Christine (1997): *Lernschwierigkeiten und ihre Folgen.* In: LOMPSCHER, Joachim; NICKEL, Horst; RIES, Gerhild; SCHULZ, Gudrun (Hrsg.): *Leben, Lernen und Lehren in der Grundschule.* Berlin: Luchterhand 1997, S. 329–341.

MAYR, Johannes (2008a): *Forschungen zum Führungshandeln von Lehrkräften: Wie qualitative und quantitative Zugänge einander ergänzen können.* In: HOFMANN, F.; SCHREINER, C.; THONHAUSER, J. (Hrsg.): *Qualitative und quantitative Aspekte. Zu ihrer Komplementarität in der erziehungswissenschaftlichen Forschung.* Münster: Waxmann, S. 321–342.

MAYR, Johannes (2008b): *Klassenführung. Hintergrund und Ziele.* Online abrufbar unter: http://ius.uni-klu.ac.at/projekte/klm/ (Datum des letzten Zugriffs: 10. Feb. 2009).

MAYR, Johannes (2009): *Klassen stimmig führen.* Pädagogik, 61, 2: 34–37.

MAYR, Johannes; EDER, Ferdinand; FARTACEK, Walter (2006): Linzer Diagnosebogen zur Klassenführung (LDK): Online abrufbar unter: http://ius.uni-klu.ac.at/projekte/ldk/ (Datum des letzten Zugriffs: 10. Februar 2009).

MEMMERT, Wolfgang (2002): *Die Führung einer Schulklasse. Disziplinschwierigkeiten müssen nicht sein.* München: Oldenbourg.

MEIER, Urs P. (1987): *Pestalozzis Pädagogik der sehenden Liebe.* Bern: Haupt.

MIETZEL, Gerd (1993): *Psychologie in Unterricht und Erziehung.* Göttingen: Hogrefe, Verlag für Psychologie.

MILLER, Reinhold (1995): *«Wie hältst du's mit der Strafe?»* In: BASTIAN, Johannes (Hrsg.): *Strafe muss sein?* Weinheim: Beltz.

MILLER, Reinhold (2006): *99 Schritte zum professionellen Lehrer.* Seelze: Klett/Kallmeyer.

NEUENSCHWANDER, Markus; BALMER, Thomas; GASSER-DUTOIT, Annette; GOLTZ, Stefanie; HIRT, Ueli; RYSER, Hans; WARTENWEILER, Hermann (2005): *Schule und Familie – was sie zum Schulerfolg beitragen.* Bern: Haupt.

NOLTING, Hans-Peter (2002): *Störungen in der Schulklasse.* Weinheim/Basel: Beltz.

OSER, Fritz (1997): *Standards in der Lehrerbildung.* Beiträge zur Lehrerbildung, 15: 26–37.

PAUSE, Gerhard (1970): *Merkmale der Lehrerpersönlichkeit.* In: INGENKAMP, Karlheinz (Hrsg.): Handbuch der Unterrichtsforschung, Teil II. Weinheim: Beltz, S. 1357–1526.

PETERMANN, Ulrike; PETERMANN, Franz (1994): *Das aggressive Kind oder: Hilfen durch die Verhaltenstherapie.* In: WINKEL, Rainer (Hrsg.): *Schwierige Kinder – Problematische Schüler.* Baltmannsweiler: Schneider Hohengehren, S. 53–64.

PFITZNER, Michael (2000): *Kevin tötet mir den letzten Nerv.* Baltmannsweiler: Schneider Hohengehren.

PÖHM, Matthias (2008): *Schlagfertig auf dem Schulhof. Wie man Großmäulern clever Paroli bietet.* München: mvg-Verlag.

RIEGEL, Enja (2004): *Schule kann gelingen. Wie unsere Kinder wirklich fürs Leben lernen.* Frankfurt am Main: S. Fischer.

RÜEDI, Jürg (1992): *Die Bedeutung Alfred Adlers für die Pädagogik.* Bern: Haupt.

RÜEDI, Jürg (1995): *Einführung in die individualpsychologische Pädagogik.* Bern: Haupt.

RÜEDI, Jürg (2000): *Vorbeugen ist besser als Heilen.* Zeitschrift für Individualpsychologie, 25: 345–363.

Rüedi, Jürg (2002): *Disziplin in der Schule. Plädoyer für ein antinomisches Verständnis von Disziplin und Klassenführung.* Bern: Haupt.

Rüedi, Jürg (2008): *Respekt erzwingen – durch Strafen?* Pädagogik, 60, 2: 22–25.

Rüedi, Jürg (2009): *«Selbsterziehung» – ein aktuelles Konzept der Individualpsychologie?* Zeitschrift für Individualpsychologie, 34: 374–390.

Schenk-Danzinger, Lotte (1988): *Entwicklung – Sozialisation – Erziehung.* Stuttgart: Klett-Cotta.

Schneewind, Klaus; Böhmert, Beate (2008): *Kinder im Grundschulalter kompetent erziehen.* Bern: Verlag Hans Huber.

Schneid, Konrad (1984): *Die Person des Lehrers als entscheidender Faktor in Erziehung und Unterricht.* In: Göldner, Hans-Dieter (Hrsg.): *Schwierige Schüler – was tun?* München: Oldenbourg, S. 15–25.

Schönbächler, Marie-Theres (2008): *Klassenmanagement. Situative Gegebenheiten und personale Faktoren in Lehrpersonen- und Schülerperspektive.* Bern: Haupt.

Schönbächler, Marie-Theres (2009): *Klassenmerkmale und Störausmaß im Unterricht.* Zusammenfassung zum Jahreskongress der Schweizerischen Gesellschaft für Bildungsforschung SGBF und der Schweizerischen Gesellschaft für Lehrerinnen- und Lehrerbildung SGL vom 29. Juni bis 1. Juli 2009. Zürich: Universität Zürich, S. 185.

Schrader, Friedrich-Wilhelm; Helmke, Andreas (2008): *Determinanten der Schulleistung.* In: Schweer, Martin (Hrsg.): *Lehrer-Schüler-Interaktion.* Wiesbaden: VS, Verlag für Sozialwissenschaften, S. 285–302.

Schulz von Thun, Friedemann (1998): *Miteinander reden. Das «innere Team» und situationsgerechte Kommunikation.* Reinbek bei Hamburg: Rowohlt.

Schweer, Martin (2008): *Vertrauen im Klassenzimmer.* In: Schweer, Martin (Hrsg.): *Lehrer-Schüler-Interaktion.* Wiesbaden: VS, Verlag für Sozialwissenschaften, S. 547–564.

Sommer, Mona; Eckstein, Gundi (2008): *Gespräche führen. Ein pädagogisches Kerngeschäft.* Pädagogik, 60, 9: 42–46.

Stadelmann, Martin; Spirgi, Beat (1997): *Wie die Lehrerbildung bilden soll.* Bern: Haupt.

Stähling, Reinhard (2006): *«Du gehörst zu uns». Inklusive Grundschule.* Baltmannsweiler: Schneider.

Stamm, Margrit (2005): *Hochbegabung und Schulabsentismus. Theoretische Überlegungen und empirische Befunde zu einer ungewöhnlichen Liaison.* Psychologie in Erziehung und Unterricht, 52: 20–32.

Stamm, Margrit (2009): *«Ich bin dann mal weg».* Gehirn und Geist, 4: 26–28.

Stapf, Aiga (2008): *Hochbegabte Kinder. Persönlichkeit. Entwicklung. Förderung.* München: C. H. Beck.

Taroni, Anna-Katharina (2008). *Welches Gewicht hat Disziplin und Ordnung im Unterricht?* Umfrage von Martin Werder und Matthias Marti. EDUCATION – Amtliches Schulblatt des Kantons Bern 6.08, Dezember, S. 16. Online abrufbar unter:

http://www.phbern.ch/fileadmin/user_upload/EDUCATION/EDUCATION_2008/education-06-2008.pdf (Datum des letzten Zugriffs: 21. Juni 2010).

Tausch, Anne-Marie; Tausch, Reinhard (1973): *Erziehungspsychologie.* 7. Auflage. Göttingen: Hogrefe, Verlag für Psychologie.

Tenorth, Heinz-Elmar (2008): Persönliche E-Mail vom 29. Juni 2008.

Tschöpe-Scheffler, Sigrid (2006): *Konzepte der Elternbildung – eine kritische Übersicht.* Opladen: Barbara Budrich.

Tymister, Hans Josef (1995): *Stichwort Beratung.* In: Brunner, Reinhard; Titze, Michael (Hrsg.): *Wörterbuch der Individualpsychologie.* München / Basel: Reinhardt, S. 59–63.

Wagenschein, Martin (1986): *Die Sprache zwischen Natur und Naturwissenschaft.* Marburg: Jonas-Verlag.

Wahl, Diethelm (1991): *Handeln unter Druck. Der weite Weg vom Wissen zum Handeln bei Lehrern, Hochschullehrern und Erwachsenenbildnern.* Weinheim: Deutscher Studien Verlag.

Watzlawick, Paul; Beavin, Janet; Jackson, Don (1969): *Menschliche Kommunikation.* Bern: Verlag Hans Huber.

Weber, Erich (1996): *Pädagogik. Eine Einführung.* Band 1: Grundfragen und Grundbegriffe. Teil 1, 2 und 3. Donauwörth: Auer.

Weidenmann, Bernd; Krapp, A. (Hrsg.) (1986): *Pädagogische Psychologie. Ein Lehrbuch.* München/Weinheim: Psychologie Verlags Union.

Weinert, Franz E. (1996): *«Der gute Lehrer, die gute Lehrerin» im Spiegel der Wissenschaft.* Beiträge zur Lehrerbildung, 14 (2): 141–151.

Wellenreuther, Martin (2005): *Lehren und Lernen – aber wie?* Baltmannsweiler: Schneider Hohengehren.

Wexberg, Erwin (1974): *Individualpsychologie.* Stuttgart: Hirzel.

Winkel, Rainer (1987): *Unterrichtsstörungen und Disziplinarstörungen oder: Vom Umgang mit aggressiven und desmotivierten Schülern.* In: Bastian, Johannes (Hrsg.): *Lehrerautorität und Schülerbeteiligung.* Hamburg: Bergmann und Helbig, S. 92–102.

Winkel, Rainer (1988a): *Antinomische Pädagogik und Kommunikative Didaktik.* Düsseldorf: Schwann.

Winkel, Rainer (1988b): *Pädagogische Epochen.* Düsseldorf: Schwann.

Winkel, Rainer (1996): *Der gestörte Unterricht.* Bochum: Kamp-Schulbuchverlag.

Winkel, Rainer (Hrsg.) (2001): *Schwierige Kinder – Problematische Schüler.* Baltmannsweiler: Schneider Hohengehren.

Winkel, Rainer (2005): *Der gestörte Unterricht.* Baltmannsweiler: Schneider Hohengehren.

Wittmann, Anna Julia; Holling, Heinz (2004): *Hochbegabtenberatung in der Praxis.* Göttingen: Hogrefe.

Internetadressen

Stand 23. Febuar 2010

Berliner Bildungsserver: Störungen des Unterrichts und Konflikte
http://bebis.cidsnet.de/weiterbildung/sps/allgemein/bausteine/stoerungen/index.htm
Hinweise/Kapitel zu den Ursachen von Unterrichtsstörungen sowie zu den Präventions- und Interventionsmöglichkeiten.

Alpen-Adria-Universität Klagenfurt, Institut für Unterrichts- und Schulentwicklung: Linzer Diagnosebogen zu Klassenführung LDK
http://ius.uni-klu.ac.at/projekte/ldk/
Der «Linzer Diagnosebogen zur Klassenführung» (LDK) entstand aus empirischen Forschungen zum Klassenmanagement und aus praktischen Erfahrungen in der Lehrerbildung. Er ist speziell für Lehramtsstudierende sowie Lehrerinnen und Lehrer gedacht, die sich damit Klarheit über ihr pädagogisches Handeln verschaffen möchten.

Jürg Rüedi: Disziplin und Klassenführung in der Praxis
http://www.disziplin.ch/
Informationen über Unterrichtsdisziplin und Klassenführung in Theorie und Praxis. Checkliste zur Analyse der eigenen Unterrichtspraxis.

Martin Wellenreuther: Handwerkszeug für erfolgreichen Unterricht. Klassenmanagement ist mehr als Ermahnen und Strafen
http://www.martin-wellenreuther.de/content/Klassenmanagement.pdf.
Aktueller Text von Martin Wellenreuther (2009) zum Thema «Klassenmanagement».

Homepage von Reinhard Stähling
http://www.reinhard-staehling.de/
Hinweise auf Texte von Reinhard Stähling,
dem Leiter der Grundschule Berg Fidel (vgl. Kapitel 7.2.2).

Thurgauer Volksschule
http://www.schuletg.ch/file_uploads/bibliothek/k_29_Unterrichtentwickeln/k_553_LernkulturKlassenfhr/3620_0_klassenfhrunghandreichungzh.pdf
10 Kriterien für gute Klassenführung aus der Sicht der Bildungsdirektion des Kantons Zürich: «Top Ten Klassenführung». Die Einordnung der Klassenführung in das weite Feld dessen, was Helmke «Unterrichtsqualität» nennt, wird sichtbar.

Kai Uwe Wollenweber, Universität Flensburg
http://www.unterrichtsstoerungen.de/
Definitionen von Unterrichtsstörungen, Ursachen, Handlungsempfehlungen, Kooperationsformen und ein Forum.

http://de.wikipedia.org/wiki/Schulische_Disziplin
Historisch orientierter Beitrag zum Begriff «Disziplin in der Schule».

Anhang

Auf die folgenden Anhänge wurde in den Kapiteln 1 bis 10 für Leserinnen und Leser hingewiesen, die sich noch vertiefen wollen. Diese Anhänge bieten Ergänzungen, Präzisierungen oder Anschauungsbeispiele und können je nach Interesse ausgewählt oder ausgelassen werden.

Anhang 1

Laut Studienheft Grundstudium (August 2007, S. 5) beschäftigen sich die Liestaler Studierenden des Instituts Primarstufe der Pädagogischen Hochschule der Fachhochschule Nordwestschweiz im zweiten Semester mit den Themenschwerpunkten «Erziehen, Unterrichten, eine Klasse führen, mit Störungen umgehen, dabei den eigenen Standpunkt reflektieren und weiter entwickeln».

Dabei verfolgen sie folgende Ziele:
Möglichkeiten kennenlernen, eine Klasse zu führen, eine positive Lernatmosphäre aufzubauen und mit Störungen des Unterrichts umzugehen. Dabei das erzieherische Verhalten beschreiben, auf dem Hintergrund der persönlichen Lern- und Erziehungsbiographie und erziehungswissenschaftlicher Erkenntnisse kritisch reflektieren können.

Im Zusammenhang mit diesen Zielen interviewen die Studierenden eine Lehrperson, dokumentieren diese Interviews schriftlich auf sieben bis zehn Seiten und ergänzen diese Antworten mit persönlichen Erfahrungen sowie mit passenden Fachliteraturstellen.

Folgende sieben Fragen stehen am Ausgangspunkt:

1. Welche Störungen haben Sie bei Ihrer Berufsausübung bisher kennengelernt?
2. Wie gehen Sie damit um? Welche Erfahrungen können mir bei der Bewältigung solcher Störungen helfen? Worauf kommt es an?
3. Planen Sie auch Einzelgespräche ein? Wenn ja, wann und wozu?
4. Führen Sie Klassengespräche? Wenn ja, wozu? Lohnen sich Klassengespräche? Ihre Erfahrungen damit?
5. Kennen Sie Strafen? Ja? Nein? Welche Erfahrungen machen Sie damit? Welche Voraussetzungen müssen Ihrer Ansicht nach erfüllt sein, damit Strafen gerechtfertigt und sinnvoll sind?
6. Gewalt in der Schule – Was kommt Ihnen dabei in den Sinn? Wie gehen Sie damit um?
7. Was tun Sie dafür, dass Sie gesund bleiben in Ihrem Beruf? Gedanken zur Psychohygiene?

Aus der schriftlichen Auftragserteilung zum 2. Semester, Ausbildungsbereich Erziehungswissenschaft, Pädagogische Hochschule der Fachhochschule Nordwestschweiz, Liestal 2008, Dozent Jürg Rüedi.

Anhang 2

Rückblick auf 50 Jahre Schule (1955–2005)

Res Theiler

Die Frage kam in einer Physikstunde. Ich habe keine Ahnung mehr, wie wir weg von der Mechanik hin zur heutigen Jugend abdrifteten, aber mitten in meinem Monolog unterbrach mich Beni: «Sie behaupten also, Sie hätten in Ihrer Jugendzeit mehr Blödsinn gemacht als wir heute? Sie seien schlimmer gewesen als wir, die wir jetzt vor Ihnen sitzen?» Und auf meine bejahende Antwort setzte er nach: «Aber uns sagt man doch immer, wir benähmen uns ärger als alle vorhergehenden Generationen? Und wir werden mit dem Begriff ‹heutige Jugend› abqualifiziert! Was stimmt nun? Erklären Sie mal!»

Das tat ich dann auch. Ein Monolog wurde plötzlich zu einem Dialog. Ungläubig zuerst, aber dann mit immer wachsendem Interesse und Zustimmung hörten die SchülerInnen einer 10. Klasse an der Neuen Oberländischen Schule Spiez NOSS meinen Argumenten zu. Ich versuchte ihnen begreiflich zu machen, dass sie nicht einfach schlecht, unbelehrbar, rüpelhaft und sowieso den Drogen verfallen seien. Sondern dass sie ihren Weg in einer andern Umgebung suchen müssten, als wir es seinerzeit taten – die Probleme aber grundsätzlich immer noch die gleichen seien.

Ich unterrichte seit 1967 mit kleinen Unterbrüchen, zuerst lange Jahre an einer bernischen Sekundarschule – welche damals noch fünf Jahrgänge umfasste – und seit einigen Jahren RealschülerInnen in altersgemischten ländlichen Klassen sowie SchülerInnen in zehnten Schuljahren an der oben erwähnten Privatschule; im Winterhalbjahr kommen noch Auszubildende in ihrem ersten Lehrjahr dazu. Um das Erstaunlichste gleich vorneweg zu nehmen: Ich glaube wirklich nicht an einen grundlegenden Wandel im Benehmen der heutigen Jugendlichen; Äußerlichkeiten haben sich teilweise radikal verändert, nicht aber die Menschen dahinter.

Ein interessanter Einwurf war der von Lea: «Aber Sie wurden doch damals hart und körperlich gestraft. Wie kann es also sein, dass Sie trotzdem so viel Blödsinn gemacht haben?» Damit brachte sie einen für ihre Altersgruppe typischen Gegensatz ins Spiel; für mich war ihre Argumentation hingegen genau die gesuchte Begründung: Wie oft verhindert eine angedrohte Strafe ein unerwünschtes Verhalten? Es funktioniert teilweise bei uns Erwachsenen, es funktioniert auch teilweise bei Kindern und Jugendlichen – aber es ist ganz sicher keine Ideallösung. Und in der Pubertät wirkt die angedrohte Strafe oder Konsequenz – wie auch immer wir das nennen wollen – oft eher als Stimulans denn als Hemmung.

Auf den folgenden Seiten zeichne ich nun, aus meiner knapp vierzigjährigen Erfahrung, einige Aspekte von Disziplin in der Schule und ihren Wandel in der Zeit auf. Dabei versuche ich ganz stark, die ältere Vergangenheit weder zu verklären noch zu verdammen, sondern gerade in diesen frühesten Erinnerungen so präzis wie möglich zu sein, auch wenn dies schwierig ist. Meine persönliche Entwicklung zum Thema Disziplin wie zum Thema Schule und Unterrichten allgemein beeinflusst aber ganz selbstverständlich meine heutige Wahrnehmung dieser frühen Zeiten.

Ein Blick zurück in meine eigene Schulzeit
Ob ich gerne zur Schule ging, weiß ich nicht mehr so genau. Auf jeden Fall litt ich nicht besonders, war aber im Gegenzug auch kein besonders guter Schüler. Das strikte Unterrichtsmilieu ist mir in vielen anekdotischen Gegebenheiten aber noch recht präsent. Was mir im Gegensatz zu heute besonders auffällt, ist die viel striktere Abgrenzung zwischen Lehrkräften und SchülerInnen, welche damals die Norm war. Diese absolute Trennung, diese zwei durch fast nichts verbundenen Welten sind für mich das prägendere Element als die rigide Disziplin, die wir erdulden mussten.

Wenn auch die Lehrkräfte im Progymnasium und Gymnasium nicht direkt der «Feuerzangenbowle» entstiegen schienen, so waren sie doch recht markante Persönlichkeiten; heute würde man sie wohl als Originale oder, häufiger noch, als für die Schule und die zarten Kinderseelen ungeeignet bezeichnen. Für uns waren sie bis weit ins Gymnasium hinein Respektspersonen – aber nicht auf Grund ihrer individuellen Persönlichkeit, sondern kraft ihres Amtes. Und so war die häufig unbarmherzige Atmosphäre nicht einer Lehrkraft anzulasten, sondern im System verankert.

Dem Lehrer die Maske herunterzureißen war jahrelang ein beliebter Sport, der wohl mehr von unserer Energie brauchte als der Lernstoff. Gelang das, gelang es uns, etwas von diesem fast Göttlichen der Lehrkräfte wegzukratzen, so fühlten wir uns wie Könige und konnten uns nicht genug in der Erinnerung an solche Augenblicke immer wieder freuen. Weil die Autorität damals so wichtig war, vermochte sie auch durch solche an sich harmlose Streiche Schaden zu nehmen; dies ist im heutigen Kontext der Schüler-Lehrer-Beziehung kaum mehr vorstellbar.

Gestärkt durch diese harte Schule waren die letzten Jahre im Gymnasium dann zum Teil – aber nur zum Teil – anders, besser zu ertragen. Dazu trug natürlich auch die Tatsache bei, dass nun einige Lehrkräfte ihre Autorität nicht aus ihrer Stellung bezogen, sondern eben Autoritäten waren. (Damit will ich meinen

Lehrkräften aus den unteren Schulstufen nicht Unrecht tun: Einige von ihnen hätten in jedem System, auch im heutigen offenen, mit Erfolg unterrichten können, weil sie eben etwas von dem, was wir gemeinhin «natürliche Autorität» nennen, ihr Eigen nannten. Im damaligen Umfeld mit den starren Strukturen kamen diese ihre Fähigkeiten aber gar nicht zum Tragen.) Die Disziplin, wie ich sie dort erlebte, wies eine reiche Anzahl neuer Facetten auf, jede Stunde war anders, Flexibilität unsererseits war gefragt.

Auf dem Weg zum Lehrer
Als ich mich für den Lehrerberuf entschied, war da auch schon, wenn auch noch nicht sehr bewusst, die Idee, es besser zu machen als meine Lehrer. Die Ausbildung am Lehramt in Bern zum Sekundarlehrer war im sogenannten Vorkurs, einem halbjährigen Propädeutikum für Gymnasiasten, sehr praxisbezogen und setzte sich intensiv mit Disziplinfragen auseinander; die fünf Semester des Hauptstudiums mochten da überhaupt nicht mehr mitzuhalten, da waren Theorien Trumpf, die mir zwar Jahre später den Einstieg in persönliche Weiterbildungen erleichterten, für den schulischen Alltag in den Anfangsjahren aber keine Hilfe boten.

Zwei Müsterchen aus dieser Ausbildungszeit muss ich hier erzählen; sie sind in meinen Augen symptomatisch für die Zeit der Sechzigerjahre. Das erste passierte in meinem zweiten Praktikumsblock. Ich hatte, als doch noch recht scheuer Neunzehnjähriger, eine Gruppe Achtklässlerinnen im Mädchenturnen zu unterrichten; und das in einem der damals verrufenen Quartiere von Bern. Gar keine leichte Aufgabe! Der Lehrer, welcher normalerweise dieses Fach unterrichtete, erklärte sich bereit, während der ganzen Zeit anwesend zu sein, um mir in schwierigen Situationen Unterstützung zu geben. Gesagt, getan, noch während der ersten Viertelstunde, als ein Mädchen sich besonders affig anstellte und ich nicht mehr weiter wusste, marschierte er seelenruhig in die Halle hinein, versetzte dem Mädchen einen regelrechten Fußtritt ins Hinterteil und ging gemütlich wieder zurück. Niemand – außer mir – wunderte sich! Der Betrieb lief nachher ganz gut, und am Ende der Stunde meinte mein Kollege nur: «Du musst sie auf eine Weise behandeln, die sie gewohnt sind und gut verstehen.»

Etwas Ähnliches passierte einige Jahre später, an meiner praktischen Schlussprüfung in Sport. Auch wieder eine achte Klasse, dieses Mal aber Knaben. Meine Probelektion lief so einigermaßen, aber irgendwo gab es immer einen kleinen Unruheherd. Und als ich nicht darauf reagierte, sondern mein Programm durchzog, marschierte plötzlich der berühmte Professor Strupler, welcher meine Lektion prüfte, in diesen Unruheherd hinein, verteilte eine kräftige Ohrfeige –

nur eine, das genügte vollkommen – und nahm dann wieder Platz am Rand der Halle. Auch er meinte anschließend zu mir: «Solche Dinge darfst du einfach nicht durchgehen lassen, da braucht es sofort eine starke Hand (!), damit klar ist, wer hier das Sagen hat.»

Ich sah die Effektivität der jeweiligen Interventionen sehr gut, war in einem gewissen Sinne auch beeindruckt; aber es war einfach nicht mein Stil. (Wobei ich schon hier ehrlicherweise gestehen muss, dass auch ich im Laufe meiner Karriere ganze fünf Ohrfeigen verteilt habe.) Und als ich dann, nach einem Jahr Lehrtätigkeit in den USA, im Jahre 1970 im Kanton Bern eine feste Stelle antrat, da begann eben die Zeit der großen Unsicherheit. «1968» war vielleicht in unseren Breitengraden noch weniger ein Schlagwort als heute, aber die Antiautoritäre Erziehung war auf dem Weg der Eroberung von Köpfen und Schulen, das Kleine Rote Schülerbuch – wer erinnert sich noch daran, und an den Wirbel, den es verursachte? – wie auch Summerhill waren Schlagworte, welche uns junge Lehrkräfte in Bann hielten. Wie sollten wir nun vorgehen?

Pragmatisch. Das heißt, in der bedächtigen Berner Art, nicht alles Neue unbesehen übernehmen, aber ebenso wenig alles Alte unbesehen behalten. Da ich das Glück hatte, an einer kleinen Dorfschule mit intakten Strukturen und einem recht homogenen Kollegium gelandet zu sein, hatte ich den Rahmen, innerhalb dessen ich Neues ungestraft ausprobieren und trotzdem effektiv unterrichten konnte. Das hieß konkret, dass ich zwar Elemente einsetzte, die ich bereits als Schüler hatte über mich ergehen lassen, sei das Nachsitzen, Strafaufgaben, zusätzliche Ämtli, daneben aber mit einem Sammelsurium von neuen Formen experimentieren konnte. Dazu gehörten einerseits für uns damals neue Lehrformen, das stärkere Eingehen auf die einzelne Schülerin, den einzelnen Schüler, anderseits ein Entwickeln von Formen positiver Verstärkung.

Disziplin von 1970 bis 2005 – Ein Rückblick

Generell aber galt bei meinem Berufseinstieg, dass Disziplin als solche eigentlich gar kein Thema war. Im Lehrerzimmer hörte man die Klagen über faule, freche und schlechte Schüler – weniger über Schülerinnen – tagtäglich, aber das ist mir bis heute in jedem Lehrerzimmer auf der ganzen Welt aufgefallen. Das war so etwas wie das Schmiermittel, das Thema, welches anstelle des Wetters und zur persönlichen Psychohygiene einfach gebraucht wird. Die Lausbuben machten uns zwar das Leben schwer, aber irgendwie, auch wenn das nie jemand so zugegeben hätte, war das ein Teil des Spiels, das im System Schule gespielt wurde, also nicht nur alltäglicher Berufstrott, sondern ein belebendes Element.

Dazu gehört vielleicht auch der folgende Zusatz: Wenn ich ehemalige Schüler als Leiter in Lager mitnahm, so waren das praktisch ausnahmslos die frechen, lauten, ungebärdigen Sekundarschüler gewesen; und jetzt bewährten sie sich praktisch ebenso ausnahmslos als wertvolle, fantasievolle und kommunikativ begabte Leiter. Noch einmal: Damit will ich nicht suggerieren, ich hätte mich wenig über störende SchülerInnen aufgeregt, beileibe nicht! Aber da wir uns alle, Eltern, SchülerInnen, Lehrkräfte, Behörden, in einem akzeptierten Rahmen bewegten, geriet unsere Welt ob ein paar Lausbengeln oder sonstwie schwierigen Schülern nicht aus den Fugen.

Dieser akzeptierte Rahmen implizierte eben auch, dass Strafen, von wenigen Ausnahmen abgesehen, als ein Teil des Rituals nicht hinterfragt wurden und damit ihren Zweck in dieser Art Spiel hatten. Aus Spiel wurde im konkreten Fall oft heiliger oder blutiger Ernst, aber dann war die Sache verarbeitet und ziemlich endgültig erledigt. Keine großen Berichte an vorgesetzte Behörden oder schulpsychologische Dienste, keine Rundtischgespräche mit Eltern und Schulkommission – die Grenze war überschritten worden, wir als in diesem Fall Zuständige sprachen eine Sanktion aus, und damit hatte es sich; zumindest bis zur nächsten Grenzüberschreitung.

Vor einigen Jahren las ich den bedenkenswerten Satz einer Kollegin, über Grenzen könne jederzeit diskutiert werden, mit einer Ausnahme: Nicht, unter keinen Umständen, direkt nach einer Grenzverletzung. Im Nachhinein denke ich, dass dies in den Siebzigerjahren unser Leitsatz war. Diskussionen waren ja nun angesagt, sie dienten auch oft als willkommenes Ventil, wenn sie denn nicht nur als Alibiübung eingesetzt wurden, und so fanden wir eine pragmatische Verbindung von Altem und Neuem in Sachen Disziplin.

Nach meiner sehr subjektiven Sichtweise begann sich dies in den Achtzigerjahren nicht deshalb zu ändern, weil die gesellschaftlichen Strukturen sich weiter wandelten, sondern weil wir in unserem Kollegium plötzlich einen viel größeren Frauenanteil hatten. Auch im Rückblick erst denke ich, dass unsere Kolleginnen den Begriff Strafe nur negativ konnotierten, und zwar gleich in einem doppelten Sinn: Einerseits war Strafe für sie etwas aus längst vergangenen Zeiten, ein nicht mehr zeitgemäßes Erziehungsmittel, und anderseits war ein Lehrer, der strafte, hilflos, schlimmer noch, zu wenig kompetent, um mit anderen Mitteln das gleiche Ergebnis zu erzielen.

Das war mir damals nicht so klar wie heute, und vermutlich ging es allen männlichen Beteiligten so. Aber durch diese quasi philosophische Streitfrage, die zwar nun da war, aber nicht genügend tief diskutiert wurde, entstand so etwas wie ein Graben im Kollegium. Die früher oft – und wohl nicht selten fälschlich –

zitierte «unité de doctrine» hatte ausgedient, wurde aber durch nichts Ebenbürtiges ersetzt. Plötzlich stand nun jeder Kollege, jede Kollegin alleine da, Disziplin war ein Thema, aber wir fanden als Kollegium keine allgemein akzeptierten Lösungsansätze mehr.

Die SchülerInnen veränderten sich also weniger als das Umfeld. Subjektiv führte das aber zum Eindruck, wir hätten mehr und schwierigere Disziplinprobleme als in früheren Jahren. Auf der andern Seite war es nun auch für die SchülerInnen schwieriger abzuschätzen, welche Sanktion wohl wann und für welches Vergehen ausgesprochen würde. Jetzt war der Moment da, von dem alle Kinder träumen, weil sie dann einen Teil ihrer Machtlosigkeit gegenüber den Erwachsenen kompensieren können: Die Erwachsenen, hier im konkreten Fall die Lehrkräfte, konnten gegeneinander ausgespielt werden!

Als wäre das nicht genug, änderten sich ab Beginn der Neunzigerjahre das Tempo der Reformen wie auch die Akzeptanz der Schule in der Bevölkerung. Nahm das erste rasant zu, so fielen die Akzeptanzwerte fast im gleichen Rhythmus. Und die SchülerInnen, die in ihrer großen Mehrheit stabile und übersichtliche Verhältnisse wünschen – schließlich sind sie ja nicht freiwillig im System Schule eingebunden, also versuchen sie es mit einem optimalen Ressourceneinsatz zu bewältigen, denn das Leben außerhalb der Schule verlangt nach ebenso viel Energie – sehen sich plötzlich in ein äußerst instabiles System versetzt, welches ihnen einen zu wenig klaren Rahmen setzt.

Das führt logischerweise in einen Teufelskreis, jede Seite findet ihre Sündenböcke bei einer oder mehreren der andern involvierten Parteien. Und wenn dann einerseits von allen Seiten auf die Schule eingedroschen wird, anderseits von ihr die Heilung aller gesellschaftlichen Übel verlangt wird, ja, dann fühlen unsere SchülerInnen schnell einmal, wie überfordert wir mit dieser Situation sind. Ein schöner Teil von uns Lehrkräften verrichtet eine tolle Arbeit und gibt in ihrem Umfeld wichtige Impulse, trotzdem reicht das natürlich nicht, um ein gesamtgesellschaftliches Problem zu lösen. Aber, noch einmal, in dieser Situation lassen wir die Jugendlichen zu stark allein, und was wir oft als schlimme Disziplinlosigkeit bedauern, hat Ursachen, die weit weg von unserem Einflussbereich sind.

Und damit komme ich zum eingangs formulierten Satz zurück: Ich glaube wirklich nicht an einen grundlegenden Wandel im Benehmen der heutigen Jugendlichen; Äußerlichkeiten haben sich teilweise radikal verändert, nicht aber die Menschen hinter den Äußerlichkeiten. Sie suchten, gerade in der Pubertät, Leitplanken, Referenzwerte, Idole auch, die das verkörperten. Die heutigen Jugendlichen sind in exakt der gleichen Suche begriffen – nur unter deutlich veränderten Bedingungen. Wenn ein Kommentator zum Kinostart von «Mein Name ist Eugen» im Herbst 2005 schrieb, Jugendliche, die heute solche Streiche machten, würden umgehend dem schulpsychologischen Dienst überstellt, hatte er leider nur allzu recht.

Zum Abschluss dieses Rückblicks über fünfzig Jahre plädiere ich also noch einmal dafür, unsere Jugendlichen trotz all der Veränderungen, in denen sie stehen und in denen sie sich auch bewähren müssen, als Menschen in einer wichtigen Phase ihrer Entwicklung zu sehen. Disziplin also nicht grundsätzlich negativ zu konnotieren, sondern ganz im Gegenteil unsere Aufgabe als Entwickler positiv zu sehen, als ganz wesentlichen Beitrag zur Entwicklung der uns anvertrauten Jugendlichen. Unsere Lehrer waren in ihrer Rigidität davon überzeugt, nur Strenge würde uns zu wertvollen und brauchbaren Erwachsenen machen; eine solche einseitige Denkweise ist in den letzten vierzig Jahren durch eine Pluralität von Sichtweisen abgelöst worden. Viele davon waren kurzlebig, viele davon auch nicht durchdacht, eher in Opposition zum Bisherigen gedacht denn als Innovatives, Positives. Wenn es uns gelänge, aus unserer Schule wieder den Hort der Ruhe im stressigen und immer schnelleren Umfeld zu machen, dann, ja dann würde die Disziplin, welche nötig ist, mit ganz andern Augen wahrgenommen. Ob wir das wohl fertigbringen?

Alltag in der Oberstufe im Jahre 2005

Erziehungsratgeber für kleine Kinder gibt es unzählige; pädagogische Unterlagen zu Disziplin im Kindergarten und in der Unterstufe sind fast ebenso präsent. Auch die Mittelstufe wird noch ganz anständig abgedeckt. Wenn es dann aber um die wirklich schweren Brocken geht, die SchülerInnen der Oberstufe und der weiterführenden Schulen, tja, dann stehen wir recht alleine da. Ich möchte im Folgenden aus einem Teil meines Alltags berichten. In den letzten Jahren unterrichte ich in den Altersstufen von etwa 13 bis 18 Jahren, ein extrem interessantes Puzzle verschiedenster Alter, Ausbildungsstufen und anderer sozioökonomischer Faktoren an drei ganz unterschiedlichen Schultypen. Die Beispiele stammen alle aus 10. Klassen in Spiez; die Namen der beteiligten SchülerInnen sind übrigens auf ihren ausdrücklichen Wunsch hin nicht abgeändert.

Grundsätzlich muss ich zu Beginn dieses zweiten Teils gestehen, dass ich Zeit meines Berufslebens Schwierigkeiten mit der Disziplin hatte. Disziplin war für mich nie etwas Einfaches, auch nicht etwas, das rezepthaft hätte angewendet werden können, und so bin ich immer noch auf der Suche nach der richtigen Mischung. Realistischerweise muss ich beifügen, dass ich wohl bis zum Ende meiner Lehrtätigkeit suchen werde, denn: Gäbe es Patentrezepte, hätte ich sie sicher unterdessen gefunden, aber genau das fehlt uns ja – auch wenn uns

Ratgeber oder Kurse manchmal weismachen wollen, wir hätten nur die und die Schritte zu befolgen, und alle unsere Probleme gehörten der Vergangenheit an.

Wir arbeiten mit Menschen in Entwicklung, und nichts kann in dieser Situation falscher sein, als mit einem Einheitsrezept arbeiten zu wollen. Wie ich oben mehrmals erwähnte, ist das für mich der wesentliche Schritt, den die Pädagogik (wieder einmal) gemacht hat, das Eingehen auf die einzelne Schülerin, den einzelnen Schüler. Damit dies aber überhaupt möglich ist, brauchen wir eine gewisse Grundstimmung in einer Klasse. Wo sich jedes unbekümmert um die andern einfach mit seinen Bedürfnissen und Anliegen durchsetzen will, ist dieser schöne Ansatz von Anfang an zum Scheitern verurteilt. Also gilt es, eine Klassenatmosphäre zu schaffen, welche anschließend das Eingehen auf das Individuum ermöglicht.

Der Rahmen der Schule

Wenn ich nun zum ersten Mal in eine Klasse eines 10. Schuljahres komme, so sitzen da zwischen 16 und 24 SchülerInnen, welche sich selber untereinander kaum oder gar nicht kennen, welche aus verschiedensten Schulen des ganzen Berner Oberlandes zwischen Thun und Guttannen in eine Klasse gesetzt werden, die sich im Laufe der Woche immer wieder in verschiedenste Niveau- und Interessengruppen auflösen wird. Wenn sich als zusätzliche Schwierigkeit nicht nur eine, sondern fünf Parallelklassen in dieser Situation befinden, ist es unerlässlich, dass im Kollegium ein Minimalkonsens über das Vorgehen besteht.

Zwei Äußerlichkeiten helfen uns dabei: Zum Einen hängt in jedem Schulzimmer ein kleines Plakat, farbig, auf dem die vier «don't» während der Unterrichtszeit aufgeführt sind: Keine Natels eingeschaltet, keinen Kaugummi kauen, kein Essen und Trinken sowie keine Mütze tragen. Es mögen Kleinigkeiten sein, aber mit einem kurzen, manchmal auch nur nonverbalen Hinweis auf diese Zusammenstellung kann ich häufig unerwünschtes Verhalten sofort im Keim ersticken und verzettle meine Energie nicht dafür, sondern kann mich dem Unterrichten widmen. Die zweite Hilfe ist die sogenannte Kurzmeldung. Ein kleines vorgedrucktes Papier, das wir entweder nur mit einem Code oder dann mit zusätzlichen Kommentaren versehen können, wenn wir unerwünschtes Verhalten einer Schülerin der Klassenlehrkraft melden wollen. Bei einem Kollegium von über vierzig Personen, die meisten davon mit Teilpensen, braucht es eine institutionalisierte Art von Kommunikation. Und dank dem Zahlencode kann sich niemand herausreden, der Aufwand sei zu groß.

Die Klassenlehrkräfte reagieren dann gegenüber den SchülerInnen, sobald fünf Kurzmeldungen eingetroffen sind. Da die «Vergehen» ganz unterschiedlicher Art und damit auch unterschiedlicher Wichtigkeit sind, ist die erste schriftliche Meldung an den Schüler auch entsprechend variabel formuliert. Bei der nächsten Fünferbeige wird das Verfahren dann aber strenger, und die Eltern werden direkt miteinbezogen. Diese zwei Hilfsmittel erleichtern uns Fachlehrkräften das Einhalten einer gewissen Basisdisziplin, ohne die überhaupt keine fruchtbare Lernatmosphäre entstehen kann.

Was mir in den ersten Lektionen wichtig ist

Und nun fängt meine persönliche Disziplin-Arbeit an. Auf den ersten Blick sind diese ersten Lektionen sehr einfach, denn normalerweise sitzen alle äußerst brav auf ihren Plätzen und harren erwartungsvoll, vielleicht auch ein wenig bange, der Dinge, die da kommen sollen. Noch einmal: Einige SchülerInnen kommen aus städtischen Verhältnissen, zum Beispiel Thun; sie sind sich große Schulen gewohnt. Andere kommen aus kleinen und kleinsten Dörfern, wo Mehrklassenschulen noch die Norm sind, wo jedermann sich kennt und wo die Schulatmosphäre sehr familiär ist. Die Motivation, ein 10. Schuljahr zu machen, ist zusätzlich ebenso unterschiedlich wie die schulische Herkunft. Da gibt es SchülerInnen, die sich auf die Aufnahmeprüfung in ein Gymnasium vorbereiten, RealschülerInnen, die erkannte Lücken auffüllen wollen, aber auch Leute, die schlicht ein Wartejahr einlegen müssen bis zum Beginn ihrer Lehre, und schließlich solche, die keine Ahnung haben, wie es eigentlich weitergehen soll, wozu sie sich entscheiden sollen.

Kommt dazu, dass der Großteil der SchülerInnen motiviert fürs Lernen dasitzt, einige aber schon von Anfang an mit ihren Mitteln deutlich machen, dass sie kein Interesse am Lernen haben und eigentlich nur hier sind, um sich entweder eine gute Zeit zu machen oder um der Umwelt zu zeigen, wie cool sie sind. Diese Heterogenität aufzufangen erfordert viel Fingerspitzengefühl. Grenzen müssen in den ersten Minuten und Stunden gesetzt werden, und Grenzüberschreitungen ganz klar angesprochen und eventuell auch schon sanktioniert werden. Für mich ist es wichtig, dass ich in dieser ersten Zeit nicht einfach am Lehrerpult kleben bleibe, sondern ständig unterwegs zwischen den Tischen bin. So fallen mir einerseits eine Menge Kleinigkeiten auf, die mir helfen, die Klasse zu führen, und anderseits sind die Störenfriede schon ein bisschen verunsichert. Ich versuche zwar, mit meinem Gang und meiner Haltung Interesse und Wertschätzung auszustrahlen, kann aber ganz leicht und häufig auch diskret, ohne dass es die ganze Klasse merkt, schnell für einige Sekunden in die Polizistenrolle schlüpfen.

Ich setze in den ersten Lektionen eindeutig auf die individuelle Intervention. Große Ansprachen an die Klasse, in denen ich das erwünschte Verhalten thematisiere, sind nicht mein Ding. Bricht dann aber eine Schülerin provokativ eine Regel, ist für mich der Moment da, wo ich mich damit an die Klasse wende. Interessant ist, dass ich immer wieder mit SchülerInnen konfrontiert werde, die wirklich nicht wissen, warum sie jetzt negativ aufgefallen sind. Während ich später im Schuljahr in solchen Situationen manchmal froh bin um Kommentare der MitschülerInnen, die in ihrer direkteren Sprache ihr Missbehagen formulieren, so dulde ich dies in der Anfangsphase überhaupt nicht. Das heißt, ich bin der Chef, ich setze die Regeln, und bei Verstößen mache ich darauf aufmerksam. Damit vermeide ich eine lange Diskussion, die ich zudem unter Umständen nur mühsam steuern kann, da ich die Klasse noch sehr schlecht kenne. Eine weitere Überlegung dazu ist, dass ich ja meine Zeit fürs Unterrichten einsetzen will, dass ich also um der Produktivität willen auf Diskussionen verzichte und die Regelverstöße alleine behandle.

In meinem grenzenlosen Optimismus (böse Zungen sprechen von grenzenloser Naivität) versuche ich von Anfang an, Einsicht zu initiieren. Wenn Matthias zum Beispiel ständig die Antworten in die Klasse ruft, so ist ihm zwar kein Vergehen bewusst, weil er sich das scheinbar so gewohnt war. Damit verhindert er aber, dass auch Langsamere ihre Chance erhalten; ich stelle ihm diesen Zusammenhang dar, anstatt ihn einfach zu ermahnen, die Hand aufzustrecken wie die andern. Im Normalfall nickt dann Matthias, er hat mich verstanden – aber zehn Sekunden später posaunt er schon wieder die nächste Lösung hinaus. Und jetzt? Die Hälfte der Klasse, diejenigen, die überhaupt wahrgenommen haben, dass ich ein Problem mit Matthias habe, merken nun auf: Wie wird er reagieren? Eine weitere Ermahnung, versehen mit dem Zusatz, dass dies die letzte ist? Strafarbeiten verteilen? Aus dem Zimmer schicken? Eine Kurzmeldung zuhanden der Klassenlehrkraft schreiben? Oder schlicht das Vergehen ignorieren und mit dem Unterricht weiterfahren, als ob nichts geschehen wäre (in der Annahme, dass er zwar die nötige Einsicht hat, sein seit Jahren geübtes Verhalten aber nicht so schnell anpassen kann)?

Eine ähnliche Palette von Möglichkeiten tut sich mir auf, wenn es um Gassensprache im Klassenzimmer geht. Auch der 16-Jährige mit dem niedrigsten IQ weiß genau, was noch geduldet ist und was nicht. Aber hier wie im obigen Beispiel geht es ebenso darum abzuschätzen, wie weit die Einsicht bereits da ist respektive wie weit das alte Verhalten noch quasi automatisch abläuft. Meine Intervention muss möglichst spezifisch sein, ich muss, gerade in den ersten Lektionen, trotz dieser Gratwanderung doch schon klare Zeichen setzen. Bei dieser

Thematik setze ich eher auf eine Mitteilung an die ganze Klasse, wenn ein Verstoß passiert ist; mehr als anderes falsches Verhalten scheint mir Gassensprache sehr, sehr schnell einzureißen, wenn ich nicht schon beim ersten Mal ganz klar interveniere. Hier setze ich also weniger auf Einsicht denn auf das Durchsetzen ganz einfacher Anstandsregeln.

Die zweite Woche – und danach

Die erste Schulwoche ist gut vorübergegangen, disziplinarisch sind die ersten Pflöcke gesetzt, und Gravierendes ist nicht passiert. Wenn ich jetzt Freude über meinen gelungenen Einstieg verspüre, ist das in Ordnung; falls die Freude aber dazu verleitet, mich innerlich schon zurückzulehnen – ja, dann habe ich schnell ein Problem. Jede Menge unangepasstes Benehmen wurde von den SchülerInnen für die zweite oder dritte Woche aufgespart. Also gilt es, beharrlich den eingeschlagenen Weg weiterzugehen, mal diskret, mal öffentlich zu intervenieren, sehr viele Blickkontakte zu schaffen, immer wieder mit neuen Präsentations- und Lehrformen zu arbeiten, einfach keine Monotonie aufkommen zu lassen. Monotonie verleitet ja geradezu zum Stören, zum Aufbrechen – da sind die heutigen SchülerInnen keinen Deut anders, als wir es seinerzeit waren.

Steht nun diese Aussage nicht im Widerspruch zu derjenigen im ersten Teil, dass SchülerInnen an stabilen und übersichtlichen Verhältnissen interessiert sind? Ich glaube nicht, denn stabil und übersichtlich muss nicht langweilig oder monoton oder einfallslos heißen. Wenn ich der einzelnen Schülerin eine Wertschätzung zeige, die unabhängig von aktuellen Kleinigkeiten ist, so biete ich ihr damit stabile Verhältnisse. Dann kann ich ohne weiteres neue Lehrformen anwenden, kann diese Schülerin zwischendurch auch damit verwirren oder ihr eine Aufgabe erschweren – an der grundsätzlichen Wertschätzung ihrer Person ändere ich nichts. Falls ich diese Unterscheidung klar kommunizieren kann, habe ich auch wenig oder keine disziplinarischen Probleme mit der Schülerin.

Das ist nun natürlich wieder viel einfacher gesagt als getan, denn unsere SchülerInnen stehen ja oft mitten in der Pubertät, sind also widerstreitenden Einflüssen und Stimmungen ausgesetzt, die ihnen – und nicht primär uns! – das Leben schwer machen. In dieser Situation kann ein Kompliment der Lehrkraft genau das Gegenteil dessen auslösen, was beabsichtigt war. Die Schülerin fühlt sich in ihrer Persönlichkeit verletzt und reagiert mit Ablehnung, Trotz, frechem Verhalten, was auch immer. Und wie reagiere ich, wenn als Antwort auf ein ehrlich gemeintes Kompliment für eine gute Arbeit die Bemerkung fällt: «Sie wollen mich doch nur verarschen!»? Für mich ist in solchen Momenten nicht einmal die betreffende Schülerin das größte Problem, sondern ihre Kolleginnen, die sich nun einmischen und entweder ganz dezidiert für oder gegen sie Stellung beziehen. Innert Sekunden kann die Stimmung in einer Klasse total kippen, und das ohne jede Vorwarnung.

Ich pflege jeweils, wenn mir das passiert – und es passiert mir immer noch viel zu oft – zuerst ganz perplex zu sein. Vielleicht ist das aber gar keine schlechte Reaktion, auch wenn sie nicht bewusst ist: Es gibt einfach diese Momente, wo zuerst Dampf abgelassen werden muss, bevor ich auch nur die kleinste Chance habe, das Heft wieder in die Hand zu nehmen. Als junger Lehrer wäre es für mich undenkbar gewesen, einfach dazustehen und die Dinge ablaufen zu lassen, ohne jede Kontrolle meinerseits. Heute sehe ich das gelassener, und wenn ich mich vom ersten Schock erholt habe, kann ich sogar lächelnd das ganze Tohuwabohu über mich ergehen lassen. Irgendwann kommt ja der Moment, wo zuerst einzelne Schülerinnen den Blickkontakt mit mir suchen, fragend zumeist, im Sinne von «und wo bleibst du eigentlich?» Erst jetzt fange ich an, mich ganz sachte und bewusst auch zögerlich in die Situation hineinzubewegen.

Wenn es mir in den ersten Wochen gelungen ist, ein einigermaßen tragfähiges Fundament in einer Klasse zu legen, so kann ich auch eine solche Situation ohne Sorgen geschehen lassen, ohne jedes Wort auf die Goldwaage zu legen. Passiert so etwas aber sehr früh im Schuljahr, in der ersten oder zweiten Woche, so kann es heikel werden. In diesem Fall ist vielleicht eine anschließende Diskussion angezeigt, um vertieft etwas über die Stimmungen zu erfahren. Es ist auch schon vorgekommen, dass ich ankündigte, ich möchte zuerst jetzt wieder Arbeit am Schulstoff sehen und ich würde die Diskussion nach der Pause, in der folgenden Lektion, durchführen. Dann habe ich mein Eingehen auf ihre Bedürfnisse signalisiert, lasse mich aber trotzdem nicht zur Geisel von Schülerlaunen machen. Das heißt, ich bin fair.

Gerechtigkeit und Fairness

«Fair sein». Der Lehrer soll immer fair sein; früher sprachen wir respektive die SchülerInnen von «gerecht sein», das gibt es heute auch noch, aber «fair» höre ich heute öfter. Ich versuche natürlich immer, fair zu sein, fair gegenüber dem einzelnen Jugendlichen, fair aber auch gegenüber der Klasse. Gibt es Diskussionen zu diesem Thema, so geht es meistens um Probenarbeiten, entweder um ihren Umfang oder/und Zeitpunkt, oder dann um deren Benotung. Vordergründig sind das überhaupt keine Disziplinfragen, hintergründig dagegen umso mehr. Wenn Patrizia vorwurfsvoll bemerkt, ich hätte versprochen, nur angekündigte Proben zu machen, und nun wolle ich schon die zweite unvorbereitete Physikprobe schreiben lassen, dann kann ich nicht nur den Hinweis machen, ich hätte von der Mehrheit angekündigter Proben gesprochen, nicht von allen Proben. Nein, jetzt muss ich auf diesen Einwand, der eine persönliche Note hat, vertieft eingehen. Ich spreche zwar meine seinerzeitige Ankündigung noch einmal deutlich aus, anschließend erkläre ich aber deutlich, dass ich Patrizias Frust und den ihrer KollegInnen sowohl verstehe als auch akzeptiere und deshalb heute keine Probe mache. Die Zeit nützen wir für weiteres Üben, die Probe wird in der kommenden Woche stattfinden. Solches Eingehen auf berechtigte Einwände unserer SchülerInnen fördert indirekt gute Disziplin im Klassenzimmer.

Jetzt wäre es auch einmal an der Zeit, auf die große Anpassungsleistung unserer SchülerInnen hinzuweisen: Im Fachlehrersystem müssen sie sich im Ein- oder Zweilektionen-Rhythmus auf ganz unterschiedliche Persönlichkeiten umstellen. Ich staune oft, wie gut sie das hinkriegen. Wir haben ja an unserer Schule nur zwei wirklich allgemein verbindliche Elemente; ich habe sie oben vorgestellt. Für den Rest ist jede Lehrkraft mit ihrer eigenen Art verschieden, und ich denke, gerade für Jugendliche aus kleinen Schulen, die eine solche Vielfalt an Lehrpersonen noch nicht kannten, ist die Umstellung manchmal recht schwierig, auch unbefriedigend, weil dann wirklich das verlässliche Element fehlt. Weitergehende Regeln für die Lehrkräfte aufzustellen wäre aber schlicht nicht machbar. (Ich denke in diesem Zusammenhang mit Schaudern an das Jahr 1969 zurück, als ich in einer katholischen Privatschule in den USA lehrte. Dort hatte schon damals der Schuldirektor die Möglichkeit, unbemerkt den Unterricht per Mikrofon zu überwachen – und Lehrkräfte, welche sich nicht an den strikten Standard der Schule hielten, zu ermahnen oder verwarnen. Eine solche Gleichschaltung ist, denke ich, für uns Schweizer Lehrkräfte nicht denkbar.)

Etwas, das sich geändert hat…

Ich stellte zu Beginn dieses Textes die These auf, dass sich die Jugendlichen gar nicht grundlegend ändern, sondern es die äußeren Verhältnisse sind, welche uns diese Veränderungen suggerieren. Zum Schluss komme ich aber doch noch auf eine wirkliche Veränderung zu sprechen. Es gibt seit einiger Zeit die Gruppe der «Abgelöschten», Jugendliche, die für nichts mehr zu begeistern oder zu motivieren sind, die alles nur noch sinnlos oder «Scheiße» finden. Mir scheint, diese Gruppe gab es früher nicht. Sie bilden für mich aus zwei Gründen ein großes Problem. Einmal sehe ich sie als Menschen, denen jegliche Perspektive fehlt. Wie trostlos muss ein solches Leben sein, wo keine Freude aufkommen kann, auch kein Erfolgserlebnis möglich ist! Vermutlich werden wir als Gesellschaft schon bald mit neuen großen Fragen in diesem Zusammenhang konfrontiert werden. Es gibt aber auch solche Schüler – mir kommt neben all den Knaben aus den letzten Jahren nur ein Mädchen in den Sinn, das in diese Kategorie gehörte –, die ihre Destruktivität nicht nur gegen sich, sondern gegen die Klasse richten und damit ziemlich alles kaputt machen, was uns Lehrkräften wichtig ist.

Woher diese Entwicklung rührt, ist mir nicht klar. Die gängigen Erklärungsmuster, zum Beispiel, dass es schlecht integrierte Immigrantenjugendliche oder solche aus Familien mit allein erziehenden Müttern seien, greifen für mich zu kurz. Schon eher sehe ich ein Muster darin, dass sie in die Zukunft schauen und dort nichts für sie Wünschbares oder Wertvolles sehen. Es ist ja einem Jugendlichen nicht zu verargen, dass er in unserer Gesellschaft keine verbindlichen Werte mehr sehen kann. Die materiellen Werte sind zwar überall präsent und werden als alleinige Richtschnur angeboten; damit fehlt aber gerade bei sensibleren Jugendlichen eine Ebene, auf der sie glauben, sich weiter entwickeln zu können. Die in diesem Alter übliche Verweigerung findet dann mangels Vorbildern keinen Ausweg in eine neue Entwicklung, sondern verharrt im Negieren. Kann die Schule hier Perspektiven eröffnen, oder ist sie damit schlicht überfordert? Ich weiß es nicht, bin aber – ganz gegen meine Gewohnheit – hier eher pessimistisch.

Wie mit diesen Schülern umgegangen werden muss, ist mir absolut unklar. Sie haben, wenn sie zu uns kommen, so viel an Verweigerung praktiziert, dass sie mich vor unlösbare Probleme stellen. Klar, für kurze Momente kann jeder dieser Jugendlichen angesprochen werden, lässt sich aus seiner Reserve hervorlocken. Ich erinnere mich, dass ich einen Bezug zum Schüler herstellen kann, wenn ich über etwas ganz Anderes als zum Beispiel Mathematik spreche: Seine Augen haben plötzlich einen andern Ausdruck, die Körperhaltung verändert sich. Aber das sind ganz kurze Augenblicke, isoliert, ohne Folge. Vielleicht ist es eine Lösung, sie über körperbetonte Aktivitäten, wie das in angelsächsischen Ländern praktiziert wird, ins gesellschaftliche Leben zurückzuholen. Mit Mathematik kann ich sie auf jeden Fall nicht abholen, da kann ich noch so viele Methoden und auch Tricks kennen. Aber eigentlich möchte ich ja dieses Kapitel nicht mit einer so düsteren Note abschließen.

Mein pädagogisches Credo

Die Beispiele, welche ich auf den vergangenen Seiten besprach, stammen alle aus den letzten zwei Jahren. Wenn ich am Anfang schrieb, dass mir Literatur zur Disziplin auf dieser Stufe fehlt, so habe ich mit meinen Beispielen diese Lücke nicht gefüllt. Mir war stattdessen wichtig zu zeigen, wie ich täglich versuche, durch Einwirken auf die einzelne Schülerin, den einzelnen Schüler eine Atmosphäre in der Klasse zu schaffen, die für das Lernen förderlich ist. Mit dem

Eingehen auf das Individuum vermeide ich die üblichen Ansprachen an die Klasse, die meist recht wirkungslos verhallen, denn niemand fühlt sich mit allgemeinen Floskeln angesprochen. Nun will ich mich nicht in ein besseres Licht stellen als den Tatsachen entspricht: Natürlich kann auch ich in gewissen Momenten der Faszination einer moralisierenden Ansprache nicht widerstehen. Ich glaube, das ist ein Puzzle-Steinchen meiner persönlichen Psychohygiene. Aber effektiv verändern kann ich mit solchem Reden nichts, und eigentlich ist mir das immer schon während des Redens klar – ich brauche nur in die Gesichter der vor mir sitzenden SchülerInnen zu schauen und gleichzeitig an meine eigene Schulzeit zurückzudenken.

Wenn ich mit 16-jährigen Jugendlichen erfolgreich arbeiten will, dann muss ich sie als Individuen anerkennen; das heißt, dass ich mich im schulischen Alltag individuell um sie kümmern muss, auch gerade bei disziplinarischen Vergehen. Sanktionen für Gruppen oder ganze Klassen sind tabu. Da ich ja immer eine Einsicht oder zumindest die Fähigkeit zur Einsicht voraussetze, muss ich durch konstante Beobachtung der einzelnen SchülerInnen herausfinden, über welche Begründungs- oder Kommunikationsschienen ich sie möglichst effizient erreichen kann. Wenn Noemi, nachdem ich sie für ständiges Schwatzen während einer Phase von stiller schriftlicher Arbeit zurechtweise, entgegnet, sie hätte nur ihrer Tischnachbarin den Stoff erklärt, so akzeptiere ich das, beharre aber darauf, dass sie die Lautstärke herunterschraubt; wenn ich während der gleichen Arbeitsphase Samira ebenfalls für ihr Schwatzen zurechtweise und als Antwort erhalte, sie hätte sich zu einer Aufgabe bei ihrer Nachbarin Rat geholt, so muss ich ihr klar machen, dass das nicht stimmt, sie beide über ein ganz persönliches Thema gesprochen haben, dass sie aber nun mit Vorteil wieder an ihre Arbeit gehe und ich gerade jetzt Zeit für ihre effektiv vorhandenen Sachfragen habe. Mir macht es also keine Mühe, auf die vordergründig genau gleiche Missachtung einer Regel verschieden zu reagieren – und bemerkenswert selten höre ich dann den Vorwurf: «Das ist nicht fair, diese und jener haben auch ....»

Eine gelungene Klassenatmosphäre kann in dieser heterogenen Gemeinschaft nur dadurch zustande kommen, dass ich die einzelnen Jugendlichen in ihrer Persönlichkeit bestärke. Von sogenannt teambildenden Prozessen halte ich auf dieser Altersstufe recht wenig. Disziplinarische Schwierigkeiten vermeide ich am effektivsten, wenn sich die SchülerInnen in ihrer jeweiligen Art angenommen fühlen. Und die Kunst besteht darin, trotz dieses individualisierenden Ansatzes ein Klassengefüge entstehen zu lassen und für alle verbindliche Regeln durchzusetzen.

Nebenbei bemerkt: In diesem Denkansatz erkenne ich mich auch wieder, wenn ich als Theaterregisseur oder als Coach arbeite. Genau wie in der Schule geht es mir darum, möglichst viel von dem aus dem Einzelnen herauszuholen, was schon da ist, aber vielleicht ohne meine Hilfe nicht ans Licht befördert, nicht fruchtbar eingesetzt werden kann. Das ist für mich positive Verstärkung, der Gegensatz zur Strafe – die sich zwar nicht ganz vermeiden lässt, mit diesem Denkansatz aber nur den ihr zustehenden Platz am Ende einer Skala anderer Interventionen einnimmt.

Zum Schluss füge ich noch einen etwas ketzerischen Gedanken hinzu. Vor vielen Jahren meinte der Vater einer Schülerin zu mir, dass ich als Lehrer gleich wie irgendein Vorgesetzter manchmal die Pflicht habe, mich schützend vor meine SchülerInnen zu stellen – auch wenn objektiv gesehen die Situation vielleicht nicht so eindeutig ist. Wie er so schön formulierte: «Das gehört zu deiner Pflicht und Schuldigkeit. Wenn du die Verantwortung für eine Gruppe übernehmen willst, musst du sie auch dann decken, wenn sie einen Mist gebaut haben. Denn du kannst nicht nur stolz die Verantwortung tragen, wenn es Lorbeeren einzuheimsen gilt!» Der Betreffende war übrigens auch Vorgesetzter, und erst noch in einem stark hierarchisch geprägten Betrieb. So schließe ich diesen Beitrag mit einer weiteren Frage aus der eingangs erwähnten speziellen Physikstunde: «Sie haben also nicht den Eindruck, wir seien Flegel?» Wenn ich diese Frage innerlich überzeugt beantworten kann und nicht nur mit einem Lippenbekenntnis bejahe, dann habe ich eine tragfähige Basis gelegt: Ich unterscheide zwischen den beteiligten Personen und ihrem Verhalten.

Anhang 3

Ein Beispiel des Schweizer Sonderklassenlehrers Jürg Jegge soll Chancen und Möglichkeiten von Gesprächen unter vier Augen veranschaulichen, welche einen neuen Beginn ermöglichen: Fredi darf am Sonntagnachmittag seinen Lehrer zu Hause besuchen. Zusammen hören sie Mozarts Klarinettenkonzert, und Fredi bekommt auf seine Bitte hin einen Sirup. Dann entspinnt sich zwischen den beiden das folgende Gespräch:

«Sag einmal Fredi, möchtest du nicht ein Instrument spielen lernen?»
«Nein.»
«Warum nicht?»
«Es stinkt mir.»
«Sicher?»
«Das kann ich nicht.»
«Ich glaube, das kannst du.»
«Ich weiß, dass ich das nicht kann.»
«Warum?»
«Ich kann überhaupt nichts lernen. Ich bin nicht richtig im Kopf.»
«Erzähle!»
«Ich muss ja Pillen nehmen. Seit ich in den Kindergarten gehe. Das löscht mir ab.»
«Du hast Angst.»
«Nein. Aber es stinkt mir. Ich kann ja doch nichts lernen, auch später nicht.»
«Also doch Angst?»
«Ja. Was soll ich denn werden?»
«Weißt du, weshalb du Pillen nehmen musst?»
«Ja. Weil ich krank bin im Kopf.»
«Nein, damit du nicht krank wirst. Das ist ein Unterschied.»
«Das ist kein Unterschied, das kommt auf dasselbe heraus.»
«Nein. Schau, es gibt Leute, die sich leicht erkälten. Die ziehen sich warm an, sobald es kalt wird. Und im Winter trinken sie Lebertran und solches Zeug. Damit sie nicht krank werden. Bei dir ist das ähnlich. Du nimmst diese Pillen auch, damit du keine Anfälle bekommst, damit du nicht krank wirst.»
Er sieht mich lange und ernst an.
«Glauben Sie?»
«Ich weiß.»
«Das muss ich mir überlegen.» [...]

Am nächsten Tag, in der Schule: «Kommen Sie, ich muss Ihnen etwas sagen. Ich möchte ein Instrument spielen lernen.»
«Und der Kopf?»
«Der lernt das schon.»

Aus: JEGGE, Jürg (1983): *Dummheit ist lernbar.* Reinbek: Rowohlt, S. 32 f.

JEGGE ermöglichte das Gespräch unter vier Augen, seinem Schüler Fredi einen ganz wichtigen Gedanken für dessen Leben mitzugeben.

Anhang 4

Bei LOHMANN (2003, S. 192) findet sich folgendes Beispiel eines «Verhaltensvertrages»:

Zweiter Verhaltensvertrag zwischen Ramona und Herrn Lehmann

1. Erwartetes Verhalten: Ramona kommt pünktlich (vor dem zweiten Klingelzeichen) zu jeder Mathestunde.
2. Laufzeit: Montag, 3. 4. 2000 bis Freitag, 14. 4. 2000
3. Belohnung: Wenn Ramona pünktlich zu jeder Mathestunde kommt, dann darf sie am Freitag 14. 4. 2000 in der Mathestunde das «Wochenend-Spiel» bestimmen und leiten. Außerdem wird Herr Lehmann am Nachmittag des gleichen Tages Ramonas Eltern anrufen und ihnen von ihrer Leistung berichten.
4. Kontrolle: Gleich nach jedem Stundenbeginn stellt Herr Lehmann fest, ob Ramona pünktlich war, und vermerkt es in ihrem Aufgabenheft.

Ramona und Herr Lehmann stellen am Freitag, den 14. 4. 2000 in der Mathestunde gemeinsam fest, ob der zweite Vertrag erfüllt wurde, und schreiben einen dritten Vertrag.

Datum: ____________________

Unterschriften:
(Ramona) ____

(Herr Lehmann) __________________________________

(Zeuge) ____

Anhang 5

Der folgende Auftrag zur Selbstbeobachtung wird für Unterstufenkinder eingesetzt, damit sie lernen, ihr eigenes Verhalten besser zu beobachten.

Vertragsinhalt: ……………………………………

Montag

Name	gut	mittel	ungenügend
	☺	😐	☹
	☺	😐	☹
	☺	😐	☹
	☺	😐	☹

Dienstag

Name	gut	mittel	ungenügend
	☺	😐	☹
	☺	😐	☹
	☺	😐	☹
	☺	😐	☹

Mittwoch

Name	gut	mittel	ungenügend
	☺	😐	☹
	☺	😐	☹
	☺	😐	☹
	☺	😐	☹

Donnerstag

Name	gut	mittel	ungenügend
	☺	😐	☹
	☺	😐	☹
	☺	😐	☹
	☺	😐	☹

Freitag

Name	gut	mittel	ungenügend
	☺	😐	☹
	☺	😐	☹
	☺	😐	☹
	☺	😐	☹

Handhabung:

- ... ist BesitzerIn des Wochenjournals
- ... zeigt allen Lehrpersonen des Tages und im Hort das Journal vor
- ... Alle beurteilen sein / ihr Verhalten gemäß Vertrag
- ... beurteilt sich selbst
- ... zeigt das Wochenjournal zu Hause und lässt es unterschreiben.

Zur Kontrolle:

Unterschrift Klassenlehrer	Unterschrift Eltern

Anhang 6

«Überlassungsvertrag»

An der Helene-Lange-Schule (vgl. RIEGEL 2004) werden den Schülerinnen und Schülern einer Klasse sowie ihren Lehrpersonen die tägliche Reinigung der Räume sowie die Renovierung beim Auszug überantwortet. So soll verhindert werden, dass Schülerinnen und Schüler das Klassenzimmer als anonymen und «fremden» Raum erleben, den andere reinigen oder instand stellen müssen, die Putzfrau und der Abwart («die ja dafür angestellt sind»).
Der folgende «Überlassungsvertrag» zielt darauf ab, Vandalismus in der Schule, genauer in und an den Schulräumen zu verhüten. Er ist abgedruckt in LANIG (2004, S. 106 f.):

§1 *Mietverhältnis*
Die Schulleitung [...] überlässt der Klasse 9d den Unterrichtsraum 201 mit der dazugehörigen Grundausstattung.

§2 *Mietdauer*
Die Geltungsdauer des Überlassungsvertrags erstreckt sich über zwei Schuljahre.

§3 *Raumgestaltung*
Die Klasse verpflichtet sich, ihren Unterrichtsraum zu einem attraktiven Lernort umzugestalten. Sie wird in diesem Bemühen von ihren Lehrern unterstützt. Dabei steht es ihr frei, den Raum neu zu streichen, sich für einen anderen Bodenbelag zu entscheiden oder das Klassenzimmer mit zusätzlichen Möbeln auszustatten.

§4 *Wandschmuck*
Die Klasse hat das Recht, Poster, Bilder und Objekte aufzuhängen. Es dürfen aber nur selbst geschaffene Werke zum Einsatz kommen.

§5 *Reinigung*
Die Klasse verpflichtet sich, ihren Unterrichtsraum in Ordnung zu halten. Dazu gehört, dass täglich gekehrt und einmal in der Woche feucht aufgewischt wird. Außerdem sind der Papierkorb und der Mülleimer einmal am Tag zu leeren.

§6 *Reparaturen*
Schönheitsreparaturen müssen von der Klasse selbst geleistet werden. Dazu steht ihr für die Dauer des Mietverhältnisses ein Etat in Höhe von 100 Euro zur Verfügung. Größere Schäden müssen dem Hausmeister gemeldet werden, der deren Behebung veranlasst.

§7 *Nutzung durch andere Klassen*
Die Schulleitung bemüht sich darum, eine Nutzung des Unterrichtsraums durch andere Klassen zu vermeiden. Sollte das nicht zu leisten sein, so ist die jeweilige Gastklasse verpflichtet, das Erscheinungsbild des Raumes nicht zu verändern. Das gilt auch für die Sitzordnung.

§8 *Kontrolle*
Die Klasse erklärt sich damit einverstanden, dass ihr Unterrichtsraum einmal im Halbjahr von Mitgliedern der Schulkonferenz sowie von Vertretern des Schulträgers inspiziert wird.

§9 *Rückgabe*
Nach Ablauf des Mietverhältnisses wird der Klassenraum an die Schulleitung zurückgegeben. Dabei muss sich der Raum in dem Zustand befinden, in dem er von der Klasse übernommen wurde. Das gilt vor allem für die Wände und für den Boden des Klassenzimmers. Auch in der Grundausstattung dürfen keine Veränderungen vorgenommen worden sein.

Anhang 7

Einfache Reaktionsmöglichkeit bei Regelverstößen

Die Lehrperson gibt der Schülerin / dem Schüler den Auftrag, die drei folgenden Fragen zu beantworten (Problemskizze):

1. Was ist passiert?
2. Welche Regel habe ich nicht eingehalten?
3. Wie verbessere ich in Zukunft mein Verhalten?

Anhang 8

Der folgende Text stammt von Jean-Michel Héritier,
Primarlehrer und Schulleiter in Basel. Stand Mai 2007.

Formen des positiven Verstärkens bei Maßnahmen der Klassendisziplinierung

Zielsetzung
Die Kinder übernehmen Eigenverantwortung für ihr eigenes Arbeitsverhalten sowie für die Einhaltung der in der Schule allgemein gültigen Regeln. Wohlverhalten wird dabei positiv bestärkt, Fehlverhalten jedoch nicht bestraft.

Messbarkeit
Die Kinder können anhand des ihnen persönlich anvertrauten Instrumentes jederzeit ablesen, wie gut ihnen das Erreichen der oben erwähnten Zielsetzung in der jeweiligen (von der Lehrperson definierten) Zeitspanne gelungen ist.

Auswertung
Die Kinder erhalten am Ende jeder Zeitspanne eine Belohnung oder Anerkennung, wenn sie das geforderte Ziel erreicht haben.

Mögliche Formen

- 1. Klasse. Alle Kinder haben am Platz eine kleine Schachtel mit fünf kleinen Perlen (wird jede Woche aufgefüllt). Nach einem Regelverstoß kann die Lehrperson eine Perle einziehen. Am Ende der Woche werden die noch vorhandenen Perlen an der persönlichen Perlenschnur des jeweiligen Kindes aufgezogen. Alle Perlenketten sind im Klassenzimmer aufgehängt und wachsen unterschiedlich schnell. Hat jemand in einer Woche gar keine Perlen mehr übrig, so muss das Kind zusammen mit der Lehrperson eine Wiedergutmachung dafür vereinbaren (z. B. eine Hilfeleistung zugunsten der ganzen Klasse).
- 2. Klasse. Alle Kinder haben am Platz eine kleine Schachtel mit zehn Mini-Klammern (wird jede Woche aufgefüllt). Nach einem Regelverstoß kann die Lehrperson eine Klammer einziehen. Wer am Ende der Woche noch mindestens acht davon übrig hat, erhält ein kleines Präsent (Farbstift, Postkarte, Schokoladenherz, etc). Hat jemand gar keine Klammern mehr übrig, so muss das Kind zusammen mit der Lehrperson eine Wiedergutmachung dafür vereinbaren (z. B. das Sofa staubsaugen helfen etc.).

Erfahrung
Die Kinder übernehmen viel Verantwortung für ihr eigenes Verhalten. Sie sind motiviert, möglichst viele Perlen/Klammern zu besitzen, und vergleichen sich untereinander. Manche Kinder begehen deswegen sogar Diebstähle. Bis auf weiteres werde ich dieses System fortführen.

Ort: ....

Datum: ....

Unterschrift Lehrperson: ....

Anhang 9

Im Zusammenhang mit Unterrichtsstörungen drängt es sich manchmal auf, mit den Eltern des betreffenden Schülers, der betreffenden Schülerin Kontakt aufzunehmen. Wie individuell dieser Kontakt verlaufen kann bzw. muss, soll in Anhang 9 exemplarisch dargestellt werden. Dieses Beispiel habe ich unter dem Titel: «Das Kind mit unkontrollierten Verhaltensweisen oder: Hilfen durch die Individualpsychologie Alfred Adlers» veröffentlicht, und zwar in Winkel (2001, S. 267 ff.). Diese Falldarstellung ist aus einer Zusammenarbeit mit Herrn Ott, einem individualpsychologisch orientierten Lehrer entstanden. Herrn Ott sei an dieser Stelle nochmals für seine Offenheit und für seine Sensibilität gedankt. Ohne ihn und seinen Einsatz wäre es nicht zur folgenden Entwicklung und damit nicht zu dieser Möglichkeit zur Veranschaulichung gekommen.

1 Falldarstellung

Peter geht seit bald einem Jahr in die 4. Klasse von Herrn Ott. Diesem ist er schon zu Beginn des Schuljahres durch verschiedene Verhaltensweisen aufgefallen: Er stand plötzlich und ohne ersichtlichen Grund im Unterricht auf, lachte, hüpfte ständig auf seinem Sitzball hin und her – in der Schweiz sitzen viele Klassen aus prophylaktischen Gründen zur Schonung des Rückens auf besonderen Bällen – und störte so den Unterricht. Aber auch außerhalb des Schulzimmers fiel Peter auf. Er begann auf dem Pausenplatz Schlägereien mit anderen Schülern, rief laut aus, provozierte andere, gerade auch ältere Schüler und war offensichtlich darauf aus, Unruhe zu erzeugen. Im Sport konnte er sich nicht an die Spielregeln halten, sondern geriet außer sich, wenn er einen Fehler gemacht hatte und deshalb zurückgepfiffen wurde.

Die Nachfragen des alarmierten Lehrers bei den früheren Lehrkräften von Peter ergaben das folgende Bild: Peter hatte sich seit der ersten Klasse auffällig und unkontrolliert verhalten, es war seiner damaligen Lehrerin nicht gelungen, korrigierend einzugreifen. Peter wurde in den folgenden Jahren das «schwarze Schaf», weil die anderen Kinder seine Störungen und Provokationen gar nicht schätzten, im Gegenteil. Er rutschte immer stärker in die «Sündenbockrolle» hinein, wurde von seinen Mitschülerinnen und Mitschülern angegriffen, beschuldigt und hie und da auch ausgeschlossen. Er hatte es in zwei, drei Jahren geschafft, zum «Quartierschreck» zu werden, der gar nicht gerne im eigenen Garten gesehen war. Vergegenwärtigte man sich Peters Reaktionen, z. B. seine

Fouls im Fußball oder seine gefährlichen Schneeballgeschosse, war diese Entwicklung nicht weiter erstaunlich.

Wie reagierte der Lehrer der 4. Klasse, Herr Ott?

Herr OTT ist seit zehn Jahren Mittelstufenlehrer in der deutschsprachigen Schweiz. Mit «Mittelstufe» sind die 4. und 5., zum Teil auch die 6. Klasse gemeint. Peter war somit zehn Jahre alt, als er nach drei Schuljahren bei jüngeren Lehrkräften zu Herrn OTT kam. Diesem war sofort klar, dass er es mit einem auffälligen Schüler zu tun hatte, der seiner besonderen Aufmerksamkeit bedurfte. Manche Lehrkräfte vertreten den Standpunkt: «Die ersten zehn Minuten mit einer Klasse entscheiden! Wenn du dann den Tarif nicht durchgegeben hast, hast du als neuer Lehrer verspielt, dann wirst du nicht mehr für voll genommen.» Unser Herr OTT ist kein Vertreter dieses Standpunktes, ihm scheint dahinter ein zu pessimistisches Menschen- und Weltbild zu stehen. Zudem hat er die Erfahrung gemacht, dass Verbesserungen mit Klassen trotz schwierigem Start möglich sind. Gleichzeitig war sich Herr OTT aber auch bewusst, dass er das schon am ersten Tag beobachtete unkontrollierte Verhalten von Peter keinesfalls tolerieren konnte. Er war zudem nicht gewillt, Störungen seines geplanten Unterrichtes in Kauf zu nehmen. Seine Menschenkenntnis und seine Erfahrung sagten ihm, dass es für Kinder wie Peter nicht sinnvoll ist, wenn sie eine Sonderrolle spielen können. Sie werden dann in ihrer Meinung bestärkt, dass für sie besondere Maßstäbe gelten, was sich wiederum ungünstig auf die übrige Klasse auswirkt und disziplinarische Erosionen auslöst. Mit Ernst und Festigkeit wies Herr OTT Peter darum gleich zu Beginn auf die geltenden Regeln hin, was diesem sichtbaren Eindruck machte. Allerdings brauchte es oft die gesamte Energie des Lehrers, um Peter in die Schranken zu weisen.

Ein Beispiel möge dies illustrieren: Das Musizieren gefiel Peter sehr. Am zweiten Schultag mussten sich alle Kinder mit einem Instrument ihrer Wahl im Raum verteilen. Ein Kind mit verbundenen Augen musste durch den «Instrumentenwald» wandern, die anderen gaben stets einen Laut von sich, sobald sich ihnen der «Wanderer» oder die «Wanderin» näherte. Peter war ganz aufgeregt, er wollte das größte Instrument, rief dementsprechend laut bei der Verteilung und wollte zugleich «Wanderer» sein. Herr OTT versuchte es mit einer Kombination von Ignorieren und Zurechtweisen: Er bevorzugte Peter nicht etwa bei der Auswahl des «Wanderers», wies ihn aber zurecht, wenn Peter sein Tamburin ertönen ließ, ohne dass der «Wanderer» oder die «Wanderin» in der Nähe war. Interessant waren jeweils die Reaktionen der Mitschülerinnen und Mitschüler. Teils lachten sie bei Peters «Musik zum falschen Zeitpunkt», aber zumeist warfen sie sich vielsagende Blicke zu oder ignorierten ihn. Vor allem die Mädchen fanden Peters unkontrolliertes Verhalten eher kindisch, einige bemerkten ärgerlich: «Schon wieder der!» Für Herrn Ott waren solche Reaktionen aus der Klasse wichtige Hinweise auf Peters Stellung in der Klasse. Er schien nicht besonders beliebt zu sein, ein Eindruck, der sich bald verfestigen sollte, wenn zum Beispiel im Turnen gewählt wurde.

Nach solchen Situationen, wenn sich Peter auffällig verhalten hatte, war es Herrn Ott wichtig, mit ihm nach dem Unterricht unter vier Augen zu sprechen. Einzelgespräche unter vier Augen haben den Vorteil, dass die Zuschauerinnen und Zuschauer fehlen und damit die Rollen von Märtyrer, Rebell oder Held wegfallen. Herr Ott spürte, dass Peter dann beeindruckbarer war. Wenn er ihn wohlwollend und bestimmt zugleich fragte, warum er heute so unruhig gewesen sei, was heute los gewesen sei, wand er sich jeweils und versprach, sich zu bessern. Peter wusste also sehr wohl, wie er sich verhalten hatte. Diese realistische Selbsteinschätzung war eine gute Voraussetzung für den nächsten Schritt. Herr Ott griff diese Vorsätze dankbar auf, weil sie ihm erlaubten, daran anzuknüpfen und Peter Ziele vorzugeben, die an einem Tag, dann auch in einer Woche zu erreichen waren. Nach der abgemachten Zeitperiode musste Peter jeweils in einem Gespräch unter vier Augen selber einschätzen, ob er die Ziele erreicht hatte oder nicht. In der Schweiz sprechen manche Lehrkräfte von «Verträgen», in Deutschland wird der Begriff «Detektivbogen» verwendet (vgl. Petermann / Petermann 1994, S. 61). Der Vorteil solcher Selbstbeobachtungs- und Selbstbeurteilungsbogen ist, dass der betreffende Schüler genau weiß, was von ihm erwartet wird. Er beobachtet sich in der Folge genauer und verhält sich im günstigen Falle kontrollierter und weniger affektgesteuert. Der erste Vertrag mit Peter lautete: «Peter sitzt heute ruhig auf seinem Sitzball. Er ruft nicht in den Unterricht hinein und lacht nicht laut.» Der Rückblick am Ende dieses Tages ergab eine realistische Selbsteinschätzung durch Peter, der selber die drei folgenden Zeichen entworfen hatte: + / + – / –. Das mittlere Zeichen schien ihm für diesen Tag angebracht, was von Herrn Ott bejaht wurde. Damit konnte die Wiederholung oder Verbesserung des ersten Zieles ins Auge gefasst werden, ein Prozess, der zugleich eine gewisse Nähe zwischen den beiden Akteuren entstehen ließ. Sie machten in der Folge Signale ab, deren Bedeutung nur sie kannten. Ein Klatschen von Herrn Ott hieß zum Beispiel: «Aufgepasst Peter!»

Für die Lehrkraft, die solche Verträge mit einem Schüler oder einer Schülerin abgemacht hat, ist die Fortsetzung spannend zu verfolgen. Bei Peter war das Resultat offensichtlich: Er bemühte sich sofort, sich kontrollierter zu verhalten, die klaren Zielvorgaben halfen ihm.

Herr OTT schrieb nach den zehn ersten Wochen in sein Klassenbuch: «Innerhalb des Klassenzimmers hat sich Peters Verhalten wesentlich verbessert. Er fällt kaum mehr auf, sitzt meistens ruhig auf seinem Sitzball, verfolgt den Unterricht aufmerksam. Er streckt [zeigt] auf und gibt vor allem in Deutsch und Naturkunde richtige und kreative Antworten. Weiterhin besorgniserregend sind seine Ausbrüche in der Pause und im Sport. In solchen Situationen scheinen ihm die Sicherungen durchzubrennen. Diese Woche hat er im Turnen einer Kameradin den Fußball voll in den Bauch getreten, obwohl das Spiel bereits unterbrochen worden war.» So fasste der Lehrer, Herr OTT, die ersten Wochen mit Peter zusammen.

Voraussetzung für diese Entwicklung war der Aufbau einer positiven Beziehung. Es war Herrn OTT gelungen, Peter ein Stück weit für sich zu gewinnen. Herr OTT ging mit Alfred ADLER davon aus, dass eine erzieherische Einwirkung nur möglich ist, wenn sich das Kind bejaht und als Persönlichkeit gewürdigt sieht; der Grad der erzieherischen Beeinflussbarkeit ist davon abhängig,

> inwiefern die Rechte des zu Beeinflussenden durch den Beeinflusser sichergestellt erscheinen. Eine dauernde Einwirkung auf einen Menschen, dem man Unrecht tut, ist ausgeschlossen. Man wird dann am besten auf ihn einwirken können, wenn der andere in die Stimmung versetzt ist, in der er sein eigenes Recht als gewährleistet empfindet. Das ist besonders für die Erziehung ein wichtiger Gesichtspunkt. […] Eine Erziehung, die diesen Gesichtspunkt berücksichtigt, wird deshalb wirksam sein, weil sie an das Ursprünglichste anknüpft, an das Gefühl der Zusammengehörigkeit (ADLER 1927/1972, S. 66).

ADLERS pädagogischer Optimismus, sein Glaube an die prinzipielle Wirksamkeit der Erziehung, leitet sich direkt aus seiner Sicht der sozialen Natur des Menschen ab. Machtlos ist der Erzieher nur dann, «wenn es sich um einen Menschen handelt, der sich absichtlich dem Einfluss der Gesellschaft zu entziehen sucht» (ADLER 1927/1972, S. 66). Allerdings tut er dies nicht ohne Gründe, sondern in seiner Kindheit muss ein längerer Kampf vorausgegangen sein, in dessen Verlauf er in Opposition zur Gemeinschaft, zum Gemeinschaftsgefühl geriet. An solche Kinder, die sich durch ihre Umgebung bedrückt fühlten, dürfe der Erzieher nicht den Anspruch der Folgsamkeit stellen. Bei allen anderen Kindern jedoch, die nicht zu sehr unter den Eindrücken der Außenwelt gelitten haben, deren Gemeinschaftsgefühl sich vielmehr entwickeln konnte, ist ADLER optimistisch bezüglich der Möglichkeiten der Erziehung; man könne feststellen, «dass am geneigtesten auf sich einwirken zu lassen, sich zu verständigen und mit sich rechnen zu lassen jene sein werden, deren Gemeinschaftsgefühl am wenigsten gedrosselt ist» (ADLER 1927/1972, S. 67).

Bei Peter war – so die Einschätzung von Herrn Ott – das Gemeinschaftsgefühl in den ersten Lebensjahren nicht in jeder Beziehung «gedrosselt» worden. Peter zeigte eine seelische Bereitschaft, auf die Vorgaben und Anordnungen seines Lehrers einzugehen. Im nächsten Abschnitt soll diese Aussage genauer erläutert werden.

2 Analyse

Die Individualpsychologie stellt der Lehrkraft für den Umgang mit unkontrollierten oder verhaltensauffälligen Schülerinnen und Schülern ein reichhaltiges diagnostisches Instrumentarium sowie vielfältige theoriegeleitete Vorgehensweisen zur Verfügung (vgl. Rüedi 1992, S. 264–314). Dass dabei heute integrativ Hilfen aus anderen theoretischen Richtungen miteinbezogen werden, ist anhand der vorhin beschriebenen Verwendung von «Detektivbogen», die aus der Verhaltenstherapie stammen, klar geworden. Die moderne Individualpsychologie ist deshalb schon als «offenes System» bezeichnet worden, wobei anzumerken ist, dass bereits Adler in seinen Beratungsgesprächen mit Zielvereinbarungen arbeitete.

Im Falle von Peter waren sofortige Reaktionen des Lehrers notwendig. Peter drohte, die Disziplin zu stören und durcheinanderzubringen, so dass Herr Ott handeln musste. Intuitiv erkannte er, dass hier klare Grenzsetzungen angebracht waren, jedes Zuwarten hätte sich verheerend auf die gesamte Lernsituation in der Klasse ausgewirkt. Auch für Peter selber wäre es nicht gut gewesen, ihn in seinem aggressiv-unkontrollierten Verhalten gewähren zu lassen. «Wer schweigt, scheint zuzustimmen», besagt das alte römische Sprichwort, das aus individualpsychologischer Sicht für viele Fälle zutrifft. Oder moderner mit Watzlawick formuliert: «Man kann nicht *nicht* kommunizieren.» (1. Axiom). Lehrkräfte sollten aus individualpsychologischer Sicht Kinder nicht auf der «unnützen Seite des Lebens» (Adler) gewähren lassen. In diesem Sinne vertritt der Begründer der Individualpsychologie einen aktiven Führungsstil, wenn es darum geht, Kindern den Weg zu produktiven und kooperativen Verhaltensweisen zu weisen.

Parallel zu diesen Sofortmaßnahmen begann Herr Ott, sich selber Fragen zu stellen: Warum benimmt sich dieser Schüler so auffällig? Wo / wann hat er diese Verhaltensweisen gelernt oder warum hat er nicht gelernt, sich altersgemäß kooperativ zu verhalten? Die individualpsychologische Theorie geht von einem optimistischen Menschenbild aus, betrachtet das Kind als potenziell soziales, zur Zusammenarbeit und gegenseitigen Rücksichtnahme fähiges Wesen und fragt bei Verhaltensauffälligkeiten oder asozialem Verhalten, warum und wieso sich dieses entwickeln konnte. Mit den Worten des deutschen Sonderpädagogen Ulrich BLEIDICK: «Das Kind *macht* keine Schwierigkeiten, sondern *es hat* selbst welche. Die Einsicht in diesen Zusammenhang bildet die Grundlage allen individualpsychologischen Verstehens.» (BLEIDICK 1985, S. 83). Die Frage nach der biografischen Entstehung – die Individualpsychologie verwendet seit ADLER für das Resultat der in den ersten Lebensjahren ablaufenden Charakterbildungsprozesse den Begriff «Lebensstil» – leitet somit die Pädagogin, den Pädagogen dazu an, nach den Entstehungshintergründen des sozialen Defizits, der mangelnden Sozialkompetenz zu suchen.

Eine weitere wichtige Frage für die Individualpsychologie ist diejenige nach der Finalität, der individuellen Zielgerichtetheit. Könnte dieses Verhalten auch ein Ziel, einen subjektiven Zweck verfolgen? Der amerikanische Individualpsychologe Rudolf DREIKURS zum Beispiel unterscheidet bei störendem Verhalten die vier Zielsetzungen des Auffallen-Wollens, der Macht, der Rache oder der Resignation. Solche subjektiven Zielsetzungen zu erkennen ist äußerst wichtig, um adäquat reagieren zu können (vgl. DREIKURS 1976, S. 40 ff.).

Nach diesen kurzen theoretischen Andeutungen zurück zu Peter: Herr OTT begann sich für die Frage zu interessieren, wie wohl dieses unkontrollierte Verhalten entstanden war. Jetzt musste er die Eltern von Peter einbeziehen. Von diesen erhielt Herr OTT bereitwillig Auskunft, weil sie das Interesse für ihren Sohn spürten. Sie hatten bereits zahlreiche Erklärungen für Peters Affektreaktionen gesucht, dabei jedoch schwerpunktmäßig die anderen Kinder im Auge, welche ihren Sohn – wie sie meinten – stets herausforderten. Vor allem bei der Mutter zeigte sich eine starke Tendenz, ihren Peter in Schutz zu nehmen. Wenn sich zum Beispiel eine andere Mutter telefonisch bei Peters Mutter beklagte, nahm diese ihren Sohn automatisch in Schutz, ohne nach dem Sachverhalt zu fragen, nach dem Grund, warum die andere Mutter überhaupt anrief. Im Gespräch mit Herrn OTT kristallisierte sich dieselbe Tendenz heraus, sich beschützend vor den Sohn zu stellen und ihn zu entlasten, anstatt ihn zu befragen oder gar zu fordern. Interessanterweise meldete der Vater in den gemeinsamen Elterngesprächen manchmal von sich aus gewisse vorsichtige Bedenken gegenüber der erzieherischen Haltung seiner Frau an, die beiden waren sich offensichtlich bezüglich der Peter gegenüber einzunehmenden Haltung nicht einig, hatten diese Uneinigkeit jedoch noch nie zu Ende diskutiert. Die Gespräche mit Herrn OTT über Peter sollten für die Eltern zum Beginn einer ernsthaften Diskussion über ihre persönlichen Erziehungsauffassungen werden, was umso notwendiger war, als der um drei Jahre jüngere Bruder bereits ähnlich auffallende Verhaltensweisen zeigte.

Immer deutlicher erkannte Herr Ott, dass Peter als ersehnter Stammhalter und Erstgeborener in seiner Familie nie hatte Forderungen erfüllen müssen. War er zum Beispiel mit einem anderen Kind zusammengestoßen, hatte seine Mutter stets auf dessen Grobheiten hingewiesen, anstatt ihren Sprössling auf seinen Beitrag hin zu befragen. Im Haushalt hatte er sowieso nie mithelfen müssen, er wurde verwöhnt und umsorgt. Forderungen zu erfüllen war ihm fremd, durch sein bloßes Auf-dieser-Welt-Sein war ihm die Aufmerksamkeit seiner Mutter gewiss, die sein unkontrolliertes Verhalten lange als mutig und fantasievoll gedeutet hatte. Im Sinne der Verhaltenstherapie könnte man hier von einem unbeabsichtigten «Verstärkersystem» sprechen. Für die Individualpsychologie bildet sich die Persönlichkeit, der «Lebensstil», in den ersten Lebensjahren auf dem Weg von Versuch, Irrtum und Erfolg. Ziele, die sich als unmöglich, Mittel, die sich als unzweckmäßig erweisen, werden vom Kind fallengelassen, gleichsam aus dem Verhaltensrepertoire gestrichen. Erfolgreiche Mittel werden laut Adler ausgebaut, verstärkt oder verfeinert.

Nach diesem kurzen Exkurs zur Entwicklung der Persönlichkeit zurück zur Mutter von Peter: Sie hatte immer noch große Schwierigkeiten, ihren Sohn nach seinen gewalttätigen Ausbrüchen zu stellen und einen anderen Umgang von ihm zu fordern, weil sie damit ihren bisherigen Erziehungsstil hätte hinterfragen müssen. Der Tatsache ins Auge schauen zu müssen, den eigenen Sohn vor dem Zusammenstoß mit der Realität total verschont und ihn damit in einem Stadium des kindlichen Egozentrismus belassen zu haben, das war keine einfache Sache für eine Mutter, deren ganzer Lebensinhalt ihre beiden Söhne waren. Allerdings begann es ihr langsam zu dämmern: Gerade das In-Watte-Packen hatte ihrem Sohn geschadet, der so nie gelernt hatte, sich in die anderen hineinzuversetzen, deren Gefühle zu verstehen. Aber seine eigenen Gefühle hatte er auch kaum verstehen gelernt, seine Mutter war sofort eingesprungen, hatte für ihn gesprochen, hatte keine verstehbaren Formulierungen der eigenen Befindlichkeit von ihm verlangt, war so über ihn hinweggegangen und hatte es versäumt, Peter zum Herauswachsen aus der Egozentrizität des Kleinkindes zu verhelfen.

Zusammengefasst sieht die individualpsychologische Analyse von Peters Entwicklung so aus: Er hat in seiner Kindheit nie gelernt, die Welt «mit den Augen eines anderen zu sehen, mit den Ohren eines anderen zu hören, mit dem Herzen eines anderen zu fühlen» (Adler 1928/1982, S. 224), seine Mutter hatte ihn verzärtelt und verwöhnt, ihn vor der Außenwelt beschützt, anstatt ihn zu deren Verständnis anzuleiten. Adler sprach zuweilen von den zwei Aufgaben der Mutter: «1. Das Kind für sich zu gewinnen, das Interesse des Kindes auf sich zu lenken, ihm als ein Mitmensch vor Augen zu stehen. 2. Das Interesse dieses

Kindes auf andere zu lenken, als Mitmensch den Vater auch zu finden.» (ADLER 1929/1973, S. 29). Gerade diese zweite Aufgabe, die Weiterleitung des Sohnes an den Vater bzw. an die Außenwelt war bei Peter misslungen. Der Mutter war es aus unbewussten Motivationen heraus nicht möglich gewesen, ihre Söhne loszulassen, sie selbstständig werden zu lassen und ihnen die eigenständige Bewältigung der sozialen und schulischen Aufgaben zuzutrauen. Sie hatte auch keine altersgemäßen Forderungen an Peter gestellt und es damit verpasst, ihm zu zeigen, dass seine Beitragsleistung wichtig war, nicht nur seine bloße Anwesenheit. So war bei Peter einerseits kein Einfühlungsvermögen – ADLER spricht in diesem Zusammenhang von «Gemeinschaftsgefühl» – entstanden, in dieser Hinsicht war er auf der Stufe eines auf sich fixierten vierjährigen Kindes stehen geblieben. Andrerseits wies er ein Defizit an gewaltlosen Verhaltensweisen auf: Weder verfügte er über Selbstkontrolle, noch über die Fähigkeit, andere zu fragen, zu verhandeln oder sich für seine Rechte mit Argumenten einzusetzen.

Die Individualpsychologie hat das Konzept des «Minderwertigkeitsgefühls» eingeführt, um auf das Defizit hinzuweisen, das Kinder plagen und in einem nächsten Schritt zu kompensatorischen und asozialen Handlungen führen kann. Allerdings lassen sich Peters Reaktionen nicht nur mit dem Vorhandensein von «Minderwertigkeitsgefühlen» erklären, sondern er hat im Prozess der Persönlichkeitsentwicklung auch eine falsche Selbsteinschätzung («Ich darf alles tun, ich bin schon groß»), eine irrtümliche «Meinung von sich und der Welt» (ADLER) erworben, eine Selbstüberschätzung und Überheblichkeit, die sich etwa in der Selbstverständlichkeit äußert, dreinschlagen zu dürfen.

Eine wichtige Rolle für die individualpsychologische Analyse spielt die Berücksichtigung der Geschwistersituation (vgl. RÜEDI 1992, S. 72 ff., S. 125 ff.). ADLER hat sich schon früh den Beziehungen unter den Geschwistern zugewandt. Im Jahre 1918 legte er seinen damaligen Wissensstand dar und unternahm einen ersten Ausbau der Theorie der Stellung des Kindes in der Geschwisterreihe (vgl. ANSBACHER / ANSBACHER 1982, S. 353). Es ging ihm um die dynamische Erfassung der gesamten Situation des Kindes und um dessen individuelle Erlebensweisen. Beim Ältesten – hier Peter – sieht ADLER gewisse mögliche Tendenzen, er schreibt:

> Vor allem hat er den Vorteil einer ausgezeichneten Position für die Entwicklung seines Seelenlebens. Schon aus der Geschichte ist uns bekannt, dass er immer eine besondre, günstigere Position gehabt hat. Bei manchen Völkern und Volksschichten hat sich diese Vorzugsstellung traditionell erhalten. [...] Auch sonst wird in vielen Familien damit gerechnet, dass der älteste Sohn einmal Herr des Hauses sein werde. Auch wo diese Tradition nicht ins Gewicht fällt, wie bei den einfachen bürgerlichen oder in Proletarierfamilien, ist der

> Älteste wenigstens derjenige, dem so viel Kraft und Klugheit zugemutet wird, dass man ihn zum Mithelfer und zur Aufsichtsperson macht. Man muss sich vorstellen, was es für ein Kind bedeutet, in dieser Weise ununterbrochen mit dem ganzen Vertrauen der Umgebung beladen zu sein. Das erzeugt in ihm eine Stimmung, die sich ungefähr in Gedankengängen ausdrückt wie: du bist der Größere, Stärkere, Ältere, musst daher klüger sein wie die andern. (ADLER 1927/1972, S. 141).

Der Vorzug des Ältesten, größer und erwachsener zu sein als seine Geschwister, kann sich gleichzeitig in einen Nachteil umwandeln, wenn die Eltern von ihm unnachgiebig verlangen, dass er der Älteste und Größere sein muss. Bei Peter war tatsächlich eine Angst festzustellen, den hohen Erwartungen an den Ältesten nicht gewachsen zu sein. Er zeigte ungeduldige Reaktionen in anforderungsreichen Lernsituationen und hatte anscheinend ein hohes Anspruchsniveau verinnerlicht. Erschwerend für Peter kamen Ängste hinzu, vom quirligen jüngeren Bruder überrundet zu werden. Auf diesbezügliche Nachfragen von Herrn OTT schilderten die Eltern, Peter sei dem jüngeren Bruder gegenüber eifersüchtig und habe anscheinend Ängste, entthront zu werden. Eine weitere Kehrseite der zeitweiligen Vorzugsstellung waren seine größenwahnähnliche Selbstüberschätzung und seine egozentrischen Vorstellungen: «Mir gehört die Welt!», Vorstellungen, die durch den verwöhnenden Erziehungsstil der Eltern, vor allem der Mutter, sehr gefördert worden waren. Wie angedeutet hatte sie Peter lange in Watte gepackt, so dass er viel zu wenig die Notwendigkeit erlebt hatte, andere Menschen mit einzubeziehen, mit ihnen zu reden, diese zu bitten oder zu fragen.

Damit entsprach Peters Entwicklung in mancherlei Hinsicht dem, was ADLER als Folgen der «Verzärtelung» (ADLER 1930/1980) beschrieben hatte: Kinder mit hohen Erwartungen an die Umwelt, die aber zugleich massive Defizite an Sozialkompetenz aufwiesen, Kinder mit wenig Alternativen zu aggressiv-unkontrolliertem Verhalten.

Allerdings dürfen bei Peter die positiven Seiten nicht übersehen werden, seine Ressourcen – die Individualpsychologie spricht von Quellen – sowie seine Mutreserven. Einerseits hatte er es bis dahin nie aufgegeben, in der Gemeinschaft mitzutun, im Gegenteil, ein unbändiger Einsatz- und Siegeswille kennzeichnete ihn. Im Fußball zum Beispiel wollte er unbedingt Tore schießen und seine Mannschaft voranbringen. Gelang ihm dies nicht, vergaß er alle Regeln. Ihm fehlte das Maß, die Grenze, aber nicht die grundsätzliche Einsatzbereitschaft. An diese konnte Herr OTT anknüpfen, musste ihr allerdings die soziale und nützliche Richtung weisen.

Die Ressourcen von Peter zeigten sich ferner in verschiedenen Schulfächern. In Deutsch zum Beispiel zeichnete er sich durch gute Aufsätze aus, er war ehrgeizig und motivierbar. Gerne las er seine Aufsätze vor. Auch für Hilfeleistungen gegenüber schulisch schwächeren Kindern war Peter zu gewinnen. Die Individualpsychologie legt großen Wert darauf, nicht nur dem gegen die Gemeinschaft Gerichteten, dem «Gegenmenschen» entgegenzutreten, sondern gleichzeitig bei den Ressourcen und Quellen anzusetzen. Ermutigen, die Stärke unterstützen, kein Kind für hoffnungslos halten, sondern aktiv das Bestärkenswerte suchen, diese Einstellung gehört zur Individualpsychologie: «Wir müssen das sichere Gefühl haben, dass sich stets eine Methode finden lässt, um einem Kind zu helfen. Selbst unter den schlimmsten Umständen steht immer ein bestimmter Zugang offen – den wir freilich entdecken müssen.» (Adler 1930/1976, S. 101).

Bei Peter konnte man keinesfalls von «schlimmsten Umständen» sprechen, das zeigte bereits die tendenziell günstige Entwicklung in den ersten zehn Wochen bei Herrn Ott. Sein «Gemeinschaftsgefühl» war in den ersten Lebensjahren nicht in jeder Hinsicht «gedrosselt» worden. Peter war wohl massiv verwöhnt worden, hatte nicht gelernt, sich an Grenzen zu halten, hatte dafür aggressiv-unkontrolliertes Verhalten eingeübt, ohne dabei an die anderen Kinder zu denken, aber er war noch nicht ganz auf der «unnützen Seite des Lebens» (Adler) gelandet. Er war als Erstgeborener bei seiner Geburt willkommen geheißen und umsorgt worden und hatte ein gewisses «Urvertrauen» (Erikson) entwickelt. Er hatte die Offenheit nicht verloren, sich von Menschen helfen zu lassen. So reagierte er positiv auf die Bemühungen des neuen Lehrers und spürte dessen grundsätzliches Wohlwollen. Herr Ott praktizierte die für die Individualpsychologie so wichtige Unterscheidung zwischen «Tat und Täter», er akzeptierte Peter als Menschen, nicht aber dessen asoziale Taten. Genau diese pädagogische Haltung von Herrn Ott war wichtig für Peters positive Entwicklung. Ihm hatten bisher das Nein, der Widerstand, die Grenzsetzung gefehlt, die Möglichkeiten der Orientierung. Der Vater hatte die Aufgabe der Orientierung nur ansatzweise übernehmen können, die Mutter hatte ihm unbewusst entgegengearbeitet. Wichtig war jetzt die Wende: Peter musste lernen, sich gewaltlos zu verhalten; und seine Eltern mussten in der Elternberatung lernen, wie sie ihren abgöttisch geliebten Sohn wirklich unterstützen konnten.

Nach einem halben Jahr konnte Herr Ott eine merkliche Verbesserung bei Peter im Rahmen des Unterrichtes feststellen. Das störende Verhalten im Klassenzimmer war weitgehend verschwunden. Im Sport bemühte sich Peter sichtlich, die Regeln einzuhalten. Außerhalb des Unterrichtes provozierte er jedoch weiterhin. Aus der «Sündenbockrolle» hatte er noch nicht herausgefunden, trotz gewisser Verbesserungen im Rahmen des Klassenverbandes. Herr Ott wollte mit seinen Bemühungen fortfahren, hatte jedoch gleichzeitig den Eltern nahegelegt, eine Beratung in Anspruch zu nehmen. Herr Ott empfahl den beiden, ihre Uneinigkeiten zu besprechen, zu klären und ihrem ältesten Sohn gegenüber mit gemeinsamer Entschiedenheit aufzutreten. Herrn Ott war es wichtig, den Eltern ihre Verantwortung für die Entwicklung von Peter aufzuzeigen und ganz in ihre Hände zu übergeben. Ein Vorfall, der sich kurz zuvor ereignet hatte, hatte diesen Schritt, den der Lehrer schon länger erwogen hatte, beschleunigt. Beim Wintersport war allen Peters Fremdgefährdungspotenzial wieder einmal vor Augen geführt worden: Er hatte mit Schneebällen wild um sich geworfen. Nur mit Glück waren die anderen Kinder unversehrt davongekommen.

Das Erkennen der eigenen pädagogischen Möglichkeiten gehört somit genauso zur individualpsychologischen Diagnose wie das Erkennen der eigenen Grenzen oder das Verweisen an eine außenstehende Fachkraft.

3 Lösungsmöglichkeiten aus individualpsychologischer Sicht

3.1 *Die Ebene Lehrkraft-Schülerin/Schüler: die Gestaltung der Beziehung zum Kind*

Bisher sind bereits zahlreiche Lösungsmöglichkeiten aus individualpsychologischer Sicht angesprochen worden. Adler ging es stets darum, seine Theorie für die Anwendung in der Praxis bereitzustellen, er meinte:

> Es wurde bereits erwähnt, dass es nicht möglich ist, diese Wissenschaft nur theoretisch zu betreiben. Der bloße Besitz aller Regeln genügt noch nicht, es ist auch notwendig, ihn aus dem Studium in die Praxis und in ein höheres Studium des Zusammenfassens und Verstehens überzuleiten, damit das Auge schärfer und tiefer blicken lernt, als es die eigene bisherige Erfahrung gestattete. Dies ist der bewegende Grund, warum wir theoretisch Menschenkenntnis betreiben. Lebendigmachen aber können wir diese Wissenschaft erst dadurch, dass wir ins Leben hinaustreten und hier die gewonnenen Grundsätze prüfen und anwenden. (Adler 1927/1972, S. 26 f.).

Allerdings befriedigt der oben gewählte Begriff «Lösungsmöglichkeiten» nicht, geht es doch für die Individualpsychologie zuallererst um eine bestimmte pädagogische Haltung dem Kind mit unkontrolliertem Verhalten gegenüber. Dieses wird nicht dadurch kooperativ, dass man ihm seine Unkontrolliertheit häufig genug vorhält. Adler vertritt vielmehr den Standpunkt, dass man Güte und Liebe voraussetzen muss, wenn man sie im Kinde wachsen lassen will. Erniedrigung führt dagegen meistens zu Niedrigkeit. Aus einer Freundschaft zwischen Pädagogin und Kind entsteht oft ein Sich-eins-Fühlen, das im Nu verwirklicht, was

1000 Ermahnungen nicht erzwingen können. Wohlwollen, Bejahung, Freundschaft, Ermutigung sowie Vermittlung von Einsicht und Erkenntnis, das sind für ADLER heilende Faktoren, von denen er die Entwicklung zum Guten erwartet. Sie nützen mehr, als dem Kind Schuldgefühle einzubläuen und ihm fehlende Lernbereitschaft oder mangelnde Selbstkontrolle vorzuwerfen. Jedes Haftbarmachen des unkontrollierten Kindes oder jedes Anwenden von Gewalt weist ADLER zurück, weil diese Formen des Umgangs seinem Menschenbild widersprechen. Es dürfe keine einzige Situation im Leben des Kindes geben, in der es das Gefühl habe, das Wohlwollen und die Bejahung der Pädagogin prinzipiell verloren zu haben. Wexberg bezeichnet die Haltung des unerschütterlichen «freundschaftlichen Wohlwollens» (WEXBERG 1974, S. 283) deshalb als anzustrebendes individualpsychologisches Ideal, auch wenn es in gewissen Situationen schwierig zu erreichen sein mag. Auf dem Hintergrund dieser pädagogischen Haltung, auf dem Hintergrund der eindeutigen Unterscheidung zwischen Tat und Täter sind für die Individualpsychologie pädagogische Beeinflussungen von Kindern mit unkontrollierten Verhaltensweisen möglich.

Zuerst begegnete Herr OTT Peter mit dem Wissen, dass asoziale Handlungen in der Schule nicht geduldet werden dürfen, dass Peter eine klare Führung, eine deutliche Orientierung erleben muss. Natürlich darf auch aus diesem Wissen keine dogmatische Haltung abgeleitet werden, sondern vielmehr eine Richtschnur, die im begründeten Einzelfall im Sinne einer «antinomischen Pädagogik» (WINKEL) dem wohlwollenden Gewähren geopfert wird. Gleichzeitig bleibt jedoch die Verbesserung der Sozialkompetenz, des Gemeinschaftsgefühls eine Richtschnur für die individualpsychologisch orientierte Lehrkraft. Herr OTT erkannte, wie wichtig es für Peter war, seine Fähigkeit der Einfühlung in andere Menschen zu verbessern. GOLEMAN würde heute sagen, Peter fehlt es an «emotionaler Intelligenz». ADLER spräche davon, dass Peter nicht gelernt hat, «mit den Augen eines anderen zu sehen, mit den Ohren eines anderen zu hören, mit dem Herzen eines anderen zu fühlen» (ADLER 1928/1982, S. 224).

Peter musste in erster Linie seine Sozial- und seine Selbstkompetenz verbessern und Verhaltensalternativen zu seinem aggressiv-unkontrollierten Verhalten finden. Konkret zeigte Lehrer OTT Peter mit den Verträgen, was er von ihm erwartete: kein Dazwischenrufen im Unterricht, Aufzeigen, das Beachten der Spielregeln im Turnen. Peter sollte seine Männlichkeit beweisen, indem er die Regeln im Sport unerbittlich einhielt. Männlich sei, seine Stimmung mit Worten auszudrücken, «Danke» sagen zu können, auf dem Pausenplatz gerade keine Schlägereien zu provozieren, sondern sich aus Kämpfen herauszuhalten, sich in andere hineinzuversetzen und sich bei dennoch erfolgten Verstößen zu entschuldigen, das sei wirkliche Männlichkeit. So gab Herr OTT Peter einen neuen Orientierungsrahmen von männlichem Verhalten vor. Es versteht sich von selbst, dass diese prosozialen Verhaltensalternativen zum unkontrollierten Verhalten nicht alle aufs Mal von Peter verlangt wurden, sonst wäre ein endloser Moralkatalog entstanden, sondern schrittweise im Sinne der möglichen Erreichbarkeit. Keinen Kompromiss gab es für Peter jedoch, wo es um Störungen und Zwischenrufe in der Klasse ging: Diese Beeinträchtigung der Lernatmosphäre duldete Herr OTT nicht mehr, sonst hätte er Peter in seiner Sonderrolle belassen.

Parallel zum Aufzeigen erwünschten Verhaltens «auf der nützlichen Seite des Lebens» (ADLER) bemühte sich Herr OTT um ein vertieftes Verständnis der Vorgeschichte Peters. Die Analyse in Abschnitt 2 hat bereits gezeigt, wie wichtig es ist, die Biografie kennenzulernen. Sie eröffnet neue Einblicke und lässt viele bisher unerkennbare Zusammenhänge erkennbar werden. Die Beschäftigung mit dem Vorleben bringt uns auf einen Weg, der vom moralischen auf das psychologische Feld zu führen verspricht. Oft sind wir Lehrkräfte bei verhaltensauffälligen Kindern geneigt, uns zu fragen, warum sie sich nur so auffällig benehmen. Schwieriger fällt die Frage: Wie sehen sie die Welt? Was sind wohl ihre Gründe, ihre «Apperzeptionen» (ADLER), dass sie sich so und so benehmen und nicht anders? ADLER war – wie schon angedeutet – die Einfühlung in die anderen Menschen sehr wichtig. Bereits 1929 hatte er in «Individualpsychologie in der Schule» (ADLER 1929/1973, S. 123–126) einen «Fragebogen zum Verständnis und zur Behandlung von Sorgenkindern» verfasst. Einige Fragen daraus mögen ADLERS Zielrichtung, das Kind anhand seiner Vorgeschichte besser zu verstehen, verdeutlichen:

1. Seit wann besteht Grund zur Beanstandung? In was für einer Situation (psychischer oder sonstiger) befand sich das Kind, als sein Fehlverhalten zum erstenmal bemerkt wurde? Die folgenden Situationen sind wichtig: Wechsel der Umwelt, Schulanfang, Geburten in der Familie, jüngere oder ältere Brüder und Schwestern, Schulversagen, Lehrer- oder Schulwechsel, neue Freundschaften, Krankheiten des Kindes, Scheidung, neue Eheschließung, Tod der Eltern.
2. Waren in irgendeinem früheren Lebensalter des Kindes irgendwelche Eigentümlichkeiten bemerkbar, Eigentümlichkeiten in psychischer oder körperlicher Hinsicht, Ängstlichkeit, Unachtsamkeit, Zurückhaltung? [...]
4. Gewinnt es leicht Freunde? Zeigt es gegenüber Menschen oder Tieren Rücksicht oder belästigt und quält es sie? [...]
5. Welches ist unter Berücksichtigung der oben angeführten Fragen die gegenwärtige Stellung des Kindes? Geht es gern zur Schule? [...]

7. Welche Stellung nimmt das Kind in der Familienkonstellation ein? Ist es das älteste, das jüngste, das einzige Kind, der einzige Junge, das einzige Mädchen? [...]
11. In welcher Hinsicht ist das Kind entmutigt? Hält es sich für vernachlässigt? [...]
15. Suchen Sie Tätigkeiten, bei denen das Kind erfolgreich ist.

(ADLER 1929/1973, S.123–126).

Sicher müssten diese Fragen infolge ihrer Zeitgebundenheit – ADLER stellte sie 1929 zusammen – aus heutiger Sicht ergänzt oder verändert werden. Zu betonen bleibt, dass ADLER vor der schablonenartigen Anwendung dieser Fragen warnt. Sie sind Hilfen, worauf man achten und was man in Erfahrung bringen sollte, wenn man ein «Sorgenkind» verstehen lernen will. Verfehlt wäre es, alle diese Fragen in einer festen Reihenfolge zu stellen, eine nach der anderen. Ein solches Vorgehen würde sich auf den Gesprächsverlauf sowie auf die gesamte Beziehungsbildung nachteilig auswirken.

Die Beantwortung dieser Fragen soll also der Lehrkraft ein vertieftes Verständnis für die Gründe und Ziele des unkontrollierten Verhaltens ermöglichen. Die Gründe und Ziele des auffallenden Verhaltens zu erkennen, ist für die Individualpsychologie sehr wichtig, weil sie als Tiefenpsychologie eine biografische Wissenschaft ist und das Heute stets aus dem Gestern abzuleiten sucht. Oder mit den Worten Rainer WINKELS:

> Jedes störende Verhalten hat Ursachen und verfolgt Ziele, besitzt also kausale Hintergründe und finale Perspektiven, so dass erst ein systematisches Durchgehen von analytischen Warum- und teleologischen Wozu-Fragen zu einem Verständnis des jeweiligen Kommunikationsprozesses führt. (WINKEL 1987, S. 98).

So war es für Herrn OTT wichtig, die Hintergründe des sozialen Defizits bei Peter zu erkennen. Je genauer er dessen Grenzenlosigkeit als Folgen von Verwöhnung und inkonsequenter Erziehung einschätzen lernte, desto sicherer wurde er in seiner Haltung, von Peter Kooperation zu fordern und Tat und Täter konsequent auseinanderzuhalten.

Der Münchner Individualpsychologe Alfons SIMON hat sein Fallbeispiel «Max» mit zehn Erziehungsmaßnahmen für schwierige Kinder abgerundet. Sie lauten:

1. der Vorgeschichte des Kindes nachforschen
2. ihm zunächst eine Schonzeit in der Klasse zubilligen
3. ihm ein Klassenamt zuteilen
4. sein Interesse daran wachhalten

5. ihm in seinen schwachen Fächern nachhelfen
6. die guten Seiten auf die rechte Weise pflegen
7. die Klasse an seinen Fortschritten interessieren
8. sich ihre Mitarbeit sichern
9. die Eltern zu gewinnen suchen und
10. endlich – wenn die ersten sicheren Erfolge für alle sichtbar geworden sind – ihm ein sachliches und objektives Bild von sich und dem Leben vermitteln. (Simon in: Rüedi 1995, S. 134 f.).

Der letzte Auftrag, dem Kind «ein sachliches und objektives Bild von sich und dem Leben» zu vermitteln, war für Herrn Ott im Falle von Peter nur bedingt möglich, dieser Anspruch der Einsichtsvermittlung ist ein sehr hoher. Wichtig war für den Lehrer die Einsicht in Peters egozentrische Meinung, in dessen persönliche Überzeugung, die Welt hätte sich ihm und nicht er sich der Welt anzupassen. Mit diesem Einblick in Peters Charakter konnte Herr Ott ihm Widerstand leisten und wusste zugleich, dass er im ureigensten Interesse seines Schülers handelte. Peter «litt» ja selber unter seiner egozentrischen, eingeschränkten Sichtweise, auch wenn er dies nicht selber explizit formulieren konnte. Er war oft vielmehr der Schmied seines Unglückes, seiner Isolation als der Schmied seines Glückes. Herr Ott verhalf Peter somit zu mehr Autonomie, zu mehr sozialen Selbstgestaltungsmöglichkeiten.

Deutlich zum Ausdruck kommt, dass die individualpsychologische Pädagogik das Erzieherische stark gewichtet, ohne einen Gegensatz zwischen «materialer» (fachlicher) Bildung und «formaler» Persönlichkeitsbildung herzustellen. Mit Adlers aktuell klingenden Worten von 1930:

> Zurzeit erleben wir eine heftige Diskussion über die Frage, ob wir dem Kind Fächer und Fakten beibringen oder seine Persönlichkeit bilden sollen. In der Individualpsychologie ist man der Meinung, dass sich beides miteinander verbinden lässt. (Adler 1930/1976, S. 97).

3.2 *Die Arbeit mit der Klasse*

Die Individualpsychologie Adlers ist zugleich Sozialpsychologie und betrachtet deshalb auch Peters unkontrolliertes Verhalten unter sozialpsychologischer Perspektive. Diese drängt sich auf, hat sich Peter doch bereits in den zwei Kindergarten- und in den ersten drei Schuljahren in eine besondere Rolle, in diejenige des Außenseiters, manövriert. Vor allem bei den Mädchen war er gar nicht beliebt. In einem gewissen Sinn erwartete die Klasse – und dies zu Recht – eine Maßregelung Peters durch den neuen Lehrer. Dieser erkannte ebenfalls rasch, dass etwas geschehen musste, aber was? Die pädagogische Haltung von Herrn OTT, Tat und Täter konsequent voneinander zu trennen, Peter nicht als Person abzulehnen, sondern nur das, was er zeitweise tat, verhinderte, dass der Junge noch stärker in die Außenseiterrolle geriet. Zugleich registrierte die Klasse – und Peter mit ihr –, dass hier gewisse soziale Regeln galten und von allen akzeptiert werden mussten; dafür setzte sich Herr OTT sehr ein.

Er hatte bereits seit einiger Zeit Erfolge mit Klassengesprächen – die Individualpsychologie spricht von «Klassenrat» (TYMISTER 1995, S. 62) – gesammelt.

Voraussetzungen für solche Klassengespräche sind gegenseitige Achtung, die in Wort und Tat zum Ausdruck gebracht werden muss, sowie ein demokratischer Führungsstil der Lehrkraft. Das Interessante an den LEWIN'schen Untersuchungen war ja, dass sich Korrespondenzen zwischen Leiterverhalten und Gruppenmitgliedsverhalten ergaben. Die Mitglieder der demokratisch geleiteten Gruppe arbeiteten selbstständig und kooperativ, auch wenn sie alleine waren, was von der autokratisch geführten Gruppe gerade nicht gesagt werden kann. Wenn eine Lehrkraft Klassengespräche einsetzen will, muss sie einen demokratischen Führungsstil praktizieren, sonst ergeben sich Widersprüche. Herr OTT hatte sich bewusst und nach reiflicher Auseinandersetzung für den «Klassenrat» entschieden. Er leitete ihn aus der individualpsychologischen Tradition ab, wie sie BIRNBAUM schon 1932 formuliert hatte:

> Die Klasse als Aussprachegemeinschaft trägt zur Aufarbeitung misslungener Sozialisationserfahrungen und zur Beziehungsklärung in einer Atmosphäre des Sich-gegenseitig-helfen-Wollens bei und leitet im Rahmen von Gesprächen aus Anlass konkreter Fälle mit der gebotenen Vorsicht zur Selbstdurchschauung (als Voraussetzung der Selbsterziehung) durch verstehendes Eingehen auf die Motive des Verhaltens beim einzelnen Kind an. Auf diese Weise mag es gelingen, dem Kinde zu helfen, größere Sensibilität für interpersonale Beziehungen zu erwerben, die Brille seiner bisherigen tendenziösen Apperzeption abzulegen und eine sachliche Haltung einzunehmen. (BIRNBAUM 1932, S. 19).

Die DREIKURS-Schule innerhalb der Individualpsychologie hat zahlreiche Möglichkeiten zur Führung von Klassengesprächen dargestellt und gelehrt (vgl. ECHLE 1992). Eine verbindliche Form für die Gestaltung des Klassenrates gibt es jedoch nicht.

Die Klasse von Herrn OTT setzte sich einmal in der Woche jeweils im Kreis zusammen, und jedes Problem, das die Klasse als ganze oder einzelne Kinder betraf, konnte vorgebracht werden. Bald nutzte ein Mitschüler, der sich durch

Peter oft gestört fühlte, die Gelegenheit, um seinen Gefühlen Ausdruck zu verleihen. Peter vernahm so zum ersten Mal deutlich und in einer ruhigen Atmosphäre, ohne dass er sich gleich verteidigen musste, wie sein unkontrolliertes Verhalten auf seine Mitschülerinnen und Mitschüler wirkte, ein für ihn heilsames Erlebnis. Auch die Mädchen, die Peters Verhalten oft «kindisch» und «daneben» fanden, äußerten ihr Unbehagen. Peter bemühte sich in der Folge, dieser Kritik an seinem Verhalten Rechnung zu tragen. Es war nun eben nicht nur der Lehrer, der ihm den Weg wies, vielmehr war die ganze Klasse aktiv beteiligt. Einer solchen Phalanx Widerstand zu leisten ist nicht einfach. Peter verhielt sich in der Folge höflicher und konzentrierter. Er war auf sein unkontrolliertes Verhalten mit Nachdruck und von allen Seiten hingewiesen worden. Vor allem im Unterricht beteiligte er sich engagierter und konzentrierter. Auf Anregungen des Lehrers hin war er bereit, Mitschülerinnen und Mitschülern stofflich zu helfen, was seine Akzeptanz innerhalb der Klasse wiederum erhöhte. Wichtig war, dass Peter selber erkannte, dass er mit seinem bisherigen Verhalten daran beteiligt gewesen war, seit der ersten Klasse in die Außenseiterrolle zu geraten.

Erstmals wurde er zu einem Geburtstag eingeladen, gleichsam als Belohnung dafür, dass er begonnen hatte, die Regeln der Klasse einzuhalten. So verbesserte sich Peters Beziehung zur Klasse zusehends.

Gewisse Probleme außerhalb des Klassenzimmers blieben allerdings bestehen. Auf dem Pausenplatz verwickelte Peter ältere Schüler weiterhin in Schlägereien, indem er provozierte oder störte. Er nahm anderen Schülern den Ball weg oder warf gefährliche Schneeballgeschosse in die Menge. Die Reaktionen der Betroffenen blieben jeweils nicht aus, so dass Peter wiederum als «schwarzes Schaf» verfolgt wurde. Die Schulstunden nach solchen Pausen litten oft, das Lernklima wurde ungünstig beeinflusst. Klassenübergreifende Gespräche wären wohl notwendig gewesen, wie sie in der Tradition der «just community» praktiziert werden (vgl. Althof 1994).

Sozialpsychologisch wichtig war stets, dass die Klasse bei aller Kritik des Lehrers dessen grundsätzliches Wohlwollen gegenüber Peter spürte. Herr Ott bemühte sich, so oft es ging, positive Leistungen Peters hervorzuheben, was im Fach «Sprache» mehrmals möglich war. Im Turnen durfte Peter – wie andere auch – bei Ballspielen für die Einhaltung der Regeln sorgen und pfeifen.

3.3 *Elternarbeit*

Bereits vor 90 Jahren hat Alfred Adler die Lehrerinnen und Lehrer zur Elternarbeit angeleitet. Nach dem Ersten Weltkrieg baute er im Rahmen der österreichischen Schulreform der 20er- und 30er-Jahre in Wien rund 30 Erziehungsberatungsstellen auf, an denen Mitarbeiterinnen und Mitarbeiter von ihm – viele psychologisch vorgebildete Ärztinnen und Ärzte – leitend tätig waren, und beriet Lehrkräfte mit schwierigen Kindern.

Bei Peter hatte sich bereits gezeigt, dass die Elternarbeit von einem gewissen Zeitpunkt an notwendig wurde. Herr Ott verspürte bald das Bedürfnis, von Peters Eltern gewisse Informationen zu erhalten. Aus diesen vorerst mehr auf Informationsgewinnung ausgerichteten Gesprächen wurde bald eine Elternberatung. Herr Ott erklärte den Eltern seine konsequente Haltung gegenüber Peter und forderte sie zur Mitarbeit auf, was heute angesichts der oft divergierenden Erziehungsziele zwischen Schule und Elternhaus – die Schule muss zwangsläufig mehr auf gewissen disziplinarischen Grundvoraussetzungen bestehen als das Elternhaus – sehr wichtig ist. Mit der Zeit zeigte sich immer deutlicher, dass zwischen den beiden Elternteilen Uneinigkeit in der Frage bestand, wie sie sich gegenüber ihrem ältesten Sohn verhalten sollten. Die Mutter tendierte zu einer beschützenden Haltung, der Vater wollte mehr fordern. Das war genau der Zeitpunkt, an dem Herr Ott die beiden auf die Notwendigkeit einer Beratung durch eine außenstehende Fachperson hinwies, weil er hier an die Grenze seines Wirkungsfeldes stieß. Aus individualpsychologischer Sicht sind Unstimmigkeiten der Eltern eine große Gefahr für die Erziehung: «Am Willen fehlt es wohl nie. Was am meisten die ruhige Entwicklung des Kindes stört, ist die Uneinigkeit der Eltern [...].» (Adler 1912, S. 227). Soweit einige Andeutungen zur Elternarbeit in diesem Beispiel.

Wichtig ist für die Individualpsychologie die situationsadäquate Kombination der drei behandelten Ebenen «Gestaltung der Beziehung zum Kind» (3.1), «Arbeit mit der ganzen Klasse» (3.2) und «Elternarbeit» (3.3).

Ausführlicher nachlesbar ist diese Kombination in den beiden Fallbeispielen «Max» und «Rosanna» (vgl. Rüedi 1995, S. 105–135 und S. 137–165).

Zu kurz kommen musste in diesem Beitrag die Arbeit des Lehrers an sich selbst.[1] Das wäre systematisch gesehen die vierte Ebene, die «Selbsterziehung», wie die klassische Individualpsychologie sagte. Sie setzt Selbsterkenntnis und Einblick in die eigene Persönlichkeitsstruktur als unerlässlich voraus, damit mit Kindern wie Peter erfolgreich gearbeitet werden kann. Hätte sich Herr Ott zum Beispiel tagtäglich ohnmächtig gefühlt und sich über seinen «unkontrollierten Schüler» genervt, ohne über den Ärger hinauszukommen, wäre diese positive Entwicklung nie so zustande gekommen.

---

1 Die Arbeit des Lehrers an sich selber, die «Selbsterziehung» aus individualpsychologischer Sicht, ist ausführlich dargestellt in Rüedi 2009.

Anhang 10

Ein Zettel nur …

Eines Tages bat eine Lehrerin ihre SchülerInnen, die Namen aller anderen in der Klasse auf ein Blatt Papier zu schreiben und ein wenig Platz neben den Namen zu lassen. Dann erteilte sie den Auftrag, dass sich alle überlegen sollen, was das Netteste ist, das sie über jeden und jede ihrer KlassenkameradInnen sagen können, und das sollten sie neben die jeweiligen Namen schreiben. Es dauerte eine ganze Stunde, bis alle fertig waren, und bevor die SchülerInnen den Klassenraum verließen, gaben sie ihre Blätter der Lehrerin ab. Am Wochenende schrieb die Lehrerin jeden Namen auf ein Blatt Papier und daneben alle netten Bemerkungen. Am Montag gab sie jedem Schüler und jeder Schülerin seine oder ihre Liste. Schon nach kurzer Zeit lächelten alle. […] «Wirklich?», hörte man flüstern. «Ich wusste gar nicht, dass ich irgendjemandem was bedeute!» und «Ich wusste nicht, dass mich andere wirklich mögen.» Niemand erwähnte die Listen je wieder. Die Lehrerin wusste nicht, ob die SchülerInnen sie untereinander oder mit ihren Eltern diskutiert hatten, aber das war auch egal.

Einige Jahre später erlitt Mark, einer der Schüler, einen tödlichen Unfall. Die Lehrerin ging zum Begräbnis. Die Kirche war überfüllt. Die meisten von Marks früheren Schulfreunden waren auch da. Einer nach dem anderen ging am Sarg vorbei und erwies ihm die letzte Ehre. Marks Eltern waren auch da und sie warteten offenbar sehnsüchtig darauf, mit der Lehrerin zu sprechen. «Wir wollen Ihnen etwas zeigen», sagte der Vater und zog eine Geldbörse aus seiner Tasche. «Das haben wir bei Mark gefunden. Wir dachten, Sie würden es erkennen.» Aus der Geldbörse zog er ein stark abgenutztes Blatt, das offensichtlich zusammengeklebt, viele Male gefaltet und auseinandergefaltet worden war. Die Lehrerin wusste ohne hinzusehen, dass dies eines der Blätter war, auf denen die netten Dinge standen, die seine KlassenkameradInnen über Mark geschrieben hatten. «Wir möchten Ihnen so sehr dafür danken, dass Sie das gemacht haben», sagte Marks Mutter. «Wie Sie sehen können, hat Mark das sehr geschätzt.»

Alle früheren SchülerInnen drängten sich um die Lehrerin. Charlie lächelte ein bisschen und sagte: «Ich habe meine Liste auch noch. Sie ist in der obersten Lade in meinem Schreibtisch.» Tims Frau sagte: «Tim bat mich, die Liste in unser Hochzeitsalbum zu kleben.» «Ich habe meine auch noch», sagte Maria. «Sie ist in meinem Tagebuch.» Dann griff Leonie, eine andere Mitschülerin, in ihren Taschenkalender und zeigte ihre abgegriffene und ausgefranste Liste den anderen.

«Ich trage sie immer bei mir», sagte sie und meinte dann: «Ich glaube, wir haben alle die Listen aufbewahrt.»

Aus: Schweizerisches Netzwerk gesundheitsfördernder Schulen: NEWSLETTER 4/2007, S. 1, leicht verändert.

Anhang 11

Anregungen zur Reflexion

Die internationale Forschung zeigt, dass kein anderes Merkmal so eindeutig mit dem Leistungsfortschritt der Schulklassen verknüpft ist wie die Klassenführung (vgl. HELMKE 2004, S. 78). Ebenfalls eindeutige Beziehungen bestehen zwischen Klassenführung und persönlicher Befindlichkeit der Lehrperson. Die eigene Klassenführung zum Thema der persönlichen Reflexion zu machen sowie den alltäglichen Umgang mit Schülerinnen und Schülern zu beobachten und zu analysieren ist darum eine notwendige, zugleich spannende und interessante Aufgabe für jede unterrichtende Lehrperson. Die folgenden Fragen sollen dabei helfen.

1. Was schätzen Sie an Ihrer Art und Weise, Ihre Schulklasse(n) zu führen? In welcher Hinsicht sind Sie zufrieden mit der Disziplin im Unterricht? Womit haben Sie positive Erfahrungen gesammelt?
2. Wo sehen Sie Verbesserungsmöglichkeiten für Ihre Klassenführung?
3. Was sagen Ihre Schülerinnen und Schüler zur Disziplin im Unterricht?
4. In Kapitel 4.2 haben Sie drei Diagnosebogen / Checklisten für die Analyse Ihrer Klassenführung kennengelernt. Sagt Ihnen einer zu? Falls ja, gehen Sie ihn durch, am besten im Hinblick auf eine bestimmte Klasse! Was zeigt Ihnen diese Analyse?
5. Ist Ihr Unterricht herausfordernd und interessant? Kennen Sie die Meinung Ihrer Schülerinnen und Schüler zu dieser Frage?
6. Fühlen sich Ihre Schülerinnen und Schüler von Ihnen geschätzt?
7. Wie reagieren Sie auf Unterrichtsstörungen? Welche Reaktionen gehören zu Ihrem Repertoire, um auf Störungen zu reagieren?
8. Wie beurteilen Sie Ihre Reaktionen auf Störungen? Sind sie wirksam?
9. Was sagen Ihre Schülerinnen und Schüler zu Ihren Reaktionen?
10. Gäbe es noch zusätzliche Reaktionsmöglichkeiten auf Unterrichtsstörungen, die Sie eventuell einmal ausprobieren könnten?
11. Wann führen Sie Einzelgespräche?
12. Führen Sie auch Elterngespräche im Zusammenhang mit disziplinarischen Fragen?
13. Verwenden Sie kooperative Interventionsstrategien? (vgl. Kapitel 7.2)
14. Haben Sie ein gutes Gefühl im Hinblick auf Ihre Klassenführung(en)? Geht es vorwärts, geht es in Ihrem Sinne?

15. Wenn Sie bei Frage 14 mit Nein geantwortet haben: Wäre es nötig, einmal fachliche Unterstützung von außen (Kollegin/Kollege oder Fachperson) in Anspruch zu nehmen? Störungen gehören bekanntlich zum Unterricht, und das Erlernen des Umgangs mit Unterrichtsstörungen gehört zur Berufsbiografie jeder erfolgreichen Lehrperson. In den Worten eines bulgarischen Sprichwortes: «Gehen lernt man durch Stolpern».

Personenregister

V W

Sachwortregister